国家社会科学基金一般项目
“米诺文明时期克里特神话图像谱系研究”（21BWW008）阶段性成果

认知神话学

COGNITIVE MYTHOLOGY

理论、方法与实践

THEORIES, METHODS AND PRACTICE

王倩 著

生活·讀書·新知 三联书店 生活書店出版有限公司

图书在版编目（CIP）数据

认知神话学：理论、方法与实践 / 王倩著. — 北京：生活书店出版有限公司, 2023.9
ISBN 978-7-80768-409-1

Ⅰ. ①认… Ⅱ. ①王… Ⅲ. ①神话－研究 Ⅳ. ①B932

中国国家版本馆 CIP 数据核字 (2023) 第 038459 号

责任编辑　欧阳帆
装帧设计　张　军
责任印制　孙　明
出版发行　生活书店出版有限公司
（北京市东城区美术馆东街 22 号）
邮　　编　100010
经　　销　新华书店
印　　刷　北京启航东方印刷有限公司
版　　次　2023 年 10 月北京第 1 版
2023 年 10 月北京第 1 次印刷
开　　本　635 毫米 × 965 毫米　1/16　印张　27.75
字　　数　322 千字
定　　价　128.00 元
（印装查询：010-64052066；邮购查询：010-84010542）

目　录

第三章　神话与科学

第二部分　实　践

第四章　神话图像与神话编码

第五章　神话观念与希腊人的宇宙论

第六章　神话观念与中国宗族

前 言

作为一门新兴的学科，认知神话学通过神话研究人类的认知。与传统神话学研究有所不同的是，认知神话学探讨的对象仅仅限于人类的认知，而不是神话人物、叙事或其他虚构性因素。因此，认知神话学被视为现代神话学科学式研究的典范，也是神话学走向科学研究的成功尝试。认知神话学的发展带动了现代神话学的发展，同时掀起神话学乃至各个学科的重大变革。譬如，荣格的集体无意识探究，促使现代神话学开始关注神话与人类集体无意识之间的关联；乔治·杜梅齐尔（Georges Dumézil）关于印欧社会三分制的探讨，开创了新比较神话学的研究范式；列维－斯特劳斯（Lévi-Strauss）关于人类二元思维结构的分类，则开创了结构主义研究的先河；马丽加·金芭塔丝（Marija Gimbutas）关于古欧洲女神文明的研究，提出了西方文明概念的局限性，使得学界开始重新探讨究竟什么是文明；勒内·基拉尔（René Girard）关于神话与暴力机制的研究，掀开了神话的神圣面纱，彻底祛除了神话的宗教属性。

遗憾的是，认知神话学这种革新性的研究，尚未引起学界的普遍关注。因各个方面的原因，国内尚未系统出现认知神话学的相关论著，甚至鲜有学者了解这一学科。因此，认知神话学的阐释与探讨，就成为国内神话学研究的前沿课题。而认知神话学理论与方法，以及实践研究，乃是当下中国神话学界能够融入世界神话学科学研究的有力路径。

本书是国内首部系统阐释与探讨认知神话学的图书，其主要内容可分为两个部分：认知神话学的理论与方法，以及认知神话学的研究案例。认知神话学的理论与方法，主要探讨认知神话学的概念、发展、主要研究内容，以及相关的学者。这一部分的重点是认知神话学的研究内容，以此突出认知神话学在人类认知领域的新发现。其中主要包括认知神话学在社会机制、权力、科学思维研究等方面的新突破。而认知神话学案例研究，则主要强调神话理念在建构神话意象、宇宙论以及宗族身份认同方面具有的塑造性作用。

认知神话学是一门古老而新兴的学科，具有极为宽广的发展前途。中国部分学者在这个领域已取得了瞩目的成就，像旅美多年的考古学者张光直先生关于商代青铜器与权力、财富的研究，以及叶舒宪先生近期关于玉石神话信仰与中国宇宙论的研究，都是认知神话学研究的典型代表。我们有足够的理由相信，在不久的将来，认知神话学是中国与世界神话学研究的主要趋向，也是人类借助于神话探讨和认知世界的有力工具。在这种情境下，神话与科学已经不是二元对立的存在方式，而是人类思维在不同历史时期的两种表现形式。

第一部分
理论与方法

导　论

第一节　认知神话学的研究内容

进入20世纪之后，西方神话学的发展极为迅猛，走出了一条科学式研究的道路，各种理论与流派层出不穷，涉及的前沿话题繁复多样，对西方整个人文社会科学产生了积极的引领作用。认知神话学是西方神话学科学式研究的典范，也是备受关注的一门学问，本节系统阐释认知神话学的相关概念、研究基础、核心理论与方法、研究内容，以及研究趋向，以期引起国内同行的关注。

一、认知神话学的研究前提

概括地讲，认知神话学就是通过神话研究人类认知的一门科学或学科，属于现代神话学的一个分支。从范畴上看，认知神话学的研究内容主要有思维、情感、心智、社会与文化秩序、仪式、信仰、宗教等。不难看出，认知神话学研究范围极为宽泛，几乎涵盖了文化研究的多半领域，这也是认知神话学发展如此迅猛的主要原因。从20世纪初到21世纪早期，在近百年的发展历程中，认知神话学从早期人类的心智研究走到了人类社会制度的研究，已经成为一门具有包容性与跨越性的新兴学科。它所取得的每一项研究成果，都是神话学的标志性飞跃：荣格的集体无意识研究，乔治·杜梅齐尔的三分制社会制度研究，列维-斯特劳斯的二元对立的思维结构研究，勒内·基拉尔的替罪羊机制研究等。[①]

确切地说，认知神话学研究是20世纪神话学所做的突破性尝试，也是对19世纪神话学研究的一种反抗。因为在此之前，“19世纪的理论倾向于认为神话的主题是物质世界，而神话的功能则或是对这一物质世界的字面解释，或是对它的象征描述。神话往往被看作是科学的‘原始’对应物，而科学则被认为是完全现代的。科学不仅令神话成为累赘，而且与其绝对不能相容，因此，被定义为具有科学属性的现代人就不得不摒弃神话”[②]。20世纪神话理论反击19世纪神话理论，其转向认知研究的主要依据是，只要能够证明神话的主题不是物质世界，而是人类的认知，认知是真实的，神话就是真实的，就是理性的，就是合逻辑的，神话因此就能与科学共容。

在这种学术意图下，神话学界达成的一种共识就是，首先，神话是思维与意识的产物。具体说来就是，“神话不仅仅是一种分类体系，而且是以叙述形式出现的意识形态”[③]。因此，可以通过对神话的研究来推测人类的观念和思维方式。其次，认知是集体性的思想产物。关于这一点，认知神话学与认知考古学所持理念是一致

① 关于上述诸位学者观点的阐释，笔者会在后面相关部分论述，此处不赘述。
② 西格尔：《神话理论》，刘象愚译，外语教学与研究出版社，2008年，第167页。
③ Bruce Lincoln. “Retheorizing Myth”, Synnøve des Bouvrie, ed., *Myth and Symbol I: Symbolic Phenomena in Ancient Greek Culture*. Bergen: The Norwegian Institute at Athens, 2002, p.216.

的：认知既是个体的，也是集体的。每个个体都有关于世界的独特体验与认识，但是同一地理、文化与语言范畴内的人们，其关于世界的认知具有公共性，即所谓的思维定式。[①]对神话学者而言，神话是认知与思维阐释，也是人类集体性思想的载体，神话因而具有认知研究的价值与意义。

认知神话学研究的核心内容主要涉及以下几个层面：心理，思维，社会秩序，权力象征符号体系等。从时间上讲，神话学关于心理的研究起步较早，基于国内学者较为熟悉心理学与权力象征符号体系研究，本节不再赘言，重点介绍思维与社会秩序方面的研究成果。

二、神话思维研究

较早从神话学视角展开思维研究的是法国学者列维－布留尔（Lucien Lévy-Bruhl），他关于神话思维的研究奠定了认知研究的思维基础。列维－布留尔并不像泰勒与弗雷泽二人那样，认为原始思维与现代思维具有类似之处。相反，他认为，原始思维与现代思维并不相同，确切地说，原始思维是原逻辑的，它服从于互渗律，对矛盾漠不关心，而现代人思维是逻辑的，对矛盾极为敏感。[②]对于列维－布留尔而言，神话是原始思维的表现，也是原始宗教的一个部分，它与科学背道而驰，却发挥了科学思维所无法具有的调节社

① Colin Renfrew and Paul Bahn. *Archaeology: Theories, Methods and Practice*. London: Thames & Hudson, 2012, p.382.

② 列维－布留尔：《原始思维》，丁由译，商务印书馆，2004年，第2页。

会的功能："当原始人的心智正意识到一种无法感知的互渗律——此时它已经转而求助于旨在恢复调节的中介与手段，但调节已不是鲜活的现实，那么我们是否可以断定，此时的神话是原始人心智的产物呢？"①概括地讲，列维-布留尔将神话视为原始心智的表现，而科学是现代的产物，但现代社会可以存在多种思维方式，因此原始思维与神话在现代是可以共容的。列维-布留尔的立场实际上是一种捍卫神话的立场，与泰勒和弗雷泽所宣称的神话与科学不能并容的立场完全相反。

20世纪后半叶之后，法国神话学者列维-斯特劳斯开创了认知神话学研究的结构分析方法与理论，使认知神话学的研究走上了理论化道路。与列维-布留尔的观点不同的是，列维-斯特劳斯看待神话与科学并不是持传统的对立立场，而是将神话与科学置于同一类科学模式下。科学有两种类型，一种是抽象科学，另一种是具象科学。现代思维是抽象的，神话思维是具象的；现代思维是定量的，神话思维是定性的。因此，神话是具象科学的一部分，神话思维并不比现代思维低级或落后，二者是人类探索自然世界时两种不同的态度，并无高下之分。②

在列维-斯特劳斯看来，神话具有三个特征。其一，神话的表层结构看上去杂乱无序，实际上其深层结构却井然有序，这种有序性体现为神话对事物的二元对立划分方式。其二，神话思维这种有序的二元对立结构反映出神话创造者思维的有序性、逻辑性与结构性，这些特征与科学思维的特征几乎一致。其三，神话不仅表述与

① Lucien Lévy-Bruhl. *How Natives Think*. New York: Washington Square Press, 1966, p.330.
② Claude Lévi-Strauss. *The Savage Mind*. Oxford: Oxford University Press, 1996, pp.15–18.

反映了人类思维的二元对立结构，还能够调节这种二元对立的矛盾，具体来说就是调节自然与文化之间的二元对立的矛盾：生食与熟食、男性与女性、生与死、野兽与家禽、乱伦与异族通婚等。神话这种调节二元对立矛盾的功能主要通过提供一个折中的协调条件或提供一个类似的、更加容易化解的矛盾来实现。列维-斯特劳斯为此列举了一个大家耳熟能详的神话，即俄狄浦斯神话，他认为这则神话强调了自然与文化之间的对立。[①]列维-斯特劳斯试图证明，神话思维与神话实际上是一种智识性即逻辑性的存在，与现代科学并没有本质性差异。现代人因而不必因为科学而抛弃神话，相反，神话能够使科学与社会更加和谐，因为神话具有协调自然与文化的功能，这是科学所无法具备的。

列维-斯特劳斯强调神话思维的二元对立性，这一点对于结构主义神话学产生了深远的影响，由此促成了法国学界研究神话思维的热潮，如皮埃尔·韦尔南（Jean-Pierre Vernant）关于普罗米修斯神话的解读，[②]米歇尔·狄廷（Marcel Detienne）关于希腊神话中香料的研究[③]等。20世纪后半叶的神话思维研究由文本转向了图像，在神话图像与史前时期人类认知的研究方面，法国学者安德烈·勒鲁瓦-古昂（A. Leroi-Gouhan）与法里斯（J. Faris）的研究颇具代表性。古昂对西欧旧石器时代晚期洞穴艺术中出现的动物类型做了阐释，认为其中出现的各类符号与图像基本可以分为“饱满”“消

① Claude Lévi-Strauss. “The Structural Study of Myth”, *The Journal of American Folklore*, Vol.68, 1955, pp.428-444.

② Jean-Pierre Vernant. *Myth and Society in Ancient Greece*. New York: Zone Books, 1990, pp.183-201.

③ Marcel Detienne. *The Gardens of Adonis: Spices in Greek Mythology*. Princeton: Princeton University Press, 1994.

瘦”两种类型。“饱满”的符号象征女性，“消瘦”的符号象征男性，这种神话图像象征体系反映了当时人类关于男性与女性的认知是二元对立的思维模式。①学者法里斯的研究表明，在某些特定的条件下，史前社会性别的二元对立模式通过神话图像的缺席或扭曲而得以表现，从而掩藏了社会内部的性别矛盾与冲突。②古昂与法里斯的个案分析表明，就像列维-斯特劳斯反复强调的那样，神话思维在表述社会存在时，它与科学思维并无本质性差异，神话与科学的共存是一种自古以来的常识性现象。这实际上是通过重新界定神话的功能而达到协调神话与科学关系的目的，也是神话学者对于科学的屈从。但是还有另外一部分学者并未采取这种方式，他们通过社会秩序来探讨神话与科学的共容问题。

三、社会秩序研究

神话学关于社会秩序的研究最初始于20世纪早期的语言学研究，20世纪后半叶之后，神话学逐渐与考古学靠近，相关探讨由文字转向图像，甚至不少神话学者本身就是考古学者，如约翰·贝恩斯（John Baines）、诺曼·叶斐（Norman Yoffee）、崔格尔等。近期的社会秩序研究主要转向了关于社会秩序象征符号系统的研究，认知研究与象征研究逐渐合一，认知神话学与认知考古学亦进行近距离互动。

---

① 安德烈·勒鲁瓦-古昂：《史前宗教》，俞灏敏译，上海文艺出版社，1990年，第104页。

② J. Faris. “From Form to Content in the Structural Study of Aesthetic Systems”, in D. Washburn, ed., *Structure and Cognition in Art*. Cambridge: Cambridge University Press, 1983.转引自伊恩·霍德、司格特·哈特森：《阅读过去》，徐坚译，岳麓书社，2005年，第68页。

法国学者乔治·杜梅齐尔是较早通过神话进行社会秩序研究的学者。乔治·杜梅齐尔指出，古代印欧社会由三个阶层组成：僧侣、武士与平民。位于社会顶层的僧侣负责维系宗教、律法与制度统治，位于中层的武士则向社会提供武力，位于底层的平民负责社会生存物质的提供，包括提供社会的生产物质、动植物的丰产与活动。杜梅齐尔指出，三分法的社会职能不仅限于史前社会，它已经成为一种结构性的社会意识形态，保存在印欧人的记忆中。①杜梅齐尔始终强调神话学是社会科学中一门单独的学科，它不隶属于任何学科。神话是一种有意义的存在物，它阐释人类的秩序与宇宙的来源。并且，神话思维并非是偶然的，而是在一种功能性的有机系统内生成的，因此神话与其生成的社会结构具有一种直接的关系。

20世纪80年代之后，部分学者开始从考古实物与图像出发探讨史前社会秩序问题，其中较为典型的为考古学出身的马丽加·金芭塔丝关于古欧洲的社会秩序的阐释。马丽加·金芭塔丝的古欧洲社会是一个具有特定时空意味的学术范畴，其时间主要指向了公元前6500年到公元前3000年，空间则是从南部意大利到小亚细亚沿海地区，从克里特北部到第聂伯河河畔的广阔地域。她指出，古欧洲社会普遍存在一种以女神为主的宗教社会。金芭塔丝将此时间体系与地理范围的地域称为古欧洲（Old Europe）。古欧洲的概念有别于现代意义上的欧洲与印欧社会，后者是一个充满暴力的父权社会，而古欧洲则是一个宁静和谐的女性社会。她指出，女神社会崇拜存在

① 迪迪耶·埃里邦：《神话与史诗：乔治·杜梅齐尔传》，孟华译，北京大学出版社，2005年，第106—107页。

一位无所不在的大女神（Great Goddess），她负责生命的轮回与循环：出生、养育、成长、死亡与再生，以及各种农作物与动物的种植、饲养。女神社会的掌管者是女性，男性并不是社会的统治者，但男性与女性却能够和谐相处。①与金芭塔丝的观点较为接近的还有考古学者南诺·马瑞纳托斯（Nanno Marinatos）。她采用了多重证据来探讨米诺时期地中海沿岸的社会秩序的结构问题，但时间仅仅局限于新宫殿时期（公元前1650年—前1380年）。②上述学者的研究反映了西方学者的态度：神话理念具有一定的理性思维特征，可以通过实证研究了解它。

关于社会秩序的研究，还有另外一种模式，就是社会秩序象征符号的研究。这方面的研究者主要有约翰·贝恩斯、诺曼·叶斐、崔格尔等。这些学者指出，组织社会的能力反映在社会秩序上，就是社会秩序的象征符号，在多数情况下，尤其是前文字社会，高端文化是精英阶层的身份象征符号。高端文化，指“处于掌控之下的具有审美意味的产品与消费物，是为了满足一种文明内部那些精英阶层的需求而制造的，自然，其中的精英包括统治者与神明”。③在这种理论背景下，不少学者进行了相关探讨，比如，考古学者罗斯玛丽·乔伊斯（Rosemary A. Joyce）关于中美洲的史前时代高端文

---

① 具体参见：Marija Gimbutas. *The Language of the Goddess*. San Francisco: Harper & Row, 1989; Marija Gimbutas. *The Civilization of the Goddess: The World of Old Europe*. San Francisco: Harper San Francisco, 1991; Marija Gimbutas. *The Living Goddesses*. Berkeley: University of California Press, 1999。

② 参见Nanno Marinatos. *Minoan Kingship and the Solar Goddess: A Near Eastern Koine*. Urbana: University of Illinois Press, 2010。

③ John Baines and Norman Yoffee. “Order, Legitimacy, and Wealth in Ancient Egypt and Mesopotamia”, in Gary M. Feinman and Joyce Marcus, eds., *Archaic States*. Santa Fe, New Mexico: School of American Research Press, 1998, p.235.

化风格与社会等级研究，[①]乔纳森·马克·克诺耶（Jonathan Mark Kenoyer）关于新石器时代印度河流域新兴的精英利用神话图像的风格来确认社会界限的研究[②]等。

四、结语

认知神话学探讨的内容是人类的认知能力，它要表明的是，尽管神话的内容看上去荒诞不经，但其思维与结构是理性的，其表述的事实是合逻辑的，其表达的体验是真实的，在塑造人类认知能力方面，科学是无法与之比拟的。因此，神话与科学并不是对立的，而是共容的。这实际上是一种科学式的协调论，它将神话表述为现代科学的共生物，现代人不必因为科学而远离神话。

在一定程度上，认知神话学与认知考古学研究趋向是一致的，即将神话图像与实物视为思想与意识的产物，因而可以通过神话研究反观人类的认知能力。这就使得认知神话学的研究倾向于无文字时代的神话研究，一定程度上与文明起源研究具有一些相同之处，并因此与认知考古学产生了频繁的互动，这也促使认知神话学转向实证式的科学研究。

---

① Rosemary A. Joyce. "High Culture, Mesoamerican Civilization, and the classic Maya Tradition", in Janet Richards and Mary Van Buren eds., *Order, Legitimacy and Wealth in Ancient States*. Cambridge: Cambridge University Press. 2000, pp.64–76.

② Jonathan Mark Kenoyer. "Wealth and Socioeconomic Hierarchies of the Indus Valley Civilization", in Janet Richards and Mary Van Buren eds., *Order, Legitimacy and Wealth in Ancient States*. Cambridge: Cambridge University Press. 2000, pp.88–109.

第二节　张光直的认知神话学研究述论

对于多数学者而言，张光直先生首先是一位考古学者，李润权指出，“在西方世界，近40年来，张光直这个名字几乎是中国考古学的同义词”[①]。陈淳先生则认为，“凡是在西方学习过考古学的同行，都明白北美考古学界的同行们用他名字的前两个字母K. C.来昵称张先生的含义”[②]。略懂人类学知识的学者都知道，在西方学界，考古学实际上是人类学的一个分支。张光直先生以人类学的整体性视野探讨中国问题，质疑以戈登·柴尔德（Vere Gordon Childe）为代表的国家形成的人类学模式的普遍性观点，指出中国文明形态应是全世界向文明转进的主要形态，而西方文明形态却是例外。从这个意义上讲，张光直先生不仅是出色的考古学者，还是杰出的人类学者、汉学家，以及社会科学家。

作为出色的考古学者，张光直先生的成果主要包括《中国青铜时代》《考古学专题六讲》《美术、神话与祭祀》《中国考古学论文集》《考古人类学随笔》《考古学》等论著。本质上说，张光直先生从来没有就神话而研究神话，他研究神话，主要是基于中国古代文明的性质，尤其是基于商代权力机制的探讨而出发的。但对于神话学界来说，张光直先生是一位卓越的神话学者，因为他在上述论著中探讨的关于中国神话与历史的研究，本质上就是神话如何建构意识形态，即神话如何进入历史的问题，而这些依然是当下神话学探讨的核心问题，对神话学研究具有重要的参考与理论价值；并且其

---

① 李润权：《张光直教授的学术成就》，《中原文物》2002年第2期，第4页。
② 陈淳：《考古学的理论与研究》，上海人民出版社，2014年，第529页。

研究范式与理论，一直是当下中国神话学界所无法超越的。令人遗憾的是，时至今日，关于张光直先生的相关研究中，尚未有人注意到这一点。本节从认知神话学视角出发，探讨张光直先生对中国神话研究的贡献，以及他给神话学带来的变革性贡献。

一、神话图像与权力建构

长久以来，史学与神话学界一直在探讨历史与神话之间的关联问题，争论的焦点是历史的虚构性与神话的真实性问题。针对历史的诗学性质即虚构性这个问题，新史学学者威廉·H.麦克尼尔（William H. McNeill）提出了神话历史（Mythistory）这个概念，[①]以此强调历史书写的任意性与虚构性特征。新史学另外一位学者约瑟夫·马里（Joseph Mali）则强调神话在历史叙述层面具有的真实性问题："一则神话无论多么富有传奇意味，它并不表示编造或纯粹的虚构，因为它通常包括共同体历史中所包含或涉及的关键问题，诸如共同体共同的祖先和领域的传奇。这些问题依赖并能够催生关于历史的神话，因为它们不仅适用于形而上学的神秘事物，诸如共同体的起源和最终命运，而且更为重要的是，这些真实的叙事是共同体成员所信赖并经历的事实，即便（或者正好因为）它们是神话的而非逻辑的或历史演绎的。"[②]尽管新史学承认历史书写的虚构性，以及神话在历史叙述层面发挥的塑造性作用，但西方学者关于神话

① William H. McNeill. "Mythistory, or Truth, Myth, History, and Historians", *The American Historical Review*, Vol.91, 1986, pp.1–10.

② Joseph Mali. *Mythistory: The Making of a Modern Historiography*. Chicago: The University of Chicago Press, 2003, p.4.

与历史关联的阐释案例并未涉及中国的历史与神话，不论是神话学还是新史学均如此。这就给人一种印象，似乎中国的神话与历史之间并不存在任何关联，新史学倡导的神话历史概念亦不适用于中国。表面看来，这似乎与西方多数学者不大了解中国有关，但其背后隐藏的是部分西方学者的这样一种偏见：将中国及其文明视为世界文明共同体中的异类或“他者”。

作为一名华裔学者，张光直先生虽然不是直接从事新史学研究的学者，但他深谙西方学界各种学术潮流背后的文化态度。在关于中国历史与神话的关联上，他做出了极其富有说服力的阐释，尤其是在关于商代神话图像与王权建构的问题方面，后文会详细阐释。此处尚需加以说明的是，张光直先生关于商代神话图像与权力建构的探讨是建立在中国早期文明的根本属性这一基础之上的，只有了解这一前提，我们才能够理解张光直先生学术探讨的重大价值与意义。

文明是共同体意义上的概念，它由众多的要素构成，例如文字、艺术、仪式中心、技术、城市等。欧美学界通常以其历史经验为基础而界定文明，强调知识与技术在文明建构进程中的重要作用。譬如，科林·伦福儒（Colin Renfrew）认为，所谓文明，就是“人类自身所创造的环境，他创造了这个环境并将自身从原始的自然环境中脱离开来”。[①]此种对文明的界定把非物质性因素排除在外，从而将人类与自然环境对立起来。张光直对伦福儒的文明概念提出了质疑，并再三强调：“其一，西方社会科学讲理论一般都

① Colin Renfrew. *The Emergence of Civilisation: The Cyclades and the Aegean in the Third Millennium BC*. London: Methuen & Co, Ltd, 1972, p.11.

是从西方文明的历史经验里产生出来的，而它们对非西方的经验可能适用也可能不适用。其二，更重要的一点，产生那种适用于一个新的社会秩序的一般理论的那种西方经验，必然从它一开始便代表从其余的人类所共有的基层的一种质上的破裂。”[①]基于对西方学界文明概念的质疑与反驳，张光直先生指出，西方学者建构的文明模式并不适用于中国早期文明。中国早期的文明形态是一种世界性的文明，而西方文明实际上是一种突破性的文明形态，并不具有普遍性。“前者的一个重要特征是连续性的，就是从野蛮社会到文明社会许多文化、社会成分延续下来，其中主要延续下来的内容就是人与世界的关系、人与自然的关系。而后者即西方式的是一个突破式的，就是在人与自然环境的关系上，经过技术、贸易等新因素的产生而造成一种对自然生态系统束缚的突破。”[②]张光直特别强调，在此文明框架中，在中国早期文明进程中，神话图像在建构权力与意识形态层面发挥着异常重要的作用。

张光直将神话图像首先视为物质财富，认为神话图像首先是作为物质载体而存在的。神话图像的范畴极为宽泛，其载体包括石头、骨头、宝石、金属、陶瓷等。对于张光直先生而言，他探讨的神话图像载体只有两类，即青铜器与玉琮。在张光直看来，一方面，作为青铜礼器的神话图像由当时昂贵的锡料和铜料冶炼而成，需要先进的冶炼技术方可制造；另一方面，青铜礼器的铸造过程极为繁复，需要组织大量人力与物力，若非拥有权力与财富的统治者，难以做到这一点。因而张光直断言，“青铜礼器是明确而强有

① 张光直：《中国青铜时代》，生活·读书·新知三联书店，2013年，第510页。
② 张光直：《考古学专题六讲》，生活·读书·新知三联书店，2010年，第18页。

力的象征物：它们象征着财富，因为它们自身就是财富，并显示了财富的荣耀；它们象征着盛大的仪式，让其所有者能与祖先沟通；它们象征着对金属资源的控制，这意味着对与祖先沟通的独占和对政治权力的独占”[①]。至于玉琮，张光直先生并未将其列入财富之列，大概在他看来，在商周时代，玉器的制造技术并没有青铜礼器那样繁复。张光直先生此种关于玉琮的认知，很大程度上是建立在西方学界关于文明的界定，尤其是金属冶炼技术构成文明的核心要素之一这样一种文明观基础上。事实上，按照神话学关于神话图像的界定，神话图像的首要属性便是物质性，其能指指向了作为实物的神话图像。从这个角度来看，作为神话图像的玉琮也应是财富，而不仅仅是财富的象征符号。

就内容而言，张光直先生探讨的青铜器物上的神话图像主要包括两类：一类是写实的动物纹，如犀牛纹、猪纹、马纹、鸮纹、蚕纹、龟纹、鱼纹、鸟纹、蛙纹；另一类是神话中各类动物形象，如饕餮纹、肥遗纹、夔纹、龙纹、虬纹。[②]张光直指出，这些铸造在青铜礼器上的神话图像并非仅仅是一种装饰性的符号，相反，它们有着非常重要的实际功能，那就是沟通天地。“很明显，既然商周艺术中的动物是巫觋沟通天地的主要媒介，那么，对带有动物纹样的青铜礼器的占有，就意味着对天地沟通手段的占有，也就意味着对知识和权力的控制。”[③]不难看出，张光直的观点非常明确，那就

① 张光直：《青铜挥麈》，上海文艺出版社，2000年，第290页。

② 张光直：《美术、神话与祭祀》，郭净译，生活·读书·新知三联书店，2013年，第47—53页。

③ 张光直：《美术、神话与祭祀》，郭净译，生活·读书·新知三联书店，2013年，第73页。

是，神话图像实际上是权力的象征，而这种权力乃是沟通天地的独特权力。在张光直先生看来，神话图像已被统治者作为一种建构权力的途径，神话图像借助于自身的象征意义而得以进入权力表述体系，神话由此通过图像而建构历史叙事体系。

前面已经讲到，新史学的学者们一直在探讨神话如何进入历史的问题，但这些学者的阐释中只有西方的案例，甚至约瑟夫·马里在其论著《神话历史》中同样未将中国的神话考虑在内。这样看来，张光直先生关于商周时代神话图像的探讨实际上弥补了新史学长久以来忽略的东方神话尤其是中国神话问题。更为重要的是，新史学的神话历史概念是在1986年首次由威廉·H.麦克尼尔提出，而张光直先生关于神话图像如何建构历史与权力的概念是在1983年提出的，[①]其理念与研究的前瞻性意义由此可见。从考古学界关于神话图像建构功能的探讨来看，从事东方文明研究的学者约翰·贝恩斯、诺曼·叶斐极力倡导高端文化（High Culture）理论，在他们的假说中，作为财富的图像具有建构权力象征体系的作用，但直到21世纪，他们的阐释案例中才出现中国神话图像。[②]一旦将神话图像纳入通向政治权威的一种途径，就意味着神话在文明发展的早期发挥着极为重要的塑造性作用，中国文明的独特性建构因素便凸显出来。对于考古学、史学乃至于神话学的研究而言，这是至关重要的理念性突破。

---

① 张光直先生的《美术、神话与祭祀》一书英文版首次出版于1983年，具体信息如下：K. C. Chang. *Art, Myth, and Ritual: The Path to Political Authority in Ancient China*. Cambridge, Massachusetts and London: Harvard University Press, 1983。

② 叶斐、李旻：《王权、城市与国家：比较考古学视野中的中国早期城市》，收入荆志淳、唐际根、高嶋谦一编：《多维视域：商王朝与中国早期文明研究》，科学出版社，2009年，第276—287页。

为何张光直先生会选择青铜器上的神话图像作为研究对象？换言之，神话图像有众多载体，为何张光直先生会将研究目光锁定在商代的青铜器上呢？缘由大致有如下几种：第一，张光直的研究领域与兴趣使然。张光直在台湾读大学时，恰逢台湾大学新近成立了人类学系，李济与在安阳从事过考古发掘的其他学者担任该系的教师。这些学者年富力强，当时到台湾时还携带了大量精美的收藏品。“这是一支‘安阳队’，这支队伍包括所有由李济培训的、从1928年到1937年主持安阳发掘的、最优秀的考古工作者……”[①]颇受李济影响的张光直，自然会选择以安阳遗址为中心的商文明作为研究对象。第二，在商代文明中，青铜器是出土最多的礼器，其价值自然为张光直所看重，关于这一点，张光直有明确的表述：“在早期中国，仰韶、龙山和三代，至铁器时代的开始，生产力没什么变化，就是技术没明显变化。商代青铜技术有很大的发展，却从未应用于农业，商代没有应用青铜技术去改进耕作方法。这是个我多年搞不懂的问题，但现在我认为我有了答案，这就是技术被用于我所说的‘国之大事’，即祀和戎，就是祭祀和战争。在我看来，这是了解中国文化发展的关键。”[②]张光直先生选择商代的青铜器，这不仅仅是因为青铜器是了解中国文化的关键，还因为青铜器能够代表中国青铜冶炼技术的先进性。西方学界研究文明起源的主流学派，将金属冶炼技术视为文明的建构性因素之一。这已经是考古学与史学的常识，我们从前文科林·伦福儒关于文明的界定中就能够看出来。第三，商代的神话

① 张光直：《考古人类学随笔》，生活·读书·新知三联书店，2013年，第207—208页。
② 张光直：《考古人类学随笔》，生活·读书·新知三联书店，2013年，第221页。

图像多半出现在青铜礼器上，只有少量的神话图像出现在木器、骨器、玉器上。张光直选择商代神话图像出现频次最多的青铜礼器，亦为学术研究之需要。

张光直先生关于商代青铜器上神话动物功能的说法，也受到了部分学者的质疑，尤其是神话学者萧兵先生的批评。萧兵质疑的并不是张光直先生关于商周时代青铜器上神话图像是巫师沟通天地的助手这样一种主张，他要批评的是张光直先生这种观点的普遍性。萧兵指出，“我们觉得，将这个理论施用于中国文物，十分牵强附会，不符实际”[①]。基于此，萧兵还阐释了不少考古文物上的神话图像，并对四川三星堆遗址出土的龙虎尊上的饕餮形象做了解释，认为此处的饕餮形象并非是作为巫师沟通天地的助手而出现的，它实际上是一个吃人的怪兽，绝不是沟通天地的使者。至于饕餮吞噬的对象，也绝不是和动物合为一体的巫师形象，而是另有所指：“被食者或为战俘，或是奴隶，或竟玩物，或属被诬为鬼魅侏儒妖怪的‘异族’，却不是心甘情愿地牺牲自我或借助于另我而通灵登天的商人巫觋！”[②]仔细分析便可发现，萧兵先生实际上误解了张光直先生的观点，他错误地将张光直先生探讨的商代青铜器上的神话动物形象扩展到中国上古时代的神话图像，同时将迄今没有文字记载的三星堆遗址出土青铜器上的饕餮图像拿来作为反驳的证据。实际上张光直先生探讨的神话图像仅仅限于商周时代，并且仅仅针对青铜礼器，张光直先生从未主张此种观点可以适用于中国所有时期以及所

① 萧兵:《中国上古文物中人与动物的关系——评张光直教授“动物伙伴”之泛萨满理论》,《社会科学》2006年第1期，第176页。

② 萧兵:《中国上古文物中人与动物的关系——评张光直教授“动物伙伴”之泛萨满理论》,《社会科学》2006年第1期，第178页。

有神话图像。因此萧兵先生的批评实际上是对张光直先生神话图像主张的误解，并不具有真正的批评性。

在文明起源研究中，神话图像通过象征建构政治权力体系的现象并非是个别现象，相反，这是一种较为常见的现象，国外众多学者近期的研究已经表明了这一点。从事多年考古发掘的考古学者南诺·马瑞纳托斯的研究表明，即使是地中海沿岸的文明，在其文明早期进程中，神话图像在创建政治权力与意识形态方面，也扮演了不可替代的塑造性作用。[①]尚需指出的是，神话图像之所以能够进入叙事，既不取决于其载体，也不取决于其表述的内容，而是取决于其存在的社会与历史语境。这就意味着，神话图像的此种功能必须有其存在的先决条件。对于张光直先生而言，商代青铜器上的神话图像之所以能够进入中国政治权力的叙事层面，乃是因为商代特殊的神话宇宙论，而这一点，恰恰是中国早期文明起源区别于西方文明起源的重要因素之一。

二、中国古代神话宇宙论

世界各地文明中均有各自不同类型的神话宇宙论，其表述内容各不相同，但却能够吸引众多学者的关注，尤其能引起从事文明起源研究学者的高度重视。考古学者崔格尔指出，20世纪“50年代以来，对早期文明的宇宙论的研究深受米尔恰·埃利亚德（Mircea Eliade）的影响。埃利亚德以对西伯利亚萨满教的研究著称。埃利

---

① 南诺·马瑞纳托斯：《米诺王权与太阳女神——一个近东的共同体》，王倩译，陕西师范大学出版社，2013年。

亚德认为，所有早期人类都想象一个原始事件驱动现实世界，决定人类在宇宙中的位置，以此理解超自然力量的运作（Eliade 1954）。早期宗教仪式通过回到没有时间的时代，重演创世纪的方式，祈求神灵（*numen*）的出现。神祇最重要、最常见的表现为*axis mundi*，即位于大地中央、沟通上下超自然领域的神山或者神树。在神山或者神树周围，世界向四面八方铺展。埃利亚德认为，这种宇宙模式影响了作为宇宙缩影的城市、神庙、宫殿和房屋等的选址和布局”①。对于张光直先生而言，他关于中国神话宇宙论的研究并非直接来源于伊利亚德，而是受益于另外一名从事玛雅萨满教研究的学者彼得·T.福斯特（Peter T. Furst）。在一次访谈中，张光直先生这样说道："我第一次读到福斯特的书，完全惊呆了。在那些大量的资料细节中，古代及现代玛雅人的萨满文明不用多加更改就可以适用于古代中国人的符号和形式。"②正是基于这种影响，张光直关于中国古代神话宇宙论的探讨几乎与福斯特关于萨满宇宙论探讨的细节完全相同，我们不妨一一分析。

福斯特的萨满教研究包括如下内容：萨满教的宇宙具有巫术性，自然环境与超自然环境中的诸多现象乃是巫术转换的结果；宇宙分为数层，主要是上、中、下三层，各个层面之间由宇宙之柱支撑；萨满教的世界是有生命的世界，万物皆有生命；人类与动物在质量上是对等的，人类为天界服务；人与动物之间可以彼此转换，主要是通过原始魔力而进行；人类或动物的灵魂居住在其骨骼内，

① "埃利亚德"即"伊利亚德"。布鲁斯·G.崔格尔：《理解早期文明：比较研究》，徐坚译，北京大学出版社，2014年，第318页。
② 海基·菲里：《与张光直交谈》，冷健译，《华夏考古》1997年第1期，第98页。

二者通过骨骼获得再生；灵魂与身体可以分离，灵魂同时能够到其他界面旅行，亦能被巫师或精灵捕获。[①]仔细阅读张光直先生的相关论著便会发现，他关于商代神话宇宙论的研究实际上与福特斯的探讨如出一辙。张光直先生关于中国古代神话宇宙论的研究内容主要有以下几个方面：世界分成天、地、人、神等层次，能够通天的人物主要是巫师，商代的国君即商王具有巫师通天之职能；巫师通天的媒介主要有神山、神树、神鸟、动物、占卜、仪式与法器、酒与药物、饮食乐舞。[②]具体到商代，就表现为二分的宇宙论："商人的世界分为上下两层，即生人的世界与神鬼的世界。这两者之间可以互通：神鬼可以下降，巫师可以上陟。"[③]而通天的各种工具，则主要表现为各类动物，尤其是青铜礼器上的各类神话图像。

不难看出，张光直先生关于中国古代神话宇宙论的探讨与福斯特萨满理论的基本内容是一致的，并无大的出入。那么为何张光直先生要这么做？换言之，其意图何在？实际上，若从文明探源的视角来看，张光直先生的这种探讨乃有意而为之。他并非是沿袭西方学者的萨满文明理论，而是试图将中国古代文明纳入世界萨满文明的共同体之内，然后寻找中国文明发生模式的普遍性。

关于这一点，张光直先生自己有着明确的说明："中国古代文明基于巫术的宇宙观这种新的解释对这个古代基层内容的了解提供了新的基础。古代中国与玛雅文明的共同特征使我们有充分的理由相信这个古代的基层文化实际上乃是中国与玛雅文明的共同祖先。

---

① Peter T. Furst. "Shamanistic Survivals in Mesoamerican Religion", *Actas del XLI Congreso Internacional de Americanistas* (Mexico) , Vol.3, 1976, pp.149–157.

② 张光直：《中国青铜时代》，生活·读书·新知三联书店，2013年，第275—288页。

③ 张光直：《中国青铜时代》，生活·读书·新知三联书店，2013年，第289页。

中国与玛雅并不是非得要有文化上的接触才能共有这些类似性的，它们乃是一个文化连续体的成员，这个连续体我们可以称之为玛雅—中国连续体。玛雅—中国连续体的建立在世界文化史上有以下几点重要的意义：1.它将古代中国和古代玛雅联系起来并且说明它们两者之间的类似性，而无须使用传播论；2.它强烈地暗示着这个亚美巫术文化基层并不是东北亚洲的地方性的传统而且具世界性的现象；3.它在一个新的框架里面提出资料用以研究说明在它的领域之内出现诸文明的演进原理。"[①]这就回到了前文说的古代中国文明的连续性问题，即中国古代文明的本质在于其神话宇宙论，以人与自然关系的改变为主要动力，是一种连续性的文明类型，而不是西方式的以人与人的关系的改变为主要动力，后者用金属工具将人类与自然分割开来，造成了人与自然的分离。说到底，中国古代神话宇宙论实际上是为定位古代中国文明在世界文明史中的地位而提出的，张光直先生试图说明，就像玛雅文明一样，中国古代文明具有巫术色彩，这是有别于西方的文明类型，但在世界各地普遍存在，尤其是在古代中国与中美洲的玛雅地区。

需要加以说明的是，张光直先生所说的巫术宇宙论本质上为神话宇宙论，因为此种宇宙论模式本质上是神话式的，巫术仅仅是神话的一个叙述因素而已。在张光直先生所探讨的商代神话宇宙论中，缺少神话起源论，尽管他引用《山海经》中的宇宙创生神话，但《山海经》不是商代神话叙事文本，因此，关于商代神话宇宙论的探讨在张光直先生的研究中是缺席的。另外，神话宇宙论涉及方

① 张光直：《中国考古学论文集》，生活·读书·新知三联书店，2013年，第360页。

位模式，尤其是垂直方位模式与水平方位模式，这是世界各地神话宇宙论不可或缺的内容。根据美国学者艾兰（Sarah Allan）的研究可知，商代的神话宇宙论中除了上与下这两个垂直方位之外，还有东西以及东北、东南、西北、西南这些方位，垂直与水平方向围绕一个十字形的中心而一一对应。[①]但张光直先生在探讨神话宇宙论时并未涉及水平方位中的东西方向问题，却反复强调垂直方位中的上与下这两个方向，并且重点探讨上与下两个世界与方向之间的沟通问题，即巫师借助于各类神话形象与祖先与鬼神进行沟通。这也是由张光直先生的研究目标所决定的，他要强调神话宇宙论的巫术性质，即要强调巫术在沟通上下两个世界中占有的举足轻重的地位，那么上与下自然就是探讨的重点，至于水平方位的东与西这两个方向，与巫术的沟通并无太大关系，因此就被忽略了。从这个角度讲，张光直先生的神话宇宙论某种程度上带有一定的功利性，这也是由他那个时代的学术诉求所决定的。毕竟，张光直先生最终要探讨的是中国古代文明的起源问题，他只能研究与此相关的神话宇宙论。

三、神话的界定与分类

按照常理，考古学者探讨的是以考古实物为主体的实证性问题，对于作为虚构叙事的神话这类研究，多数考古学者会采取回避的态度。但考古学出身的张光直先生并未像多数考古学者那样，将

① 艾兰：《龟之谜——商代神话、祭祀、艺术和宇宙观研究（增订版）》，汪涛译，商务印书馆，2010年，第96—129页。

神话视为文学研究者专有的研究领域，而是投入很多精力，从神话图像的阐释到商周神话分类研究，所有这些无不显示了张光直先生对于神话的重视。那么，为何张光直先生会对神话研究有如此高涨的学术热情呢？究其原因，还是他对神话的认知使然，即张光直先生关于神话的认识与定位，决定了他对中国神话研究尤其是商代神话研究的高度重视。

在中国目前的学科体系中，神话被划分到中国文学范畴，甚至被部分高校的教学体制归类到民间文学。多数学者的认知因此停留在神话是集体创造的虚构性故事这个层面上，神话因此无法与具有现代性与宏大叙事性质的其他文学叙事类型相提并论。这种狭隘的文学式的神话理念导致了中国的神话研究多年无法摆脱文学式的研究，中国神话理论建构无法摆脱文学理论的模型影响。作为一名旅居海外的学者，张光直并未受到此种文学式神话理念的影响，恰恰相反，他采用了人类学将神话视为文化编码与基因的理念，将神话看作是文化与历史的建构性要素而加以研究，从而取得了卓然不凡的成就。

张光直特别指出，“稍微浏览一下神话学文献的人，很快地就会发现：研究神话的学者对‘什么是神话’这个问题，提不出一个使大家都能满意接受的回答。再进一步说，我们甚至不能笼统地把神话的研究放在某一行学问的独占之下：文学批评家、神学家、哲学家、心理学家、历史学者、人类学家、民俗学家，以及所谓‘神话学家’，都研究神话而有贡献”[①]。这实际上是提倡跨学

① 张光直：《中国青铜时代》，生活·读书·新知三联书店，2013年，第372页。

科的神话研究，并强调一种能够覆盖各个学科的神话理念。“照我个人的管见，神话不是某一门社会或人文科学的独占品，神话必须由所有这些学问从种种不同的角度来钻研与阐发。因此我也就不能同意若干学者对过去神话研究之‘单面性’的批评：神话的研究只能是单面性的。”[①]在强调多学科与跨学科研究神话的同时，张光直先生将神话视为文化编码，在历史建构过程中具有独特的价值与意义。他强调：“最重要的一点是我同意大多数研究神话学者把神话当作文化与社会的一部分的观念：神话属于一定的文化与社会，为其表现，与其密切关联。譬如东周的神话在东周时代的中国为中国文化活生生的一部分，而可以，甚至应当，主要当做东周时代中国文化之一部分加以研究。对商代的及西周的神话，我们所取的态度也是一样的。”[②]作为考古学者与人类学者，张光直先生早就意识到神话在历史叙事建构中具有重要作用，只不过，基于20世纪80年代整个中国学术界神话研究的状况，他仅仅强调了神话作为文化与历史的因素这种属性，而没有在理论上强调神话作为文化建构要素的性质。

在论及神话概念时，张光直先生并未给出神话的确切定义，但同时规定了神话的叙述内容：“第一，我们的神话材料必须要包含一件或一件以上的‘故事’。故事中必定有个主角，主角必定要有行动……其次，神话的材料必须要牵涉‘非常’的人物或事件或世界——所谓超自然的，神圣的，或者是神秘的……但神话从说述故事的人或他的同一个文化社会的人来看却决然不是谎！他们不但坚

① 张光直：《中国青铜时代》，生活·读书·新知三联书店，2013年，第375页。
② 张光直：《中国青铜时代》，生活·读书·新知三联书店，2013年，第379页。

信这些‘假’的神话为‘真’的史实——至少就社会行为的标准而言——而且以神话为其日常生活社会行动仪式行为的基础。这也是我给神话材料所下的第三个标准。”[①]从张光直先生关于神话的界定中可以看出，尽管他没有给出确切的定义，他却将神话视为一种真实而神圣的叙事，甚至某种程度上成为神话叙述者的神圣信仰。这绝非文学式的神话界定，而是人类意义上的神话概念，因为神话的功能与价值已远远超出了文学的叙事意义，它是人类生存的原则与基础。

就神话研究的独创性而言，张光直关于神话的定义并未脱离人类学的范畴，但他关于商周神话分类的研究却是对中国神话尤其是商周神话研究的独特贡献。因缺乏相关的研究资料，商周神话研究向来是中国神话学者心有余而力不足的一个学术难题。在张光直之前，商周神话研究一直在进行，但关于商周神话的体系问题一直未能得到解决，即便是陈梦家先生的《商代的神话与巫术》[②]也未能解决商代神话的体系建构问题。张光直先生根据商周神话叙述的内容，将其分为四类：自然神话、神仙世界及其与人间世界分裂的神话（分裂神话）、天灾与救世的神话、英雄世系神话，这四个体系组成商代神话的叙述内容，同时奠定了商代神话的基本结构。从中国神话的体系来看，张光直先生关于商代神话的分类研究虽然看上去比较保守，仅仅在叙事内容上做了简单的划分，并未就其内部的深层结构做系统分析与阐释。但需要指出的是，直到当下，商周神话的分类与结构问题一直未有体系性的研究，张光直先生的分类依

① 张光直：《中国青铜时代》，生活·生活·新知三联书店，2013年，第373—374页。
② 陈梦家：《商代的神话与巫术》，《燕京学报》1936年第20期，第486—576页。

然是最为完整的。其中的原因比较复杂，但最为重要的一点，就是商代神话的资料较少，多半限于甲骨文与青铜礼器，恐怕没有几人能够对二者进行深入的阐释解读，能够超越张光直先生的，暂时还未出现。从这个角度来看，张光直先生关于商周神话分类的研究是无人能够替代的。

张光直指出，商周神话中自然神话的数量极其有限，但英雄神话却极为丰富，很大程度上这归结于神话的历史化问题。在张光直看来，所谓神话的历史化，具体到英雄本身就是，诸多英雄是由古代的神明或者是动物精灵转化过来的。用当下神话学的学术话语表述就是，古代神话世界的主角转换到真实的历史时期，由虚构的形象转换为真实的历史人物与形象，这种现象或问题即为神话的历史化问题。神话的历史化问题本质上是神话如何进入历史的问题，只不过研究的问题具体落实到了英雄这样一类特殊的形象上。神话的历史化问题并不是张光直首先提出来的，茅盾先生早在20世纪20年代就已经提出来了，但这个问题在茅盾先生那里被抽取了具体的时间背景，神话的历史化问题因此成为一个无法探讨的抽象话题。与茅盾先生有所不同的是，张光直先生将神话的历史化问题放在了具体的历史时期加以探讨，并指出商代之所以存在大量的英雄神话，乃是神话历史化的结果。“神话之历史化是在各国都有的一个程序，但在古代的中国特别发达，而这也许就是关于自然与神的世界的神话不多的主要原因。”[①]张光直先生还指出，商周神话中的英雄多半为各个氏族的始祖兼文化英雄，

① 张光直：《中国青铜时代》，生活·读书·新知三联书店，2013年，第395页。

集中反映了英雄即是祖先这样一种理念，隐藏在背后的原因则极为功利："中国古代的神话在根本上是以亲族团体为中心的；亲族团体不但决定个人在亲属制度上的地位，而且决定他在政治上的地位；从商到周末，亲属制度与政治制度之间的密切联系关系发生了剧烈的变化，而神话史上的演变是这种政治与亲属制度之演进所造成的。"①

四、结语

从神话如何进入历史这个角度来看，张光直先生的中国神话研究实际上给出了三种不同的路径：第一，就神话图像而言，商周时代的神话图像首先是作为财富而出现的，其次是作为权力与财富的象征符号，在文明进程中发挥着建构权力机制的作用；第二，神话宇宙论在中国古代文明进程中具有举足轻重的地位，统治者独占沟通天地的工具就等于掌控了沟通天地的权力，进而独占了知识与权力；第三，通过将神话英雄历史化的叙述方式，神话将虚构的神话形象转化为历史上真实的各个族群或权力集团的祖先，进而将其转换为文化英雄，神话从而进入历史叙述层面。在上述三个层面，神话成为历史叙事的方式，同时又成为历史叙事的一个建构性因素。20世纪80年代以来，神话如何进入历史一直是神话学研究的一个热点问题，不同的研究者在理论上给出了各种不同的答案，却鲜有人给出具体的阐释。作为一名考古学者与人类学者，张光直先生从具

---

① 张光直：《中国青铜时代》，生活·读书·新知三联书店，2013年，第405页。

体的中国神话研究出发，为神话如何进入历史提供了独特而颇具价值的答案。

第三节 叶舒宪认知神话学研究述略

一、引言

本节的研究对象叶舒宪先生从事的是认知神话学研究，神话学似乎算不上中国的显学范畴。因为神话学在中国现有的学科机制内并不是一门学科，只有在民间文学的课堂上才能够被讲授。但在西方学术界，神话学却是引领人文社会科学思想潮流的显学，它是能够打通文史哲各个学科的一门综合性学问。自19世纪诞生以来，神话学就一直扮演着学术前沿阵地的角色，该领域的一些学者对欧美学术界产生了极为重要的影响，诸如恩斯特·卡西尔（Ernst Cassirer）、列维-斯特劳斯、布罗尼斯拉夫·马林诺夫斯基（Bronislaw Malinowski）、米尔恰·伊利亚德等。在连接西方神话学与中国神话学方面，叶舒宪先生起到了极为重要的桥梁作用，他对认知神话学的贡献与创建性工作，值得该领域的所有学人瞩目。

二、从神话原型到原型编码

每一位对神话学怀有兴趣的人，都会为叶舒宪先生的论著所折服。叶舒宪先生迄今出版40余部论著，令人不容小觑。在叶舒宪先生的众多学术著述中，关于神话原型的有13部。[①]实际上，叶舒宪先生的学术生涯始于神话原型，其学术创新亦源自神话原型。

从叶舒宪自身的表述来看，他对神话原型的兴趣最初源自剑桥人类学派的奠基者詹姆斯·乔治·弗雷泽（James George Frazer）。叶舒宪的童年是在北京外国语法语班度过的，但时代的变化很快便把他送到了西安。他先是在西安第四十一中学读书，“作为‘可以改造好的对象’，中学毕业时分配到一家兵工厂当学徒。7年后赶上恢复高考，以24岁的年龄走进大学中文系一年级的课堂”[②]。大学毕业后留校于陕西师范大学文学院任教的叶舒宪，因个人求知与工作需要，大量涉猎了文学之外的其他领域的书籍，考古学、人类学、神话学、神学等。关于这一点，叶舒宪先生有明确的表述，他说：“为了弄明白《圣经》洪水神话的性质，我在北图借到了弗雷泽的大著《〈旧约〉中的民俗》，这位人类学家俯视全球的学术气魄和详赡的资料收集功夫，给我了很大的震动。这也就是促动我在20世纪80年代中期醉心于译介原型批评的潜在因素。当我看到加拿大批评家弗莱在《批评的解剖》中称赞弗雷泽的《金枝》为伟大的文学

① 具体论著信息如下：叶舒宪选编：《神话—原型批评》，陕西师范大学出版社，1987年；叶舒宪：《探索非理性的世界——原型批评的理论与方法》，四川人民出版社，1988年；叶舒宪：《英雄与太阳：中国上古史诗的原型重构》，上海社会科学院出版社，1991年；叶舒宪：《中国神话哲学》，中国社会科学出版社，1992年；叶舒宪：《太阳女神的沉浮——日本文学中的女性原型》，陕西人民教育出版社，1992年；叶舒宪：《高唐神女与维纳斯——中西文化中的爱与美主题》，中国社会科学出版社，1997年；叶舒宪：《原型与跨文化阐释》，暨南大学出版社，2002年；叶舒宪：《千面女神：性别神话的象征史》，上海社会科学院出版社，2004年；叶舒宪：《神话意象》，北京大学出版社，2007年；叶舒宪：《熊图腾：中华祖先神话探源》，上海画报出版社，2007年；叶舒宪：《河西走廊：西部神话与华夏源流》，云南教育出版社，2008年；叶舒宪：《金枝玉叶：比较神话学的中国视角》，复旦大学出版社，2012年；叶舒宪、章米力、柳倩月编：《文化符号学——大小传统新视野》，陕西师范大学出版社，2013年。

② 叶舒宪：《激情》，上海文化出版社，2003年，第15页。

批评著作时，一种打通人类学与文学研究的意愿就开始萌发了。一部人类学的经典著作，竟然被文学理论家视为本学科的珍宝，这是否可以提示人们，学科的藩篱是人为的，而事物的存在本来是不分学科和专业的。从那以后，我就迷上了人类学。如今回想起来，她也许是人文、社会科学中最能使人心胸开阔、眼界开阔的一门学科了。文学理论家弗莱之所以能够创立他的原型批评体系，显然同人类学的强烈影响密不可分。由于同样出身于文学专业，我对神话学、人类学的兴趣使我很自然地选择了弗莱的理论取向，从翻译、介绍到尝试应用原型批评（以及结构主义、精神分析等）的眼光重新审视中国文学现象。”[①]

从中可以看出，叶舒宪对神话原型的兴趣首先始于个人学术爱好，其次是对以弗雷泽为代表的剑桥人类学派看待问题的整体性视角，以及神话原型具有的宏观性、系统性特征的认同。正是基于对神话原型的这种学术认同，青年时代的叶舒宪开始在中国系统介绍神话原型批评。他的第一部系统介绍神话原型批评的著作是《神话—原型批评》，然后便是《探索非理性的世界——原型批评的理论与方法》。这两部著作重点在于阐释神话原型批评的理论与方法。20世纪80年代，正是中国学界引入西方理论与方法的高潮时期，加之国内文艺学界出现本体论转向，学者们对原型与本体的探讨为神话原型在中国的传播提供了学术氛围。叶舒宪对于以弗雷泽为代表的文化人类学派极为推崇，但他早期关于神话原型的译介中并未重点阐释与介绍剑桥学派，而是将其与以荣格为代表的分析心理学

① 叶舒宪：《原型与跨文化阐释》，暨南大学出版社，2002年，自序第1—2页。

派、以卡西尔为代表的象征哲学学派置于同等地位，将三者视为神话原型批评的理论渊源。叶舒宪仅用简短的一句话表明了自己对文化人类学的认知：“可以说，来自上述三方面的跨学科动力，及其在文艺学中的重新组合，奠定了原型批评的坚实的理论基石。其中以人类学的影响渗透最早，也最为重要，因而也有人把原型批评理论称为‘文学的人类学’。”①

作为一种外来理论，神话原型批评的适用度尚待进一步检验。方克强先生早就指出，因弗莱等倡导者自身学养的限制，神话原型批评忽略了东方文学，具有跨文化研究的不彻底性，中国学者在运用神话原型时应特别谨慎，尤其要注意三个方面的内容：第一，神话概念与批评对象的选择；第二，原型概念与批评方法的运用；第三，人类集体意识、集体潜意识概念与批评目标的达成。②关于这一点，叶舒宪其实非常明白，只不过他对神话原型批评理论的兴趣并不在于单纯译介，而是另有目的。“从叶氏原型批评的实践来看，他并非单是倡导原型在中国文学中的应用，也不只是拿中国文学文本来检验原型理论，其首要主旨是利用原型批评来探寻中国文学的发生机制，进而重构中国文学的生成语境。”③这方面的内容留待后文细说，这里先要指出一种现象，即叶氏关于神话原型的应用多半与中国的女神有关。早在1987年，叶舒宪主持的课题“高唐神女维纳斯——中西文化中的爱欲主题”，获得国家教育部首届青年社会

---

① 叶舒宪：《探索非理性的世界——原型批评的理论与方法》，四川人民出版社，1988年，第20页。

② 方克强：《文学人类学批评的内容与前景》，《上海文学》1992年第1期，第79页。

③ 王倩：《阐释与重构：原型批评在当代中国的发展》，《文艺理论研究》2010年第5期，第30页。

科学基金的立项资助。[1]他后来的一些论著或译著，诸如《太阳女神的沉浮——日本文学中的女性原型》《千面女神：性别神话的象征史》《活着的女神》，不少与女神相关。那么，这究竟是神话原型理论所致，还是另有其他缘由？

关于这一点，叶舒宪自己曾经有所表露。他在《激情》这部叙述自我体验与学术成长的书中详细讲到了其中的缘由。概而言之，大致有两种原因促使他走上了探索爱与美相关的学术之路，一是大学期间同学爱情上的不幸遭遇激起的感慨；二是个人留在心中的一些情感郁结。他大学期间的同学张久平因在大学谈恋爱而被学校开除，另外一位校友康正果毕业论文因探讨晚唐诗人韩偓的诗歌，而被学校以宣扬色情思想为由取消答辩资格。叶舒宪对此极为痛心，并坦率表明自己的心态："我自己在大学时代之所以对以上两桩发生在身边的事件感触颇深，这可能同12岁那年被外国语学校革除学籍的少年心灵创伤有关，容易引发同病相怜的反应。"[2]同学的不幸际遇给了叶舒宪一种世间无情无爱的感慨，而他自身因为本科毕业论文险些被学校极左思潮终结学术道路的经历，让他对学术之外的机制产生另外一种发自内心的反叛心理。除此之外，他大学毕业后个人情感上的一些不如意经历，也促使青年时代的叶舒宪不觉将爱情列为学术研究的对象。关于这一点，叶舒宪并不讳言，"在相遇与寻求的双重希望中进一步体尝爱情的真谛，并在不知不觉地走上研究爱情乃至性爱的学术旅程。……

① 该课题研究成果为《高唐神女与维纳斯——中西文化中的爱与美主题》，于1997年由中国社会科学出版社出版。

② 叶舒宪：《激情》，上海文化出版社，2003年，第27页。

为了从根源上认清中国传统文化的爱情观念，和古代文学中性爱主题的表达问题，我进入了比较神话的领地，试图从文学的母胎——神话中去寻觅爱欲女神的足迹。”[①]由爱神至女神，由此出现了《千面女神：性别神话的象征史》《活着的女神》这类与神话图像学相关的著述。对于神话的痴迷以及对神话原型的应用，使叶舒宪发现了中国文化与文学现象中的一些难题。他敏锐地感觉到，这些难题无法用神话原型的理论来解决，必须从思维模式或发生机制入手进行探讨。

利用神话原型重构中国本土文学发生机制，这样的尝试在20世纪90年代就已经开始了，只不过叶舒宪关于原型的理解依然局限在文学范畴，并未突破弗莱的界定。在研究范式上，叶舒宪一方面采用弗莱的整体文学思路，另一方面采用了弗雷泽的比较研究模式，将研究对象置于世界范围内，以此获得宏大的比较效果。叶舒宪极为认同弗雷泽的比较研究模式，他甚至在学术回顾中这样写道：“备课阅读中让我受惠最多的不是文学研究家，而是人类学家弗雷泽。他的巨著《〈旧约〉中的民间传说》让我第一次体会到什么是知识全球化的打通式境界。回过头来再看那些就一部作品或一位作家而评头品足的文学批评，会显得单调乏味。眼界被局限在民族国家这种近代以来‘想象的共同体’之内的学人，难以练就一种俯视环宇的学术气魄，也就不易打开知识创新的局面。这种意识或许在暗中驱动我逐渐脱离东方文学、外国文学和文艺理论的教学，热衷加入比较文学领域。”[②]需要指出的是，尽

① 叶舒宪：《激情》，上海文化出版社，2003年，第32页。
② 叶舒宪：《我的“石头”记》，《民族艺术》2012年第3期，第6页。

管弗雷泽的比较视野开阔，但同时存在将同一现象罗列堆积的不足，国外一些学者对此颇有微词。从事人类学研究的学者E. E. 埃文斯-普理查德（E. E. Evans-Pritchard）将这种比较称为“剪刀加糨糊”的方法，他颇为严厉地指出：“这里压根儿就没有比较，有的只是将那些似乎有些共同性的事项拼凑在一起。对此，我们确实可以说，它使得作家们能够作初步的分类，而在此种分类中，大量的观察能够被置于数量有限的标题之下，由此导入一些秩序；就此而言，它曾有过价值。但是，与其说它是比较研究方法，不如说它是一种描述，差不多就是心理学家过去所说的‘猎奇法’（anecdotal method）。大量偶然的事例被拼凑在一起，以阐释某种一般性的观念，并支持作者论述那种观念的论文。从来不曾有过以未被选择的事例来检验其理论的尝试。当从一个任意的猜测推导出另一个任意的猜测（被称作假说）时，连最起码的谨慎也被忽视了，归纳法（求同法、求异法和共变法）的最简单的准则也被忽视了。”[①]这种批评不无道理，叶舒宪当然明白弗雷泽比较方法的不足，但他并非是简单套用，而是欲借助神话原型的理论与弗雷泽的比较模式，研究中国本土文学与文学现象，继而解决中国文学与文化发生机制问题。因此，进入20世纪90年代之后，他关于神话原型的研究就从阐释转向了重构，直至创造性地提出原型编码的学说。

叶舒宪在20世纪80年代关于神话—原型理论的译介与阐释中的原型并未摆脱文学范畴，但这种以文学意象和象征形式出现的原

① E. E. 埃文斯-普理查德：《原始宗教理论》，孙尚扬译，商务印书馆，2001年，第12页。

型内涵促使叶舒宪先生在21世纪提出了“原型图像学”这个术语。所谓原型图像学，实为一种跨学科的图像阐释理论，叶舒宪先生对其阐释特征做出了概括：“比较图像学的方法特征有二，即横向比较与纵向比较。横向比较指的是不同文化的图像之间的比较，希望能够达到异中求同的‘打通’效果；或者从同中见异，更加明确地把握不同文化的艺术形象特色。纵向指的是某一个原型图像与其后代的各种变形图像之间关联的认识。”[①]国外神话学与图像学领域并不存在“原型图像学”或“比较图像学”这样的概念或术语，叶舒宪先生之所以创造性地使用这样的术语，实乃希望借助于二者打通原型与图像之间的隔阂，并在理论上加以提升。因缺乏足够的理论建构体系，比较图像或原型图像学方法在叶舒宪的图像研究中并未上升到方法论层面，真正富有方法论意义的图像理论建设是“原型编码”概念的提出。

“原型编码”也称“N级编码理论”，是叶舒宪先生提出的概念，其内容指向了文本、图像、口传等几种表述方式。叶舒宪这样界定原型编码的概念：“将文物和图像构成的大传统文化文本编码算作一级编码；将文字小传统的萌生算作二级编码的出现；用文字书写成文本的早期经典，则被确认为三级编码；经典时代以后的所有写作，无非都是再再编码，多不胜数，统称N级编码。”[②]此处的“大、小传统”，尚需略加解释。“大、小传统”这一概念并非是叶氏首创，其名称最初源自美国人类学者罗伯特·雷德菲

① 叶舒宪：《千面女神：性别神话的象征史》，上海科学院出版社，2004年，第5页。
② 叶舒宪、章米力、柳倩月编：《文化符号学——大小传统新视野》，陕西师范大学出版总社，2013年，第3页。

尔德（Robert Redfield）。罗伯特·雷德菲尔德一直致力于分析非西方世界原住民的思维方式与文化传统，他在《农民社会与文化》一书中提出了大、小传统的概念。雷氏眼中的大传统，指代表着国家与权力，由城镇的知识阶级所掌控的书写的文化传统；小传统则指代表乡村的，由乡民通过口传等方式传承的大众文化传统。[①]叶舒宪先生改造了大、小传统的概念与内涵，赋予它们以特定的意义："把由汉字编码的文化传统叫做小传统，将前文字时代的文化传统视为大传统。"[②]就像罗伯特·雷德菲尔德的大、小传统一样，叶氏的大、小传统也有着特定的文化背景，它是针对中国文化传统的现状而提出的，有着轻文字而重非文字资料的倾向。关于这一点，叶舒宪先生有明确的表述："我们再造大传统小传统划分的目的，是为了摆脱书本主义知识观、历史观的束缚，面对实际的新材料、新知识，有效地重建新的中国文化观。"[③]换言之，叶氏对雷氏大、小传统的改造服务于重构中国文化观这一现实诉求，即希望借助于文字之外的图像、实物、符号、仪式、口传叙事等非文字资料，重构中国文化大传统，以此还原被文字叙事遮蔽、扭曲乃至颠覆的历史与文化本相。

那么，原型编码这种主张是针对什么而提出的？与神话原型究竟有何关系呢？概括地说，原型编码是针对中国长时段前文字时代的大传统与短时段的文字小传统而言的，要解决的是人类如

---

① Robert Redfield. *Peasant Society and Culture: An Anthropological Approach to Civilization*. Chicago: The University of Chicago Press, 1956, p.71.

② 叶舒宪：《探寻中国文化的大传统——四重证据法与人文创新》，《社会科学家》2011年第11期，第9页。

③ 叶舒宪：《文化大传统研究及其意义》，《百色学院学报》2012年第4期，第4页。

何记忆文化原型的过程问题。该理论的核心内容强调，人类记忆文化的过程并非是杂乱无章，而是按照某种编码规律进行的。史前无文字书写时代的人类的神话与信仰是后世文字时代所有文化编码的源头，即一至N级编码的文化原型。明显能够看出，叶氏的原型编码强调神话信仰时代的叙事对后世文化表述的编码作用，这里的原型属文化范畴而不是文学范畴。换言之，这是叶氏对原型内涵的扩展与改造，与20世纪80年代引进的原型概念有着根本不同。“从理论渊源来看，原型有两种类型：荣格的心理学原型与弗莱的文学原型。尽管二者同时被称为原型，但它们之间其实存在很大的差别。荣格从心理学视角观照文学，强调原型的非理性因素，其理论模式侧重于描述文学创作的心理过程及心理动力。在这个意义上，荣格的原型其实等同于原始意象。另外，荣格的原型批评主要探讨文学创造过程中心理意识的历史，更多带有一种将文学与社会联系起来的意图。就原型的内涵而言，弗莱的原型批评是一种文学的研究模式，原型因而属于文学范畴，它是一种文学的功能性单位，用来揭示文学自身的发展规律。弗莱的意向并非强调原型的独立性与创造性，而是偏向于考察原型的传统性与历史性，其原型批评的最终旨趣是探索文学自身在发展过程中的内部规律，从文学自身去描述文学之本质，该批评模式带有鲜明的整体文学史意识。”[①] 所以说，叶氏的原型编码已经脱离了荣格与弗莱的心理学与文学范畴而进入文化层面，指向了人类文化表述与记忆的编码问题。

---

① 王倩：《阐释与重构——原型批评在当代中国的发展》，《文艺理论研究》2010年第5期，第33页。

叶氏的原型编码仅仅具有时间上的指向，对于空间并无具体所指。一个突出的特征乃是，原型编码下文化涵盖的空间范围极为宽泛，且不说其他国家，姑且以中国为例，它指向了现代中国版图上的所有地域，东西南北中各有所指。但这里同时存在的问题就是，同一时间限度下的中国文化具有明显的地域特征与差异，譬如，广汉平原的三星堆文化迥异于同一时期的中原文化，出土文物展现的各种特征已充分表明这一点。因此，如何利用各级编码阐释中国版图内不同区域的文化在同一时段内的互动关系，继而重构该时期的文化传统，这一问题成为当前原型编码学说建构的关键。从理论层面而言，该论题的难度极大，论及内容极为复杂，涉及史学、人类学、民族学、考古学、神话学等相关学科。因此，原型编码迄今尚不能称之为理论，充其量只能是一种学说或假说，因为其理论深度与逻辑框架皆有待于不断完善，其普遍性与适用性尚需在实践中不断验证。

至此，我们不由要发问：叶舒宪先生为何要提出原型编码这种主张？这个问题无论如何也无法回避，因为它涉及原型编码的生成语境。因此，笔者在这里做简略补充。大致说来，催生原型编码主张的缘由有三种：第一，文学人类学学科理论建构的需要；第二，神话原型自身的不足；第三，神话自身作为文化基因的特征。这里重点阐释第一种缘由，其他留待后文交代。作为一种跨学科的阐释模式，文学人类学的生成历史可追溯至20世纪上半叶，但直到20世纪末叶，它才成为严格意义上的学科。确切地说，文学人类学的跨学科模式始于20世纪上半叶，凝聚了茅盾、闻一多、郑振铎、鲁迅等早期先行者的努力，他们以西方人类学视角阐释中国本土文学及文学现象的研究，开创了中国文学人类学跨学科阐释模式的先河。[①]进入21世纪，中国文学人类学面临学科理论建构的艰巨任务，关于这一点，叶舒宪先生有明确的表述："现在大家面临着新学科建构的任务，需要建立起自己的理论体系，这个理论体系起码有以下几点基本诉求：一要有学理依据，能够有效解释较为复杂的研究对象；二要具独树一帜的开拓性，发前人所未发，见前人所未见；三要有可传播性，便于学习、推广和应用。不希望搞成玄虚的自娱自乐或纸上谈兵。出于传播的考虑，要尽量避免将中、西方的东西彼此生硬地翻译，选择采用简明的、便于表现和记忆的术语。"[②]在此背景下，叶舒宪先生建设性地提出了"四重证据法"[③]与"大、小传统"的概念，试图以此建构中国文学人类学的学科理论框架。当然，这就涉及第二重缘由，与神话原型理论的缺陷有关。荣格等人倡导的神话原型理论限于文学范畴，且不涉及神话图像，在实践中有许多现象无法解释，叶舒宪先生改造之后的原型编码主张则能够解释弗莱神话原型无法解释的文化传承问题。最后，原型编码的提

① 因缺乏人类学的田野实地考察，所以他们的阐释模式某种程度上是借用人类学的视野观照中国神话，但各有侧重。茅盾主要利用人类学的神话仪式学派相关观点解读中国古代神话；闻一多在《伏羲考》中运用了人类学者芮逸夫收集的苗族关于伏羲女娲的神话传说，以及人类学关于图腾的相关理论来解读伏羲；郑振铎的《汤祷篇》直接运用弗雷泽替罪羊理论改写了中国古典文献中的商汤祈雨故事，将商汤表述为代民受过的替罪羊形象。通过一系列文学解读工作，这些早期的学者实际上创造了一种文学人类学跨学科的阐释模式，它不同于后期学科意义上的文学人类学，本质上为解读中国本土文学及其现象的一种路径。

② 叶舒宪、章米力、柳倩月编：《文化符号学——大小传统新视野》，陕西师范大学出版社，2013年，第2页。

③ 所谓"四重证据"，指的是如下四个方面的研究资料：传世文献及传统文字训诂，谓之第一重证据；传世文献中所没有的新出土文字资料，包括甲骨文、金文及竹简帛书等书写文献，谓之第二重证据；汉语传世文献和出土文献之外的、具有人类学特色的材料，包括民间口传叙事，仪式，礼俗，民俗学、民族学提供的跨文化资料，谓之第三重证据；考古出土的和传世的实物及其图像，谓之第四重证据。表面看来，"四重证据法"似乎有一种工具论的色彩，从命名上可以看出这一意味。但实际上，"四重证据法"不单是一种方法论意义上的古史重构路径，更是人类学重构本土文学的框架的基本路径，其背后是"文学共同体"这一宏观文学理念。

出与神话自身作为文化基因的特性有关。国外神话学因自身为跨学科研究范式，对于神话的界定并未限于文学范畴，神话的文化属性已成为所有神话研究者解读神话的前提。但在中国，神话尚属于文学范畴，文学本位主义的研究依然盛行，这也是叶舒宪最后要破除文学范畴神话理念的原因所在。

一旦意识到神话具有的塑造文化传统与历史叙事的功能，叶舒宪的原型编码学说便注定与中国几千年的文化大传统有不可分割的关系。原型编码便不仅仅是针对重构中国文化传统的问题，它面对的将是重构中国历史叙事与发生机制的问题，由此出现另外一个概念，那就是“神话历史”。

三、“神话历史”与“神话中国”

从2009年开始，叶舒宪的神话研究中频繁出现了“神话历史”这个词，同时出现的还有“神话中国”这个术语。那么，在叶舒宪的学术名词中，究竟什么是“神话历史”，什么是“神话中国”呢？叶舒宪使用这些学术术语的意图何在？在回答上述问题之前，笔者对“神话历史”一词做简短梳理。

就“神话历史”一词的来源而言，叶舒宪并不是这个术语的首次使用者，他只不过是借用者。确切地说，“神话历史”这个术语源自新史学，是新史学反思历史属性的产物。“神话历史”一词首次出现于1985年，美国学者威廉·H.麦克尼尔是这个术语的创造者。在1985年的美国历史协会第100届年会上，作为会长的威廉·H.麦克尼尔发表了题为“神话历史：真理、神话、历史和历史学家”的演说辞。[①]当年威廉·H.麦克尼尔使用“神话历史”一词时，其意图在于反思历史的虚构性，“神话历史”指的是神话般虚构的历史。“在使用神话历史这一术语时，麦克尼尔强调：历史叙述只不过是历史事件的阐释，历史的根本属性是神话性——虚构，作为科学的历史并不存在，只有作为阐释学或诗学的历史。在麦克尼尔的神话历史范畴内，神话并非是历史的代名词，而是虚构的同义词，它与真实相去甚远。麦克尼尔的立足点是史学的诗学性质或虚构性，他本人并未对神话与历史生成的先后顺序做任何甄别。”[②]时至1990年，新史学理论的另外一名倡导者唐纳德·R.凯利（Donald R. Kelley）再次对“神话历史”做了阐释。唐纳德·R.凯利眼中的“神话历史”指的是具有诗性性质的历史，即强调历史的叙事性。与此同时，唐纳德·R.凯利又强调神话叙事的真实性。“历史起源于神话并逐渐摆脱了这种神话特性，直到马基雅维里和奎恰尔迪尼时代，它获得彻底觉悟为止——或者可能是伏尔泰和吉本时代，或者可能是蒙森和兰克时代，或者可能是这个世纪‘新’的经济、社会和文化史等等。”[③]本质上说，新史学研究者眼中的“神话历史”概念与新史学关于历史属性的再界定密切相关，它要破除的是历史

① 参见William H. McNeill. “Mythistory, or Truth, Myth, History, and Historians”, *The American Historical Review,* Vol.91, 1986, pp.1-10.该文后被收入麦克尼尔论文集《神话历史及其他论文》(*Mythistory and Other Essays*)一书。中文译文曾刊载于《史学理论》杂志1987年第1期，后被《现代外国哲学社会科学文摘》1988年第8期全文转载，最后被收入《现代史学的挑战——美国历史协会主席演说集》一书。见中国美国史研究会编：《现代史学的挑战——美国历史协会主席演说集》，王建华等译，上海人民出版社，1990年，第475—488页。

② 王倩：《论文明起源研究的神话历史模式》，《文艺理论研究》2013年第1期，第202页。

③ 唐纳德·R.凯利：《多面的历史：从希罗多德到赫尔德的历史探询》，陈恒、宋立宏译，生活·读书·新知三联书店，2003年，第1页。

作为科学这样一种宏大历史观，强调历史是诗学或阐释学的本质属性。对于神话，麦克尼尔与凯利并未做过多阐释，他们至多承认神话在叙述历史层面具有真实性的一面。

进入21世纪之后，新史学对于“神话历史”有了新的理解。身为以色列特拉维夫大学历史学教授的约瑟夫·马里，对“神话历史”做了更为深入的阐释。马里的“神话历史”概念则以承认神话作为历史性叙述为前提，探询神话如何进入历史。他认为，神话在历史之前产生，并且指出神话作为历史的“史前史”而存在这样一种历史事实。马里坚持认为，神话被证明是根本的起源性叙述，因此，神话是第一位的，历史是第二位的。他断言：“一则神话无论多么富有传奇意味，它并不表示编造或纯粹的虚构，因为它通常包括共同体历史中所含有或涉及的关键问题，诸如共同体共同的祖先和领域的传奇。这些问题依赖并能催生关于历史的神话，因为它们不仅适于形而上学的神秘事物，诸如共同体的起源和最终命运，而且更为关键的是，这些真实的叙述是共同体成员所信赖并经历的事实，即便（或者正好因为）它们是神话的而非逻辑的或历史演绎的。”[①] 不难看出，马里的“神话历史”概念强调神话的凝聚力即神话整合社会文化情感的功能。就像威廉·H.麦克尼尔与唐纳德·R.凯利，马里的“神话历史”概念是其反思历史的概念性工具，其基本意图在于通过神话探询历史的原初面貌，继而重构历史及史学观念。

熟知西方知识界动态的叶舒宪先生，极为敏锐地觉察到了“神话历史”一词的整合性作用，他将其应用在神话学领域，用来

① Joseph Mali. *Mythistory: The Making of a Modern Historiography*. Chicago: The University of Chicago Press, 2003, p.4.

彰显神话的塑造性功能。颇有意味的是，叶舒宪先生使用“神话历史”这个概念时，淡化了它原来所指的历史诗学性质，而强调神话在历史进程中具有的整合文化作用。他在一次访谈中指出：“按照《神话历史》一书著者马里教授的判断，这个词在古代的对应称呼应是‘历史的神话’（historical myth）。对于华夏文明而言，则是把经书神话、圣人神话、皇权神话等看作是‘天人互动’范式支配下构成的历史神话（叙事）。‘历史的神话’或‘神话历史’概念的再提出，可以驱散‘历史科学’说造成的假象，消解历史与神话的截然对立，将神话从狭小的文学本位的学科概念局限中释放出来，使它发挥文化编码和神圣叙事的方法论作用，成为探索中华文明本源的一把观念钥匙。华夏文化几千年传统并未像古希腊传统那样，让神话被哲学和科学代表的理性主义所取代。神话作为一种信仰和思维，从史前的口传时代穿越漫长的文字历史，早已作为文化根基和编码规则。”[①] 上述这些话语已经非常明确地表明了叶舒宪本人的意图——他使用“神话历史”这个概念并非是强调历史的诗性特征，而是强调神话具有的文化编码和神圣叙事功用，以此来揭示并重构中国本土文化传统。因此，他在“神话历史”的思维方式基础上提出了“神话中国”这个概念，以此表明神话在中国几千年文化传统中的塑造性作用。关于为何使用神话历史与神话中国这两个语词，叶舒宪本人有非常明确的表述：“研究神话历史，不等于研究神话，而是要研究文化文本及其编码程序。出于这个目的，才会有研究对象从‘中国神话’到‘神话

① 叶舒宪、廖明君：《新世纪神话观的变革与神话研究新趋势——中国神话学会前沿对话》，《百色学院学报》2013年第6期，第8页。

中国’的根本性转换。”[①]

那么，究竟什么是“神话中国”呢？叶舒宪对此有所界定：“所谓‘神话中国’，指的是按照天人合一的神话式感知方式与思维方式建构起来的五千年文化传统，它并未像荷马所代表的古希腊神话叙事传统那样，因为遭遇到‘轴心时代’的所谓‘哲学的突破’，而被逻各斯所代表的哲学和科学的理性传统所取代、所压抑。惟其如此，神话思维在中国决不只是文学家们的专利。从屈原到曹雪芹的本土文学家群体固然都是再造神话感知与神话叙事的行家里手，不过，由老子、孔子开启的儒道思想传统同样离不开神话思维的支配。道家理想中的神仙们和儒家推崇备至的圣人和圣王，无不是最具有本土特色的‘神话中国’之体现。”[②]不难看出，“神话中国”并非是地理范畴，而是文化范畴，它指向了中国久远的历史文化传统。可以这样说，叶氏的“神话中国”绝非是为了反思中国的历史属性而创造的，在这一点上，他与西方新史学的研究者有着本质性不同。根据叶舒宪本人的论述，我们能够判断，“神话中国”是叶舒宪为了重构中国文化传统而建构的一个术语，其工具便是原型编码学说。从叶舒宪先生2009年以来的神话研究看，与其说他的“神话中国”是重构中国的文化大传统，倒不如说是为了验证“神话历史”这个概念。因为叶舒宪所有的神话研究都是围绕神话般的中国传统文化而进行的。他的研究表明，中国八千年的文化传统具体说来是以玉器崇拜为源头的文化

① 叶舒宪、章米力、柳倩月编：《文化符号学——大小传统新视野》，陕西师范大学出版社，2013年，第11页。

② 叶舒宪：《中国的神话历史：从“中国神话”到“神话中国”》，《百色学院学报》2009年第1期，第35页。

传统，都是按照“天人合一”的神话思维模式进行编码的。既然中国的文化传统是以神话为基因而进行编码延续下去的，那么中国的文化传统就是神话文化传统，只不过这种传统一般人难以觉察，需要借助于神话编码学说加以解读。

较之于西方新史学的“神话历史”概念，叶氏的“神话中国”明显缺乏理论支撑与逻辑论证，并且中国史学界对这个术语似乎不是特别感兴趣，相关的探讨少之又少。在笔者看来，“神话中国”这个术语的所指是中国几千年来具有神话性质的文化传统，这一点已经偏离了这个术语的能指，因为“神话中国”的语义核心是中国，而叶氏的界定是文化传统，这就在称谓上给人一种错觉。另外，“神话中国”中的“中国”表述实际上也不是很恰当。叶氏拿“神话中国”来重构中国五千年甚至八千年的文化传统，但是在五千年或八千年之前，那个时候的人们是否将其所处的地域称为“中国”，这还是个问题。

在“神话中国”这个概念中，神话占有极为重要的地位。叶舒宪曾经不止一次地宣称，中国学界应当突破狭隘的将神话当作文学范畴的做法，还原神话应有的文化基因面貌。他明确表示，中国当下的学科体制将神话划归到文学的做法是一个大错误，因为神话的概念远大于文学。“研究实践表明，神话作为跨文化和跨学科的一种概念工具，它具有贯通文史哲宗教道德法律诸学科的多边际整合性视野。从这种整合性视野看，神话是作为文化基因而存在的，它必然对特定文化的宇宙观、价值观和行为礼仪等发挥基本的建构和编码作用。因而，不光是学习文学要从神话开始；要进入历史，首先面对的就是神话历史；要进入哲学史，首先就要熟悉神话哲学和神话思维。"[1]实际上，这种强调对于叶舒宪而言非常无奈，它是叶舒宪出于神话在中国学界的错误定位而发出的呼喊。因为国际神话学界早就将神话学作为一门科学，自19世纪诞生以来，神话学与文学、历史学、人类学、考古学等学科一样，在人文社会科学中占有一席之地。自然，西方的神话在概念与范畴上均是独立的，除却神话学之外，它并不属于任何一门学科。但在中国，因现代学术语词中并未出现"神话"一词，现有的"神话"概念"是20世纪初年由留日学者梁启超、蒋观云等人引入现代汉语中的。在此之前，中国学术话语中没有这个词，当然也没有神话学这门学问……最初热衷于介绍和研究神话的学者以文学家为主体，如鲁迅、周作人、茅盾、郑振铎、谢六逸等，所以至今我国的神话学教学仍然只限于在大学中文系的民间文学课程范围里进行"[2]。这种还原神话地位的呼声大概源自两个方面：其一，国外神话学日新月异的研究与对神话文化范畴的定位；其二，国内学界对国外神话学的隔膜以及学科机制将神话视为虚构文学叙事的做法。与第二个原因密切相关的是神话的文学范畴，这一点是叶舒宪极为不满的。叶氏这种将神话从文学中解放出来的做法实际上与他倡导跨学科的神话研究方式有关，因为将神话视为虚构之物的文学本位主义的研究方式极为严重地阻碍了中国神话学的发展。毕竟，国外神话学的研究是多方位多学科交叉进行的，出现了众多的理论流派与方法，[3]中国神话研究的单一

---

① 叶舒宪：《中国的神话历史：从"中国神话"到"神话中国"》，《百色学院学报》2009年第1期，第34页。

② 叶舒宪：《神话作为中国文化的原型编码：走出文学本位的神话观》，《中国社会科学报》2010年8月12日跨学科版（第12版），第1页。

③ 20世纪国外神话学理论与方法有了突飞猛进的发展，这方面研究成果的阐释可参见王倩：《20世纪希腊神话研究史略》，陕西师范大学出版社，2011年。

模式需要有人打破，中国神话学与国际神话学需要对接起来。

从研究路径上看，叶舒宪“神话中国”的概念主要是依靠玉石神话的研究进行的，叶舒宪对此有极为严肃的总结：“探索中华大传统的关键，是弄清从多元到一体的转变奥秘。玉石神话观的传播就恰好起到奠定文化认同基石的作用。”[①]这并不奇怪，因为叶舒宪的学术生涯源自神话原型，他对原型的理解早已超越了文学范畴而进入图像原型世界，玉石具有的特殊性质与功用使得叶舒宪敏锐地意识到玉石神话对于中国文化传统的塑造性作用。

四、玉石神话

叶舒宪关于玉文化的研究始于2006年，最初是在《文学评论》发表了论文《第四重证据：比较图像学的视觉说服力——以猫头鹰象征的跨文化解读为例》。因“第四重证据”理论建构，他开始将玉器、青铜器、彩陶等作为第四重证据的资料纳入研究视野。但此时他对于玉器的关注仅限于作为第四重证据的物证，并未关注玉器自身的形制、质地与相关情况。直到2009年他主持的中国社会科学院重大课题“中华文明探源的神话学研究”启动，因探讨文明发生机制的需要，他才正式将玉器列为重点研究对象。通过一系列的玉器图像研究，叶舒宪意识到玉器对于中华早期文明的重要性，在2012年课题结项之后，继续投身于玉器研究，并提出了“玉石神话”这个概念。叶舒宪为此总结道：“2012年结项的中国社会科学

① 叶舒宪：《我的“石头”记》，《民族艺术》2012年第3期，第8页。

院重大项目‘中华文明探源的神话学研究’得出结语：伴随华夏文明产生的神话想象有其深远的史前根脉，远远不是汉字出现的年代所能局限。华夏神话之根的主线是玉石神话及由此形成的玉教信仰。从神话学视野看东亚地区的玉器起源，可以发现每一种主要的玉器形式（如玉玦、玉璜）的发生，背后都有一种相应的神话观念在驱动。”①

只不过，叶舒宪关于玉石神话的定义过于简单，他采用了一种描述的方式来界定玉石神话：“在大自然提供给人类的物质材料中，石头曾经是人类祖先时代接触最多也最为熟悉的一种。在旧石器时代向新石器时代过渡之际，石头中的某些特殊种类获得先民的青睐，成为宗教崇拜的对象，成为所谓神石或圣石，玉石神话就此应运而生。从黑曜石和绿松石，再到青金石、金和铜等金属矿石，所有这些特殊的石头都曾经被神话思维赋予类比天神的联想和宗教意义。”②从上述界定中，我们无法获知玉石神话的起源、发展，以及时间与地域分布，更无法获知其具体所指，即玉石神话是中国特有的还是史前时代世界普遍存在的一种神话信仰。从叶舒宪一系列的研究中似乎可以看出，玉石神话普遍存在于苏美尔文明、埃及文明以及中国早期的神权政治时代，只不过玉石神话信仰渐渐地从前两个文明中隐退，而在中国一直延续到封建帝国时期，甚至延展到了近代中国社会。

那么，为何史前人类要将石头作为崇拜的神圣之物呢？叶舒宪

---

① 叶舒宪：《西玉东输与华夏文明的形成》,《光明日报》2013年7月25日理论版。
② 叶舒宪：《玉石神话信仰与文明起源》,《文贝：比较文学与比较文化》2013年第Z1期，第589页。

并未做相关阐释，这里做个简短的补充。从比较神话学的国际视野来看，史前时期即旧石器时期和新石器时期的世界各地普遍存在石头信仰，只要看看世界各地出土的石头建筑、石制物品乃至于石头洞穴就可以明白。即便是到了王权时期，世界各地依然继承了巨石文化的传统，留下了诸如德尔斐阿波罗神庙、帕特农神庙、金字塔，以及卢克索神庙（Luxor Temple）、卡尔纳克神庙（Temple of Karnak）之类的遗迹。史前时期文化传统中的石头不同于现代化学意义上作为硅铝酸盐、硅磷酸盐、硅硼酸盐等化合物的石头。一种普遍的认知乃是，石头因为其自身的质地与存在方式较为恒久而得到了关注。按照宗教学者米尔恰·伊利亚德的说法就是，石头具有特殊的外形与性质，“它的伟力、它的静止、它的体积以及它奇特的外形与人类绝无共性；它们同时表明存在着某种炫目的、可怕的、富有吸引力的以及颇具威胁的事物。它以其崇高、坚硬、外形状和色彩，使人类直面某种与他所属的世俗世界判然有别的实在和力量。”[1]总之，正因为石头的这种属性，它成为了持久、永恒、不朽乃至于神圣的象征符号。世界各地的石头崇拜与玉石神话建立在石头的特殊的性质之上，后起的玉石神话也与石头质地有关。

叶舒宪先生为何要建构玉石神话？实际上，玉石神话研究是一种策略，是叶舒宪先生重构中国文明之根与文明发生动力机制的工具。他明确表示：“探究中国文化大传统，需要立足于世界文明的全局视野，找出华夏特有的要素。判断文明的起源，国际学界通用的有三要素指标：文字、城市、青铜器。在这三要素之外，华夏还

① 米尔恰·伊利亚德：《神圣的存在：比较宗教的范型》，晏可佳、姚蓓琴译，广西师范大学出版社，2008年，第206页。

有另外一个非常突出的文化要素：玉的信仰和玉器生产。也就是说，世界主要古文明的起源均有三要素的推动之功。而探讨华夏文明发生历程，还必须加上更为深远的一种动力，那就是史前的玉文化。在文字、城市、青铜器三者都没有出现于东亚的情况下，玉文化却率先出现于北方地区，并且随后在辽河流域、黄淮流域和长江流域的广大的范围里长期交流互动，逐渐形成中原地区以外的几大玉文化圈，最后汇聚成华夏玉礼器传统，同后起的青铜器一起，衍生出文明史上以金声玉振为奇观的伟大体系。”[①]不难看出，叶舒宪的玉石神话研究强调神话图像在宗教意识形态与王权机制方面的建构性作用，它对文明起源研究的冲击是不言而喻的。因为长久以来，文明探源的研究者习惯了从文字、城邦、金属冶炼技术等方面探讨文明起源，却没有充分意识到图像尤其是神话图像在文明起源研究中发挥的建构性作用。原籍希腊的美国学者南诺·马瑞纳托斯在其专著《米诺王权与太阳女神》中，借助于对米诺时代地中海金戒指与神话图像的研究，还原出一个具有共同女神信仰的“地中海文化共同体”。[②]从比较神话学的视野来看，叶舒宪关于玉石神话的研究可以与南诺·马瑞纳托斯相互对照，揭示出世界范围内的石头崇拜神话是如何在不同地区与国家分化，最后演变为玉教神话与黄金神话这两种类型的。

关于玉石神话对中国文明发生机制的塑造性作用，叶舒宪有自己的理解，他反复强调：“玉石神话观对于理解当时的宗教意识形

① 叶舒宪：《探寻中国文化的大传统——四重证据法与人文创新》,《社会科学家》2011年第11期，第11页。

② Nanno Marinatos. *Minoan Kingship and the Solar Goddess: A Near Eastern Koine*. Urbana: University of Illinois Press, 2010.

态及神权政治体制，具有不可或缺的作用。屈指可数的几种主要玉石，一方面装点着各大文明五花八门的圣物和宝物，另一方面则充当着绘制天国或神仙世界图景的美学符号。”[①]需要指出的是，世界各地的玉石神话信仰源自史前时期的石头崇拜信仰，后来的宗教与神权政治出于建构意识形态的需要而选择了天青石、绿松石、和田玉等各种美石，将其作为通神的媒介以及权力、社会身份乃至于地位的象征物。在古代中国，玉器的佩戴者仅限于宗教人士与有社会地位的人，一般人是不能佩戴美玉的。只要去看看中国各个朝代的墓葬就会明白，凡是有玉器出土的墓葬，其主人的地位都比较高，平民的墓葬中不会出现美玉。这里就出现了一个问题，即玉石神话的信奉者并非是平民百姓，而是社会地位较高的统治者。这样一来，玉石神话的受众范围就极为有限，玉石神话能否代表中国民间真实的神话形态？这个问题还需要进一步探讨。

在笔者看来，发端于旧石器时代的石头信仰是玉石神话信仰的前身与源头。对于中国而言，历史时期的神权政治出于建构政治意识形态与话语的需要，才开始将玉石作为王权与神权的象征物，进而建构了一系列的玉石神话，诸如玉斧、玉璋、玉璧、玉琮、玉钺、玉圭等。关于这一点，中国的仪礼制度有明确的规定，略懂古代礼仪文化的人都有印象。但在民间，史前的石头信仰并未消失，它依然以口传神话、实物神话、仪式神话的方式存在于人们的生活中，众多中国少数民族的神话与仪式表演是这方面的明证。叶舒宪的“玉石神话”仅仅能够解决中国文化大传统中上层社会的意识形

① 叶舒宪、唐启翠：《玉石神话信仰：文明探源新视野——叶舒宪先生访谈录》，《社会科学家》2011年第11期，第5页。

态起源问题，无法适用于民间社会的思想机制。如何解决民间社会的思维机制起源，进而全面重构中国的文化大传统，这样的学术难题似乎更有挑战性。

五、结语

就叶舒宪上述三个方面的建树而言，他要解决的是神话与历史之间的关联问题，即神话如何进入历史这一学术难题。“神话原型编码”“神话中国”“玉石神话”等一系列概念与术语的提出，表明叶舒宪对神话如何进入历史的思考是多方位的，其证据也是多层面的，图像文本、仪式、口传资料均是其重构中国历史与文化传统的依据。不过总的来看，叶舒宪偏重于从实物与图像两个方面探讨神话与历史的关联问题，书写文本在其使用的证据中并不占据重要地位。

从国际神话学关于神话与历史关联的探讨来看，神话进入历史有三条路径：就王权象征符号而言，神话通过图像叙述进入王权意识形态；就族谱叙述而言，神话以神话思维的方式编造族谱时间链而将王室族谱神话化；就城邦创建而言，神话借助于英雄流浪神话和神谕神话为土地制度提供叙述框架。这就意味着神话进入历史的方式是多样化的，它对历史的建构性功能也是多层面的。就神话的内涵而言，多数学者达成的共识是，作为历史源头的神话，它并非是一种虚构的叙述，更不是一种荒诞不经的故事，而是一种以多种方式存在的文化基因，它能够被文化不加验证地接受并转换为巨大的叙述性力量，继而发挥整合文化编码的功效。多数研究者在面对神话这一古老而具有多面性的存在形式时，承认其作为口传时代的元历史这样一种事实。概而言之，作为元历史的神话是历史发生的叙述性动力机制。因探讨范围主要限于神权与史前宗教意识形态，叶舒宪使用的证据多半为实物与图像，但他给出的神话图像通过编码方式进入历史的答案并不具有全面性，需要后人在理论与实践上加以补充。

叶舒宪上述三个方面的创建促使他反思神话在中国学科机制内的定位。他非常了解中国学科机制将神话置于文学范畴的狭隘性，极力倡导一种大神话理念，即将神话视为文化基因与编码的文化神话概念："从整合性视野看，神话是作为文化基因而存在的，它必然对特定文化的宇宙观、价值观和行为礼仪等发挥基本的建构和编码作用。要把握当代比较神话学整合性视野的优势，一个认识上的前提是：必须把神话概念从现代性的学术分科制度的割裂与遮蔽中解放出来。最重要的转变就在于：将归类为民间文学一种体裁的神话，还原为文化编码基因的神话。"①实际上，这种呼声是对中国学科机制的反思，以及对封闭自守的学科本位主义的批评，意欲倡导一种跨学科乃至于破学科的学术研究范式，从而更为有效地阐释并重构中国文学与文化传统。

① 叶舒宪：《物的叙事：中华文明探源的四重证据法》，《兰州大学学报》（社会科学版）2011年第6期，第7页。

第一章　神话与社会机制

第一节　神话与地中海社会机制

一、杜梅齐尔与印欧社会机制研究

进入20世纪之后，主要由于安德鲁·兰（Andrew Lang）和麦克斯·缪勒（Max Muller）在自然现象说解释神话是否恰当的问题上发生了冲突，学者们对印欧神话的兴趣大为减弱。人类学者博厄斯（Franz Boas）、马林诺夫斯基及其他学者在英国倡导的新经验主义阻碍了这方面兴趣的发展，加之神话学与库恩、缪勒等人的自然神话学理论联系在一起，神话学成为人们竭力回避的东西。后来，到了20世纪上半叶，法国学者乔治·杜梅齐尔所倡导的“新比较方法”出现之后，比较神话学才重现生机，并被学者们冠以“新比较神话学”之名。实际上，这里的“新比较神话学”就是认知神话学，因为探讨的核心理念是神话与社会制度的关系，尤其是神话观念对印欧社会等级制度的塑造作用。

所谓“新比较神话学”，仅仅是指杜梅齐尔的研究视角，而非研究资料。先前的学者如麦克斯·缪勒等人，其实是从语言学立场来探讨神话与宗教之间的关联，而弗雷泽等人的比较神话学，是从人类学立场对文明与野蛮之间的差异做的外部对比。杜梅齐尔的比较，则是通过比较印欧神话来探讨社会制度的内部职能与系统，从单纯的神话外部比较转向了对社会制度内部复杂体系的探索。只不过在研究路径上，杜梅齐尔依然采用了比较语言学的套路，其理论基础则是涂尔干这类社会学家的社会学假说。与前面几位学者有所不同的是，杜梅齐尔本人始终都认为神话学是社会科学中一门单独的学科，不属于语言学或人类学。他竭力表明，神话是一种有意义的存在物，它阐释人类的秩序与宇宙的来源，神话思维并非是偶然的，而是在神明行为与功能的有机系统内生成的，这样神话就与其生成的社会结构具有了一种直接的关联。

本质上说，杜梅齐尔是使用比较语言学的证据，借助于神话来考察史前印欧人的社会结构与宗教信仰。他通过语言学研究发现，印欧神话中的神明与英雄形象，按照其地位高低，可以分为三类：僧侣、武士与平民。神话中这三个阶层反映了印欧人社会中的三个社会阶层，也就是第一职能、第二职能与第三职能。古代印度、欧洲及印欧社会的其他地方，都存在这种三分法式的社会职能，这三个职能分别涉及了三个领域：神圣、体力与丰产。最为重要的僧侣阶层负责维系神秘宗教和律法、制度统治，武士阶层则向社会提供一种体魄上的力量，平民阶层是处于印欧人社会中最底层的力量，负责向整个社会提供生存物质，包括社会的生产物质、动植物的丰产与活动等。杜梅齐尔指出，三分法的社会职能不仅仅限于史前社会，它已经成为一种结构性的社会意识形态，保存在印欧人的记忆中。“比如雅典本身，就没有被谁统治过，而是在某种程度上由三个主要执政官所掌管。‘国王’执政官主要掌管宗教事务（他领导着秘密祭礼），‘军司令官’执政官，其名称本身就已经指出了他原来的任务，但古雅典十将军会成员们的法规剥夺了他的‘军事’权，不过至少保留了他为‘战死沙场者’组织葬礼的职责；执政期极短的执政官，或曰‘名年执政官’，主管公民间可能产生的各种与家庭有关的经济问题（公民包括外国侨民、定居的外国人。这些人由于语词的模糊性而属于‘军司令官’管辖……）。”[①]这三个社会性“职能”组成了史前及后来印欧人的社会结构，呈金字塔形状。

杜梅齐尔眼中的“职能”并非是现代人类学功能主义所说的“职能”，也不具普遍性，仅仅限于印欧神话及社会体系。这个术语“归根结底指的既不是社会阶层及其成员的行为，也不是他们的神的形象。其实，它指的是给这些现象下定义的原则。将其称为‘第一’，‘第二’和‘第三’指的是这些原则通常借以得到体现的等级次序”[②]。关于这种神话职能与社会结构，杜梅齐尔强调如下三点：第一，史前印欧社会母体在解体之前，其社会观念的主要特征乃是三分法；第二，印欧社会是一个不断移民的社会，其社会成员在不断的迁徙中，将这种观念带到了他们移居的印欧大陆的各个地方；第三，早期印欧社会的神话与史诗中大多可以找到三分法的踪迹，比如从印度的《吠陀》到冰岛的《埃达》，从《摩诃婆罗多》到《海蒙斯金拉》，在这些古代文学文本中都可以发现三分法的社会结构与职能。不过，这种三分法的“职能”基本是一种推想，其依据是语言学与比较神话学，并没有考古证据。考古学者马丽加·金芭塔丝指出：“杜梅齐尔的三个功能全部是男性的功能，与万神殿中

---

① 迪迪耶·埃里邦：《神话与史诗：乔治·杜梅齐尔传》，孟华译，北京大学出版社，2005年，第106页。

② 叶舒宪编：《结构主义神话学》，陕西师范大学出版社，1988年，第297—298页。

那些女神所反映的社会结构是相反的，这就是他的失败之处。应该将第三个功能转移给古欧洲的女神，即丰产女神或生殖女神。”①

尽管杜梅齐尔受到了来自于语言学、哲学及比较宗教学方面的批判，指出他的三个功能的假说并不适用于所有的神话，仅仅适用于印欧神话及印欧社会，但是我们却无法否认，从柏拉图到黑格尔，欧洲人确实存在三分法的思维习惯，阿兰·邓迪斯（Alan Dundes）甚至在美国的当代文化中发现了三分法的结构。②杜梅齐尔对比较神话学的贡献是不可否认的，他将19世纪缪勒等人开创的神话学向前推进了一大步，同时对19世纪学者们所建构的整个知识体系做了一种修复，使得神话学与社会学摆脱了语言学的桎梏，而将神话的比较体系建立在社会学与人类学的基础之上，将神话探索深入到了前欧洲意识形态，从语言学的线索中发现神话的内部规律与结构，对后来的结构主义神话学起到了奠基性作用，同时将比较神话学引向了另外一条道路，即认知神话学。

二、金芭塔丝与古欧洲社会机制研究

法国神话学家杜梅齐尔认为，印欧神话所反映的社会由三个阶层组成：僧侣、武士与平民，这三个阶层涉及三个不同的领域：神圣、体力与丰产。杜梅齐尔的研究并没有涉及考古学资料，他的“社会三功能论”全部属于男性，也不包括万神殿中那些女神的功能。

---

① Marija Gimbutas. *The Language of the Goddess*. San Francisco: Harper & Row, 1989, p.xvi.
② Alan Dundes. *Every Man His Way: Readings in Cultural Anthropology*. New Jersey: Prentice-Hall, Inc., 1968, pp.401–423.

作为一名考古学者，金芭塔丝的视野比杜梅齐尔要更为宽广，她要做的，乃是将赫丽生（Jane Ellen Harrison）母权制社会的时间体系与地理区域确定下来，同时将杜梅齐尔父权制万神殿中地位低微的女神形象复原出来。在欧洲与非洲的考古发掘和研究经验令她确信，公元前6500年到公元前3000年，在新石器时代的欧洲与小亚细亚地区，从南部意大利一直到小亚细亚海岸，从克里特北部到第聂伯河畔，[①]普遍存在一种女神宗教。该宗教崇拜的重点是生命的轮回与循环，宗教的核心包括出生、养育、成长、死亡与再生，以及各种农作物的种植与动物的饲养。对于古欧洲人来说，存在一位无所不在单性繁殖的大女神，女神的世界暗含着整个世界，她所体现出来的功能乃是出生、死亡和再生的完整循环，其主要功能乃是给予生命、赋予丰产、抚育与保护生命，以及死亡与再生的循环，还有自然界动物与植物的丰产、繁殖与更新。大女神并非是荣格弟子诺伊曼（Erich Neumann）笔下的大母神（The Great Mother），可以分为好与坏两类。对于古欧洲人来说，女神无所不在，是一种精神的体现。她既是一，又是多，既是统一的，又是多样的。她既是生命的创造者又是生命的毁灭者，她创造了生命，同时携带了死亡，又能够使万物进行再生与更新。

金芭塔丝认为："史前的旧石器时代和新石器时代，对作为万物之主母的女神的崇拜，反映了当时极有可能存在母系或母亲属制度。象征生命创造的母体符号在那时的宗教符号中触目可见，整个

① 金芭塔丝将涵盖此时间体系与地理范围的学术概念称为古欧洲（Old Europe）。古欧洲的概念有别于现代意义上的欧洲与印欧世界，后二者是充满暴力的父权社会，而前者则意味着一个和平宁静的女性社会，这是金芭塔丝一生考古发掘与研究强调的核心所在。

古欧洲到处都能够看到母亲和母女的造像，而父亲的形象却付之阙如，此类形象只是后来才开始盛行。女神就是大自然和大地本身，冬枯夏荣，与四时流传的节律休戚与共，生死轮回。她同时还作为一位永恒的再生者、保护者和养育者而体现了生命的生生不息，绵延不绝。”[①]对女神的崇拜与母性家族系统的崇拜、与祖先崇拜联系在一起，家族首领的性别身份与超自然神明的性别身份联系在一起。在这个家族体系里，作为母亲的女性既是整个家族体系的源头，又是整个社会的核心，人们在特定的时间对她进行崇拜，表达自己的要求，向她祷告并献上祭品。

金芭塔丝指出：“整个古欧洲社会被一个女性的神庙团体所组织起来，女王的祭司来组织这一点，女人是整个管理的主体。尽管在宗教崇拜上出现了大量的女性形象，在公元前5000年至公元前4000年的墓地上均有这类证据，但这并不能够说明，在女性与男性的平衡上是失调的，或者说哪一个性别优越于另外一个性别。实际上我们认为，两性处于一种比较平衡的和谐状态中。最初一些墓穴里的东西都是供两性使用的，它们是神圣的生殖象征，尽管这些东西被冠以个人的名义，在艺术、手工艺、贸易与其他领域都是如此。”[②]在这个以女神崇拜为主的古欧洲社会中，女人是社会的核心，家族的居所与财产是由母亲和女儿维系的，一个男人结婚，就必须离开自己母亲的家庭而进入别的女人组成的母系家族。当时的社会中尚未出现等级社会制度，但是却存在不同性别的劳动分工，只不过男女

① Marija Gimbutas. *The Living Goddesses*. Berkeley: University of California Press, 1999, p.112.

② Marija Gimbutas. *The Civilization of the Goddess: The World of Old Europe*. San Francisco: Harper San Francisco, 1991, Introduction.

之间的劳动分工并非那么严格。男性一般作为女性的伴侣出现，同时担任了一些体力劳动比较重的工作，诸如伐木、狩猎、手工艺等。

这种女神文明在公元前6500年到公元前3500年辉煌一时，在克里特地区甚至一直持续到公元前1450年。该地区一直没有受到外来文明的侵犯，在艺术上产生了许多伟大而充满和平意味的作品。这个时期，古欧洲人口高度集中，生活达到了高度的繁荣，拥有一些宽敞的神庙，还有许多手艺高超的制陶艺人、青铜与黄金制造专家，以及手艺娴熟的艺术家。这个时候出现了大量的圆圈崇拜，比如黑曜石、贝壳、大理石、青铜上的圆圈以及成千上万的盐类圆圈崇拜，比任何男性社会的文明都要繁荣与辉煌。

19世纪的瑞士学者巴霍芬（Jakob Bachofen）认为，尽管人类曾经存在一个史前的母权社会，但是母权制度被父权制度所取代是历史发展的必然规律，母权社会制度仅仅是父权制度出现前的一个过渡阶段，没有什么值得留恋的地方。但是在金芭塔丝看来，古欧洲的女神宗教所代表的社会才是人类社会的黄金时代，这个时期的人类艺术才是一种真正的艺术，因为它体现了自然的发展规律，而不是人类社会的暴力与侵略行为。旧石器时代与新石器时代不存在现代社会的暴力，那个时代没有对军队的表述，也没有关于用来抵抗别人的武器。古欧洲旧石器时代的一些墓穴里的陶器，以及新石器时代的一些文物里，没有那些人攻击人的武器。欧洲人久远的女神宗教是一种阴柔的、非暴力的、以大地为中心的文化，它所生产的艺术是一种充满了和谐意味的艺术。在这个世界里，人与万物和谐相处，自然界的符号被雕刻在岩石、陶器与墓穴里，动物、植物、水流、山川、石头，所有这一切都是人们所描绘的艺术对象，一只鸟、一头鹿、一头熊、一棵树、一块石头，在艺术家的笔下都充满了生命的意蕴，它们和孕育生命的女神一样具有神圣性，是女神的符号体现。

只不过，这种充满了创造性与和谐性的女神文明在公元前第四千纪中期被骑马的印欧人粗暴地毁坏了，仅仅在米诺文化中有所遗留。从此以后，好战的男性文明取代了女神文明，欧洲社会步入了充满武力与血腥的历史。尽管古欧洲的女神文明“一去不复返了，但是其遗留物却保存在文化的基层中，并进一步哺育了欧洲文化的发展”①。

从学术背景上看，金芭塔丝从事的研究领域是考古学，其学术思想核心为古欧洲与库尔干（Kurgan），神话仅仅是假说的一个组成部分。一些考古学研究者将金芭塔丝的研究方法冠以“认知考古学”之名，而金芭塔丝自己将其称为“神话考古学”（archaeomythology），因为她相信，神话与民间故事可以为欧洲新石器时代那些出土文物的研究提供佐证。关于古欧洲的女神宗教，金芭塔丝回避了这样一些问题：女神在当时社会中到底扮演了一种怎样的角色？女神崇拜的社会驱动力是什么？在一种什么样的社会语境下，女神宗教操纵或控制了社会？尽管如此，金芭塔丝对神话探索仍具有一股巨大的冲击力，她重构了神话与宗教符号象征体系，对人类史前的那些符号进行了分类与主题归纳，并确立了这些图像在宗教崇拜中的基本阐释单元与主题，赋予这些图像一种神圣的宗教意义，使得它们成为人类最早的神话形象。

金芭塔丝对古欧洲神话考古的探索，为希腊神话研究提供了文化背景，使希腊神话走出了孤立的文化语境，融入世界宗教与神话

① Marija Gimbutas. *The Goddesses and Gods of Old Europe, 6500-3500 BC: Myths and Cult Images*. Berkeley: University of California Press, 1982, p.238.

的共同体系中。更为重要的是，她开启了神话考古的认知研究范式，将神话图像作为人类对世界认知的产物，继而探讨文物与图像背后的观念问题。金芭塔丝强调“女神文明”，其实质是强调生命的更新、万物的轮回，还有人和万物相互和谐的精神。从社会结构来说，这种女神文明其实是以女性为主宰的史前文明。但是，“女神文明”被定义在公元前6500年到公元前3000年之间，地域也仅仅限定在古欧洲，并不包括所谓的古中国与东亚地区。也就是说，金芭塔丝的“女神文明”，不论是从时间还是从地域上看，都是有局限性的。所谓“女神文明”的真实性，只能够从其强调的精神性这一点来说，物质性方面的证据并不充分。而且，金芭塔丝所使用的考古证据大部分都是陶器，还有一些骨器，没有我们所说的玉器与其他文物，她在考古物证方面同样有局限性。

三、马瑞纳托斯与地中海王权机制研究

学者海顿（K. A. H. Hidding）指出，神圣王权是人类文化的一种机制，并不受任何地区与国家的限制，它属于人类精神的一种特殊结构。这种单边的结构是一种持续的现象，与人类物质性的一面具有不可分割的关系，它是精神与身体的联合。[①]尽管如此，在进入21世纪之前，希腊史前时期神圣王权与神话之间的关系并没有得到很好的阐释，甚至有部分学者否认克里特时期存在神圣王权。比

① K. A. H. Hidding. “The High God and the King as Symbols of Totality”, in C. Edsman, ed., *The Sacral Kinship: Contributions to the Central Theme of the VIIIth International Congress for the History of Religions*. Leiden: E. J. Brill, 1959, pp.61–62.

如，学者罗斯（H. J. Rose）就拒绝承认前希腊时代存在神圣王权，罗斯果断地宣称："我要强调的是，不管弗雷泽式的国王在其他国家是如何的真实，在从早期希腊开始，一直到古典史诗时代，并不存在这样的一位国王，《金枝》一书中的王中王形象。"[①]需要加以说明的是，罗斯的结论是建立在书写资料上的，并没有参照出土的线形文字B及相关的王权仪式，有限的研究资料使得他做出这种论断，这并不奇怪。

第二次世界大战之前，鲜有学者将克里特视为近东世界的一个部分。在多数学者看来，爱琴海世界被一条无形的界线分为东、西两个部分，米诺人的克里特是希腊文化与考古学中一个独立的部分，近东属于小亚细亚的西部，与克里特地区关系不大。近东的地图并不包括克里特，反之亦然，爱琴的地图也不包括近东。不过第二次世界大战之后，随着爱琴考古学的不断发展，以及神话学理论体系的不断完善，这种状况逐渐在改变。学者南诺・马瑞纳托斯认为，在考察神圣王权时，除了顾及各个地方的文化差异之外，还应该考虑各种文化之间的共性，寻找神圣王权背后的文化机制。她认为，在阐述克里特神圣王权与神话之间的关联时，应该"将宫殿时代的克里特视为一种精神区域，其中包括近东，尤其是安纳托利亚、叙利亚和黎凡特地区，以及埃及。这样克里特就被纳入了一种政治地理上的近东理念框架内"[②]。南诺・马瑞纳托斯利用考古学器

---

① H. J. Rose. "The Evidence for Divine King in Greece", in C. Edsman, ed. *The Sacral Kingship: Contributions to the Central Theme of the VIIIth International Congress for the History of Religions*. Leiden: E. J. Brill, 1959, p.378.

② Nanno Marinatos. *Minoan Kingship and the Solar Goddess: A Near Eastern Koine*. Urbana: University of Illinois Press, 2010, p.1.

物、神话图像、文字及相关的仪式这四重证据进一步指出，公元前1650年至公元前1390年，宫殿时代的克里特与叙利亚、埃及、乌加特、两河流域，共同组成了一个地中海文化圈，这些地区享有共同的文化因素与神话宇宙论系统。在此基础上，地中海文化圈形成了以死而复生的宇宙论为中心的神圣王权理念，各个地方因文化语境的不同而生成了不同的王权形式与功能。就克里特地区而言，宫殿时代的王权理念反映了该时期死而复生的神话宇宙观。王室的各种符号系统，比如王冠、衣服的风格、耳饰、肖像、动作姿态、权力象征符号等，都是地中海神话宇宙论系统的象征符号。[①]这样看来，弗朗西斯·奥克莱强调的神圣王权的现象就有了一个共同的文化框架——神话宇宙论。催生地中海神圣王权理念与模式的不是经济或政治权力，而是神话宇宙论。也就是说，神话中关于宇宙模式的构想直接建构了该文化共同体框架内的王权理念与王权模式。只不过因文化因素的差异，各个地方的王权机制有所不同而已。

南诺·马瑞纳托斯通过考察特定时期地中海沿岸的图像与符号象征体系，认为这个时期地中海世界的人们崇拜的神明是太阳女神。国王的权力源自这位无所不能的至高女神，国王与王后是女神在人间的大祭司与代言者，负责履行太阳女神的崇拜仪式。南诺·马瑞纳托斯强调神话图像在宗教意识形态与王权机制方面的建构性作用，它给文明起源研究带来的冲击是不言而喻的。因为长久以来，文明探源的研究者习惯了从文字、城邦、金属冶炼技术等方面探讨文明起源，却没有充分意识到图像，尤其是神话图像在文明

---

① Nanno Marinatos. *Minoan Kingship and the Solar Goddess: A Near Eastern Koine*. Urbana: University of Illinois Press, 2010, pp.13–32.

起源研究中发挥的建构性作用。从事考古研究的学者马丽加·金芭塔丝提出了“女神文明”的假说，却因其方法论方面的问题而引起了众多考古学者的批评。[①]从文明起源研究的角度来看，南诺·马瑞纳托斯关于地中海王权共同体的研究，为马丽加·金芭塔丝所倡导的古欧洲的“女神文明”假说提供了特定时空中的证据，但其方法论价值绝不限于此。

南诺·马瑞纳托斯指出，米诺宫殿时期的地中海世界共享一种关于太阳女神的王权机制，但这并不意味着地中海世界的太阳女神拥有同一种面孔。根据南诺·马瑞纳托斯的表述，地中海世界很多地区都有太阳女神的名字，譬如，安纳托利亚地区的太阳女神为亚舍拉（Asherah），美索不达米亚的太阳女神是阿瑞纳（Arinna），埃及的太阳女神是哈索尔（Hathor），克里特的太阳女神为阿萨－萨－萨－拉（Asa-sa-sa-ra）。[②]这就意味着，此时地中海的文明为同一种文明类型，不存在谁影响了谁的问题。如果真要寻找此种文明的源头，那么太阳女神的神话信仰是其发生机制。因此，对于文明探源与文化大传统研究而言，同一时期不同区域内出现相同的文明或信仰类型，并不一定意味着它们之间具有源流关系或先后顺序，而是极有可能表明它们出自同一种宗教信仰或思维机制。

---

① 关于“女神文明”的批评主要分为两个方面：方法论与图像的阐释。对金芭塔丝方法论进行批评的主要是女性主义考古学者，她们更多地基于对女性主义考古学研究方法可信度的维护而如此。具体参见Lynn Meskell. “Goddesses, Gimbutas and ‘New Age’ Archaeology”, *Antiquity*. Vol.69, 1995, pp.74–86; Ruth Tringham and Margaret Conkey. “Rethinking Figurines”, in Lucy Goodson and Christine Morris eds., *Ancient Goddesses*. London: British Museum Press, 1998, pp.22–45; Rosemary Radford Ruether. *Goddesses and the Divine Feminine: A Western Religious History*. Berkeley: University of California Press, 2005, pp.31–32。

② Nanno Marinatos. *Minoan Kingship and the Solar Goddess: A Near Eastern Koine*. Urbana: University of Illinois Press, 2010, p.192, table 14.1.

第二节 神话与替罪羊机制

一、引论

侵略与暴力伴随着人类文明进程的每一步，实际上，它们已经成为现代社会的核心问题，并被20世纪的灾难尖锐化。半个世纪前，尼采与弗洛伊德在其人类学论著中对暴力问题早有论述，但是将暴力与神话、仪式联系起来进行考察并使之理论化的，乃是法国学者勒内·基拉尔。这位兼有多种学术身份的学者，对神话与仪式进行了彻底的“祛魅”，从而将笼罩二者的超然性外衣剥离下来。只不过，其意图并非是在暴力与神圣这两个极端之间做出判断，而是要借助于某些来自于人类学领域的证据，考察神话、仪式与暴力的关系，并诠释与此相关的知识社会学概念。

基拉尔研究一直是学界热门话题，不论是国外还是国内均是如此。甚至基拉尔的学术崇拜者将自己称为“基拉尔人”。除却单篇论文之外，[①]国外学界还专门组织专刊探讨基拉尔思想，[②]自然，还有

① 参 见 William A. Johnsen. “René Girard and the Boundaries of Modern Literature”, *Boundary* 2, Vol. 9, No. 2, A Supplement on Contemporary Poetry (Winter), 1981, p.277–290; Toril Moi. “The Missing Mother: The Oedipal Rivalries of René Girard”, *Diacritics,* Vol. 12, No. 2, Cherchez la Femme Feminist Critique/Feminine Text (Summer), 1982, pp.21–31; Nadine Dormoy Savage. “Conversation avec René Girard,” *The French Review*, Vol. 56, No. 5 (April), 1983, pp.711–719; Françoise Meltzer, “A Response to René Girard’s Reading of Salome”, *New Literary History*, Vol. 15, No. 2, Interrelation of Interpretation and Creation (Winter), 1984, pp.325–332; Albert Henrichs, “Loss of Self, Suffering, Violence: The Modern View of Dionysus from Nietzsche to Girard”, *Harvard Studies in Classical Philology*, Vol. 88, 1984, pp.205–240; James L. Fredericks. “The Cross and the Begging Bowl: Deconstructing the Cosmology of Violence,” *Buddhist-Christian Studies,* Vol. 18, 1998, pp.155–167; Madeline Sutherland. “Mimetic Desire, Violence and Sacrifice in the ‘Celestina’”, *Hispania*, Vol. 86, No.2, 2003, pp.181–190。

② 参见 *Diacritics*. Special Issue on the Work of René Girard (Spring, 1978); René Girard and Biblical Studies, *Semeia*, Vol. 8,1985, No.33。

大量的研究专著。[①]上述研究中探讨的核心内容是基拉尔的摹仿欲望理论，以及它与文学、哲学、心理学乃至于神话之间的关系，侧重于对摹仿欲望的分析，神话方面的相关探讨次之。神话理论家罗伯特·西格尔（Robert A. Segal）在其神话学选集中曾经简单介绍过基拉尔神话思想，西格尔的介绍侧重于神话与文学之间关系的辨析。[②]国内学界对基拉尔的研究基本以译介为主，已经出版了至少三部基拉尔中文本论著，[③]但学术探讨却没有赶上，基本上仅有译者在阐释基拉尔的思想，[④]此外还有五篇硕士学位论文。[⑤]这些探讨的核心基本上沿着国外的路子在走，没有从神话学视角对基拉尔理论做深入辨析。本节将在介绍基拉尔摹仿欲望基础上深入阐释其神话思想，尤其是基拉尔对神话起源与功能的探讨。

---

① 参见Paul Dumouchel, ed. *Violence and Truth*. London: Athlone Press, 1988; Richard J. Golsan. *René Girard and Myth: An Introduction*. New York: Routledge Press, 2002; Cesáreo Bandera, *The Sacred Game: The Role of the Sacred in the Genesis of Modern Literary Fiction*. University Park: Pennsylvania State University Press, 1994; Paisley Livingston, *Models of Desire: René Girard and the Psychology of Mimesis*. Baltimore: The Johns Hopkins University Press, 1992。

② Robert A. Segal. *The Myth and Ritual Theory: An Anthology*. Malden, Mass.: Blackwell Publishers, 1998.

③ 参见勒内·基拉尔：《浪漫的谎言与小说的真实》，罗芃译，生活·读书·新知三联书店，1998年；勒内·吉拉尔：《替罪羊》，冯寿农译，东方出版社，2002年；勒内·基拉尔《双重束缚》，刘舒等译，华夏出版社，2006年。

④ 参见陈明珠：《摹仿、欲望与摹仿的欲望——勒内·基拉尔的哲学人类学》，《浙江学刊》2003年4期；冯寿农：《勒内·吉拉尔对俄狄浦斯神话的新解》，《国外文学》2004年2期；冯寿农：《模仿欲望诠释，探源求真解读》，《外国文学研究》2004年4期；冯寿农：《勒内·吉拉尔神话观评析》，《厦门大学学报》（哲学社会科学版）2004年6期；冯寿农：《勒内·吉拉尔的〈圣经〉新解》，《当代外国文学》2004年3期。

⑤ 参见陈明珠：《勒内·基拉尔的欲望理论与反浪漫批评》，北京大学硕士论文，2002年6月；韦岩鹰：《勒内·吉拉尔美学思想研究》，广西师范大学硕士论文，2007年4月；等等。

二、摹仿欲望

基拉尔考察神话和仪式乃是为了建构一种关于人类摹仿欲望的假说，前者是对后者的证明，后者是前者的理论基点。从知识谱系上来看，其摹仿欲望理论并非是一种新创建，而是有着久远的学术传统，可以上溯到柏拉图与亚里士多德那里。

柏拉图在《理想国》中将世界划分为三种类型：理念、现实物理与诗艺摹仿。在他看来，理念世界是真理的至境，而现实的物理世界则是因为模仿“理念”而存在，所以等而次之，诗艺摹仿世界与真理又隔了一层，失之于虚幻的表象。可以明显看出，柏拉图崇尚理念而贬斥摹仿，认为人类的摹仿是一种不理智的行为。①但是柏拉图的弟子亚里士多德却不这样认为，他在继承柏拉图摹仿理论的同时对摹仿的本性做了一种提升。在亚里士多德眼中，“人是最富有摹仿能力的动物，通过摹仿，人类可以获得最初的经验，正是在这一点上，人与其他动物区别开来。而且人类还具有一种来自摹仿的快感”②。人类的艺术乃是基于对自然界的摹仿而产生，摹仿的主体是人类，摹仿的客体是自然界。柏拉图与亚里士多德的摹仿理论成为后人“摹仿自然”理论的基点，几乎所有的后继者都将摹仿的客体视为自然界，从而排除了人类自身。

基拉尔认为，人是一种欲望的动物，但并非仅仅是具有欲望摹仿的动物。欲望始终是自发的，正是人类的欲望使得人类社会能够

---

① 参见柏拉图：《理想国》，郭斌和、张竹明译，商务印书馆，2002年，第388—392页。
② 亚里士多德：《亚里士多德全集》第9卷，苗力田主编，中国人民大学出版社，1994年，第645页。

存在并发展。人总是希望得到他人所拥有的东西，对自己已拥有的东西从来不满足。但人不是直接自发地产生欲望,而是通过他者来激发欲望。也就是说，欲望是连接主体与客体的桥梁，并非来自于个体本身，而是源自被摹仿的第三者。在被摹仿的对象与个体之间，存在一种媒介，基拉尔将其称为介体。介体既是楷模又是敌手，其充当者是他者。主体、客体与介体之间的关系是一种互动的三角关系，构成一个循环。

我们可以看到，在基拉尔的欲望摹仿理论模式中，摹仿客体从亚里士多德的世界转到了他者，而摹仿的动力则从人类的本性转换为人类的欲望，欲望直接推动了主体与客体之间的互动。这个时候，欲望就成为一种兼有创造力与破坏性的力量，从而具有双重属性。欲望不是一种单向的直线流动，而是一种双向的互动。从这个层面上讲，欲望就与暴力密切相关。

一个世纪之前，剑桥人类学者赫丽生指出，仪式与神话的源头是集体意识，在此层面上，她将神话与仪式及人类的社会心理连接了起来。在欲望的摹仿维度上，基拉尔与赫丽生保持了一种心理上的语源关系，但他比赫丽生走得更远，他将这种集体社会心理背后的暴力揭示了出来。从这里出发，基拉尔走到了暴力与神圣的双重世界。

三、替罪羊机制

基拉尔认为，人与人之间的相互摹仿性竞争消除了差异，趋向了同一。许多具有差异的人为了追求同一欲望而互相冲突，为了得到同一物体而进行一场激烈的竞争。也就是说，在一个社会中，摹仿一旦被激起，就产生了一种具有破坏力的欲望。当所有的欲望都趋向于一种未分化状态，就会出现社会危机，业已形成的等级与秩序就会崩溃。此时，社会就必须借助于暴力来进行秩序的重构，其方式乃是选取一个替罪羊，担当破坏社会秩序与等级的罪名，通过替罪羊的牺牲而换取群体的生存与秩序的再组合。于是，替罪羊机制就出现了。

替罪羊其实是宗教崇拜仪式中所使用的献祭动物，而替罪羊仪式最早见于《圣经·利未记》第三章，原意是先知带领人们向上帝献上一头山羊，以此来替代自己因冒犯上帝而犯下的罪过。《圣经·旧约》中还描述了亚伯拉罕向上帝献祭自己亲生儿子以撒，后来上帝以一只山羊代替以撒死亡的故事。在希伯来人的赎罪节仪式中，祭司将两只手按在一只活山羊头上，向它忏悔罪过，这样就把罪恶转移到羊身上，然后祭司叫一个健康的男人把这只羊驱赶到荒野之外，使它永不返回，免得带回罪恶。被驱赶的这只羊就被称为“替罪羊”。在术语使用上，“替罪羊”一词由英国宗教改革家威廉·廷德尔（William Tyndale, 1494—1536）在将希伯来文《圣经·旧约》译成英语时首次采用。最早将替罪羊引入人类学研究领域内的，乃是人类学家弗雷泽。弗雷泽在其论著《金枝》一书中详细描述了世界各地的替罪羊驱邪仪式。这位人类学家仅仅将其视为驱邪仪式，他看到的是一个个关于替罪羊的主题，并没有注意到替罪羊背后的心理机制。到了法国结构主义者让-皮埃尔·韦尔南那里，替罪羊依然是希腊文化的一个主题或母题，与人类的无意识机制没有任何关系[①]；人类学者瓦尔特·伯克特（Walter Burkert）将替

① Jean-Pierre Vernant. *Myth and Tragedy in Ancient Greece*. New York: Zone Books, Distributed by MIT Press, 1988, pp.128–135.

罪羊视为对生物界“部分代替整体”现象的摹仿，带有一层浓郁的生物学色彩。①

基拉尔认为，替罪羊仪式背后其实隐藏着一种无意识的替罪羊机制：牺牲一个人，从而保障整个群体的利益与社会秩序的稳定。替罪羊机制其实是一种暴力运作规则，其目的乃是借助于集体暴力，杀害一个无辜的受害者。群体将替罪羊视为社会危机和灾难的制造者，除掉了这个替罪羊，就恢复了濒临崩溃的社会秩序，整体利益从而得以保障。与田野中的人类学家有所不同的是，基拉尔的替罪羊机制具有一种暴力性质，从替罪羊现象走向了替罪羊诗学，具有一种文化上的普遍性，它不仅仅属于人类情感层面，同时是人类整个经验与想象深度层面的产物。当然，基拉尔这样做“并非是将暴力和谋杀具体化，而是将二者看作超出了动物的那部分摹仿机制，当它最初显现出来的时候，肯定导致了建立在统治模式上的那些社会危机”②。

从性质上看，基拉尔的替罪羊机制是一种关于暴力与迫害的理论。在替罪羊机制中，暴力的执行者是全体成员，而暴力的承受者则是一只“替罪羊”。这是群体对于个体的迫害，只不过大多数情况下它以一种比较隐蔽的方式隐藏在文化中。人们认为这种暴力运作机制是理所当然的，从而默许其存在的合法性。基拉尔将这种迫害范式分为四类。

第一，关于社会与文化危机的表述。这是文化处于未分化状态

---

① Walter Burkert. *Creation of the Sacred: Tracks of Biology in Early Religions*. Cambridge, Mass.: Harvard University Press, 1996, pp.51–53.

② René Girard. “Interview: René Girard”, *Diacritics*, Vol. 8, No. 1, Special Issue on the Work of René Girard, 1978, p.32.

下对于社会危机的一种描述。这一类迫害范式一般会以文本的形式存在，来自于那些所谓的伟大作品，包括文学文本与非文学文本。这类文本都是对瘟疫或者社会危机的叙述，因为这些人站在迫害者的立场之上，是一些天真的迫害者，相信自己相当有理由，并不怀疑自己的所作所为，从而将这些社会危机以文字的形式表述了下来。不过其中的社会危机是真实与虚构的结合，归根结底还是提供了当时社会危机的描述。

第二，对嫌疑者范式化的指控。当社会危机出现时，所有的社会秩序都会随之倒塌、崩溃，于是就会出现以道德原因来解释危机的倾向。一般来说，这种指控会以如下几种面目出现：首先是指控嫌疑分子用暴力侵犯他人，侵犯最高权力机构的象征人——国王、父亲，或者是侵犯那些社会中没有自我保护力的弱者，尤其是儿童，在指控者看来，这些嫌疑人是社会危机的罪魁祸首；其次指控某些人有道德上的一些罪过，比如性犯罪、强奸、乱伦、兽行等，尤其是触犯那些比较严格的禁忌；最后是宗教犯罪，比如亵渎圣物。这种范式的指控中有时候存在迫害文本与迫害行为相互交织的情况。

第三，对嫌疑者标准的选择。除了少数嫌疑者具有可笑的任意性之外，一般对嫌疑者的选择会遵循如下几条标准：文化、宗教、生理、身份。文化上的一些少数“他者”在社会危机到来时，会成为整个社会危机的替罪羊，比如纪尧姆·德·马肖作品《那瓦尔国王的审判》中的犹太人，他们成为当时整个社会危机的源头。人种与宗教上的一些少数群体同样会被选择为社会危机的嫌疑者，比如穆斯林在印度会受到迫害。身体上的异常往往也被作为迫害的标志，残疾人一般会受到来自社会的迫害。社会身份的特殊性一般也会导致其成为社会暴力的受害者，少数富人、穷人在社会危机出现时往往更容易受到迫害，前者在社会秩序正常运转时一般不会受到迫害，但是当社会危机出现时，他们都有可能成为替罪羊。

第四，暴力本身。基拉尔指出，神话与仪式中的替罪羊一般会经历两种过程。第一，罪恶化过程。在这个阶段，众人指控一只无辜的替罪羊，将其视为社会危机与动乱的制造者。正是这只替罪羊导致了整个族群内部秩序的失常，它是罪恶的源头，同时是众人的敌人，具有一种邪恶的性质。第二，神圣化过程。替罪羊被杀害之后，社会危机就会解除，秩序得以重组，这个时候，替罪羊就成为集体利益的保护者，通过牺牲自己而保障整个群体的利益。从这个角度上说，仪式与神话中的替罪羊其实是一种双面的牺牲物，它是战乱与和解、治理与暴力、善与恶之间的一种矛盾结合。它既是各种负面力量的集合体，又是一个万能的操纵者。在集体暴力面前，替罪羊扮演了双重角色，它既是敌对者，又是结束这种敌对情绪的缔结者，它具有双重身份——罪人与圣人，敌对者与保护者，惩罚者与保护者。基拉尔将替罪羊第一种身份的转换过程称为不幸的变异（受害者），第二次则为幸运的变异。这样，替罪羊机制就披着神圣的宗教仪式外衣进行集体对个体的迫害，从而获得了整个集体秩序的恢复。①

既然存在一种替罪羊机制，就肯定存在一种替罪羊效应与替罪羊影响。替罪羊在神话中的确有被神圣化的倾向。当这只无辜的替罪羊被神话世界神圣化之后，就具有一种神圣性，会在仪式与神话中被不断重复与记忆，然后接受部族成员的膜拜，并对后者产生影

① 参见勒内·吉拉尔：《替罪羊》，冯寿农译，东方出版社，2002年，第15—27页。

响。那么，这只被神圣化的替罪羊会对神话世界与社会产生什么样的影响呢？基拉尔没有回答这一问题，他仅仅关心替罪羊所经历的两个过程中的身份变异。这位虔诚的基督教徒知道耶稣基督其实是一名无辜的替罪羊，但是在圣经文本中被神圣化，成了一位高高在上、无所不在的神，耶稣对被神圣化之后的世界产生了深远的影响。其受难者与迫害者的双重身份，使得本来就颇为复杂的社会与政治问题更加纷繁。如果进一步深入研究下去，会出现对耶稣的神圣形象极为不利的状况，很可能会将其无辜的替罪羊形象解构，而将其描述为一个迫害他人的形象。这其实是解构自己心中的父神，将其残酷地再次钉在十字架上，这是基拉尔所惧怕的一件事情。所以，他在此停下了脚步，舍弃了学术深掘，匆匆忙忙走向了另外一条道路。

传统的形式主义或批评家指责基拉尔最终将所有文学文本简化为一种文本外现象——替罪羊机制的重复，基拉尔本人对此很是不满。他相信所有的人类思维最终归结于他所试图探索的摹仿机制，但是这并不意味着他赞成当下流行的认知虚无主义。也就是说，他认为自己的摹仿机制是一种具有实践性质的理论，可以解释仪式与神话，乃至于所有的社会现象。他相信这种理论具有普世性，可以用来解释一切宗教现象，而且，这些神话中的人物特征可以相互替换，具有可替换性。所有神话与仪式的主人公都可以置换。在政治上，基拉尔是一位地道的秩序与法律维护者，反对任何暴力的出现。他认为，尽管摹仿理论与替罪羊机制仅仅只是一种所谓的假说，但是现实生活中却存在大量真实的受害者。“它可能是20世纪生活的主要事实，以最大的魅惑力迷住现代人头脑中的意识形态，造成了人类历史上最大规模的屠杀，但是很多知识分子一直都特别不情愿承认这个事实，就像意识形态帮助他们避免看到意识形态文本和神话文本后的事实一样，所有的受害者都是真实存在的。”[1]对于基拉尔来说，这是一种无言的结局。

四、暴力、神话与仪式

20世纪上半期有两种主要的理论：一种将仪式的源头上溯到神话，要么试图在神话世界寻找一种历史的真实事件，要么认为某些信念诞生了仪式行为；另一种则相反，认为仪式不仅是神话的源头，还是众神的源头——尤其在希腊，是悲剧与其他文化的源头。基拉尔对这两种理论均不满意，他认为，以上两种研究范式都是用一种现象来解释另外一种现象，而这也就意味着对这种现象的诠释性解释还没有开始，后者成为一种未成系统的阐释教条而被纯粹的信仰所接受。

弗洛伊德认为，神话中的一些故事主题源于人类心灵深处对母亲乱伦性渴望的恐慌，赤裸裸或纯粹的性欲望直接与暴力相关，它是最后一块遮羞布，又是解开暴力面目的开端。性解放常常会引起一些暴力的突发，这一点在《图腾与禁忌》中得以诠释：真实的集体谋杀是所有神话与仪式的根源与模型。[2]只不过，此种暴力理论带有一种浓郁的假想性，缺乏足够的田野证据，从而被伊文斯—普理查德讥讽为“假如我是马”式的猜测。针对弗洛伊德的暴力与

① René Girard. “Interview: René Girard”, *Diacritics,* Vol. 8, No. 1, Special Issue on the Work of René Girard, 1978, p.54.

② 参见弗洛伊德：《图腾与禁忌》，文良文化译，中央编译出版社，2005年，第109—172页。

性之间关系的探讨，基拉尔提出了自己的看法："流传甚广的杀父娶母仅仅是献祭危机最后阶段的特征。限于某一个具体的个体生命，杀父娶母将整个危机转嫁到替罪羊身上。隐藏在神话背后的不是性，之所以说它不可能，乃是因为它已经被公开揭示了。尽管如此，性却是目前可以用来阐释暴力的手段，并且它确实为暴力寻找到了一种发泄的途径。就像其他的现象一样，性在神话中确实存在。性扮演了远远超过自己本质的重要角色，实际上，它不是决定性的因素。在乱伦主题神话中，性完全是一种外在的东西，它与纯粹的个体暴力联系在一起，而它实际上遮蔽了集体暴力。这种暴力最后消灭了整个的集体，它实际上并不是出于宗教错觉，而是由替罪羊机制造成的。"[①]换句话说，基拉尔认为弗洛伊德的性欲望理论接近了暴力理论，但弗洛伊德却被一些错觉所蒙蔽而没有看到欲望背后的暴力行为，暴力在某种程度上是建立在献祭基础之上的。

对于人类社会来说，暴力行为已经不是新鲜的东西了，它时时刻刻发生在我们身边，以不同的面目与方式出现。但是原始社会的暴力行为立足于宗教的献祭行为之上，披上了一层神圣的外衣。基拉尔指出："在许多仪式中，献祭的行为呈现为两个对立的方面：有时表现为一种神圣的义务而不顾死亡的危险，有时却冒着严重的危险进行犯罪活动。"[②]暴力是普遍存在的，而且有着极为容易识别的生理标志。当人们找不到能够替代暴力的牺牲物时，就以身边的某物或者某人作为对象。"献祭乃是对替罪羊机制的一种客观再现，

---

① René Girard. *Violence and the Sacred*. Baltimore: The Johns Hopkins University Press, 1979, p.118.

② René Girard. *Violence and the Sacred*. Baltimore: The Johns Hopkins University Press, 1979, p.1.

其功能是更新永存或者更新这种机制效应，也就是说，使族群远离这种暴力。”[①]在基拉尔眼中，献祭仪式是社会寻找一个相对不同的牺牲者的暴力行动，如果寻找不到，暴力就会将自己的集体成员作为宣泄对象。献祭的替代物在某种程度上消除了混乱。从这个层面上说，献祭是共同体给予自身一个替代者——保护它免受自己暴力的伤害。献祭的目的是恢复和谐，强化共同体内部的社会约束力。暴力的最初行为是整体而自发的，而仪式的献祭则具有多样性，并永无休止地重复。献祭与暴力直接关联的原则构成了一切文化的基础，具有普遍性。“一旦我们对献祭进行这种根本的探讨，选择暴力在我们面前打开的道路，那么人们就会发现，人类存在的每个方面，都与这个主题有关，甚至物质的丰富与否也与此相关。当人们不再生活在彼此和谐的状态中，虽然太阳依旧照耀大地，雨水照样适时而至，但可以肯定的是，田野失去了往日的悉心照料，收获也不如以往那么丰硕。”[②]

一般的崇拜者认为，神话与仪式中崇拜的神明是神圣不可侵犯的，他们是人类的佑护者。而那些神话中的妖怪，则是比较邪恶的一些东西，对人类造成了一定的威胁。基拉尔指出，从暴力的性质角度看，神话是一个典型的迫害文本，因为它具备四类迫害的范式，实际上，“所有神话根植于真实的暴力上，以反对真实的受害者”[③]。神话文本中的迫害程度比历史文本的迫害程度要更为有力，

---

① René Girard. *Violence and the Sacred*. Baltimore: The Johns Hopkins University Press, 1979, p.92.

② René Girard. *Violence and the Sacred*. Baltimore: The Johns Hopkins University Press, 1979, p.8.

③ 勒内·吉拉尔：《替罪羊》，冯寿农译，东方出版社，2002年，第30页。

同时也更为隐蔽，但这并不能够掩蔽其中的迫害与暴力。神话中的神明其实是被集体暴力杀害的替罪羊，怪物同样是无辜的受害者，二者之间的相似点乃是具有明显的生理标志，可以被挑选出来作为施行暴力的理由。神明与妖怪被神话文本神圣化之后，就从最初的替罪羊变为神圣的神明或具有某种超然性的怪物。基拉尔提醒读者："我们必须要考虑的一点乃是，所有的原始神明都具有双重属性，他们其实是有害与无害特征的混合体，而且所有的神话形象都将自己卷入了世俗事件之中。"[①]此种解读，乃是对神话及其神话现象的真正"祛魅"，神话与现实，神明与人类，二者在暴力的基础上遭遇并合为一体，只不过，基拉尔对神话的解读与诠释仅仅是一种结构性的研究，并非是暴力事件与细节上的一一对应。

宗教研究者将神话与仪式固定在宗教层面上，促使二者联系在一起的因素乃是宗教中的神圣性，而基拉尔认为，神话、仪式与宗教根本就没有任何关系，而是与暴力直接关联。在对暴力的表述上，神话与仪式都是迫害文本，只不过表述方式不同罢了。仪式通过想象重复原来的暴力杀戮，神话则通过语言的扭曲与变形来记忆当初的集体迫害，语言比行动更具有欺骗性。仪式乃是对集体杀戮的表演，而神话则是其集体暴力的表述，只不过采用了一种欺骗的方式来进行。尽管如此，二者背后却是替罪羊效应在起着作用，而仪式在意义模式方面更具有生成能力。"最初的暴力行为是所有仪式与神话意义的源泉。暴力行为是唯一真实的，它是自发而绝对

① René Girard. *Violence and the Sacred*. Baltimore: The Johns Hopkins University Press, 1979, p.251.

的。可以这样说，仪式与神话之间的暴力行为是同时进行的。”①这是基拉尔对神话与仪式的暴力性定位，他将二者从神圣的宗教崇拜拉到了血腥的集体迫害，在对替罪羊的戕害与杀戮上，神话与仪式达成了共谋。

五、结语

基拉尔的暴力理论基于这样一种假设：开初，人类社会存在一种“暴力危机的时刻——冲突的未分化性的瘟疫——这个时刻后来被替罪羊牺牲机制中止了，该机制的作用是通过摹仿竞争的辩证作用，在原来只有任意性冲突的地方建立等级、确定差异和制定价值。暴力和驱逐的记忆却保存了下来，隐藏在仪式性献牲扭曲了的帷幕之下，它一方面伪造了危机的性质，另一方面将替罪羊机制道德化。在文化的后期阶段，仪式的功能被文学取代了，它制造神秘，但在某些情况下，索福克勒斯、欧里庇德斯、莎士比亚的伟大作品和圣经揭开了帷幕”②，使得后人能够瞥见长久以来被遮蔽的历史真相。

严格说来，这种危机在文化体系内不可能有直接记录下来的证据，在历史上也找不到具体的时间与生成语境。从某种程度上说，基拉尔“是个人文学家而不是个人类学家。尽管他广泛征引民族学的（以及古典文学的）材料以支持他的观点，但是公正地说，他是

---

① René Girard. *Violence and the Sacred*. Baltimore: The Johns Hopkins University Press, 1979, p.113.

② 勒内·基拉尔：《双重束缚——文学、摹仿及人类学文集》，刘舒、陈明珠译，华夏出版社，2006年，第265—266页。

在挑选某些例证来说明理论，而他的理论却不是来自民族学的材料”[①]。这话说得不错，但是，基拉尔神话理论的价值并非可以做这种简单理解，它有着更高层面的价值与意义。重要的不是这种暴力在历史上是否真正发生过，而是这种假设可以解释人类社会所有的宗教仪式与神话主题，以及一些社会现象。这是一种假设性的知识，是对以往人类知识概念与体系的一种重新整合。

与此同时，基拉尔对神话与仪式的界定突破了现有的知识体系。他将神话与仪式视为暴力文本，认为二者是一种社会知识的形式，将它们纳入了人类社会的知识体系之中，从而去除了神话与仪式的虚构性。在成功地引入知识社会学来研究神话与仪式时，基拉尔对知识做了一种再阐释。现代知识社会学对于人文、社会科学研究的最大贡献在于揭示知识生产的社会机制，但是它本身对于知识的界定却基于一种认识论层面的理解：科学知识来自于直接的经验观察或者现象学的直觉。

基拉尔暴力理论的前提是一种危机的普遍存在，它抛弃了能指与所指之间的混淆，来自于一种对文本现象分析的内在阐释，将公议牺牲机制的有效性用来揭示所有神话、仪式主题的性质与结构，从而将被视为西方知识神圣资源的神话和仪式一一瓦解。基拉尔假设性的知识假说打破了知识既有的理念与性质，将社会文本与神话文本连接起来，褪去了罩在神话头上的神圣光环。此种“祛魅”使得建构知识的机制重新反思自身，而神话理念则获得了一种前所未有的解放。

① 菲奥纳·鲍伊：《宗教人类学导论》，金泽、何其敏译，中国人民大学出版社，2004年，第205页。

第三节　神话与希腊土地制度起源研究

一、问题的提出

首先需要加以说明的是，认知神话学关于希腊土地制度起源的研究存在多种模式，并非只有两种范式，任何一位研究者均可从不同的视角对其加以阐释并归纳出各自的研究模式。毕竟，“模式是人为建构出来的，因而或多或少有些武断。而且，好比从不同的角度，光可以说成是波或者粒子，对其他现象也可以从两个甚至更多的角度做出富有成效的阐释。也就是说，可以使用两种或者更多的不同模式来阐释”[①]。譬如，旅居美国的犹太学者马丁·伯纳尔根据希腊历史叙述的架构，将西方学界近百年关于希腊文明起源的研究划分为两种模式，即古代模式与雅利安模式。[②]本节所强调的英雄模式与神谕模式，指的是从认知神话学视角出发而做出的阐释框架，并非是从其他学科视角出发而形成的叙述范式。

之所以将神话学关于希腊土地制度起源的研究划分为上述两种基本模式，乃是基于如下考虑。首先，现存的希腊土地制度起源表述看似真实，实则多半系虚构，更多的是从神话视角做出的一种富有成效的叙述性建构。就希腊在非洲北部利比亚的殖民地昔兰尼（Cyrene）而言，该地的土地起源叙述带有明显的神话色彩。从品达（Pindar）的《德尔菲赞歌》到希罗多德（Herodotus）的《历史》、

① 陈恒主编：《历史与当下》，上海三联书店，2005年，第98—99页。

② Martin Bernal. *Black Athena: The Afroasiatic Roots of Classical Civilization*. Vol.1, The Fabrication of Ancient Greece 1785-1985. London: Free Association Books, 1987, introduction.

阿波罗尼乌斯（Apollonius）的《阿尔戈英雄纪》，以及卡利马科斯（Callimachus）的《阿波罗颂歌》，上述这些文本中皆有关于昔兰尼殖民地起源的叙述。尽管叙述的侧重点与采用的手段各不相同，但都表述了这样一种事实：昔兰尼殖民地是在神谕呼召下建立的，它源自神明的旨意。这种土地起源的叙述其实是神话式的，因为它将希腊在非洲的殖民地昔兰尼归结于神明的干预与神谕的导引，土地起源从而成为神话叙述创造的产物。其次，就希腊土地起源叙述的内容而言，殖民地叙事主要涉及两种神话形象：英雄与神明。英雄的历险伴随着希腊殖民地的扩张，比如，希腊英雄赫拉克勒斯的历险伴有一系列对异国的殖民行为，阿尔戈斯英雄们在寻找金羊毛的过程中同时征服了一些东方的国家。而神明对土地扩张的允许乃是通过神谕发布的，像希腊联军对特洛伊发动战争，以及希腊人在利比亚的昔兰尼建造殖民地等。可以这样断言，英雄的历险与神话神谕的发布促成了希腊土地的扩张，它们某种程度上成为希腊土地制度的叙述性起源。考虑到上述两个层面的叙述特征，笔者将希腊土地起源叙述研究称为英雄模式与神谕模式，以突出神话叙述的创造性功能。

不论是英雄模式还是神谕模式，其根本目的乃是将神话从其虚构属性中解放出来，继而还原神话作为文化编码的本相，并在历史语境中考察神话具有的集体认同与文化整合功能。因为长久以来，“神话和历史一直都被定义为两种相对立的基本范畴，好像神话都是编造的、纯虚构的，因而看起来仅仅是对所发生事实的虚假描述，而历史则是一种严肃而可信的对实际所发生之事的解释，这在经验主义和话语范畴内是名副其实的。批判的历史学家们，从修昔底德到兰克，还有他们的现代追随者傲慢地视神话为对历史事实完全原始和虚构的表达，他们普遍不能解释在这些古老的历史的理解和作品的模式下，心理和历史条件所形成的原因，亦无法解释他们所接受的更高的形而上学的真理，以及从根本上，他们为何仍坚持某种集体主义想象和所有宗教、民族国家和文明的文化传统的原因”①。英雄模式与神谕模式要解决的一个根本问题乃是，神话与历史之间具有怎样的关联。换言之，神话如何进入历史并成为建构历史的基本要素？较之于现代传统史学将神话视为虚构叙述的观点，英雄模式与神谕模式表述的基本观点乃是，历史通过话语叙述进入并成为神话叙述的一种要素。达成这种目标的路径有很多，其中不乏富有功效的手段，譬如，统治者通过族谱叙述而建构国家领土空间，统治者借助于神谕发布创建海外殖民地，利用英雄历险神话扩展国家的版图等。在这种思维模式下，神话与历史就具有了一种新的关系：“神话和历史是近亲，因为二者都通过讲述某种故事说明事情的原委。”②可以将这种观点称为神话历史，即历史的神话属性。“神话历史是现代史学生成的本质属性，因为像所有现代艺术与人文科学一样，它由对神话的认知组成。”③其阐释的基本任务就是将神话作为建构历史意识形态与集体身份的重要手段进行重新评估：英雄历险故事究竟表达了怎样的政治意图？共同祖先和领土的神话有何种现实诉求？为何殖民地的建立都伴有神谕的发布？

不可否认，英雄模式与神谕模式并非存在本质性区别，因为词

① Joseph Mali. *Mythistory: The Making of a Modern Historiography*. Chicago: The University of Chicago Press, 2003, p.xii.

② William H. McNeill. *Mythistory and Other Essays*. Chicago: The University of Chicago Press, 1986, p.3.

③ Joseph Mali. *Mythistory: The Making of a Modern Historiography*. Chicago: The University of Chicago Press, 2003, p.xii.

语之间具有不可避免的含糊性，其使用亦如此。从根本上讲，英雄模式与神谕模式都是表述希腊土地制度起源研究的词语，只不过前者强调土地扩张过程中英雄的历险行为，而神谕模式则突出神明在土地叙述建构中扮演的操控角色。当然，二者之间在叙述内容方面具有某种叠合性，某些英雄的历险同时伴随着神谕的指示，甚至神明在游历的过程中也存在不同程度的冒险。譬如，卡德摩斯在为寻找妹妹欧罗巴的过程中经历了一系列的历险，并在神谕的指示下建立了忒拜城。需要加以指出的是，英雄模式某种程度上强调希腊土地制度生成的过程，而神谕模式则突出希腊海外殖民地的建立，二者的叙述重点各有不同。在生成时间上，英雄模式与神谕模式各有其起点，但却经历了不同的发展过程。关于这一点，下文会逐一分析与阐释，此处不赘述。

二、英雄模式

英雄模式探讨的核心内容为英雄神话与希腊土地制度起源之间的因果关系，尤其是英雄神话所具有的政治功能。英雄模式试图探讨的一个问题就是，英雄历险故事与希腊土地扩张之间具有何种关系，或者说，为何希腊神话中具有众多的英雄历险故事。这个问题看似简单，实则非常重要，因为它探讨的是神话背后的意识形态，亦即英雄神话所发挥的意识形态建构功能问题。在这样一种情况下，多半研究者将英雄历险神话视为政治神话，由此揭示神话与政治、神话与权力、神话与意识形态之间的互动关系。在此过程中，研究者眼中的神话性质发生了根本性的变化：它不再是一种纯粹虚构的故事，也不是具有神圣性的叙述文本，而是一种历史的叙述框架，成为建构历史的主要手段。需要强调的是，在通常情况下，英雄模式并不探讨历史的虚构性或神话性，而是考察英雄神话或神话的真实性，以及英雄神话在具体历史语境中所具有的政治功能："在传统文明的内部，所有构成集体生活智力结构和精神层面的东西中，它都起着作用，以求建构、分类、系统化、消化、建设一种共同的思想，一种共享的学问。"[①]

尽管希腊神话中充斥着各类英雄历险故事，但英雄模式阐释问题的范式却具有统一性，有着基本类似的思路与解读程序。首先，研究者确定神话中英雄的社会属性，其中包括英雄的身份、地位以及英雄的家谱，某些情况下还要考察英雄神话的发生地。其次，从不同的英雄神话中找出共同的主题或故事情节，比如征服异国土地或斩杀妖怪之类的历险主题，以及迎娶女人之类的故事情节等。在此过程中，阐释者要确定神话故事或主题发生的时间与空间，尤其是地理空间范围，以便在具体分析中加入相关的历史因素。最后，根据不同的英雄故事，确定该神话在既定社会中具有的功能，并进一步探讨神话背后的意识形态建构问题。此种范式具有不同形式的版本，而学者妮科尔·洛劳克丝关于希腊英雄忒修斯神话的阐释模式堪称典范。在阐释英雄神话的过程中，妮科尔·洛劳克丝首先确定了忒修斯作为雅典国王的身份，并一一考察了他从特罗曾到雅典历险先后经过的地方，诸如麦加拉、厄琉西斯等地。然后，妮科尔·洛劳克丝指出，就在忒修斯途经上述地方时，他先后杀死了强盗珀里斐忒斯（Periphetes）、辛尼斯（Sinnis）、斯卡戎（Sciron）等

① 让-皮埃尔·韦尔南：《神话与政治之间》，余中先译，生活·读书·新知三联书店，2005年，第341—342页。

人，这些强盗生活在雅典之外的文明世界，杀死这些强盗象征着雅典对其他城市土地的征服。最后，妮科尔·洛劳克丝总结了忒修斯历险神话蕴含的现实诉求：征服雅典城邦之外的土地，为雅典占有这些地方提供话语基础。[①]需要指出的是，英雄模式并不是在短时期内形成的，它经历了一个从认识英雄神话属性到阐释其神话功能的过程，其间研究者解读英雄神话的视角各有不同，关注的问题也有所差异。

早期的一些学者，比如马丁·尼尔森，开始注意到英雄神话的政治属性。尼尔森指出，对于希腊人而言，英雄神话不是虚构的故事，而是他们的古代历史。根本上说，英雄神话之所以被创造出来，乃是为了满足一些民族与部落的现实性诉求。诸如忒修斯、赫拉克勒斯历险的神话，以及许多关于城镇与土地起源的名祖神话，皆具有政治意味。这些神话之所以被创造出来，是为了满足政治宣传的需要。或者可以这样说，“英雄神话服务于证明对一个国家或地域的拥有，它们服务于占领一个城市领域的合法性论证，以及发表一些政治舆论的合理表述。……其中的一些是为了证明对一些领土的占有，另外一些之所以被创造出来，是为了将来的领土扩张而做一种宣称”[②]。除此之外，尼尔森还将英雄历险神话进一步细分为雅典神话、祖先神话与名祖神话，并指出这类神话在具体的历史语境中所具有的政治功能。在这里，尼尔森强调了英雄神话的政治属性与政治功能，但他并没有将其称为政治神话。在使用“政治神

① Nicole Loraux, Selina Stewart, trans. *Born of the Earth: Myth and Politics in Athens*. Ithaca and London: Cornell University Press, 2000, pp.36–38.

② Martin P. Nilsson. *Cults, Myths, Oracles, and Politics in Ancient Greece*. New York: Cooper Square Publishers, 1972, p.49.

话”这一语词时，尼尔森显然非常谨慎，某些时候，他宁愿将部分英雄历险神话称为创建神话而不是政治神话，比如，他认为卡德摩斯创建忒拜城的神话是一则地道的创建神话。在他看来，某些英雄历险神话相当古老，在城市出现之前就已经出现了，这些关于土地与城邦创建的神话并不具有政治属性，因此无法将其称为政治神话。[①]从英雄模式这一称呼来看，尼尔森显然并不是其创造者，但他关于英雄历险神话与希腊政治、历史之间具有真实关联的观点却颇具启发性，促使在他之后的不少研究者开始关注神话如何进入历史这一话题。甚至妮科尔·洛劳克丝这类后起学者在论证神话与历史之间的关系时，这样宣称：“神话与英雄故事是希腊历史编纂的一个有机组成部分，这一点已无须强调。”[②]在英雄历险这一主题上，尼尔森并没有就故事情节的类同性做出更多阐释，他仅仅指出，安菲翁（Amphion）和仄托斯（Zethus）兄弟俩建造忒拜城墙的神话与另外一些英雄历险故事，诸如居鲁士（Cyrus）的故事，具有一些共同的叙述要素：“神话中的兄弟俩被抛弃到荒郊野外，快要饿死之际，他们被牧羊人搭救，这种情况正如路斯、瑞穆斯或居鲁士的遭遇。”[③]尽管如此，尼尔森关于英雄历险神话通过英雄族谱叙述的形式进入历史这一观点，却对后世学者产生了很大影响，更多的学者开始关注名祖神话的政治内涵，并在此基础上探讨英雄族谱与土地起源叙述之间的关系。

---

① Martin P. Nilsson. *The Mycenaean Origin of Greek Mythology*. Berkeley: University of California Press, 1972, pp.122-123.

② Nicole Loraux, Selina Stewart, trans. *Born of the Earth: Myth and Politics in Athens*. Ithaca and London: Cornell University Press,2000, p.36.

③ Martin P. Nilsson. *The Mycenaean Origin of Greek Mythology.* Berkeley: University of California Press, 1972, p.124.

新史学带给西方史学界的一种挑战性观点就是，对于当下而言，历史并不存在，它已经消失了，人类永远无法回到过去，只能借助于各种保留下来的历史痕迹认知历史，如文本、图像、仪式、实物等。或者可以说，历史是多面的，它同时具有双重属性：真实性与虚构性。在这样一种语境下，不少历史研究者将神话纳入历史研究的范畴之中，希望从神话中寻找历史虚构性的一面。这些研究者最终要解决的问题不是神话的真实性，就像唐纳德·R.凯利先生所宣称的那样，“如何把神话恢复到历史条件之下——如何从‘遥远过去’的传说背后找回真实”①。恰恰相反，他们要做的乃是，如何从神话般的历史表述中发现历史的虚构性即神话因素。与这种研究范式相对立的乃是，神话研究者从新史学的历史观中看到了神话在建构历史过程中所具有的真实性属性，他们将神话视为历史的叙述性源头，在此基础上探讨神话如何通过英雄神话建构历史，并在历史时期发挥塑造意识形态的功能。追随尼尔森的一些神话学者利用新史学的研究路径，并结合尼尔森的英雄族谱叙述观点，对希腊神话进行了一些颇具成效的尝试性解读。

学者罗伯特·帕克指出，神话是历史的产物，也是历史时期人们的公共文化财产，因此在阐释神话的内涵时，必须将其置于具体的历史语境中。就雅典的早期神话而言，它是雅典地区独有的一种现象。在这些神话中，城市的起源与典章制度构成其主题。也就是说，雅典的早期神话，其中包括雅典第一代国王与第二代国王的神话，本质上是政治神话。这些英雄神话表述的不是雅典人祖先的故

① 唐纳德·R.凯利：《多面的历史：从希罗多德到赫尔德的历史探询》，陈恒、宋立宏译，生活·读书·新知三联书店，2003年，第29页。

事，而是关于雅典的早期历史，是为了满足公元前4世纪雅典的政治诉求而被创造出来的。“这则神话同样支持了雅典人以土生人自豪的观点。实际上它还表明了一种狡猾的主张，即雅典人是从土地诞生的，同时保存了‘受祝福的神之子’这种称呼。通常而言，在语言中，‘土生人’这一语词多少含有与‘移民’对立的‘土著’这一意思：神话以一种强烈的逻辑直观主义的方式阐释了‘本土性’这一概念，就像它是从本土的大地里自然诞生的一样。在相信此种观念时，雅典人可能是对的，即他们比周围的希腊民族要更早地占有了这片土地。从历史的现实性视角而言，雅典人创造了每个国家想要的东西，一则使得自己的市民以自己的出生为自豪的神话，没有哪一个民族会如此。土生人的理念是集体功利主义的一种形式。雅典人集体藐视其他民族（首先是多里安人），就像贵族瞧不起平民一样。可以这样说，雅典人是希腊唯一合法的居民，其他所有的民族都是移民，他们是一群带有异族血统的乌合之众。……只有雅典人与他们的土地之间具有一种儿子与母亲之间的关系；他们比其他的希腊人都要地道，因为他们通过长子继承而不是攫取获得了土地；他们甚至是平等地出生的，因为他们在同一片大地里诞生。”[①] 帕克的意思很明白，雅典诸王土生的神话实为政治神话，它强调了雅典人对雅典土地拥有权的合法性，同时也表明了雅典土地制度的神圣源头。较之尼尔森，帕克更愿意将此类神话称为政治神话，只不过他更加注重神话的情境性，将神话纳入其生成语境中考察。帕克的阐释模式强调的一个核心问题就是，作为虚构故事的神话如何进入真

① Robert Parker. “Myths of Early Athens”, in Jan Bremmer ed., *Interpretations of Greek Mythology*. London: Routledge, 1988, pp.194–195.

实的历史。他的考察给出的回答是，神话通过英雄族谱的方式参与了雅典历史的叙述，某种程度上，神话创造了一个伪历史架构从而参与民族或国家意识形态的建构。较之于新史学研究者，帕克强调神话的真实性在建构历史过程中发挥的塑造性作用：神话远远早于历史而存在，神话是历史的史前史；作为神圣叙述的神话比任何历史要素都具有凝聚力，它是人类精神与文化共同体的源头。

帕克的英雄模式强调雅典土生人神话的政治属性，倾向于从寻找历史的神话叙述源头这一话题探讨雅典诸王神话。另外一方面，文明起源问题并非只是追寻文明源头与发生，它还要探讨文明发生的过程与动力机制问题，同时要考察各项制度的传承。在雅典土生人这一神话主题下，更多的学者倾向于从土地制度的变迁视角解读它。学者肯·道登（Ken Dowden）对早期雅典的名祖神话进行考察后指出，早期雅典诸王诞生的神话，诸如第一位国王刻克洛普斯及第二位国王厄里克托尼俄斯（或名厄瑞克透斯）的故事，强调了雅典人与雅典娜女神之间存在的亲近关系。表面看来，这是雅典人对其纯正血统所做的一种神话叙述，实际上，雅典人关于两位国王的神话讲述了雅典土地制度的继承问题，它强调了雅典土地制度从一位神性国王传到另外一位神性国王手中的事实，此类英雄族谱的故事表述的不是英雄族谱的神圣性，而是土地制度的延续性。“本地的族谱是持续性故事的一种虚构，这实际上是一种静止状态的描述，叙述了它是如何从过去延续到当下的。”[①] 肯·道登试图通过英雄族谱叙述阐释雅典土地制度的继承问题：它如何从雅典的第一位国

① Ken Dowden. *The Uses of Greek Mythology.* London and New York: Routledge, 1992, p.87.

王刻克洛普斯那里，传承到雅典第二代国王厄里克托尼俄斯或厄瑞克透斯那里，在继承土地制度的过程中，雅典人如何保护了土地制度的神圣性。肯·道登要探讨的内容已不再局限于英雄神话的政治性，他要考察的还有英雄历险背后的历史性问题，即英雄族谱如何与土地制度叙述有机结合，创造出一个具有神圣性的历史事件——雅典土地制度的起源与继承。不难看出，肯·道登试图从雅典土生人神话中找到神话进入历史的途径，关键之处是确定神话的性质。在他看来，神话尤其是希腊神话“是一个民族的遗产。希腊神话的体系是所有献身其中的人的沟通工具。只有那些能够辨别神话的人才是希腊人，就像只有说希腊语的人才是希腊人一样。一个族群在其神庙上雕刻了一则神话，它要告知的对象不是自己的群体成员，而是那些参观神庙的人”[①]。这就意味着，肯·道登眼中的希腊神话具有表述族群身份与意识形态的功效，而雅典的土生人神话结构微妙地服务于雅典人关于土地起源的概念性机制与价值体系。

一种普遍的事实就是，历史时期的希腊城邦基本上是男人的世界，而雅典的民主也只属于雅典公民，并不属于全体雅典居民。“从字源上来说，‘公民’（Polites）原意为属于城邦的人。不过，在古代希腊的任何时代任何城邦，它绝不是指全体成年居民而言。妇女不是公民，奴隶不是公民，农奴不是公民，边区居民不是公民，外邦人也不是公民。”[②]

作为城邦空间要素的土地，其所有权自然也不属于妇女，它是成年男性的专有物。那么，在叙述这种男性独享的土地制度起源

---

① Ken Dowden. *The Uses of Greek Mythology*. London and New York: Routledge, 1992, p.170.

② 顾准：《希腊城邦制度——读希腊史笔记》，中国社会科学出版社，1982年，第11页。

时，希腊神话是如何表述的呢？这是近期的一些神话学者关心的问题，也是希腊土地制度起源研究中异常关键的问题，因为涉及希腊城邦土地制度的继承。妮科尔·洛劳克丝的研究范式表明，就土地制度的继承而言，雅典神话提供了一个极为典范的例子。妮科尔·洛劳克丝断言：第一，雅典的土生人神话表明了这样一种观点，土地诞生的是男性而不是女性。土地之中诞生了雅典的第一代国王与第二代国王，却没有诞生女性。尽管大地是女性性别的，但她却只诞生男性而不是女性。人类第一位女性潘多拉是火神创造的，而不是从土地中出生的，这就表明了雅典土地的功能是诞生男性公民而不是女性公民。第二，雅典的土地制度是男性而不是女性创造的。雅典第一代国王刻克洛普斯选择了雅典娜女神而不是波塞冬作为城邦的保护神，这就意味着雅典城邦制度是男性的。因为雅典娜女神是从宙斯脑袋而不是女人的子宫中诞生的，因此，雅典的土地制度必然属于男性而不是女性。第三，雅典的土地所有权必然由男性公民继承，女性是没有土地继承权的。雅典的第一代国王刻克洛普斯是大地女神盖亚的儿子，而第二位国王厄里克托尼俄斯则是雅典娜与火神赫淮斯托斯的儿子，他们后来成为雅典城的国王，也成为雅典土地的拥有者。除此之外，雅典的土生人神话并没有叙述女性拥有雅典土地的故事，这就表明了雅典土地制度应该由男性来继承。[1]说到底，妮科尔·洛劳克丝的英雄模式所关注的核心是雅典土地制度与性别之间的关系，她以一种性别社会学的方式阐释了雅典早期诸王神话的社会学内涵。当论及神话与历史之间的关系

---

① Nicole Loraux, Selina Stewart, trans. *Born of the Earth: Myth and Politics in Athens*. Ithaca and London: Cornell University Press, 2000, pp.1–39.

时，妮科尔·洛劳克丝的态度非常明确，她断言："官方宗教举行最盛大的仪式关注厄里克托尼俄斯的诞生，这种富有声望的祖先历史叙事是雅典神话话语有机体的一个组成部分，它在泛雅典时期的神秘仪式中占据了绝对重要的地位。"①也就是说，雅典早期历史是雅典神话的一个组成部分，神话性是历史的本质属性。这种观点非常接近后来的学者们提出的神话历史概念，只不过妮科尔·洛劳克丝并没有明确使用神话历史这一语词而已。

从相关的研究中能够看出，20世纪90年代之前的神话学者较为关注雅典早期诸王诞生神话所具有的社会学意义。不少研究者倾向于从起源学的视角关注神话所具有的功能，认为神话的主要作用就在于阐释事物的起源。不可否认，这种观点明显带有功能主义的色彩，同时颇受列维-斯特劳斯所倡导的神话具有文化整合功能这一观点的影响。甚至妮科尔·洛劳克丝这类学者在认识到雅典神话与其历史之间的关联之后，还发出了这样的感叹："如果与起源无关，神话就什么也不是。"②不过，20世纪后期的神话研究者并未局限于雅典土生人神话这一主题，而是从更多的英雄神话入手，继而探讨英雄神话与土地起源制度之间的关系。这些学者带给英雄模式的一种革新就是，他们抛弃了早期研究者使用的英雄历险神话这一术语，继而以领土神话（territorial myth）与土地神话（land myth）这类语词取代之。甚至诸如艾拉德·马尔金（Irad Malkin）这样一位神话学者针对领土神话与土地神话之间的差别做了精确界定："领

① Nicole Loraux, Selina Stewart, trans. *Born of the Earth: Myth and Politics in Athens*. Ithaca and London: Cornell University Press, 2000, p.33.

② Nicole Loraux, Selina Stewart, trans. *Born of the Earth: Myth and Politics in Athens*. Ithaca and London: Cornell University Press, 2000, p.4.

土神话表达了群体与其所居住的或渴望拥有的政治性既定土地之间的关联；土地神话通常以地名的谱系为主要特征，来说明国家与自然景观之间的关系。”[①]较之于20世纪前半叶的英雄历险神话，这样的定义明显带有一种功能主义的意味，因为它是从族群和政治两个维度对英雄神话进行分类与界定。土地神话与领土神话这两个概念的革新效果在于，它以土地与领土为核心来阐释英雄历险神话，其研究对象不再局限于英雄，还包括神明、祖先，乃至于妖怪这类神话他者形象。单就这一点而言，英雄模式的内涵就发生了很大变化，其阐释方式带有十足的祛魅意味。

就领土神话而言，英雄模式要解决的一个问题是：为何希腊神话中充斥着众多的英雄历险故事主题？寻找答案的关键是确定这些神话的生成时间。学者琼·M.戴维森（Jean M. Davison）指出，“这类神话在公元前8世纪至公元前6世纪的希腊本土较为流行，某种程度上，历险神话反映了人们对于地理学的兴致，它通过探险、掠夺、贸易、殖民等行为得以进行”[②]。熟悉希腊历史的人都知道，公元前8世纪至公元前6世纪这个时间段较为特殊，因为它是希腊城邦制度最后形成的时间，也是希腊殖民地制度走向成熟的时期，希腊母邦与殖民地城市之间的殖民与被殖民关系正式确定。历险神话在这个时期生成，并非是历史的偶然，而是有着非常现实的政治诉求。戴维森认为，这些历险神话的主角多半为希腊各个民族的祖先，也是希腊城邦的创建者，而他们所经过的地方，多半为异国

---

① Irad Malkin. “The Polis between Myths of Land and Territory”, in Robin Hägg, ed. *The Role of Religion in the Early Greek Polis*. Stockholm: Paul Åströms Förlag, 1996, p.7.

② Jean M. Davison. “Myth and the Periphery”, in Dora C. Pozzi and John M. Wickersham, eds. *Myth and the Polis*. Ithaca and London: Cornell University Press, 1991, p.49.

的土地，美丽富饶，但同时充满了危险性的因素——要么被妖怪所占据，要么居住着蛮族——但历险者最后终于通过或征服了这些地方。学者艾拉德·马尔金指出，表面看来，这类神话讲述的是英雄的历险故事，其实它以英雄历险为主题，表述了希腊领土与殖民地的开辟过程。“在两个世纪之内（公元前8世纪至公元前6世纪），神话的地方化开始向西移动，每一个神话都伴随着领土的获得或者殖民地的建立（伊拉萨、巴凯、欧赫斯皮瑞德斯）。神话附加到土地上的附加物遵循着一定的挑战与响应模式，比如，一旦伊拉萨获得胜利，神话就迁移到了新的边界。”①那么，神话为何要讲述这类故事呢？答案非常简单：将希腊领土与殖民地的开拓合法化并真实化。需要指出的是，后期的英雄模式在阐释历险故事时，其研究对象已经不再局限于英雄，部分神话学甚至将神明妖怪纳入其研究对象。比如，戴维森就将希腊神话中的伊俄作为研究对象，深入阐释伊俄流浪神话的意义：“对于公元前6世纪至公元前5世纪的希腊人而言，伊俄流浪神话的意义就在于，它将传统族谱实化和合法化了，而传统族谱恰恰是他们的历史所依靠的——一定程度上他们能够发现自己与伊俄之间具有关联。”②

表面看来，英雄模式是一种阐释方式，它解释了历险神话与土地制度起源之间的关联。但实际上，英雄模式是一种神话认识论，它反映了神话学者对神话本质属性的理解，以及对神话与历史之间的关联的认知。不难看出，多半神话研究者将神话视为一种独立于

① Irad Malkin. “The Polis between Myths of Land and Territory”, in Robin Hägg, ed. *The Role of Religion in the Early Greek Polis*. Stockholm: Paul Åströms Förlag, 1996, p.7.

② Jean M. Davison. “Myth and the Periphery”, in Dora C. Pozzi and John M. Wickersham, eds. *Myth and the Polis*. Ithaca and London: Cornell University Press, 1991, p.61.

历史而存在的范畴，它因其独特的表述世界方式而与历史发生关联。学者们达成的一种普遍的共识就是：一方面，神话是虚构的叙述，凭借其具有的文化整合功能参与历史的建构，使得历史具有某种虚构性；另一方面，神话是历史的史前叙事，神话性是历史的本质属性。

三、神谕模式

神谕模式指的是探讨神谕与土地起源之间关系的一种阐释方式，它强调神谕对希腊政治的塑造性作用。这类模式通常将神谕视为神话话语的一个组成部分，阐释神谕在特定历史语境与历史事件中发挥的作用。神谕模式带有明显的功能主义色彩，其阐释者多半使用马林诺夫斯基倡导的“特许证”神话理论解读神谕，重点考察它与政治制度，尤其是殖民土地制度之间的关联。本质上说，这种阐释模式依然在考察神话与历史之间的关系，只不过多数研究者采用了历史分析的情境性原则，注重从时间与空间两个维度出发考察神话文本。较之于英雄模式，神谕模式要解决的一个问题就是，历史如何进入神话。回答该问题的逻辑起点是回答神谕是什么。或者可以问，神谕是历史现象还是神话话语？它在历史进程或神话话语中具有怎样的地位？换言之，神谕模式关注的既不是历史的属性，也不是神话的性质，而是历史进入神话的路径问题，神谕就是它的载体。

还要解决的一个疑问就是，为何神谕会成为学者们探讨问题的焦点。关于这一点，我们可以从两个方面加以理解。首先，神谕，尤其是希腊神谕，在古代社会占有极为重要的地位，它与人们的生活乃至于整个社会的生活具有不可分割的关系。在古代希腊，神谕是人们寻求神意的主要途径，神谕规范并决定了人类生活的方方面面：城邦的建造、王权的兴衰、战争的胜利与否、灾难的出现、祭礼的进行、政策法规的制定等。只要读一读希罗多德的《历史》便会知道这一点，更不用说荷马史诗或赫西俄德的文本。甚至我们在米诺时期的金戒指上也发现了人们寻求神谕的场景：通灵者通过依靠圣石、摇动或触摸大树、做梦等各种方式感知神意，并利用昆虫（如蝴蝶）与鸟类、流星等各类异象占卜与预言。[①]其次，考古发掘为神谕的解读提供了不可或缺的实证性材料。19世纪以法国考古学家为主体的考古队，在德尔菲进行了一系列考古发掘，他们发掘出大量的神庙与相关建筑，这些建筑物为希腊神谕发布的重要场所。考古学界继而以德尔菲为主题进行了考古学探讨，而德尔菲神谕则是学者讨论的主要话题。这种探讨对史学与神话学产生了较大影响，同时为神谕的深入阐释提供了考古学资料。

当然，神谕模式在其初始阶段，并没有探讨神话与历史之间的关联度问题，它首先阐释的是神谕的属性与类型。早期的一些学者，诸如帕克（Herbert William Parke）与沃梅尔（Donald Ernest Wilson Wormell）等人，他们所从事的是一些关于神谕的整理性工作，其成果包括在众多的希腊与拉丁文献资料中整理出的615条德尔菲神谕。[②]甚至帕克先生后来的论著《希腊神谕》也是基于前期工作而做出的关于希腊神谕的整理。[③]在整理神谕的基础上，帕克

① Nanno Marinatos. *Minoan Kingship and the Solar Goddess: A Near Eastern Koine*. Urbana: University of Illinois Press, 2010, pp.88–94.

② Herbert William Parke and Donald Ernest Wilson Wormell. *The Delphic Oracle*. Oxford: Blackwell, 1956.

③ Herbert William Parke. *Greek Oracles*. London: Hutchinson, 1967.

与沃梅尔二人将德尔菲神谕分为两类：历史的与虚构的。当然，这样一种关于神谕的分类似乎关注的是神谕的属性，而不是神谕的类型问题，因为它根据真实与虚构这种二元对立的模式来归类，而真实与非真实仅仅是一种主观的感觉，并非是客观的存在。直到美国学者约瑟夫·方廷罗斯（Joseph Fontenrose）那里，神谕的归类问题才得到真正意义上的探讨。约瑟夫·方廷罗斯基于神谕的存在方式，将其分为四种类型：历史的、准历史的、传说的、虚构的。[①]这种研究探讨的是神谕的历史性问题，即将神谕视为一种历史现象，以史学的实证研究方式对其加以阐释。多数学者对神谕的真实性较为关注，而忽略了神谕的虚构性。实际上，虚构性恰恰是神谕的本质属性，也是其进入神话范畴的有力工具，并成为建构历史神话性的一种方式，只不过早期的学者并没有意识到这个问题而已。

一种普遍的事实就是，在关于神谕的分类与整理中，多数学者将目光投向了希腊宗教圣地德尔菲，他们关于神谕的基础性工作也因此集中在德尔菲神谕上。帕克与沃梅尔二人共同编撰的《德尔菲神谕》一书开创了这方面的先河，约瑟夫·方廷罗斯同样将其研究对象定位在德尔菲神谕上，写出了《德尔菲神谕》这样具有实证性质的论著。甚至马丁·尼尔森这类学者在划分神谕的类型时，也在不自觉地沿袭众人的归类法，将希腊神谕分为德尔菲神谕与匿名神谕。[②]不难看出，德尔菲神谕成为了研究者关注的重点，德尔菲神谕问题也成为了20世纪神谕研究的核心问题。为何是德尔菲神谕？

---

① Joseph Fontenrose. *The Delphic Oracle*. Berkeley: University of California Press, 1978, p.5.

② Martin P. Nilsson. *Cults, Myths, Oracles, and Politics in Ancient Greece*. New York: Cooper Square Publishers, 1972, pp.123–142.

回答这个问题并不困难，关键之处在于理解德尔菲在希腊宗教中所占据的地位。

就地理位置而言，德尔菲位于希腊中部，为希腊地理上的中心。但德尔菲成为神谕研究的中心并不因其地理位置的优越，更为重要的是它在希腊宗教乃至希腊精神中的地位。早期的德尔菲因崇拜大地女神盖亚而出名，后来阿波罗取代了盖亚的地位，德尔菲神谕便以阿波罗的名义发出。历史时期的德尔菲因发布神谕而出名，德尔菲神谕也成为指导希腊私人生活与社会生活的向导。希腊政治制度的制定、战争的胜利、仪式的举行、城邦的建造、殖民地的建立，几乎所有的政治事件都与德尔菲神谕相关。某种程度上，德尔菲已经成为希腊人的精神中心，也是希腊人依靠的精神圣地。正是基于德尔菲及其神谕在希腊历史时期的重要地位，多数学者将德尔菲神谕作为重要的研究对象。这种趋向一直持续到20世纪后半叶，学者艾拉德·马尔金甚至在其论著《古希腊宗教与殖民地》一书中专门开辟一章探讨德尔菲神谕对希腊殖民地建立者的影响。①即便是在21世纪，亦有部分学者对德尔菲神谕有着浓郁的研究兴趣，譬如，休·鲍登（Hugn Bowden）写出了《古代雅典与德尔菲神谕：占卜与民主》这样的学术论著。②尽管对德尔菲神谕持有浓厚的兴趣，后来的一些研究者并没有沿着早期学者的学术路径前进，即对神谕资料整理与归类，他们在前人研究的基础上，开始探讨神谕在历史时期发挥的功能。这样的工作在20世纪70年代就已经开始了，

① Irad Malkin. “The Founders of Colonies and Apollo’s Oracle”, in Irad Malkin. *Religion and Colonization in Ancient Greece*. Leiden: E. J. Brill, 1987, pp.17–88.

② Hugn Bowden. *Classical Athens and the Delphic Oracle: Divination and Democracy*. Cambridge: Cambridge University Press, 2005.

起步较早的当数马丁·尼尔森。

众所周知，希腊神话起源于口传时代，并且，那个时代的人们深信神话就是他们的历史，此时的神话自然不会带有任何的政治意味。尼尔森断言："在公元前6世纪，具有鲜明政治意味的神话或被雅典人改编之后的神话开始出现，目的是维护其政治主张。在这个时代，神话是一种鲜活的现实，人们对此深信不疑，因此，神话被人们加以利用成为一种颇具积极功效的武器，被用来宣扬政治主张。波斯战争之后的这个世纪，情况大为改变。历史学者开始书写历史，他们通过系统化与理性化两种路径将希腊历史从神话中分离出来。理性化总是意味着一种批评，至少是一种无言的批评。悲剧作家根据其意图改编神话及其形式，他们使神话成为改变未来的主导因素。神话不再依靠口头传统而存在于人们的思想之中，它们一方面依靠学习，另一方面依靠诗人的虚构得以传承。不过神话的政治功效并未终止，我们在后来时代看到了很多例子，但神话更多地被那些受过教育的人而不是普通大众所使用。还有另外一种最为重要的东西被用来宣传政治意图，它深深存在于人们的记忆深处，那就是神谕，它在文明的城邦时代被精心使用。"[①]不难看出，尼尔森认为神谕是独立于神话而存在的一种范畴，但在宣称雅典政治宣言方面，神谕具有与神话类似的作用，即将雅典的政治宣言合法化。尼尔森眼中的神谕与神话基本没有任何关系，却与历史和政治具有密切关联。但他却没有回答这样一个问题：神谕为何具有建构政治宣言的功能？或者说，神谕凭借什么参与了当时雅典城邦的建构？

① Martin P. Nilsson. *Cults, Myths, Oracles, and Politics in Ancient Greece*. New York: Cooper Square Publishers, 1972, p.123.

它是通过何种方式进入历史的？

确切地说，德尔菲神谕参与希腊政治的时间在公元前8世纪到公元前4世纪，这个时段恰恰是希腊城邦的繁荣期。并且，德尔菲神谕参与希腊历史是通过殖民地的创建来进行的。多数学者对此达成的一种共识就是，既然德尔菲不是希腊的政治中心，而是宗教中心，那么德尔菲神谕自然就是宗教现象，它属于宗教参与历史的范畴。学者艾拉德·马尔金认为，德尔菲神谕“通过圣殿的建造、祭礼的确立、圣火的传递、神圣日历的规范化以及祭坛的建造等，为希腊殖民地的创建提供了具体的和象征性的框架”[①]。这种阐释方式基于结构主义与功能主义，其核心是探讨作为宗教现象的德尔菲神谕在具体历史语境中发挥的功效。进一步说，这种功能主义的解释方式基本为一种外向型的研究，它倾向于关注德尔菲神谕与外部世界的关联，如战争、殖民地、政治事件等，而不是神谕内部的结构关系。

在解构主义盛行之前，史学工作者一直将史学视为一门严肃的科学研究，他们认为，历史就是真实的事件，史学因此属于或应该属于一种精确的科学。此种理念使得19世纪以来历史学家们试图使他们的学科在一个科学的时代受到知识界的尊重，也使得他们将历史与神话划分为两个截然不同的范畴。“后启蒙运动的历史编纂学的普遍趋势就是要把神话从‘确实发生过的东西’的记录中根除。因此，历史学家对‘神话’一词最为盛行的使用方式就是将其视为

① Irad Malkin. *Religion and Colonization in Ancient Greece.* Leiden: E. J. Brill, 1987, p.1.

一种显然错误的解释方式。”[①]不过，随着新史学的产生，以及人类学关于“写文化”的反思，这种科学主义的历史观很快得到了颠覆与解构，不少学者从各自的研究领域发出了不同的声音。马修·约翰逊断言，过去与现在之间存在一条无法跨越的鸿沟，“我们无法触摸到、观察到或者感觉到过去，过去已经完全逝去……所有的陈述都是在此时、此地和现在提出来的，正如我所写出的和您所读到的。它们不属于过去。只有在虚构的小说中或者当你相信鬼魂之说时，过去和现在才可能既相互冲突又相互融合”[②]。这就意味着，历史及其研究也不过是在建构一个已经消失的过去，不管历史学家如何努力，使用何种方法，他们根本无法通过有限的资料复原过去并使得人们回到过去。

更为重要的是，更多的学者意识到，历史研究不过是一种诗学研究，因为不可能有纯粹的历史，即不带任何个人观点也不为任何人服务的历史事实本身。可以设想得出的最客观的历史仍不免是一种叙事和一种诠释，它必定受制于某种特殊的兴趣和基于某种特殊的信仰。那么，历史编纂就是对已经消失的过去的叙述与再建构。在这个层面上，学者海登·怀特指出，“史学家表现出一种本质上是诗性的行为。他预构了历史领域，并将它设置成施展其特定理论的场所，他正是用这种理论来说明在该领域中‘实际发生了什么’。接下来，这种预构行为可能采用许多形式，这是一些用它们得以

---

① 彼得·赫斯：《神话、历史和理论》，李宇靖译，收入陈启能、倪为国主编：《书写历史》（第一辑），上海三联书店，2003年，第116页。

② 马修·约翰逊：《考古学理论导论》，魏峻译，岳麓书社，2005年，第14—15页。

形成的语言模式来描述的类型”[①]。那么，从学科范畴而言，历史研究就具有与艺术、文学等学科一样的诗学性质。这种认识使得海登·怀特更为果断地指出：“历史在当今意义上不是，也永不可能是一门科学。承认这点是有益的，并且，认为历史解释的不同模式包含着政治的、伦理的暗示而不固守客观性、公正性标准也是有益的，在整个史学编撰史上，这种客观性、公正性的标准在突破时期比在保守时期更为人们所重视。”[②]上述这些关于历史及其编纂的新认识使得更多的学者开始重新思考并审视历史与神话的本质属性，对二者的界定也随之发生了改变。

麦克尼尔指出，某种程度上，科学的历史学本身只不过是一种与公认的假设相关的信仰体系。不幸的是，包括科学在内的所有体系都是神话式的。“我们所知的历史记载，都以各种人类集团无休止的兴衰起落为内容，每个集团都以它自己的信仰、理想和传统为团结的纽带。从古代苏美尔和法老的埃及到近代，派别、宗教、部落、国家的内聚力的基础都是共享的真理……今天，人类社会仍然分裂成极其众多、各个有别的集团，每个集团都信奉它自己的真理，以此真理对待自己以及其成员之外的人。一切都表明这种社会的和意识形态的分裂会无限期延续下去。”[③]在这样一种情境下，每一个集团都将其信奉的体系称为真理，而将其他集团的信仰系统视为神话。在后现代时期，被奉为真理的历史不过是神话历史，历史

---

① 海登·怀特：《元史学：19世纪欧洲的历史想象》，陈新译，译林出版社，2013年，序言第2页。

② 海登·怀特：《旧事重提：历史编撰是艺术还是科学》，陈恒译，收入陈启能、倪为国主编：《书写历史》（第一辑），上海三联书店，2003年，第27页。

③ 中国美国史研究会编：《现代史学的挑战——美国历史协会主席演说集（1961—1988）》，王建华等译，上海人民出版社，1990年，第478页。

学家能够尽力去做的，只能是在“终极真理、一般真理和神话之间达到较好的平衡。关于人类行为的永恒的、普遍的终极真理是一个不可企及的目标，不管它作为一种理想是如何讨人喜欢”①。尽管麦克尼尔没有就历史与神话的概念做具体界定，但关于历史与神话的理解使他认识到，历史与神话都通过讲述故事说明事物的起源，二者堪称近亲。也正是在这种认识论基础上，另外一位美国学者彼得·赫斯做出了这样一种论断：所谓历史，就是“‘对过去发生的事物的叙述’和‘过去发生的事物’。‘神话’一词相比之下较难定义……当我们立足于‘神话’的这种哲学的和批判的意义之上时，我们可以把它定义为一组经常处于叙述形式之中的，未经批判地被一种文化或语言社群所接受的，并服务于建立或证实它的自我概念的假设。‘神话’在这种意义上包括大多数的传统故事和一些当代文学，也包括诸如表演性摔跤、一些广告等等的‘文本’。在更为普遍的意义上，它包括任何一组自身的‘真实性’不需要通过逻各斯来证明的相关的陈述”②。当然，这些关于历史与神话的界定某种程度上是对神话与历史的后现代界定，并非是基于神话与历史的史前史而提出的一种理解，但它并不妨碍更多的学者对历史与神话的本质属性进行更为彻底的反思。

法国学者克劳德·卡莱默（Claude Calame）指出，现代科学对许多范畴与概念的界定基本上都基于一种非常功利的现代性诉求，神话与历史也不例外。就神话的概念而言，它是现代科学的一个范

① 中国美国史研究会编：《现代史学的挑战——美国历史协会主席演说集（1961—1988）》，王建华等译，上海人民出版社，1990年，第486页。

② 彼得·赫斯：《神话、历史和理论》，李宇靖译，收入陈启能、倪为国主编：《书写历史（第一辑）》，上海三联书店，2003年，第116—117页。

畴，类似于传统的“发明”。“当我们论及神话时，神话本身并不存在，它也不与任何一种普遍的文化现实相对应。本质上，神话只是现代人类学学者处于怀疑状态所发明出来的一个概念，后来希腊人自己逐渐认可了它，因为在希腊传统中，神话是指希腊历史现实中一些确切的情节。就这种传统而言，‘传奇’与‘历史’是对等的：对希腊人而言，一种叙述的可信度不在于它与现实保持一致，而是在于它对其精神的凝聚力做了一种判断。自然，希腊人发明了‘神话’这个概念，但他们的神话概念与现代人类学学者所接受的共识性神话概念迥然不同。离开了纯粹的欧洲中心主义视角，我们称之为神话的东西既没有本质也没有真实性可言。”[①] 明显能够看出，克劳德·卡莱默并不赞同后现代学者倡导的神话与历史观，更不满他们对神话概念所做的本质主义的界定，因为他们将神话与历史从其历史情境中剥离出来，继而使得二者失去了存在的文化土壤。在他看来，如果非要界定神话与历史，并探讨二者之间的关系，一种较为可行的途径就是，将神话与历史置于其生成语境中，在此基础上进行切实可行的话语分析。正是在这样一种情境下，克劳德·卡莱默的神谕模式开始出现。这种神谕模式有别于20世纪多数学者的神谕模式，因为其基本出发点不是探求神谕在构建希腊殖民地过程中发挥的功效，而是以此为线索探寻神话与历史之间的互动关系。

在现代学术界，不论是神话抑或历史，二者都首先作为一种范畴而出现，而从范畴到范畴，或者从概念到概念的界定基本上都是

① Claude Calame. “Narrative Semantics and Pragmatics: The Poetic Creation of Cyrene”, in *Approaches to Greek Myth*, second edition, edited by Lowell Edmunds. Baltimore: The Johns Hopkins University Press, 2014, p.283.

一种本质主义的做法，抽空概念存在的历史语境所做的任何考察均毫无意义。基于此种认识论，克劳德·卡莱默将希腊殖民地昔兰尼创建的神谕纳入考察范围，以此作为阐释历史与神话概念的个案。昔兰尼位于今天利比亚北部地区，曾经为希腊殖民地。多数考古学者都赞同这样一种观点，即希腊人在公元前7世纪后半期创建了昔兰尼殖民地。在希腊相关的文本中，关于昔兰尼的表述涉及品达的《德尔菲人》，希罗多德的《历史》，阿波罗尼乌斯的《阿尔戈英雄纪》，卡雷马科斯的《阿波罗颂歌》。克劳德·卡莱默指出，尽管各个文本叙述的昔兰尼殖民地创建的过程与细节各不相同，但从叙述学的视角来看，它们却具有一些相同之处：第一，叙述动作的发送者均为神明，神谕是在神明的授意下发出的；第二，神谕的接受者为人类，具体说来应该是英雄，也就是殖民地的创建者；第三，叙述中的语义要素涉及泥土与矿物元素，这些均与昔兰尼的土地相关。这些叙述上的相同之处说明，昔兰尼殖民地的建立是出于神意而不是人类的意愿，希腊人的殖民是受到德尔菲神明保佑的一种行为。也就是说，神话中关于昔兰尼的叙述为希腊殖民地昔兰尼的建立提供了象征性的框架。更为重要的是，关于昔兰尼的叙述不单单是希腊神话话语的一部分，它还是希腊历史的构成部分。那么，关于昔兰尼的神话说明了什么？克劳德·卡莱默的立场非常鲜明：第一，“不论是历史般的历史还是传奇般的历史，它总是被在当下发挥功能的叙述建构起来的”[①]。第二，“从品达的《德尔菲人》到卡雷马科斯的《阿波罗颂歌》，通过希罗多德的《历史》以及《创建

① Claude Calame. “Narrative Semantics and Pragmatics: The Poetic Creation of Cyrene”, in *Approaches to Greek Myth*, second edition, edited by Lowell Edmunds. Baltimore: The Johns Hopkins University Press, 2014, p.283.

协议》，生于巴凯（Barce）的麦涅克勒斯（Menecles）的历史，或者阿波罗尼乌斯的《阿尔戈英雄纪》，昔兰尼殖民地的传奇故事经历了不同的发展，但这些不同的版本并没有呈现我们所理解的那种从神话到历史的轮廓。此处并不存在从‘秘索思’到神话的理性化转换”[①]。第三，“在古希腊，如同别处一样，连接过去的唯一途径便是象征。从希腊‘秘索思’到希腊神话的成功制造，在调节时代的混乱状况方面，体现了希腊人的诗性创造；神话又在表述过去的同时反映了现实，从而发挥出其调停社会的作用”[②]。这样看来，克劳德·卡莱默眼中的历史与神话是两个不同的范畴，但它在古代希腊人那里并无明显界限，相反，二者是交织在一起的。较之于历史，神话更富有弹性，它可以因其特殊属性而进入历史与当下，发挥着调节社会的作用。就昔兰尼殖民地叙述而言，神话是历史的源头，作为神话话语的历史仅仅是神话叙事的一个组成部分。

神谕模式的这一发展过程某种程度上是神话学自身发展的产物，其中涉及研究者关于神话概念及其属性的认知转换。这一转换过程中出现了一个重要的阐释原则，那就是情境性，这也是克劳德·卡莱默所极力倡导的。这一原则的提出标志着神话学研究问题的逻辑起点从本质论转向了存在论，从范畴到范畴界定神话的阐释传统被摒弃，现象学的考察模式开始步入神话研究领域。表面看来，情境性原则是神话研究的方法论，因为它提倡研究者将问题置于历史语境中加以阐释，但实际上，这种主张反映了神话学关于神

---

① Claude Calame, Daniel W. Berman, trans. *Myth and History in Ancient Greece: The Symbolic Creation of a Colony*. Princeton: Princeton University Press, 2003, p.114.

② Claude Calame, Daniel W. Berman, trans. *Myth and History in Ancient Greece: The Symbolic Creation of a Colony*. Princeton: Princeton University Press, 2003, p.119.

话属性的理解的改变，它否认了神话作为一种自古至今概念的存在，而将其理解为现代学者的创造物。因此，情境性原则应该是21世纪神话学认识论转换的标志，这也是整个西方神话学文明探源最为根本的转变。

四、结语

就阐释内容而言，英雄模式强调英雄历险神话与希腊土地起源之间的因果关系，而神谕模式则倾向于探寻神谕神话与希腊殖民地起源之间的关联。英雄模式与神谕模式要寻找的是希腊土地起源叙述背后的动力机制问题。20世纪以来众多学者的研究表明，促使希腊人表述希腊土地起源的动力乃是希腊神话所具有的调节社会秩序与文化差异的功能。在表述希腊土地及其起源的过程中，希腊神话为前者提供了象征性框架。或者说，希腊神话为希腊土地及其机制生成提供了叙述性源头。神话不仅仅为希腊殖民地的开辟提供了话语的合法性，还为希腊土地制度的起源创造了一种具有历史性的叙事源头。

撇开内容方面的差异，英雄模式与神谕模式最终要解决的一个共同问题是：神话与历史究竟具有怎样的关联？这里涉及的话题非常广泛，其中包括如下一些疑难问题：什么是神话？神话的本质属性是什么？神话如何进入历史？什么是历史？历史是如何被叙述和建构的？就神话与历史的概念而言，多数学者摒弃了科学的神话与历史理念，继而以一种现象学的视角审视神话与历史，站在一种存在论的立场上界定二者内涵。尽管问题的探讨与其生成语境之间具有不可分割的关系，但对于某既定情境中问题的探讨并不妨碍多数学者达成共识：作为两种不同的存在范畴，神话与历史之间并无明显界限，在科学意识尚不发达的历史时期，尤其在古代希腊，英雄神话就是古希腊人的历史。并且，作为神话话语的历史，不可避免地带有神话性，神话性是其本质属性。套用一句较为流行的学术话语就是，神话历史是历史的本相，神话因其象征性而进入历史，并为历史叙述提供了象征性框架。

一种普遍的趋向就是，就在多数学者从神话学视角探求希腊土地起源的叙述性结构过程中，神话学自身经历了从方法论到认识论的转变。情境性原则的提出不仅仅更新了神话学文明起源研究的阐释路径，并且改变了神话学者惯常的神话观。本质主义的阐释模式继而被存在论的分析范式所取代，而其背后的理论依据则源自人类学与考古学。作为一门交叉性学科，神话学与其他学科保持了频繁的交流，对人类学与考古学理论的借鉴最终使得神话学摸索出一套颇具效力的土地起源阐释模式。认识论与宇宙观相关，神话学对于神话及其他相关事物本质属性认知的改变，必将带给未来神话学及相关学科研究范式以深远影响，也许这样的期盼更具挑战性。

第二章　神话图像与权力象征

第一节　神话的范畴

一、神话范畴中图像要素的缺失

18世纪迄今，现代神话学走过了两百多年的历史，神话研究从最初的古典学领域相继拓展到了人类学、心理学、考古学、宗教学等领域，神话学出现了前所未有的繁荣景象。在此过程中，关于神话的各种定义不断出现。譬如，剑桥学派的代表赫丽生就宣称，神话是对仪式的一种再阐释；弗洛伊德、荣格等人坚持认为神话是人类心理与潜意识活动的折射；而结构主义者列维-斯特劳斯及其追随者则将神话视为文化结构的深层反映，具有调节文化冲突的功能。尽管流派纷呈，但学者们从来就没有在神话的定义上达成共识，一种定义提出后便会被另一种定义取代。不客气地讲，关于神话的概念并没有取得实质性的突破，各种关于神话的界定基本是描述式的，无法从根本上解决神话的属性问题。“尽管神话学的研究领域确实扩展了许多，但神话学基本上仍被前一时代的理念所支配，此种范式基本上是一种文学式的研究，神话被视为一种独特的语言现象，即故事的一种类型。”[①]尽管现代神话学在方法论上取得了进展，但关于神话的界定仍停留在18世纪古典学研究阶段。例如，英国神话学者柯克（G. S. Kirk）就宣称：“对于广义的神话来说，‘传统的口头故事’这种说法也许是一种比较可靠的说法。不过这个定义会排斥一些诸如‘现代神话’之类，以及像克里萨斯王（Croesus）这样一些文学化与历史化的东西。”[②]柯克眼中的神话是文学的一种类型，与史诗、民间故事、童话、传奇之间存在一种极其复杂的关系。这种神话观与麦克斯·缪勒的神话观几乎没有什么根本区别，也就是说，神话是文学的一种类型。从现代神话学关于神话的界定来看，神话依然是现代文化语境中的神话概念，具有一种虚构的意味，神话与故事的含义几乎是一样的。神话是一种传统故事，属于文学的一种体裁。

就存在形式而言，这种文学式的神话只有两种表现形式：文本与口传，其他形式的神话被拒之门外。从神话的载体来看，神话的范畴不只是文本与口传故事，还包括了图像中的神话场景以及仪式中的神话情节。如果要将神话的表现形式加以分类的话，不妨姑且将其分别称为文本神话、口传神话、仪式神话、图像神话，这四类神话共同构成了神话的存在样态。但从目前关于神话概念的界定来看，图像作为神话要素的概念尚没有纳入神话的定义与范畴中。一种事实就是，尽管20世纪后期的神话学者对图像投入了颇多精力并取得了卓然成就，但鲜有人在概念与范畴上将其列为神话构成要

① Theodor H. Gaster. “Myth and Story”, in Alan Dundes, ed. *Sacred Narrative*: *Readings in the Theory of Myth*. Berkeley: University of California Press, 1984, p.110.

② G. S. Kirk. “On Defining Myths”, in Alan Dundes, ed. *Sacred Narrative*: *Readings in the Theory of Myth*, Berkeley: University of California Press, 1984, p.57.

素。一种令人尴尬的情形出现了：一方面，众多神话学者从图像学视角介入神话研究，由此形成了跨学科的研究范式；另一方面，神话的概念依然停留在文学研究阶段，神话的范畴并没有随研究方法的丰富而扩展。

对图像作为神话这一问题缺乏理论上的兴趣，这是一种普遍存在的现象，它有许多复杂的原因。西方神话学关于图像神话的研究起步较晚，至多也不过一百年，在此之前的图像研究要借助于考古学与艺术学。但无论如何，这些理由都是不够充分的。女性主义神话学是在20世纪中期之后才发展起来的一种神话研究方法，但现在却十分活跃。西方神话学迄今未将图像纳入神话范畴的一个最为根本的原因，就在于对以图像形式出现的神话本质的认识不足，这就要对图像神话的性质做一种最为根本的认识与描述。因此，有必要在理论上对神话的概念与范畴重新加以界定，将图像纳入神话的构成要素之内，否则神话学的图像研究就不具合法性。事实上，现代神话研究迎来了一门更加宽泛的神话科学，而“文学式”的神话仅仅是其范畴内的一个方面而已。本节无意对神话学的新名称做界定，这是一个需要在理论上加以论证的术语问题。

二、图像神话的双重性质

新史学理论宣称，人类历史是一种线性的运动过程，过去已经随着时间的消逝而消失，过去与现在之间存在不可逾越的鸿沟，任何试图复原过去的努力都是徒劳。福柯（Michel Foucault）在其《知识考古学》一书中断言，人类无法通过现在理解过去，因为历史是断裂的，历史的“每一个层次都有自己独特的断裂，每一个层次都蕴含着自己特有的分割；人们越是接近最深的层次，断裂也就随之越来越大”①。本雅明（Walter Benjamin）乃至伽达默尔（Hans-Georg Gadamer）都认为通过阐释理解过去是一件不可能完成的任务，因为原始词句所蕴含的精神与其再生产之间存在巨大的断裂。考古学者的实践表明，尽管人类无法通过阐释文本回到过去，却可以通过阅读物质文化重构历史。此时，作为物质文化的图像则可以弥补文字书写在历史认知层面的裂痕，从而提供被文字叙述忽略的物质性样态的历史证据。更为重要的是，图像本身的物质属性使得它在文化阐释中具有一种实在性，能够在物质层面再现历史。在表述历史事件的真实性上，图像如同文本一样具有同等的阐释效力。新史学的主将之一彼得·伯克（Peter Burke）宣称：“我们与图像面对面而立，将会使我们直面历史。在不同的历史时期，图像有各种用途，曾被当作膜拜的对象或宗教崇拜的手段，用来传递信息或赐予喜悦，从而使它们得以见证过去各种形式的宗教、知识、信仰、快乐等等。尽管文本也可以提供有价值的线索，但图像本身却是认识过去文化中的宗教和政治生活视觉表现之力量的最佳向导。……图像如同文本和口述证词一样，也是历史证据的一种重要形式。”②在表述历史本相上，图像与文本具有同等价值，它是历史存在的一种物质形式。

除此之外，图像在时间意义与本体论意义上均先于文本，因为没有固定的语法表述系统与结构，从而具有多义性与会意性，更加

① 米歇尔·福柯：《知识考古学》，谢强、马月译，生活·读书·新知三联书店，1998年，第1—2页。

② 彼得·伯克：《图像证史》，杨豫译，北京大学出版社，2008年，第9页。

适用于不同的文化符号模式。所以在建构史前时代思想体系时，图像更具优越性。考古学者特尔恩（K. V. D. Toorn）指出，在对无文字社会的研究中，“图像通常具有文字所没有的功能，在这种情境下，图像学就不再是图像的集合而被驱逐到书面语言的边缘地带。图像作为一种独立的信息而被认可。图像不再屈从于文本，在某些特定的语境下，它反倒具有优越性”[①]。不可否认，这种观点并不具普适性，它仅适用于人类特定的历史时期。对于神话学者而言，图像中描绘的神话场景是研究史前时代神话的主要来源，它比人类文明时代文字书写的神话更为古老，某些时候是文本神话的原型。不过，这并不意味着图像神话是文本神话的源头，二者有着更为古老的起源，那就是口传故事。“艺术家和作家的创作内容同出一源，他们是独立地从这些故事中汲取灵感的。他们或许认为自己创造的是这些故事的视觉形象，没有必要去参照任何文学作品。”[②]拥有共同口头传统源头的图像神话与文本神话是相互补充的，二者共同建构了人类的认知体系。

尽管关于神话的界定是一个具有纷争性的话题，每一个神话流派都有不同的理解，但一种比较保守但容易被接受的定义就是，“神话是一种传统故事，间接地、部分地与某种具有群体重要性的内容相关联”[③]。倘若要在众多的传统故事中区分神话，那是一件非常复杂的事情。不过一种比较便捷的方式便是将神话的表述内容

① K. V. D. Toorn. “Worshipping Stones: On the Deification of Cult Symbols”, *Journal of Northwest Semitic Language*, Vol.23, 1997, p.16.

② 苏珊·伍德福德：《古代艺术品中的神话形象》，贾磊译，山东画报出版社，2006年，第11页。

③ Walter Burkert. *Structure and History in Greek Mythology and Ritual*. Berkeley: University of California Press, 1979, p.23.

做进一步的细分，这样，就有一个听起来比较老套但非常易于理解的定义："神话乃是关于妖魔鬼怪的一种传统故事。"[①]就表述的内容而言，很多图像中表述的故事都可以划入神话之列，尤其是史前时代的图像，几乎所有的画面都表现了这个层面的场景，古欧洲新石器时代的那些图像就是典型的例子。到了历史时期，部分图像才开始转向表现世俗生活，画面中出现了英雄与国王这类形象，古代埃及、美索不达米亚艺术品及希腊艺术品中刻画的那些神话场景有力地表明了这一点。就希腊艺术而言，学者托马斯·H.卡彭特（Thomas H. Carpenter）的研究表明，希腊瓶画"描绘故事的方式会代代更改，同样是一则神话故事，公元前400年表述故事的语境与公元前580年的语境之间存在很大差异。有时，瓶画叙述的神话故事没有文字可依；有时，瓶画表述的神话故事与那些文字记载的故事有很大出入；有些时候，瓶画中的故事场景仅仅是文字故事的简略再现"[②]。尽管如此，有一点却是肯定的：这些图像描绘的都是神话中的故事场景，在某些特定的历史阶段，图像神话在表述内容层面比文本神话更为丰富。那么也就可以这样断言，刻画了故事情节的图像也是神话的一种类型，成为神话表述的可视化媒介。

学者珀西·科恩（Percy S. Cohen）指出，就神话的定义而言，"神话是一种叙述这种事实具有非同寻常的重要性。叙述是对特定时间的一种建构，这种行为要求确立或创造一种最初的时刻，或者

---

① Joseph Fontenrose. *The Ritual Theory of Myth*. Berkeley: University of California Press, 1966, p.55.

② Thomas H. Carpenter. *Art and Myth in Ancient Greece*. London: Thames and Hudson, 1991, p.7.

确立一种转换时刻……神话众多功能中一个重要的功能就是它在对过去的叙述中塑造了现在。”[①]这就意味着神话与现实社会之间具有密切的关系，其最终意图是对当下的秩序做一种话语阐释。学者布鲁斯·林肯（Bruce Lincoln）继而断言，按照神话的这种功能，就可以这样宣称：“神话并非是一种叙述类型，而是一种以叙述形式出现的意识形态。”[②]这种定义下的神话就与社会的权力形成了一种互动关系，起到了将社会秩序合法化与叙述化的作用。这样，神话叙述就具有明显的文化表述意图，关于异域的相关描述本质上就是政治或文化的自我观照，最后成为意识形态的组成部分。那么接下来的问题就是，图像形式的神话具有这种功能吗？它是通过什么实现的？要回答这两个问题，就必须首先认识图像神话的象征性。

作为一种物质遗产，图像神话具有实在性，它所表述的故事场景具有可视性，这一点比文本更具说服力。更为重要的是，图像神话是一种象征性的符号系统，通过具象化的故事情节来达到建构社会秩序和意识形态的意图。概括地说，图像神话的这种象征性体现在两个方面。一是故事场景与历史事件之间的关联。在某些特定的历史时刻，图像中的神话故事象征了真实的历史事件。比如，公元前5世纪雅典瓶画上有忒修斯追杀美狄亚、赫拉克勒斯战胜亚马逊人、阿喀琉斯追杀特洛伊王子特洛伊罗斯的场景，所有这些神话故事场景都是公元前490年到公元前479年间希波战争

① Percy S. Cohen. “Theories of Myth”, *Man*, New Series, Vol. 4, No. 3, 1969, p.349.

② Bruce Lincoln. *Theorizing Myth: Narrative, Ideology, and Scholarship.* Chicago & London: The University of Chicago Press, 1999, p.147.

中希腊战胜波斯历史事件的隐喻。[①]二是图像神话的持有者通过图像细节来表述族群概念。比如，新王国时期的埃及壁画上，努比亚人被刻画成身材矮小、身穿裙子的形象，埃及人就是通过这些有别于本民族的服饰细节特征来象征努比亚人粗野低劣的品性。[②]在这个层面，神话图像就是抽象理念的携带者，成为宣传国家意识形态的工具，发挥了类似于文本神话的作用。此时，我们就可以断言，"神话图像绝不是寓言。它之所以被谨慎地挑选出来，纯粹是为了遮蔽一些抽象的思想。神话图像与思想密不可分。它表述了一种包含体验已成为直觉的规则"[③]。神话图像绝不是基于审美志趣而被创造的，它是为了表述某种理念而出现的，具有一种政治上的功利性。

不难看出，不论是从其地位、表述的内容还是从发挥的作用来看，图像神话在神话概念与范畴中都占有一席之地，而这一切都与其象征性这种属性密不可分。这就意味着，图像神话属于神话的一种类型，是一种可视化的神话叙述。这样，神话的范畴就包含以图像形式出现的叙述类型，而神话的概念同样也应该将图像纳入其中。那么，关于神话的概念与范畴就应该重新界定，只有这样，神话理论才能够跟上神话学研究的发展。但这两个问题最终都与神话的性质相关。我们不得不再次面对这样一个看似老套但颇为尖锐的

① Christiane Sourvinou-Inwood. "Myths in Images: Theseus and Medea as a Case Study", in Lowell Edmunds, ed. *Approaches to Greek Myth*. Baltimore: The Johns Hopkins University Press, 2014, pp.355–401.

② David O'Connor and Stephen Quirke. "Introduction: Mapping the Unknown in Ancient Egypt", in David O'Connor and Stephen Quirke, eds. *Mysterious Lands*. London: UCL Press, 2003, p.17.

③ Henri Frankfort, Mrs. H. A. Frankfort, J. A. Wilson and T. Jacobsen. *Before Philosophy*. Harmondsworth: Penguin Books, 1974, p.15.

问题：究竟什么是神话？看上去就是，话题又回到了本节的开端，似乎已经陷入循环论的困境之中。解决这个问题的关键是对神话的存在形式做一种现象学的分类，以便弄清神话究竟有哪些外在表现形式。所以，接下来笔者会对神话的存在样态做一种权宜的划分，这些分类是基于一种广义范畴上的神话概念，与特定文化中人们关于神话的分类并不相关。

三、神话的存在样态

尽管神话学有着悠久的历史，但从学术的话语内在脉络来看，神话概念的界定问题依然没有取得实质性进展。神话是什么？这是见仁见智的问题，并且存在不同的界定标准。当不同学科的研究者从各自的视角对神话做一番界定之后，我们对神话的认识依然是一团模糊，就此产生的新问题甚至让我们更加迷惑。一种令人担忧的现象是，学者们越是探讨神话概念，神话距离人们就越远，以至于神话成为一团飘忽不定的话语之云，存在随时被纳入任何一种学科（如宗教、文学、艺术等）范畴之内的可能性。需要指出的是，以往关于神话概念的探讨总是从非神话的视角来看待神话，神话总是被界定为其他范畴，比如，神话是一种神圣的叙述，神话是传统的故事等。所有这些都是从概念到概念的阐释，基本上是将神话理解为一种概念，而不是具有实体性的存在现象。不客气地讲，这是关于神话属性的一种肤浅认识，而不是对神话的理解。“本质上说，无论这些研究怎样认识神话，都是把神话置入了‘神话是……’的判断关联之中，因而无论研究者给出怎样的答案，都是有关神话属性的判断，这样的研究或判断，对于神话本身仍然很少有所言说。”[①]这种界定等于将从来就不是神话的东西硬塞给神话，用另外一些概念或术语来取代神话，神话一词变得与那些取而代之的字眼一样空洞。在这种思维惯性下，神话概念的探讨类似于缘木求鱼，自然难以取得突破性进展。事实上，神话就是神话，任何试图对神话概念做非神话界定的行为都是一种徒劳，因为一旦将神话视为非神话类别，神话就成为另外一种范畴，失去了其存在的自在性。

看上去就是，我们无法从认识论视角对神话的概念做一种界定，神话的属性探讨因而无法达成共识，但这并不意味着我们不能从其他角度来认识神话。那么，该如何来界定神话的概念呢？美国神话学者约瑟芬·方廷罗斯认为，当我们面对神话时，重要的不是神话的定义，而是使用“神话”这个术语时，它会引发哪些现象。[②]这就意味着，神话的概念与其外在表现形式有关，弄清楚了神话的外延，也就理解了其内涵。就方法论而言，学者罗瑟夫（Aleksei Fyodorovich Losev）指出：“我们必须对神话的意义采用一种独立的分析方法，最为根本的方法是通过神话将神话视为神话自身的一种现象学分析方法。”[③]研究者可以从存在论或现象学的维度重新审视神话的概念，将神话概念的探讨转换为神话现象的考察。一种事实就是，存在论意义下的神话概念和范畴的探讨并不是不使用概念，而是通过存在来界定概念，即让神话以其外在表现的方式言说

① 杨义主编：《中国社会科学院文学研究所学刊》（2008），中国社会科学出版社，2008年，第75页。

② Joseph Fontenrose. *The Ritual Theory of Myth*. Berkeley: University of California Press, 1966, p.53.

③ Aleksei Fyodorovich Losev, translated by Vladimir Marchenkov. *The Dialectics of Myth*. London: Routledge, 2003, p.5.

自身。概括地讲，这种视角下的神话研究一方面通过一种本质直观的方式对神话现象进行考察，另一方面又采用了现象学的描述方式对相关概念进行阐释与分析。一旦将认识论意义下的神话概念转换为存在论范畴内的神话现象，神话便越来越清晰地呈现在研究者面前。

从认知学视角来看，人类对外在世界的感知有多种方式，其中属于文明时代人类的基本方式主要包括听、说、读、写，这几种认知方式决定了对现实社会的理解路径。另外，符号学的研究表明，这四种基本能力决定了人类记忆历史的方式：口传叙述、图像叙述、仪式叙述、文字叙述。如果依据这种划分的标准，就可以将神话的存在方式做如下分类：传唱的神话、表演的神话、观看的神话、书写的神话。进一步概括，就可以依据表现方式将神话划分为：口传神话、图像神话、仪式神话、文本神话。所谓口传神话，就是以传唱方式呈现的神话，这种神话类型在史前时代应该比较流行，其生成时间远远早于文字书写的神话。图像神话是以图像方式讲述神话故事的神话类型，大部分的图像神话背后都有一个悠久的口头传统，很有可能史前时代的人们以口传神话和图像神话为主来表述对宇宙、现实世界的感知。仪式神话主要是指那些以仪式性演述方式来表现的神话，这类神话借助于一些仪式性的行为来表现神话故事情节。需要指出的是，并非所有的仪式都是仪式神话，只有那些演述了神话故事情节的仪式才能够称为仪式神话，一些庆典之类的仪式是不能划入其中的。文本神话比较容易理解，指的是那些通过文字书写来叙述的神话故事，多数研究者借助于这种类型的神话进行研究。不难看出，多种外在表现方式使得神话具有一种活态意味：可以说的神话、可以演的神话、可以看的神话、可以写的神话。从该视角看，“神话就是一种多维的现象，在历时性与共时性层面具有多种意义与功能”[①]。这样，神话就以多种存在的直观方式呈现在我们面前，认识论意义上的神话概念就转变为存在论向度的神话现象，神话与历史记忆的叙述范式、认知体系之间具有了一种逻辑意义上的联系（参见表2-1）。通过神话表现方式的考察，能够认识神话的本质属性，关于神话概念的界定也就迎刃而解。以往那种从概念到概念的神话阐释方式被从现象到概念的方式取代，神话的范畴也由此得以直观呈现。

表2-1　神话存在样态与认知方式对照

认知方式	存在方式	符号学叙述类型	神话存在样态
言说	语言	口传叙述	口传神话
表演	仪式	仪式叙述	仪式神话
观看	图像	图像叙述	图像神话
书写	文本	文字叙述	文本神话

现代工业文明社会中对文字的推崇达到了一种登峰造极的地步，文字成为划分文明与野蛮的一把标尺，小到个体大到族群，都脱不了干系。譬如，中国的教育话语将那些不识字的人群划入“文盲”之流，不少历史叙述也习惯性地将有文字的民族视为文明程度较高的民族，而把没有文字的民族看作未开化的民族。此时，文字已不再是一种简单的符号和表述方式，它不啻为区别个体、族群等

① Christiane Sourvinou-Inwood. *Theseus as Son and Stepson: A Tentative Illustration of Greek Mythological Mentality*. London: University of London Press, 1979, p.2.

高低优劣的圭臬。但这种传统并非是自古有之，而是在文字发明之后才出现的一种奇怪现象。在古典希腊时代，希腊人就对文字不以为然，甚至认为文字遮蔽了思想，妨碍了知识的传播。柏拉图曾借苏格拉底之口表达了他对文字的蔑视："所以自以为留下文字就留下专门知识的人，以及接受了这文字便以为它是确凿可靠的人，都太傻了，他们实在没有懂得阿蒙的预测，以为文字还不只是一种工具，使人再认他所已经知道的。"[①]这看似荒谬的话语背后有一个以口头语言为交流工具的悠久传统，那时的口头语言在社会中占据崇高的地位。"口头语言给人类提供了一种将他们收集到的知识、经验和信仰——或者说，他们的文化——传递给下一代的方式。"[②]在这样一种文化语境下，作为口头故事的神话成为传播知识并保存文化记忆的有效方式。更为重要的是，因口头语言自身的特点，神话的讲述者会根据具体的场合调节故事，同一个神话故事，每一次讲述都不一样，这就使得口传神话永远都是鲜活的。仪式神话也具有这种特征，与口传神话有所不同的是，后者更多地带有表演的形式，以行为和动作来演述神话的故事情节。比如，在河北涉县的娲皇宫，每年农历三月十五日至十八日，当地人都会举行祭奠女娲的庙会，在庙会上的祭奠仪式上，女娲炼石补天、抟土造人等相关的神话故事往往被演述。[③]较之于前二者，被文字所记录的文本神话并不具有这种特性，它是一种静止的叙述，已经远远脱离了鲜活的现实生活。就希腊的文本神话而言，学者们不时叹息："人们可以

---

① 柏拉图：《文艺对话集》，朱光潜译，人民文学出版社，1963年，第170页。

② 罗杰·菲德勒：《媒介形态变化：认识新媒介》，明安香译，华夏出版社，2000年，第49页。

③ 杨利慧：《女娲的神话与信仰》，中国社会科学出版社，1997年，第155—161页。

发现神话编撰者和赫西奥德扼杀了多少奥林帕斯神的日常生活，使之变得无法想象。时间不流逝，凝固和蜷缩在永恒的现在。”[①]不可否认，图像神话也具有这种缺点，但它却以一种凝固的视觉化形式描绘了神话，使得即便是没有接受过文字教育的人也能够领会画面上的神话故事情节。

历时地看，在文字产生以前，人们可以通过口述、图画、歌咏、巫技、舞蹈甚至凿刻石头等方式来反映、记录历史事件，所有这些都赋予神话一种活态的意味，使得神话成为一种鲜活的记忆与知识储存器。口传神话、仪式神话与图像神话都是前文字时代的产物，其诞生时间要远远早于文本神话。作为一种神话现象，文本神话却在印刷术的发明和推广之后，因文字特权地位的确立而获得了前所未有的重视，其在特定文化中的地位与价值也因此超过了前三者。但这并不意味着神话的其他存在样态已经消亡，人类学的田野考察表明，不少原住民部落中依然存在非文本形式的神话，只不过它们处于社会文化的边缘地带而已。神话以其存在形式的多样性而在现代人的生活中占据了一席之地，它像一张无形的大网，覆盖了社会文化与生活的方方面面。

四、结语

从上述表述中可以看出，神话是一种独立而多维的存在，具有实在性，它是语言、文字、符号与行为的原始统一体，不受任何特

---

① 裘利亚·西萨、马塞尔·德蒂安：《古希腊众神的生活》，郑元华译，上海人民出版社，2008年，第23—24页。

定词汇、语言的约束。这不是对神话属性的界定，而是一种对神话的描述。作为存在本相的神话，它具有四种外在表现形式：语言、文字、仪式与图像，人们可以使用口头语言与书面语言叙述神话，可以通过舞蹈与仪式演述神话，更可以借用图像描绘神话故事情节。作为口头语言与文本的神话，它与文学有着某种关系；作为仪式和舞蹈的神话，它与仪式之间具有某种相关性；作为图像的神话，则又与艺术有着密切的关联。但这并不意味着神话就是文学的一种题材、仪式的一种类型、图像的一种形式，只能说神话与这些术语或语词之间具有某种关联。概括说来就是，神话不是文学，是文学最早的原型；神话不是艺术，是艺术的最初形式；神话不是仪式，是仪式的最初演述内容。

从内涵与外延来看，神话的概念与范畴都远远大于文学，神话是一种客观存在，文学可以不断从中获取素材和模式，但神话本身并非文学本身。19世纪那种致力于通过文本和作品寻找神话的某种普遍定义的本质主义做法应该被摒弃，代之以存在论现象学考察，着重考察神话外在表现形式。作为第一性存在的神话，自史前时代到当下，它已丧失其纯洁性，被文学、艺术等利用，成为文学家、艺术家表述相关概念的工具。但这并不意味着神话在历史的发展中失去其独立性，神话就是神话，它是一种自在的存在。

第二节　神话与王权仪式起源

一、仪式的内涵

“国之大事，在祀与戎。”《左传》中的这句话道出了祭祀的重要性，使其与战争共同构成了国家权力与政治生活的两个维度。《左传》中所说的祭祀等同于王权仪式，但又不能够包括王权仪式的内涵。这里需要指出的是，王权仪式指与王权相关的仪式，其中主要包括帝王参加的节日庆典、祭神仪式、祭祖奠礼、王族婚庆、即位典礼、王室葬仪等。史学工作者与考古学者对王权仪式的探讨主要集中在其出现、演变、衰落或变化方面。这种研究模式为线性论或循环论，就像其研究对象一样。如果将王权仪式视为一种机制或系统，而不仅仅是一种文化与历史现象，那么我们就能够在这个系统内发现各种子系统：仪式时间、仪式空间、仪式模式、仪式结构，所有这些层面的要素共同建构并组成了王权仪式的机制，即所谓王权礼制。另一方面，王权仪式有各方面的要求，比如具体日期的选定、服饰的设计、食物的搭配、音乐的拟定、场地的选定、建筑物的构造、过程的编排等。那么，这些构成要素是按照何种要求与标准被整合在一起的？或者说，王权仪式是怎样形成的？王权仪式是根据什么规则来建构时间、空间、模式的？尽管不同文化语境中的王权仪式有不同的模式，但这些问题无疑具有普遍性。此时，历时性的线性考察就难以提供合理的解释，研究者必须具有跨学科的视野并运用各种综合手段方可取得突破性进展。

神话学者的研究表明，王权仪式与王权观念之间有着根本的关联，更与特定文化的宇宙论密切相关。在古代国家，尤其是古代埃及、美索不达米亚与中国，王权理念是建立在神话宇宙观基础之上的。也就是说，王权是宇宙秩序的一个构成部分，王权的传递与宇宙秩序的更新是同步的。在神圣创世事件循环之际，宇宙秩序得以更新，王权也从老国王手中传到了继承者手中，宇宙再生从而与王权交替重叠在一起，共同完成了秩序的更新。“在这样一种王权观念序列中，任何宗教与世俗生活在理论上都与国王相关，并且，每一种宗教仪式与典礼都是某种意义上的王权仪式。”[①]这样，王权仪式的考察就具有了突破口，先前那种历时性的研究模式就被新的范式所取代，研究者从现象学层面的考察转向了结构性意义的阐释——王权仪式的发生机制及模式建构的思想起源。当然，作为抽象机制与具体文化现象的王权仪式，其表现方式因文化与历史语境的差异而有所不同，它与神话之间的关联也因此各有侧重，研究者提供了不同层面的考察和诠释方式。

二、王权仪式时间：神话创世时间的再现

世界各地各民族都有自己的创世神话，比如中国盘古尸体化宇宙的故事，埃及的太阳神拉（Ra）用自己的身体创造宇宙，以色列神耶和华在七日内创造世界等。尽管这些神话的细节有所不同，但它们都表达了一个共同的主题：宇宙的形成。本质上说，一则创世神话就是一种宇宙起源论，它描述了宇宙秩序的起源，比如，世界是如何生成的，人类是怎样诞生的，秩序是如何被创造的。就其叙述内容而言，创世神话表述了宇宙演化中从无到有的一种进程：“混沌成为宇宙，虚空变成实在。”[②]需要指出的是，创世时间并非真实的物理时间，但它可以再生，是现存众多存在物的时间原型。因为创世时间既是神明所创造的，是神圣的创造物，又是世界秩序

① H. W. Fariman. “The Kingship Rituals of Egypt”, in S. H. Hooke, ed. *Myth, Ritual, and Kingship*. Oxford: Clarendon Press, 1958, p.77.

② David Adams Leeming. *A Dictionary of Creation Myths*. NewYork: Oxford University Press, 1994, p.vii.

生成的标志——现有世界的一切存在都在创世时间中被诸神创造出来，并且具有了先后的次序。也可以这样说，“在一个事物存在之前，属于它自己的特别时间是不可能存在的。在宇宙产生之前，不可能有宇宙的时间。在一种特殊的植物种类被创造出来之前，能够使它生长、结果和死亡的时间也并不存在。正是鉴于这种原因，每一个创造都被想象成在时间开始之际才发生的。随着一个新的物种的首次出现，它的时间也就迸发出来”①。概括地讲，万物始于创世时间，宇宙秩序在时间中得以生成。创世时间既是宇宙时间的开始，又是宇宙秩序形成的标志。它既是虚无的结束，又是存在的开始。在埃及神话中，创世时间被称为初时（Primal Time），是太阳神拉创造宇宙并开始统治世界的时刻。神话学者伊利亚德指出，创世时间为纯粹的神话元时间，但它是可塑的和循环的，人们可以通过各种方式将其表现出来，譬如，借助于仪式展演与神话讲述等各种途径，将创世时间象征性地加以再现。在神圣创世时间的循环中，创世过程得以再现，宇宙秩序因而获得了再生。②

近期的神话研究者越来越多地关注王权仪式与创世神话时间之间的关联，而古代巴比伦国王参加的新年仪式尤其是关注的焦点。不过在梳理具体的研究成果之前，需要先了解一下新年仪式的相关概况。根据古巴比伦的太阴历，一年分为十二月，每年的开始从春季算起，即从一年的第一个月份尼山月（Nisan）开始。在巴比伦创世神话中，一年的日子是由主神马杜克（Marduk）创造的。据神话叙述，大神马杜克打败提阿马特（Tiamat）之后，确立了诸神的

① 米尔恰·伊利亚德：《神圣与世俗》，王建光译，华夏出版社，2003年，第37页。
② 米尔恰·伊利亚德：《神圣与世俗》，王建光译，华夏出版社，2003年，第32页。

位置，接着，“他确定了星和星座，他规定了年，划出了各个部分。他用三颗星分出十二个月。他根据星星规定了一年的日子，然后就确立木星的位置来标明日子的界限，使任何一天都不得有误差，也不得缺少。他把贝尔和伊阿的住宅同木星建在一起。他在天空的两边开了两个大门，左边和右边的门闩都造得十分坚固。他把天顶放在天的中央。他造出月亮神南纳，把夜交给他，把他放在那里作为夜里的发光体，把白天区分出来。月复一月，他使南纳显出满月的形状，说：‘在月开始的时候，当夜开始时，就让你的角发光，把天空区分出来……’”[1]巴比伦人庆祝新年的仪式每年都要在马杜克神庙举行，节日持续十二天，每一天都有不同的仪式举行。参与新年仪式的人员主要有国王、王后与大祭司，还有众多的民众。值得注意的是，新年仪式的第五天要举行一个与国王相关的王权仪式。神话学者尼尔斯·C.尼尔森（Niels C. Nielsen）对此做了仔细的描述：“在新年节庆十二天中的第五天，巴比伦人举行一个表演创造主神马杜克与人间国王相认同的戏剧性典礼。大祭司从国王那里拿走王权的标志，打他的脸，迫使他跪在马杜克神像前。然后国王向神表示他的统治是公正的。大祭司把王权标志还给国王，作为得到神的恩准的象征，并再一次打国王的脸。如果这次打击使国王流下了眼泪，那就会被解释为一个吉兆。接着，人们把马杜克神像放在众神之王的位置上，在国王的侍奉之下，举行一个模拟这位创造主对混沌海怪提阿马特的胜利讨伐的盛大游行活动。新年礼仪以众神对马杜克创世之战的胜利的纪念而结束。国王回到他的权力宝座

① 雷蒙德·范·奥弗：《太阳之歌：世界各地创世神话》，毛天祐译，中国人民大学出版社，1989年，第178—179页。

则标志着人类同宇宙之间的关系已经重新建立起来。于是，这位国王——事实上是这个世界——便获得了新的开端。”[①]尼尔森的阐释并不能回答这样一些问题：为何主持新年仪式的大祭司要抽打国王并拿走标志王权的象征物？为什么国王在挨打之后又获得了王权的标志？换句话说，为何要将国王而不是其他人与马杜克联系起来？这个看似庆祝新年更新的仪式背后应该还有更为深刻的现实诉求，它就隐藏在仪式的一系列细节中。

学者亨利·富兰克弗特（Henri Frankfort）认为，国王挨打及其王权标志的失而复得应该是仪式的核心部分，“清楚的是，依靠他的自我惩罚和忏悔，国王洗清了自己过去罪孽的污点，并且这样适于主持接下来的仪式。也清楚的是，他那种旨在更新的授予王权标志的仪式标志着王权的更新。在加冕典礼上，标志也被放在神面前的座位上，在国王获得它们和国王的权力之前。但是除此之外，国王的羞辱把他带入了与环境的协调一致，在这些环境下，伟大的更新仪式开始了。……现在，国王也被掠夺了他的光辉和国王标志的保护，并且权力降到了最低，这与自然生命的低谷、与神的‘囚禁’、也与创世之前的混沌状态相一致。五天的献祭、赎罪与净化达到了国王退化和恢复的地点”[②]。这就意味着，巴比伦王权的更新是借助于创世神话的再叙述而得以完成的。创世事件的再现象征着王权的更新，宇宙的再生与王权的更新之间具有了一种对应关系。这样，巴比伦人的新年仪式就不只是宇宙秩序更新的象征，它还有

① Niels C. Nielsen, Jr. et al, eds. *Religions of the World*. New York: St. Martin's Press, 1983, p.52.转引自叶舒宪：《中国神话哲学》，陕西人民出版社，2005年，第265—266页。

② 亨利·富兰克弗特：《王权与神祇》（下），郭子林、李岩、李凤伟译，上海三联书店，2007年，第459页。

着更为现实的政治诉求——王权的更新与再生。王权更新时间是创世时间的象征，世俗的物理时间因神话创世时间的象征性再现而被赋予一种神圣化的色彩，此时，国王的活动类似于神明创世行为，国王的权力与统治变得神圣。

当然，创世神话对王权仪式的影响并不限于巴比伦，它在其他古代国家具有类似的功能，只不过其表现因文化语境的差异有所不同而已。学者布莱克曼（A. M. Blackman）指出，埃及的王权仪式有着类似的情景，王权仪式时间与神圣创世时间有着密切的关联。①较之于古代巴比伦的新年仪式，埃及的王权仪式更加强调国王的权力，王权仪式时间除了象征神话创世时间之外，还隐喻了神圣的创世事件。关于这一点，学者布利克（C. J. Bleeker）做了深刻的阐释："法老的王位登基典礼就是对神话事件的一种仪式重现，即通过创造世界的时刻，太阳神开始统治宇宙。这样，法老就借助于神明所默认的美德而统治人间，他比其他人更有权威。"②神话学者在赫梯帝国的王权仪式中同样发现了仪式时间与创世时间之间的象征关系，只不过赫梯的王权仪式在冬季举行，在一年中的第八个月份。③部分学者指出，希伯来的王权同样存在类似的情况，④甚至古希腊也不例

① A. M. Blackman. "Myth and Ritual in Ancient Egypt", in S. H. Hooke, ed. *Myth and Ritual*. London: Oxford University Press, 1933, pp.15–39.

② C. J. Bleeker. "The Position of the Queen in Ancient Egypt", in C. Edsman, ed. *The Sacral Kingship: Contributions to the Central Theme of the VIIIth International Congress for the History of Religions* (Rome, April,1955). Leiden: E. J. Brill, 1959, p.261.

③ O. R. Gurney. "Hittite Kingship", in S. H. Hooke, ed. *Myth, Ritual, and Kingship*. Oxford: Clarendon Press,1958, p.107.

④ Geo Widengren. "Early Hebrew Myths and Their Interpretation", in S. H. Hooke, ed. *Myth, Ritual, and Kingship*. Oxford: Clarendon Press,1958, pp.149–203.

外。[1]看上去就是，王权仪式时间与神圣创世时间之间的象征关系不是一个特殊的事件，而是古代王权国家普遍存在的一种现象。

那么，这种现象背后潜藏着何种思维方式？这是神话学者阐释王权仪式时间的另外一个维度。罗马利亚神话学者米尔恰·伊利亚德指出："几乎在任何地方，新王登基都被视为其民族历史之再生，甚或是宇宙历史之再生。新君登基，不管他个人多么微不足道，均是一个新纪元的开始。此种典型观念，以往常常被视为阿谀献媚，或形式化的造作。事实上，我们之所以会感到不平常，只是因为流传至今，它们带上了某种庄严肃穆。而在初民的观念里，不但新王登基，连每次结婚的入床仪式、婴孩的诞生等，无一不是一个'新纪元'的开始。因为宇宙与人借着种种途径不断再生，过去被毁掉，罪恶与过失被消灭等。虽然形式有异，但所有再生手段都趋向同一目的：通过重现宇宙开辟的事迹，持续不断地重返'彼时'，废除过去的时间，从而将历史消除。"[2]伊利亚德试图说明，王权仪式时间与创世时间之间的象征性关联源自古人的"回归神圣"观念，也就是说，通过回到创世时间而回到创世的原初状态，人类秩序得以再生，王权因而获得更新。说得明白一些就是，王权仪式时间的神圣性理念出自创世神话的宇宙观。尽管世界各地神话中的创世时间有所不同，创世时间的神圣性却是宇宙论的核心观念，这种神话思维催生了世界各民族王权仪式关于仪式时间的理念，只不过

---

① A. N. Marlow. "Myth and Ritual in Early Greece", in *Ritual and Myth: Robertson Smith, Frazer, Hooke, and Harrison*. Edited with introductions by Robert A. Segal. NewYork & London: Garland Publishing, Inc,1996, pp.279–308.

② Mircea Eliade, translated from the French by Willard R. Trask. *The Myth of the Eternal Return: Or, Cosmos and History*. Princeton: Princeton University Press, 1991, pp.80–81.

各民族的文化语境不同，仪式时间在各地的表现有所差异罢了。

伊利亚德阐释了王权仪式与创世神话之间的关联，但这里存在的一个疑问就是，为何古人要借助于仪式时间返回神创世时间？或者说，为什么要“回归神圣”并“消除历史”？神话学者卡伦·阿姆斯特朗（Karen Armstrong）就这个问题做了阐释，她指出：“众所周知，创世神话从来都不能向人们提供关于生命起源的实际信息。在古代世界，一则宇宙起源神话通常会在敬拜场所被吟诵，并且是在一些特殊的时期。当人们面临进入未知的新奇历险——新年、婚庆或加冕典礼时，他们需要被注入一种神性的能量。此时，诵吟创世神话的目的并非是提供讯息，而是首先提供一种治疗。当人们遭遇到切实的灾难，想要终结一场争端，或者治愈疾病时，他们就会去倾听关于宇宙论神话的吟唱。这种理念的目的是汲取那种能够支撑人类存在的永恒能量。神话及其相关的仪式似乎是一则提示录，提醒人们，否极才能够泰来，经历千辛万苦方能够获取生存与创造力。”[①]看上去就是，创世神话的终极功能不是为王权仪式时间提供一种时间原型，而是对人类心理的治疗与神圣感的塑造，最终使人类获得一种内在的心理能量，能够从容面对外界的变化。在阿姆斯特朗看来，创世神话的功能不限于对王权仪式的神圣化，更是对人类心理的治疗。为王权仪式提供时间原型只是一种外在的表现，抚慰心灵才是创世神话的真正功效。

① Karen Armstrong. *A Short History of Myth*. Edinburgh: Canongate, 2005, p.71.

三、王权仪式空间：神话宇宙模式的象征

确切地说，多数神话学者关于王权仪式空间与神话宇宙模式关联的探讨考察直接受益于神话学者米尔恰·伊利亚德的神话理论，尽管后来的一些研究者汲取了人类学与宗教学的理论。因此，在梳理相关研究成果之前，还要简单介绍一下伊利亚德的神圣与世俗理论。与一些神话学者从象征层面调和神话与科学的做法相反，伊利亚德直接从现象学视角切入，寻求现象背后的神话起源。伊利亚德认为，神话是人类行为的范式，通过讲述神话，人类可以获取关于过去的神圣经验，从而为现实的存在寻找一种神圣性的源头与典范，并使得现实的社会秩序得以再生。对于仪式而言，仪式的时间与仪式的空间都是对神话宇宙模式的模仿与再现，通过这种仪式性的行为，人类建构世界的行为具有了可能。伊利亚德宣称，仪式空间主要包括圣山、神庙、宫殿、圣坛，这些地方的“每一个结构和创造都有一种宇宙起源作为它的范式。不论其参照的是宇宙的哪个层面”①，这些地方都被视为世界的中心，“从美索不达米亚、埃及到中国和印度，在这些伟大的东方文明中，圣殿都被赋予新的和重要的意义。它不仅仅是一个小宇宙，它也被解释成为对早期超验模式一种世俗的复制”②。伊利亚德的这些主张为神话学者关于王权仪式空间的考古提供了一种理论上的参照，多数研究者将其与人类学仪式理论相互结合，对王权仪式空间的建构模式做了深入的探讨。其中较为成功的是对埃及王权仪式空间布局的阐释，它提供了一种典

---

① 米尔恰·伊利亚德：《神圣与世俗》，王建光译，华夏出版社，2003年，第17页。
② 米尔恰·伊利亚德：《神圣与世俗》，王建光译，华夏出版社，2003年，第26页。

范的解读模式。

学者雷蒙德（E. A. E. Reymond）在其研究中指出，几乎每一个埃及神庙都有神话宇宙论起源——神庙的创建都与神明的创世活动相关。法老献祭的每一个神庙都再现了世界诞生时的情景。它们有三个显著的特征：一、神庙是造物主创世之际的神圣场所，神庙通常都会建造在土丘旁边，以此隐喻创世之前的第一块土地；二、神庙是一个活态的整体，神庙被视为宇宙形成前造物主的居所，是庙宇之神的物质性体现，庙内部通常有一池清水，象征着创世之初的混沌大水；三、神庙的历史是土地创建历史的一个组成部分，神庙因而是神圣宇宙的构成部分。[①]雷蒙德观察的是埃及神庙整体空间的布局特征，并未对个别仪式空间做具体阐释。

亨利·富兰克弗特指出，除此之外，埃及神庙还存在一种普遍的特征：神庙中有很多植物型圆柱，呈纸草状或莲花状，这些圆柱使得神庙空间显得非常狭小，给人一种压抑的感觉。在每一个神庙内部都有一个圣所，它是一个狭小而黑暗的房间，位于一条长路的末端。这条长路穿过圆形的廊柱与大厅，直达神庙后端隐藏的祭坛。所过之处，长路的坡度不断抬升，每经过一个房间，其高度都会有所上升。另外，在举行仪式时，国王要坐在自己的御座上，而御座的形状类似于山丘。埃及神庙的这种空间结构模式已经成为一种普遍的模式，也成为埃及神庙建筑的主要特色，似乎没有什么值得奇怪的。实际上，这种仪式空间的布局并不是随意生成的，它有着深刻的创世神话意蕴。亨利·富兰克弗特认为，埃及仪式空间的

① E. A. E. Reymond. *The Mythical Origion of the Egyptian Temple*. Manchester: Manchester University Press, 1969, p.327.

这种模式源自其神话宇宙论，每一种空间布局背后都隐藏着久远的神话传统。神庙内之所以有很多植物形状的圆柱，那是因为埃及创世神话中的造物主太阳神曾经化身为一个孩子，坐在莲花里或纸草中。神庙是创世神话中原初之丘的象征，是创世之日升起的第一块陆地，也是世界的中心。而那些逐渐被抬高的长路的坡度，则隐喻了原初之丘不断上升的情景。法老的御座也是原初之丘的象征物，暗喻了创世之初太阳神从大水中诞生的神话情节。[①]富兰克弗特继而断言，“混沌之水和原始丘形成了‘第一次’的场景，它在埃及人宗教设想中所起的作用，与具有客西马尼园和各各他山的犹太山在基督教徒的宗教设想中所起的作用一样重大”[②]。这就意味着，古代埃及王权仪式的空间结构源自其创世神话理念，仪式空间的每一种布局都体现了创世神话中的造物主创造宇宙的场景。通过仪式空间与创世神话中的创造事件的关联与对应，王权仪式不断再现创世之初的情境，王权随着宇宙秩序的再生而获得更新，王位的继承得以进行。

作为一种制度体系，王权礼制包括很多层面的内容，比如节日庆典、祖先祭奠、成人礼、王位加冕典礼、婚礼、葬礼等。在古代中国，周代之后，统治者将以血缘关系为主线的葬礼视为建构政治秩序的重要手段，儒家甚至将葬礼归到了“民德归厚”的孝道层面，以此建立等级分明的伦理秩序。对古代埃及法老而言，祖先的

---

① 亨利·富兰克弗特：《王权与神祇》（上），郭子林、李岩、李凤伟译，上海三联书店，2007年，第219—229页；亨利·富兰克弗特：《古代埃及宗教》，郭子林、李凤伟译，上海三联书店，2005年，第116—119页。

② 亨利·富兰克弗特：《古代埃及宗教》，郭子林、李凤伟译，上海三联书店，2005年，第118页。

安葬是仅次于王位加冕典礼的重要事件。在举行葬礼过程中，每一个细节都要与已逝国王的身份与地位相匹配——从仪式时间到王陵处所的选择，再到墓室内部空间结构的安排——所有这些都是经过精心准备的。并且，这些程序及模式的背后隐藏着神圣的创世神话思想。以埃及第五王国的法老乌纳斯（Unas）的葬礼为例，近期神话学者的研究取得了重要进展。

乌纳斯是埃及第五国王时期的法老，作为其寝陵的金字塔位于埃及萨加拉（Saqqara）地区。乌纳斯金字塔陵墓北方入口下去是一条地下通道，通道一直向前延伸，直到一个接待厅。接待厅向右敞开，其左方有一殡室与地下室，其上刻有壁橱，内置雕像。只有殡室、接待厅（见图2-1）及过道南方尽头方刻有铭文，其余皆不做装饰。

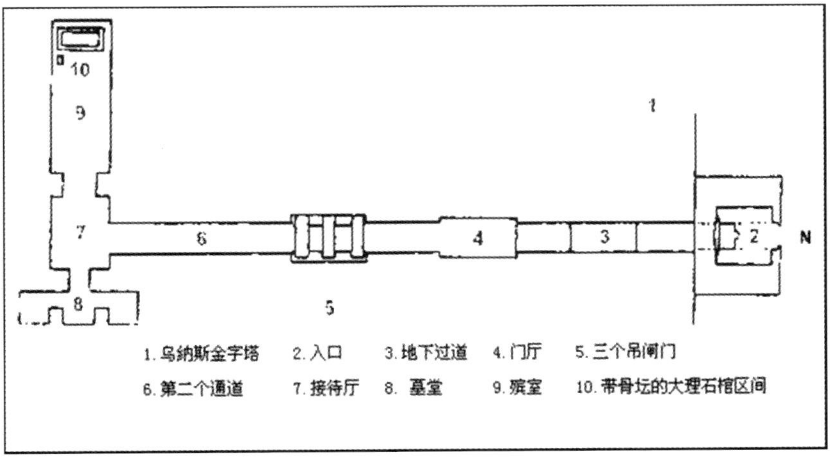

图2-1　埃及乌纳斯金字塔内部结构图（王倩绘图）

学者施皮格尔（J. Spiegel）指出，就乌纳斯金字塔内部结构而言，它是经过精心设计的，而上述几个刻有铭文的场所更具有重要意义：殡室象征着冥界，接待厅是地平线或神界的象征，接待厅的天花板隐喻着夜空。殡室同时象征着凯斯（Kus）与贝特（Buto）的诸城，接待厅则是中埃及的表征，地下室暗示了赫利奥波利斯（Heliopolis）这个地方。在施皮格尔看来，法老葬仪在月亏的最后一个晚上举行，日落时分开始，持续整个夜晚，日出时结束。在这里，金字塔的结构象征着埃及创世神话中太阳神一天的行程：从冥界穿过之后，越过地平线，再高升到天空。当然，法老陵墓的这种结构象征是与其葬礼过程密切相关的，二者共同体现了创世神话的宇宙观。①

内装已逝国王遗体的棺材被众人放到了殡室内，此时殡室内正举行一种仪式，而卡（Ka）和巴（Ba）的雕像暂时还被置于接待厅的一个角落。当法老遗体被放入大理石棺内后，棺材的盖子随即被封口，然后，大祭司开始祈祷，他穿过门口走到接待厅内，将两个红色的瓶子打碎。此时，人们将卡和巴的雕像放到芦苇捆上，带入地下室，将雕像竖立起来并置入神龛内。随后，地下室的门被关上并被密封，一个船模置于门前。最后，人们离开金字塔并将其关闭。这个繁复的埋葬过程被称为复活仪式，为比较重要的王权葬礼。在葬礼期间，巴离开了法老的身体，开始是飘忽不定的幽灵，穿过了冥界（殡室），首次具有了模糊的形体，越过“夜空”，达到“地平线”，在地下室与造物主相遇。仪式的下一个部分关注的是离开墓室的灵魂：仪式的前半部分被简略地重复，向那些有可能阻止灵魂复活的神明发出了威胁，地下室门前的船是帮助灵魂出现而被放置的。灵魂出现后就离开了墓室，向升起的新月致意，这样灵魂

① H. W. Fariman. “The Kingship Rituals of Egypt”, in S. H. Hooke, ed. *Myth, Ritual, and Kingship*. Oxford: Clarendon Press, 1958, p.95.

就能够顺利高升到天空，随后，黎明到来，葬礼结束。施皮格尔指出，这个复活仪式的基础是丰产神话，在埃及的神话中，当垂死的神明就要死去时，他要求复活与再生。更为重要的是，该葬礼是创世神话的再现，它模仿了太阳神穿过冥界然后高升到天空的过程。另外，仪式的过程与月相密切相关：国王的死亡与月亏、月盈相关，因为国王在月亏的最后之夜埋葬，新月在某种意义上象征着新的国王。最后，该复活仪式与周期性的年岁相关：国王的葬礼在尼罗河泛滥季节的最后一个夜晚举行，这意味着新的一天的到来，冬季的第一天或者是播种季节的第一天，同时象征着死去国王的再生及后裔的加冕。总的来说，国王的葬礼是创世神话中宇宙秩序更新的缩影，它直接源于创世神话宇宙论。①

这种王权仪式空间与创世神话宇宙模式之间的对应关系并非是埃及文化的独特现象，它在古代美索不达米亚地区同样存在，只不过我们至今尚未发现克里特的王权仪式与神话宇宙论之间的关系。部分学者认为，希腊神庙在结构上与古代埃及、美索不达米亚的神庙有着根本的不同，前者是神话宇宙论的体现，而后者则是希腊城邦理想的载体。因此，“一座希腊的神庙根本无法以宇宙类型来决定。它不是宇宙象征的体现。神庙并没有强制性要求向东或者是向西。城市规划的限制决定了神庙的疆域、地势及景致的要求。没有任何祭司或神使有资格划分领域，或主持神庙的建造……一座希腊神庙不是一个小宇宙，而是城邦的一部分。它属于城市的精神与社会秩序范畴，即爱奥尼亚哲学家所指的政治层面的宇宙。因此，一

① H. W. Fariman. “The Kingship Rituals of Egypt”, in S. H. Hooke, ed. *Myth, Ritual, and Kingship*. Oxford: Clarendon Press, 1958, p.96.

些城邦的大神庙通常被作为公共空间使用，同样，希腊的神庙被视为公共广场或决议中心，大量轮流管理公共事务的市政府或行政官员聚集在此”[①]。不过随着考古学资料的不断丰富，越来越多的学者发现克里特文明与古代埃及、美索不达米亚文明之间具有很多文化共性，比如，学者南诺·马瑞纳托斯就断言，公元前1650年至公元前1390年的克里特文明是地中海文明的一个部分，这个时期的克里特地区与古代埃及、美索不达米亚、叙利亚等地区拥有共同的文化共性，它们的价值观与神话宇宙论也是类似的。[②]如果如此，就有理由相信，关于米诺王权仪式空间与其神话宇宙论之间关系的专著不久就会问世，不过这是后话了。

至于中国的王权仪式空间与神话宇宙模式之间的关联的探讨，20世纪末叶就已进行。国内神话学者叶舒宪先生的研究表明，中国古代礼制中的“明堂之制”本质上源自中国神话的宇宙观，明堂结构是神话宇宙模式的缩影。明堂是古人精心设计和建造的一个小宇宙模式，它的原型范本即是划分为阴间（水）、阳界（陆）和神界（空）的神话宇宙观。[③]创世神话宇宙论对中国王权空间仪式的影响远不止这些，它甚至塑造了中国王权仪式叙述及历史的书写形式。比如，《周礼》始于天官地官，终于以春夏秋冬四季循环为完整周期的冬官，此种叙述结构潜含着宇宙四方六合的神话时空运转理念；《礼记》今传本为七七四十九篇的结构安排，暗喻了万物再生秩序

① Giulia Sissa and Marcel Detienne, translated by Janet Lloyd. *The Daily Life of the Greek Gods*. Stanford: Stanford University Press, 2000, pp.191–192.

② Nanno Marinatos. *Minoan Kingship and the Solar Goddess: A Near Eastern Koine*. Urbana: University of Illinois Press, 2010, p.7.

③ 叶舒宪：《中国神话哲学》，陕西人民出版社，2005年，第164页。

更新的神话理念等。[1]只不过，随着时间的流逝及封建王权制度的崩溃，后人已难以体会其神圣意味，但作为思想基因的神话思想，并没有因此消失，它依然停留在人类思维的深处，对人类文化进行组合与编码。

不少学者的研究表明，一些王权仪式的名称、时间的延续，建筑的外观，都具有神圣的神话蕴意，不过关于王权仪式的服饰、食物、音乐与神话之间关联的探讨尚不多见。尽管如此，这并不能妨碍我们得出这样一种结语：王权仪式模式已被神话化了，通过仪式时间、空间各方面与神话宇宙论的对应与关联，王权仪式具有了一种神圣的性质，从而将王权神圣化了。通过王权的神话化，王权观念经过了神话→仪式→神圣王权的转换过程，在此过程中，王权仪式的各种因素均被置于神话思维框架之内，世俗的仪式行为因而具有了一种神圣的意味。不妨将这个过程称为王权仪式的神话化，即王权仪式的神圣化过程。

王权仪式的神圣化有不同的表现形式：仪式时间、仪式时间的延续、仪式名称、仪式过程、仪式空间的结构、仪式场地的外形、仪式建筑内部的空间组织等。所有这些因素都具有一定的神话原型，即神话模式。通俗地讲，这种神话化的基本目的是将原属世俗范畴的王权仪式赋予一种神圣色彩，继而将王权理念与国王神圣化。说得明确一些就是，王权仪式的神话化服务于神圣王权的理念，而之所以会有这种效果，是因为神话具有作为范式的属性与治疗功能。与其说统治者利用神话来神化其统治，倒不如说作为文化

① 叶舒宪：《中国的神话历史》，《百色学院学报》2009年第1期，第36页。

基因的神话已经成为一种思维定式，潜藏在先人的无意识深处，它塑造并催生了王权仪式模式。王权仪式的神话化只是一种外在的现象。隐藏在现象背后的，是神话思维与神话宇宙论，它才是王权仪式真正的思想源头。

第三节　神话与神权空间建构

一、西方神话学的人类学转向

从认知神话学的角度来看，权力范畴包括王权与神权。神权空间主要体现为神庙空间，因而认知神话学关于神圣空间的探讨主要集中在神庙空间层面。本节主要探讨认知神话学关于神庙空间的起源方面的内容。

较之于其他人文社会科学，人类学是一门年轻的学科，它源自欧洲人的早期活动。经过近两个世纪的发展，人类学已经成为一门具有巨大渗透力的学科，其影响逐渐深入到历史学、考古学、艺术学、教育学、文学等，由此出现了一系列具有跨学科意味的学科：历史人类学、考古人类学、宗教人类学、艺术人类学、教育人类学、文学人类学等。甚至以技术分析占主导模式的科学技术研究领域，也出现了诸如科学技术人类学这类将技术研究与文化研究阐释并举的学科。[①]上述诸多新兴学科的明显特征就是，研究者以人

① 人类学对科学技术研究的革新，以及由此而产生的一系列研究新范式，具体参见刘珺珺：《科学社会的“人类学转向”和科学技术人类学》，《自然辩证法通讯》1998年第1期，第24—30页。

类学视角重新审视传统人文阐释的对象，继而创造一种以文化阐释为主导的范式。比如，宗教人类学者从文化相对主义立场出发，强调宗教的多样性与活态性；学者们同时将眼光转移到身体的文化驯化、性别差异在宗教中的体现、仪式中的暴力因素、萨满教的通神现象、巫术对宗教的深远影响等。[①]基于此种多元文化并存的立场，宗教人类学研究者颠覆了先前那种将信仰视为神圣不可侵犯的宗教理念，并创建了一种以表述宗教多样性与差异性为主流的宗教阐释新范式。

诸多学者将整个人文社会科学的这种研究取向称为“人类学转向”，以此昭示人类学的学科整合功能。就措辞而言，“转向”一词“是学术史研究中用来标志重要的学术思想或学术范式大变革的专用语汇。在过去的20世纪人文社会科学发展中，学界已经讨论得比较多的重要转向有早期的‘语言学转向’和后期的‘生态学转向’问题……‘转向’并不意味着所有的或者大部分的研究都朝向这一个方向发展演变；它毋宁是要提示一种引导重要学术变革的趋势和动向。与此同时存在的还有其他动向，甚至不排除与人类学转向相反的动向之存在”[②]。进一步说，转向是对现有学术范式的革新，也是阐释视角与思维方式的大转换。人文社会科学的人类学转向，本质上由人类学思维方式对其他学科的渗透与影响所致，也是不同学科互动与对话的结果。只不过因研究对象不同，各学科的人类学转向在表述形式与阐释模式方面尚存差异。

---

① 关于宗教人类学探讨话题及研究视角的转换，可以参见菲奥纳·鲍伊：《宗教人类学导论》，金泽译，中国人民大学出版社，2004年。

② 叶舒宪：《文学人类学教程》，中国社会科学出版社，2010年，第39—40页。

就神话研究而言，在过去的一个世纪中，神话学全面接受了人类学思维模式的影响，从而创建了诸多新范式。以詹姆斯·乔治·弗雷泽、简·艾伦·赫丽生为代表的剑桥学派人类学者接受了人类学思想的全方位熏陶，颠覆了以语言考据为主的神话阐释传统，进而将仪式纳入神话研究的视野之内。这批以剑桥学派为代表的仪式论者认为，神话并不像麦克斯·缪勒所说的那样，是由语言的扭曲与变形造成的，相反，神话是在阐释仪式的过程中生成的。由此出现的一种研究趋向就是，研究者将神话与仪式并置起来进行双向阐释。多数学者重点关注神话与仪式的关联，试图从个案的分析中得出一种具有通则性的规约。譬如。维多利亚时代的学者简·艾伦·赫丽生就试图通过古希腊神话与仪式在宗教中的地位而探讨神话与仪式之间的关系，并试图确定二者生成的先后顺序。[①]20世纪后半叶，因受人类学者反思人类学与克利福德·格尔兹“厚描”这种显微式阐释模式的影响，部分神话学者开始转向对神话与仪式中暴力因素的考察，并从社会秩序建构功能层面解释神话与仪式之间的互动关系。这方面的典范当数法国学者勒内·基拉尔与旅居美国的德国学者瓦尔特·伯克特，二者所开创的暴力“厚描”模式颠覆了以往关于神话是神圣叙述的神话观，并将暴力事件视为神

① 赫丽生关于仪式与神话中间关系的探讨较为繁复，此处不赘言，具体的归纳与梳理参见王倩：《20世纪希腊神话研究史略》，陕西师范大学出版社，2011年，第16—18页；赫丽生本人的相关论述，参见简·艾伦·赫丽生：《古希腊宗教的社会起源》，谢世坚译，广西师范大学出版社，2004年，第14、316—329页；Jane Ellen Harrison. *Mythology*. New York: Cooper Square Publishers, 1963, p.ix。

话考察的重要范畴。[1]这个时期的神话研究同时还出现了另一种重要的趋向，那就是神话的结构分析，其主要代表当数法国学者列维-斯特劳斯，除此之外还有米歇尔·狄廷、让-皮尔而·韦尔南等人。上述这类研究者的普遍做法就是，将神话视为一种文化现象，从不同的神话文本中寻找其内在的同一性结构。例如，法国神话学者米歇尔·狄廷就从关于阿都尼斯的不同神话版本中发现了相同的结构：贫瘠与不孕。阿都尼斯的形象因此也就有了新的理解：他是色情与短寿的象征，也是不孕与病态的代名词。[2]当然，不可否认的一种事实就是，这种解读神话的方式与结构人类学关于结构的思想不无关联。以上神话学阐释模式的主要特征在于将人类学的相关知识纳入神话学领域，继而以人类学思维方式解读神话。除此之外，神话学的人类学转向还体现在研究视角的转换上，这方面的典范当数新比较神话学。

比较神话学的先驱麦克斯·缪勒解读神话的主要路径乃是将希腊神话与印度神话做比较，最终从语言学角度探求希腊神话的起源。这种阐释方式的本质是将希腊神话与欧洲神话置于阐释的中心，而将二者之外的"东方"神话置于边缘地带。不过这种状况在

---

① 关于勒内·基拉尔与瓦尔特·伯克特理论的相关介绍，参见王倩：《20世纪希腊神话研究史略》，陕西师范大学出版社，2011年，第21—41页；勒内·基拉尔与瓦尔特·伯克特二人的相关阐释，主要参见René Girard. *Violence and the Sacred*. Baltimore: The Johns Hopkins University Press, 1979; René Girard. *The Girard Reader*. New York: Crossroad, 1996; Walter Burkert. *Structure and History in Greek Mythology and Ritual*. Berkeley: University of California Press, 1979; Walter Burkert. *Homo Necans: The Anthropology of Ancient Greek Sacrificial Ritual and Myth*. Berkeley: University of California Press, 1983; Walter Burkert. *Greek Religion*. Cambridge: Harvard University Press, 1987。

② 米歇尔·狄廷关于阿都尼斯神话的阐释极为详细，相关的细节探讨参见Marcel Detienne. *The Gardens of Adonis: Spices in Greek Mythology*. Princeton: Princeton University Press, 1994。

二战后多有改观，新比较神话学彻底打破了这种欧洲中心主义的阐释视角，将印欧神话纳入了神话研究的领域。[①]以乔治·杜梅齐尔为代表的一批学者，在印欧神话中发现了普遍存在的三分现象。[②]由此产生的一种趋向就是，越来越多的学者将目光转向了两河流域神话与非洲神话，而不是希腊神话或欧洲神话，甚至有不少学者转而考察埃及神话、两河流域神话与希腊神话中间的关系——影响或平行的关系，这些人当中就有瓦尔特·伯克特、查理斯·彭迦拉斯，以及马丁·伯纳尔等人。[③]后来的女性主义神话学，将人类学的文化相对主义原则贯穿于对神话性别的研究中。女性主义神话学将女神及女性形象视为神话阐释的重点，继而发掘被男性叙述视角所遮蔽的相关内容，如女性的地位、女性在社会中的角色、女性的自身界定与表述等。不可否认，以上神话学研究的主要对象是文本，研究者关注的是神话文本中的女性。但人类学关于写文化的探讨介入神话学领域之后，这种局面便发生了改变，即单纯的文本阐释很快转向了图像及其实物，神话学迎来了一个具有重大变革意味的时代——图像阐释时代。

人类学对民族志文学性的探讨，使得多数学者对于民族志持反

---

① 尽管欧洲学者将印欧人视为欧洲人的始祖，但印欧神话及印欧世界却存在于欧洲之外的安纳托利亚地区，因此，理应将新比较神话学将阐释目光从欧洲神话转向印欧神话的视角转换视为对神话学研究范式的一种革新。

② Georges Dumézil, translated by Alf Hiltebeitel. *The Destiny of a King*. Chicago: University of Chicago Press, 1973.

③ 因写作主题所限，此处不可能将这些学者的阐释作细节分析，有兴趣的读者可以参见如下论著：Walter Burkert. *Babylon, Memphis, Persepolis: Eastern Contexts of Greek Culture*. Cambridge, Mass.: Harvard University Press, 2004; Charles Penglase. *Greek Myths and Mesopotamia: Parallels and Influence in the Homeric Hymns and Hesiod*. London: Routledge, 1994; Martin Bernal. *Black Athena: The Afroasiatic Roots of Classical Civilization*. Vol.1. London: Free Association Books, 1987。

思态度，而更多的学者转而质疑民族志表述的真实性，并对人类学的表述与写作方式进行批判。[①]这种人类学思潮给神话学带来的一种变革就是，神话学者开始批判神话文本的真实性，并试图在图像与文物中寻找神话的历史性内容。早期的一些学者，诸如马丽加·金芭塔丝，就试图通过考古实物与图像寻找一个久已失落的文明——女神文明，并对现有的以技术为主导的现代工业文明进行了猛烈的批判。[②]后期的一些神话研究者，像南诺·马瑞纳托斯等人，则更加注意希腊神话图像与近东神话图像之间的相似之处，并在一种整体性视角——近东文化共同体的语境下——重新审视米诺文明与近东文明之间的互动关系。[③]当然，我们并不否认新史学与认知考古学对神话学的影响，但较之于人类学，上述两个学科对神话学的知识性渗透程度毕竟小了许多。从某种程度上讲，神话学图像阐释的力度远不如新史学与认知考古学，其理论框架至今尚处于建构之中。但这种阐释模式使神话学者的眼光由文本和仪式转向了图像形式的神话，并促使他们尝试着以一种图像学的知识谱系去分析神话图像所包含的思想性。近期不少学者提出了人文社会科学研究的图像学转向，人文社会科学研究转向图像并不等于图像转向，它只意味着研究对象的改变，而不是研究视角及思维模式的转换。人文社会科学的图像学转向（包括神话学的图像转向），是以一种人类

---

① 詹姆斯·克利福德、乔治·E.马库斯编:《写文化——民族志的诗学与政治学》，高丙中、吴晓黎、李霞等译，商务印书馆，2006年。

② Marija Gimbutas. *The Civilization of the Goddess: The World of Old Europe*. San Francisco: Harper San Franciso, 1991; Marija Gimbutas. *The Goddesses and Gods of Old Europe, 6500-3500 BC: Myths and Cult Images*. Berkeley: University of California Press, 1982; Marija Gimbutas. *The Living Goddesses*. Berkeley: University of California Press, 1999.

③ 相关的阐释参见Nanno Marinatos. *Minoan Kingship and the Solar Goddess: A Near Eastern Koine*. Urbana: University of Illinois Press, 2010。

学而不是图像学的思维模式来看待图像或神话图像，它依然被界定在人类学转向范畴之内。

转向意味着范式的转换。在美国学者托马斯·库恩（Thomas S. Kuhn）眼中，范式更多意义上指的是科学共同体所共同拥有的具有替代性的作为常规科学研究规则之功效的一种范例或模型。[①]更为重要的是，范式通常与革新联系在一起，范式的转换也就意味着范式的更新——研究理论、方法、规约乃至理念的变革。在这个意义上，转向其实不仅与研究主体相关，还与阐释的客体有着密切的关联。就神话研究而言，人类学转向在某种程度上还意味着神话概念由语言学范畴朝向人类学范畴的拓展，由此带来的是一系列关于神话的定义、属性、结构、功能等诸方面新的探讨。当然，这方面的探讨要从20世纪初期神话—仪式学派的创新性阐释开始。

20世纪以赫丽生为代表的一部分神话学者的主要观点是，神话不是语言的隐喻，更不是语言的病态表现，相反，神话是表述仪式的语言形式。这就意味着神话是仪式的衍生物，而不是语言的产物。作为仪式的神话具有整合人类宗教情感的功能，它表达了人类对于宗教的神圣体验。较之于19世纪流行的语言学神话理念，这种关于神话的界定无疑是研究意识与思维模式的巨大变化，神话的范畴从一个场域转向了另一个场域，其根本属性亦发生变化。不过剑桥学者的这种神话理念很快便在20世纪后半叶被新仪式论的神话观所置换，神话因而成为另外一种完全不同的范畴。以勒内·基拉尔为首的一批学者关于神话属性的界定就是，神话并非是以往所界定

① 参见托马斯·库恩：《科学革命的结构》，金吾伦、胡新和译，北京大学出版社，2003年，第168页。

的那样，是神圣宗教或神圣仪式的表述形式，相反，神话是一个暴力文本，富有欺骗性的神话叙述掩盖并扭曲了真实的暴力行为，神话在某种程度上真实地再现了暴力迫害的事实。此种对神话属性的祛魅是富有颠覆性的，因为它以一种彻底的批判方式解构了以往关于神话神性属性的界定，继而将之视为文化编码的一个组成部分。新仪式论者基于文化立场的阐释方式某种程度上与结构主义神话学有些相似，但它关于神话属性的宣言与后者存在明显的差异。

结构主义神话学关于神话属性的认识论基础是，神话是人类思想的折射，也是文化系统中的一个组成因素。通过分析不同神话体系中的结构，可以发现其中蕴含的文化信息。在此预设前提下，结构主义神话学研究者普遍认同的一种观点是，作为文化编码的神话包含了人类思想的诸多结构性关系：对立的、交织的、平行的，但二元对立的关系在神话结构中占据主导地位。这样看来，结构主义神话学的神话观要比新仪式主义将神话视为暴力文本的神话理念更为宽泛，毕竟暴力只是文化的一种现象，而不是文化的全部。在神话功能的界定上，结构主义神话学与新仪式主义有着很大的分歧。新仪式论者的神话观表明，神话以语言的形式遮蔽并隐藏了人类历史上真实的暴力杀戮，而结构主义神话学者则宣称，神话具有调节文化冲突的整合性功能。概括地讲，不论是新仪式主义还是结构主义，二者探讨的基点均为宽泛的文化人类学视角，神话均未摆脱文化编码与文化基因的本质属性。就阐释的资料而言，新仪式主义与结构主义神话学者仍将神话文本视为主要的资料，尽管多数学者的资料源自民族志中关于神话与仪式的表述，但文本之外的图像与实物这类资料并未被大规模采用。随着人类学物质主义研究思潮的不断介入，20世纪70年代之后的神话研究开始转向对图像形式神话的解读，此种趋向下的神话属性探讨具有了另外一种意味。

就阐释内容而言，多半神话研究者关注的焦点是神话图像所蕴含的认知因素：宇宙观、生死观、性别意识、决策能力、测量能力、规划理念、象征理念等。比如，学者珍妮弗·尼尔斯与南诺·马瑞纳托斯的研究就表明，神话图像可以通过特定的神话事件与神话场景建构国家意识形态，继而达到驯化大众的目的。[①]基于此种认识，阐释者往往将神话图像视为一种特殊的物质形态而进行解读，重点考察其象征性与实在性。一种普遍的趋势就是，多数研究者将神话图像看作一种具有双重属性的思想范畴，它建构并成为意识形态的一部分。此种阐释模式具有一种明显的反文本意味，因为研究者很大程度上将神话文本视为神话图像的叙述形式。在某些特定的语境下，神话文本与神话图像所表述的内容并不完全契合。

人类学思维模式下的神话范畴经历了这样几种转换：仪式→暴力文本→文化编码→图像。这个过程清楚地表明了人类学思想对神话学的深远影响，同时也彰显了人类学在神话研究中所具有的整合性功效。当论及具体问题时，人类学对神话学的影响有不同的表现形式。就神话学关于神庙起源的阐释而言，人类学转向的探讨逻辑上包括以下几个层面的内容：神庙属性与功能的界定，神庙空间与创世神话之间的关联，神话仪式时间的神话象征，神庙经济的神话基础，神庙体制与神话之间的关联等。从理论层面上说，上述范畴

① Jenifer Neíls. "Myth and Greek Art: Creating a Visual Language", *The Cambridge Company to Greek Mythology.* edited by Roger D. Woodard, Cambridge: Cambridge University Press, 2007, pp.286–304; Nanno Marinatos. "The Life Cycle of the archaic Greek Warrior and Hero: The Interplay of Myth and Genre in Imagery", in Synnøve des Bouvrie, ed. *Myth and Symbol I: Symbolic Phenomena in Ancient Greek Culture.* Bergen: Norwegian Institute at Athens, 2002, pp.153–169.

均为神庙发生机制探讨的重要因素，但神庙具有特殊的属性——人神共同拥有的神圣场所。

二、神庙空间的神话起源

“神庙”一词在中国并无确切的对接语词，在古代汉语表述中，只有“庙”这样一个具有浓郁本土色彩的术语。“室有东西厢曰庙，无东西厢有室曰寝；无室曰榭，四方而高曰台，陕而修曲曰楼。”[①]尽管我们从中无法探究庙的形态与大小，但却能够看到，庙与寝二者在建筑结构上有相似之处——皆以室为主体。《礼记·王制》中则有这样的表述：“天子七庙，三昭三穆，与太祖之庙而七。诸侯五庙，二昭二穆，与太祖之庙而五。大夫三庙，一昭一穆，与太祖之庙而三。士一庙。庶人祭于寝。”[②]不难看出，在中国古代社会中，庙与等级、身份相关，某种程度上成为建构政治意识形态的工具，亦是彰显个人社会地位的声威符号。上述两段引文从侧面表明了中国古代社会关于庙的认知：首先，庙是一种气势庄严结构恢宏的建筑物，它以室为主体，以东西两厢作为依托。依据《尔雅·释宫》的解释，“宫谓之室，室谓之宫”[③]。这种称谓表明了这样一种事实，宫抑或室，二者皆为古人居住之建筑物，其建构应较为高大，在此基础上添加东西两厢的庙则更为繁复。其次，庙是一种富有象征意味的声威符号，与社会等级制度密切相关。个人身份与地位越高，

---

① 阮元校刻：《十三经注疏》，中华书局，1980年，第2598页。
② 阮元校刻：《十三经注疏》，中华书局，1980年，第1335页。
③ 阮元校刻：《十三经注疏》，中华书局，1980年，第2597页。

拥有的庙就越多，处于社会顶层的帝王建有七庙，而社会底层的庶族则无权建庙。以上两点为中国古人关于庙之属性的两种认识，也是最为基本的界定。庙因此具有双重属性：作为建筑实体的庙与作为声威符号的庙。作为建筑实体的庙，其建筑结构与尺寸均有一定的限制；作为声威符号的庙，它更多地与权力、等级乃至于暴力之间具有密切关系。这是中国古代文化机制中的庙，它有着本土的现实性诉求——政治的、文化的，抑或意识形态的。

西方文化语境中的神庙更多地与神明相关，是一个表述圣地的专有名词。神庙是人类献给神明的圣地，其所有权属于神明。也就是说，神庙是神明行使其权力与意志的地方，它神圣不可亵渎。这个神圣场所一般建有祭坛，还有放置神像的神龛，以及专门服侍神明的祭司。在固定的时间内，人们在祭司的带领下，在神庙的祭坛上献上祭品，其中包括动物与香料。法国学者裘利亚·西萨指出，在古代希腊，"荷马之后，希腊语在说神庙时用'圣地'……祭坛旁，经常是祭坛对面，在同一块献给神的地方，竖立着他的所谓的住所，即凡人献给神的雕像、图像、塑像，'使神居住'的屋子。在荷马史诗中，众神已经知道了寺庙，有时由石头筑成，有门和钥匙，里面有雅典娜等神的塑像，古人登上卫城，在女神的'膝盖上'放上绣着繁复图案的布"[①]。在这里，裘利亚·西萨将神庙视为一种神圣的建筑物，某种程度上与中国古代庙的性质有些类似。多数学者与裘利亚·西萨持类似的观点，认为神庙是一个神圣的场所，同时也是一种结构复杂的建筑物，它由人类建造，但最后由神

① 裘利亚·西萨、马塞尔·德蒂安：《古希腊众神的生活》，郑元华译，上海人民出版社，2008年，第177—178页。

明享用。[①]但近期的一些学者开始批判这种观点，认为它限制了神庙的外形与大小，具有一定的误导性。譬如，学者南诺·马瑞纳托斯就指出，应当以“神明的居所”代替“神庙”这一称谓，因为现有的界定无法还原神庙在古代文化语境中的本性。[②]马瑞纳托斯这种观点的好处在于，它将神庙的属性从实在性转到了象征性层面，神庙不再限于实体性建筑，而是可以由一些具有象征性的符号替代，比如圣树、神圣动物，乃至于神像。这种关于神庙属性的界定使得神庙研究转向图像及符号，神庙的结构性分析继而由神庙的象征性符号阐释所取代。这种趋向首先要从神庙建筑空间的起源探讨开始，而在介绍这类研究取向之前，要简单梳理一些神庙起源研究的理论依据。

较早为神庙起源研究奠定理论基础的，当数神话学者米尔恰·伊利亚德。在米尔恰·伊利亚德众多的术语中，能够体系地阐释神庙空间起源的，莫过于“神显”，以及“神圣与世俗”“神圣空间”这三个语词。米尔恰·伊利亚德指出，“神圣和世俗是这个世界上的两种存在模式，是在历史进程中被人类所接受的两种存在状况。世界上的这两种生存方式并不仅仅与宗教史或者社会学相关；它们并不仅仅是历史学的、社会学的或人类文化学的研究对象。从根本的意义上说，神圣或世俗的两种生存样式依赖于

① 持这种观点的神话学者较多，其中包括马丁·尼尔森、瓦尔特·伯克特等。这些学者基本将神庙视为一种具有实体性的建筑物与圣地，而不是具有象征意味的神明的居所。相关参考资料参见：Martin P. Nilsson. *A History of Greek Religion*. New York: W. W. Norton&Company. Inc. 1964, pp.80–82; Walter Burkert, translated by John Raffan. *Greek Religion*. Cambridge, Mass.: Harvard University Press.1985, pp.31–32。

② Nanno Marinatos. *Minoan Kingship and the Solar Goddess: A Near Eastern Koine. Urbana*: University of Illinois Press, 2010, p.66.

人类在这个宇宙中已经占有的不同位置”。[1]根据伊利亚德的观点，“神圣”是一种不可化约的现象，但它并不能够表现自身，它要借助于“世俗”来象征性地表现自己。一旦世俗之物成为“神圣”的象征，它就成为“神显”。当然，伊利亚德眼中的“神显”总是一个历史事件，它有多种象征性的表现符号：太阳、月亮、石头、树木、河流、高山、庙宇、城市、仪式、神话、神像等。这些象征符号使一个“神显”得以延续，其功效乃是将“人的处境转换为宇宙论的模式同时将宇宙论转换为人的处境。说得明白一些就是，它揭示了人的存在结构与宇宙存在在结构上是连续不断的”。[2]在这个意义上，神庙是神圣空间的象征性符号，它同时也是“神显”之物，具有一种普遍的神话宇宙论意义：神庙象征着均质的神圣空间——世界与宇宙的中心，体现了创世之际宇宙的神圣状态。“事实上，神圣空间的观念包括这样一种想法，就是重复那个原初的神显，这个神显将这个地方标志出来，切断其与周围世俗空间的联系，从而使这个地方神圣化了……因此神显并非仅仅使一块不甚起眼的世俗空间成为神圣；它还进一步确保神圣性的持续存在。在那个地方，神显重复自身。通过这种方式，空间变成为力量和神圣的永不枯竭的源泉，使得人类只要进入这个空间就能分有那种力量，就能够和神圣相互交流。这种空间通过神显而变成一个永恒的神圣‘中心’，这一基本观念主导并解释了整个复杂而详细的信仰

① 米尔恰·伊利亚德：《神圣与世俗》，王建光译，华夏出版社，2002年，序言第5页。

② Mircea Eliade. “Methodological Remarks on the Study of Religious Symbolism”, in Mircea Eliade and J. M. Kitagawa, eds. *The History of Religions: Essays in Methodology*. Chicago: University of Chicago Press, 1959, p.103.

体系。”[1]这种情况并不完全适应于希腊神庙，因为希腊神庙有着自己的独特属性。

一种基本的事实是，希腊神庙既是供奉诸神的圣地，也是避难所，能够保护那些逃跑的奴隶与流亡者。更为重要的是，希腊神庙“既是人与众神之间交流的场所，又是人间社团交流的中心。与众神的交流是通过祭献、浇祭、祈祷、祭献物、瞻礼以及请教神谕等形式进行的。……通常，仪式结束时有一顿大餐，享用作为牺牲的牲畜。向到场的全体公民平分食物的做法形成一种规矩，旨在使社团制度化：成为加入了城邦这个政治团体的象征。很清楚，祭献是社团重要的活动之一：凡拒绝参加活动者自动处身于城邦之外”。[2]这就意味着历史时期的希腊神庙具有很强的现实功能，它基本上是为满足城邦社会的社会诉求而被建造的，某种程度上成为建构城邦意识形态的工具。从这个意义上说，“一座希腊神庙不是一个小宇宙，而是城邦的一部分。神庙属于精神世界及城邦社会秩序。也就是说，神庙属于政治意义上的宇宙范畴，这是爱奥尼亚哲学家所赋予的一个术语。同样地，一些主要城邦的大神庙起到如同公共地方（广场）或决议中心（市政厅）的宣传位置的作用，轮流管理公共事务的市政府或行政官员在此聚集”[3]。这样看来，希腊神庙就与神话宇宙论相去甚远；相反，埃及神庙和两河流域的神庙与神话宇宙论之间具有密切的关联，关于它们起源的探讨因而被列为神话学者

① 米尔恰・伊利亚德：《神圣的存在：比较宗教的范畴》，晏可佳、姚蓓琴译，广西师范大学出版社，2008年，第347页。

② 克琳娜・库蕾：《古希腊的交流》，邓丽丹译，广西师范大学出版社，2005年，第46页。

③ Giulia Sissa and Marcel Detienne, translated by Janet Lloyd. *The Daily Life of the Greek Gods*. Stanford: Stanford University Press, 2000, pp.191–192.

阐释文明起源的重要途径，而神庙的地理位置则是学者们讨论问题的起点。

20世纪早期的一些研究者，诸如美国学者亨利·富兰克弗特，因受埃及学与亚述学的影响，并从事对埃及文明和两河流域的考古发掘工作，较早发现了埃及神庙地理位置的宇宙论象征意义。亨利·富兰克弗特的研究表明，不论埃及神庙建于何地，它总是被视为埃及创世神话中第一个出现的原始之丘，“事实上，每一个神庙都被设想为位于原始丘之上，这是强调参与身份和相互关系的原始倾向的另一个例子。这种思想甚至适用于埃及历史中很晚期建立的神庙。因为在一个静态的世界里，一种变化，一种革新都被看作是使世界伊始就欲出现的（并因此是潜在的）事物明晰化”[①]。需要指出的是，亨利·富兰克弗特此种观点是建立在埃及神话宇宙论的基础之上的，这里还需做简单介绍。在埃及神话中，宇宙及其秩序是神明创造的，而其标志是第一块土地即原始之丘的诞生。在古埃及的赫利奥波利斯神话中，原始之丘是天神阿图姆（Atum）的化身，诞生于原始之水，象征着宇宙与秩序的出现。[②]当亨利·富兰克弗特做出这种结语时，伊利亚德关于神圣与世俗的观点尚未面世。因此，富兰克弗特只能从现象学视角做出描述，并将其表现形式进一步细化：“神庙与原始丘的等同等于对本质的分享，并在神庙的名字中以及借助斜坡或阶梯的建筑布置等表达出来。每一个神庙都是在出口处升高，通过连续的庭院和大厅进入到圣所中，这样圣所便

① 亨利·富兰克弗特：《王权与神祇》（上），郭子林、李岩、李凤伟译，上海三联书店，2007年，第220页。

② R. T. Rundle Clark. *Myth and Symbol in Ancient Egypt*. London: Thames and Hudson Inc.1959, p.38.

位于一个瞩目的点上。这个点比入口处高很多。雕像、太阳船或神的崇拜物保存下来的地方位于原始丘上。某种证据表明，法老（本身是神）的御座也是模仿了原始丘的形状。通过阶梯可以到达它那里，并且它有时被放在一个双层楼梯上。在文字中，单个或双层楼梯象征原始丘。”[①]

尽管亨利·富兰克弗特没有在理论上阐释神庙与神话宇宙论之间的关联，但这并不妨碍众多的学者沿着这条现象学的路径做出更为细致的观察。学者露西娅·加伯林（Lucia Gablin）继而指出，“埃及的神庙具有反映创世时代宇宙的功效。它们往往等同于神明的地界。一座神庙的建造就是创世的再现。每一座神庙都被看作耸立在原始之丘上，并且，城市的名字反映了这些崇拜中心。譬如，孟菲斯被称为‘神明出现的原始之丘’，底比斯则被称为‘努恩第一次出现的岛屿，那时世界尚是一片混沌’”[②]。这就意味着，埃及神庙是神圣不可侵犯的，它是创世之神的化身，也是他们的居所。沿着这种视角，露西娅·加伯林的研究进一步表明，埃及神庙的建筑空间体现了神庙与创世神话之间的关系：每一座神庙的圣湖象征着创世之际的原始之水，围绕神圣区域建成的蜿蜒的波浪形泥墙则隐喻了拍打创世之丘边缘的混沌之水。[③]不可否认，露西娅·加伯林的阐释极为细致。但这仅仅是一种基于现象学基础之上的外部研究，并没有对神庙的内部结构与埃及神话宇宙论之间的对应关系做

---

① 亨利·富兰克弗特：《王权与神祇》（上），郭子林、李岩、李凤伟译，上海三联书店，2007年，第221页。

② Lucia Gablin. *“Creation Myths”,* in *The Egyptian World*. edited by Toby Wilkinson. London and New York: Routledge, 2007, p.308.

③ Lucia Gablin. *“Creation Myths”,* in *The Egyptian World*. edited by Toby Wilkinson. London and New York: Routledge, 2007, p.308.

相关分析。这并不意味着其他研究者在此驻足不前，相反，在露西娅·加伯林之前，已经有不少学者在关注此类问题，他们的研究从另外一个方面揭示了神庙作为创世象征的神话宇宙论意义。

以学者拜伦·E.沙斐尔（Byron E. Shafer）为代表的一批研究者指出，埃及神庙是一个微型的小宇宙，其建筑结构体现了埃及神庙宇宙论思想。作为建筑实体的埃及神庙，它由大门、塔楼、通道、围墙、圣殿、圣湖、方尖碑、地下室等建筑物构成。尽管埃及各地神庙的外观各有不同，但上述建筑要素却是普遍存在的，它们共同建构了埃及神庙的宇宙论象征意义。以埃及新王国时期的神庙为例，其建筑布局具有浓郁的神话宇宙论意味：神庙的大门象征着太阳神每天经过的地平线，"围墙与圣湖是努恩，圣殿是首次创世之地，多柱式大厅及墙基隐喻低处的沼泽地，柱子象征着植物，天花板指代天空，地板为大地，地下室是冥府，塔楼隐喻东方地平线上的高山，轴线则是太阳运行的轨道"①。这样看来，整个神庙的建筑及空间就是宇宙的缩影，它反映了埃及人的神话宇宙观——宇宙是天空、大地与冥府构成的三分世界，神明、人类、死者共同组成了宇宙的生命圈。这只是神庙建筑结构上的神话宇宙论意味，它也表明了神庙建筑空间的神话源泉。其他一些研究者的考察表明，埃及神庙的神话宇宙论意义不仅仅体现在空间布局方面，还体现在一些建筑细节上。学者兰尼·贝尔（Lanny Bell）对埃及神庙进行考察后发现，卡尔纳克神庙有两条主要的轴线：主轴线为东西方向，象征

---

① Byron E. Shafer. "Temples, Priests, and Rituals: An Overview, Temples of Ancient Egypt", in Byron E. Shafer, ed. *Temples of Ancient Egypt*. New York: Cornell University Press,1997, p.8.

着太阳神每天的运行路线，另外一条为南北方向，类似于尼罗河的方向。对于卢克索神庙而言，围墙上的装饰则象征着太阳神自东而行的路线。[1]这就意味着，神庙不同的建筑细节具有同样的神话宇宙论意义。拉肯黑尔德·B.芬尼斯塔德（Ragnhild Bjerre Finnestad）的研究继而补充了另外一种意义：神庙的边界象征着白天与黑暗之间的界限，生死的边界，秩序与混乱的区别。[2]不可否认，以上诸种观点无疑非常富有启发性，它受惠于20世纪后半叶兴起的象征人类学及阐释人类学所开创的表述模式。神话学对人类学的知识的借鉴及思维方式的应用并非仅仅体现在神庙的神话宇宙论象征层面，它还启发一些研究者进一步探讨埃及神庙与神明身体之间的象征关系。

基督徒将信徒的身体视为上帝的圣殿，上帝的灵运行其中，身体因此具有了一种神圣性。中国道家则将人的身体视为一个微型的宇宙，经过不断修炼，清除身体之中的垃圾，这个小宇宙便不断保持一种平衡的状态，个人因而获得永恒的生命。人类的身体与圣殿、宇宙之间具有一种等同关系。一些学者的研究显示，埃及的神庙与身体之间同样具有这种象征关系，只不过它有着更为深远的神话宇宙论意义。学者埃里克·霍尔农（Erik Hornung）认为，埃及的神庙同时也是神明身体的象征，它能够被人格化，尤其在拉姆西

---

① Lanny Bell. “The New Kingdom ‘Divine’ Temple: The Example of Luxor”, in Byron E. Shafer, ed. *Temples of Ancient Egypt*. New York: Cornell University Press, 1997, p.177.

② Ragnhild Bjerre Finnestad. “Temples of the Ptolemaic and Roman Periods: Ancient Traditions in New Contexts”, in Byron E. Shafer, ed. *Temples of Ancient Egypt*. New York: Cornell University Press, 1997, p.210.

斯时代，神庙是作为人形的神明形象而出现的。[①]一些学者继而指出，若落实到具体的建筑结构，神庙的这种象征意义进一步体现为对造物主身体的象征化：大门象征着女性的阴道与再生场所，神庙是子宫。[②]这种情况并不限于古代埃及，其他地区同样存在这种情况。赫丽生的研究表明，古代希腊同样存在这种情况，德尔菲阿波罗神庙同样是神明身体的象征，只不过它以一种特殊的形式出现：神庙中一块叫作瓮法罗斯的石头象征着大地的肚脐即世界的中心。[③]伊利亚德的考察则显示，中国西藏的拉萨神庙在藏人眼中也是天神肚脐的象征，因而被称为"天地枢纽"——世界中心。[④]在这样一种神话宇宙论语境下，就像学者芬尼斯泰德所讨论的那样，人们在神庙中走动就等同于在神明的身体内游走，与神明进行交流。[⑤]神庙因而成为人神沟通的中介，能够同时承载神圣与世俗这两种属性的事件。

不难看出，以上各种研究的中心观点就是，神庙是一种神圣的建筑物，也是宇宙中心的象征。研究者阐释的基本模式乃是寻求神庙的原型——实在的或象征的——但均未摆脱神话原型理论及神圣与世俗二元对立的思维模式。在解读神庙建筑结构的过程中，多数

① Erik Hornung, E. Bredeck, trans. *Idea into Image: Essays on Ancient Egyptian Thought*. New York: Timken Publishers, 1992.

② Byron E. Shafer. "Temples, Priests, and Rituals: An Overview, Temples of Ancient Egypt", in Byron E. Shafer, ed. *Temples of Ancient Egypt*. New York: Cornell University Press, 1997, p.8.

③ 简·艾伦·赫丽生：《古希腊宗教的社会起源》，谢世坚译，广西师范大学出版社，2004年，第395—404页。

④ 米尔恰·伊利亚德：《宇宙与历史：永恒回归的神话》，杨儒宾译，联经出版事业公司，2000年，第111页。

⑤ Ragnhild Bjerre Finnestad. "Temples of the Ptolemaic and Roman Periods: Ancient Traditions in New Contexts", in Byron E. Shafer, ed. *Temples of Ancient Egypt*. New York: Cornell University Press, 1997, p.219.

学者均将神庙视为一种具有实体性的建筑，继而探讨神庙与神话宇宙论之间的关联。换言之，这些研究者关注的核心问题是“神庙是什么”，在此语境下就出现了神庙是创世圣地，神庙是世界中心，神庙是神明身体，诸如此类的话题。“是什么”为事物外延的描述，而不是对其本质的分析，因而“神庙是什么”关注的是神庙与神话的外在关系，并非是神庙属性的界定。进入21世纪之后，随着神话学自身理论的发展以及人类学关于文化共同体的不断探讨，更多的学者倾向于在一种比较的视野下进行贯通式研究，神庙研究核心话题由原来的“神庙是什么”变成“什么是神庙”，研究者由探求神庙的神话原型转向了分析神庙的神话象征符号。需要指出的是，这种阐释范式转换的预设前提是改变对神庙本质属性的传统看法，并且首先在措辞上有所改变。

这里要加以补充的是，“神庙”一词称呼的改变并非是基于对神庙属性的认识，而是针对西方学者所无法解决的一个难题——克里特时期并不存在神庙——而提出的。因为根据考古发掘，考古工作者尚未在克里特发现像近东那样具有独立意味的大型宗教性实体建筑，这一现状使得很多学者非常困惑并深感不安，他们为此将克里特的神庙称为“宫殿圣殿”“屋舍圣殿”“公众神殿”“长凳神殿”“山顶圣殿”“洞穴圣殿”“泉水圣殿”等，但却无法将“神庙”一词纳入克里特考古学的范畴之中。毕竟，“神庙”一词意味着一种实体性与物质性兼具的宏伟建筑，克里特的考古发掘至今未发现这类建筑物。作为一名从事多年考古发掘的考古学者兼神话学者，南诺·马瑞纳托斯敏锐地觉察到这一问题的严重性，她以一种跨文化的视角考察了近东文化中的神庙称呼与表现符号，果断地指出，“我们应该以‘神明的居所’来取代‘神庙’这种称呼，别忘了在古人的语词中，‘神庙’被称为‘神明的居所。这样我们便不再被一种特殊的建筑类型或尺寸所束缚”[1]。“神明的居所”这一语词所带来的关于神庙的认知就是，既然神庙是神明在人间的居住之地，那么它既可以是实体性的建筑物或建筑群，譬如宫殿、避难所、圣殿，也可以是一些具有象征意味的实物及其符号，诸如圣树、泉水及其表现符号。

根据南诺·马瑞纳托斯的研究，“神明的居所”这一措辞指向了这样一些范畴：实体性建筑图与具有象征意味的概念化符号。在这样一种理念的关照下，神庙就有各种形式：城市、宫殿、山脉、大门、祭坛、圣树、柱子、御座、石头。除此之外，还有各类符号，比如U形符号、半圆形花饰符号、神像、旗杆等。这样一来，南诺·马瑞纳托斯就在理论上解决了克里特没有神庙这样一个难题，由此而来的一种发现就是，克里特存在大量的神庙，可以根据类型学将其划分为两类：“其一，宫殿，其突出特征是三重门与宇宙论符号，诸如半圆形花饰及U形符号；其二，露天圣殿，该类型的圣殿拥有一个而不是三个大门，其中包括一株大树或圣殿内的一块石头。”[2]南诺·马瑞纳托斯的研究表明了这样一种事实，作为神明居所的神庙，它在图像中可以通过源自神话宇宙象征符号体系中的各种具象化的视觉性符号而被加以表现，诸如U形符号、大门、柱子、圣树、石头、山脉、御座以及圆形花饰等。更为重要的是，将神庙视为神明的居所这一举措，将神庙起源研究的阐释模式由原

① Nanno Marinatos. *Minoan Kingship and the Solar Goddess: A Near Eastern Koine*. Urbana: University of Illinois Press, 2010, p.66.

② Nanno Marinatos. *Minoan Kingship and the Solar Goddess: A Near Eastern Koine*. Urbana: University of Illinois Press, 2010, p.77.

型转向了象征符号，研究者开始关注“神庙是什么”这一本质论话题。由此出现的一系列问题就是，作为神明居所的神庙有哪些表现形式？作为神圣存在的神庙，其象征符号分别是什么？为何会出现这些象征符号？这些象征符号是如何形成的？上述问题是以往神庙起源研究中所没有关注的，也是今后神庙起源阐释所重点探讨的一些话题。

三、神庙仪式结构的神话宇宙论象征

20世纪后半叶出现的象征人类学的核心观点是，文化本质上为象征符号所建构，各种不同的文化体系具有不同的象征性表现符号：仪式、身体、性别、服饰、衣着、方位、图腾、神话、宗教、巫术、亲属制度等。一些具有反思意识的研究者，诸如埃德蒙·罗纳德·利奇（Edmund Ronald Leach）、维克多·特纳（Victor Turner）、玛丽·道格拉斯（Mary Douglas）、克利福德·格尔兹等，对结构人类学主张的人类象征结构的一元论非常反感，继而倡导人类象征结构的多元性。在研究旨趣上，这些学者多半对于仪式的象征结构，尤其是日常仪式的细节有着浓厚的兴趣。尽管在一些具体的观点上有所分歧，多数研究者达成的一种共识就是，作为人类文化体系的象征符号之一，仪式承载了人类文化及情感的历史记忆，同时又容纳了复杂的历史事实和想象。因此，仪式的分析既能够为人类学文化体系的建构提供一种活态的民族志案例，又能够充当反思传统的视觉化知识谱系。在阐释对象上，象征人类学将仪式作为解读文化象征意义的主要符号，重点考察日常仪式及其符号所具有的文化象征与建构功能。比如，学者维克多·特纳在对非洲中部的恩丹布人（Ndembu）的伊瑟玛（Isoma）仪式的象征符号——白鸡/红鸡、左手/右手、公鸡/母鸡、裸体/盛装、男人/女人等的分析中发现，仪式及其象征符号某种程度上充当了建构本地人关于宇宙秩序认知及情感表达的工具。“伊瑟玛仪式中的象征和它们之间存在的关系，并不只是使恩丹布人的世界变得有序的一套认知性分类体系。它们同样也是（而且也有着重要的意义）一套唤起性的工具体系，能够唤醒、引导和控制各种强烈的情感，比如仇恨、恐惧、爱慕，以及忧伤。它们同样也富有目的性，有着‘意动’（conative）的层面。在忧伤的情况下，不仅恩丹布人的‘头脑’，他的整个身体都会参与到生命和死亡的存在性行为当中去，而这正是伊瑟玛仪式所要涉及的内容。”①

全面接受了象征人类学影响的神话学，尤其是神庙仪式起源研究，其阐释模式在20世纪后半叶发生了根本性的改变。研究者由原来探求仪式的神话原型继而转向了对神话仪式，特别是神庙日常仪式的结构的阐释。在研究取向上，多数学者倾向于从仪式的象征符号、结构、过程、场景、地点、时间等诸方面探讨神庙仪式与神话宇宙论之间的象征关系。在理论的应用上，神话学同时采用了维克多·特纳倡导的仪式结构思想，同时借鉴了克利福德·格尔兹的认知人类学主张，又改造了神话原型理论，最终创造了神庙仪式阐释的新模式：仪式结构的神话宇宙论象征分析。催生这一阐释趋向的还有认知考古学关于情境性与边界的相关界定，但因考古学知识并

① 维克多·特纳：《仪式过程：结构与反结构》，黄剑波、柳博赟译，中国人民大学出版社，2006年，第41页。

非本章的阐释重点，笔者前文中有相关论述，此处不再赘言。[①]若落实到具体的研究对象上，此种阐释范式首先体现在对埃及古代神庙仪式的解读上。

早期的一些神话研究者，诸如亨利·富兰克弗特这类学者，其研究旨趣往往在于探寻神庙仪式构成要素与创世神话之间的一一对应关系，从而在象征层面探讨仪式的神话宇宙论价值。亨利·富兰克弗特指出，在孟菲斯神庙举行的仪式中，仪式的主角（国王）其实象征着创世神话中造物主阿图姆的儿子何露斯，而承载众人的大帆船则是造物主身体的象征，举行仪式的小教堂是赛特神，石灰料是奥西里斯。杰德柱子的树立象征着造物主的再生和复活，国王的战斗隐喻了创世神话中有序对于无序的战胜，捆绑已逝国王木乃伊的布料之一被称为赛特，一些线的抛撒象征着赛特骨髓的运动，另外一种紫色的布料乃是奥西里斯的象征。[②]也就是说，孟菲斯神庙中举行的神秘仪式其实是创世神话的隐喻：通过老国王的去世，新国王获得王权，宇宙秩序得以革新。就像创世之际那样，造物主通过不断的斗争与创造，确立了宇宙及其秩序。这只是神庙仪式的一种功能，神庙仪式还发挥了另外一种更为重要的功效。就像亨利·富兰克弗特特意强调的那样："我们还必须记住这样的仪式不只具有象征性，事实上它们是宇宙事件的一部分或宇宙事件的外在表现形式，也就是说它们是人类对宇宙事件的参与。从公元前三千

① 20世纪以来，神话学在其发展过程中全面接受了人类学与考古学的影响。前者的影响具体体现在神话学研究模式及阐释对象的方面，而后者的影响主要表现在对认知考古学理论与术语的借鉴与移植上。

② 亨利·富兰克弗特：《王权与神祇》（上），郭子林、李岩、李凤伟译，上海三联书店，2007年，第187—201页。

年到希腊化时代，我们在巴比伦都能发现持续几天的新年节日。在庆祝活动中，创世的故事被咏诵，模拟的战斗被上演，在演出中国王扮演胜利的神。在埃及，我们知道几种节日中的模拟战斗，这些节日的主要内容是庆祝死亡的失败以及再生或复苏。”[①]这只是亨利·富兰克弗特本人的理解，在伊利亚德眼中，这是神圣事件及神圣事件的世俗化，反映了人们渴望回归神圣的迫切心理。因为从理论上讲，“每一个宗教节日和宗教仪式都表示着对一个发生在神话中的过去、发生在‘世界的开端’的神圣事件的再次现实化。对节日的宗教性参与意味着从日常的时间序列中逆出，意味着重新回归由宗教节日本身所再现实化的神圣时间之中”[②]。

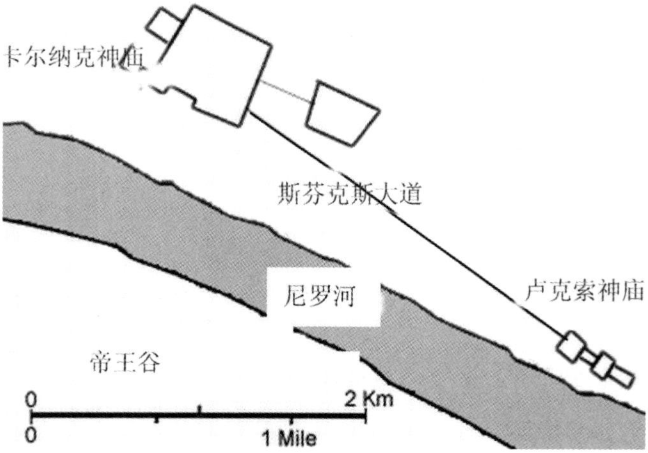

图2-2　埃及卢克索神庙地理位置图（王倩绘制）

① H和H. A. 法兰克弗特、约翰·A.威尔森、陶克尔德·雅克布森：《人类思想发展史：关于古代近东思辨思想的讨论》，郭丹彤译，黑龙江人民出版社，2005年，第26页。

② 米尔恰·伊利亚德：《神圣与世俗》，王建光译，华夏出版社，2002年，第32—33页。

需要指出的是，多数学者使用的资料往往以文献资料为主，他们援引的例子多半来自金字塔文、纸草文书这类书写资料，即便是亨利·富兰克弗特，他关于神庙仪式的很多知识也是从金字塔文中获取的。甚至到了21世纪，部分学者关于神庙仪式的阐释也是以文献为基本资料。譬如，学者皮里杰·拉平凯伟（Pirjo Lapinkivi）关于苏美尔圣婚仪式的研究表明，尽管神庙的主角、场景与时间各不相同，但苏美尔的圣婚仪式基本是对早期创世神话宇宙论的一种展演，而他们“具有神性的国王杜穆兹，就像造物主那样带领其子民走向正义之路，他就像人民的太阳一样照亮了从黑暗中诞生的世界”[①]。另外，早期神话学者关注的对象往往是一些较为重要的仪式，诸如王权仪式、新年仪式、圣婚这类神庙仪式，并未涉及一些较为烦琐的日常仪式。换言之，所谓神庙仪式很大程度上是古代文献中记载的神庙仪式，而不是神庙浮雕或图像中表述的仪式。这一点与人类学关于仪式的阐释恰恰是对立的，后者将田野考察中的仪式作为阐释问题的可靠证据。随着象征人类学显微式“厚描”阐释模式的渗透，以及人类学关于“写文化”反思的影响，更多的神话研究者开始将目光投向了神庙仪式的细节阐释，并且使用仪式、图像等具有民族志意味的资料来解读神庙仪式及其结构中蕴含的神话宇宙论思想。当然，很多时候这种研究成果体现在具体神庙仪式的阐释中，其中尤以埃及卢克索神庙举行的仪式为典型。

卢克索神庙为新王国时期所建，后经拉美西斯二世扩建，为祭拜太阳神阿蒙及其妻子穆特（Mut）的场所。卢克索神庙位于尼罗

① Pirjo Lapinkivi. *The Sumerian Sacred Marriage: in The Light of Comparative Evidence*. Helsinki: Neo-Assyrian Text Corpus Project, Helsinki University, 2004, p.251.

河东部的古城底比斯附近，毗邻卡尔纳克神庙。卢克索神庙的轴线指向南部方向，与尼罗河流淌方向一致。埃及的神庙一般为自内而外建构而成，卢克索神庙也不例外。这座神庙由外而内可以分为三个部分：圣殿、柱厅、前厅。圣殿位于神庙最里面，用来放置神像、神器与圣船。圣殿外面是一条叫作亚历山大通道的过道，然后是一个多柱大厅。柱厅内有32根纸草形状的圆形大柱子，柱子分为4排，每排8根。多柱厅再过去就是一个叫作阿蒙霍特普三世的大厅，大厅长56米，宽45米，三面由双层柱廊环绕，大厅北部最初为神庙入口，后被废止。阿蒙霍特普三世大厅由一条过道与多柱厅及中央大厅相连。多柱厅柱子共14根，每根约16米高，柱顶为盛开的纸草造型，非常美观。中央大厅全名为拉姆西斯二世中央大厅，长57米，宽51米，由27根纸草式柱子环绕，西北角有图特摩斯二世圣殿，大厅南北立有拉姆西斯二世的巨型雕像。神庙的最外面为拉姆西斯二世的塔楼，两座巨型的拉姆西斯二世巨像矗立在塔楼边，护卫着塔楼的大门。塔楼边原来有两个巨大的方尖碑，现仅存一座，另外一座被法国人置于巴黎协和广场。塔楼边有一条长约3公里的斯芬克斯大道，它曾经一度将卢克索神庙与卡尔纳克神庙连接起来。

尽管卢克索神庙在建筑规模上没有卡尔纳克神庙宏大，但在该庙举行的奥佩特仪式（Opet Festival）却非常著名。奥佩特仪式乃古埃及人祭拜阿蒙及其妻子穆特、儿子洪苏（Khonsu）而举行的仪式。仪式极为繁复，需要加以说明。在古埃及象形文字中，奥佩特一词为“密室”之意，因此该祭礼也就可以理解为“密室仪式”。奥佩特仪式在埃及阿赫特（Akhet）季节的第二个月份举行，也就是埃及农历第二个月的第十五日或第十九日举行。仪式在图特摩斯三世时期为11天，后来到拉美西斯二世时期逐渐增加到24天或27

天。奥佩特仪式的主要内容是庆贺阿蒙神的再生，同时与埃及法老神权的确认与再生相关。仪式开始之际，众人列队从卡尔纳克神庙出发，到卢克索神庙中瞻仰其设在内部的阿蒙圣殿，然后再将其神像送回卡尔纳克神庙。在埃及女法老哈特谢普苏特（Hatshepsut）统治时期，阿蒙神像被置于船中，由脸蒙面纱的大祭司在陆地上扛着送往卢克索神庙，到卢克索神庙后从水路返回卡尔纳克神庙。仪式的队列极为庞大，其中有王室贵胄、祭司、舞者、歌者、乐者等艺人，还有普通民众。大祭司走在队伍的前列，手持熏香，拨弄叉铃，一行人载歌载舞，停停歇歇，最后到达卢克索神庙。抵达卢克索神庙之后，众人将阿蒙、穆特及洪苏的神像置于其神殿之内，然后退去，祭司与法老进入阿蒙神殿祭拜，向阿蒙神烧香并敬献祭物。待到国王与祭司走出圣殿，众人则齐声欢呼，然后尽享美食，最后再经由水路将圣船与神像送回卡尔纳克神庙。[①]

早期的一些研究者将奥佩特仪式视为埃及的丰产仪式或王权仪式，近期的一些神话学者则通过该仪式的结构分析，发现它并不是表面看上去的那样简单，而是有着更为深远的神话宇宙论意蕴。学者兰尼·贝尔指出，奥佩特仪式的整个结构都充满了创世神话的象征意味，需要仔细解读这些仪式细节后方可得出富有启发性的结语。他发现，整个卢克索神庙是一个微型的小宇宙，同时也是神明的领地——神庙之外是无序，神庙之内是秩序，而神庙之内举行的仪式模拟了宇宙秩序的图景。当仪式行进到卢克索神庙中时，要关上又打开神庙的大门（很多神庙都有两个大门，卢克索神庙也是如

① 所用资料源自 http://www.philae.nu/akhet/Opet.html。

此），关上大门等于将混乱拒之门外，打开大门则意味着接受了新的秩序。通过大门、庭院将神像送入圣殿其实是将神明送到其创世之初的地方——世界的中心——神明在那里创造了世界。而神庙内部的神殿则是神明的栖息地，圣殿之内的大门为创世神话中天空、大地与冥府交会的地方，打开圣殿的大门象征着人类进入了创世神话中神明的领地，人类因而从世俗世界到了神圣世界。在奥佩特仪式中，不论是神庙的大门还是圣殿的大门均是由国王打开的，这意味着宇宙秩序的再生与再创造。从这个角度而言，“奥佩特仪式的神话宇宙论意义非常重大，除了让国王在崇拜中扮演一定的角色之外，它还确保了卢克索造物主阿蒙的再生，卡尔纳克神庙造物主的再生，以及宇宙的再创造。在每年岁末之际，神明非常疲倦，农业循环已脱离其既有轨道。神明及其创造需要补给，补充新的能量。垂死的神明需要到其创造的世界去看看，选定纯净，并控制宇宙之外那些无法操控的混乱力量，排除宇宙创造之初的那些浊气”①。这种见地无疑富有启发性，它道出了卢克索神庙及其仪式在神话宇宙论中的地位，同时也表明了二者起源于神话思维这种事实。但这种结语是基于卢克索仪式的考察而提出的，很大程度上并不具普遍性。毕竟，奥佩特仪式是埃及的重大节日，它有着既定的历史语境与现实诉求。但这并不妨碍更多的学者沿着这个方向去继续探讨其他神庙仪式的神话宇宙论意蕴，很多学者已经开始探讨神庙日常仪式的细节问题。

神庙为举行仪式之地，按照其举行频率，大致可以将仪式分为

---

① Lanny Bell. “The New Kingdom ‘Divine’Temple: The Example of Luxor”, in Byron E. Shafer, ed. *Temples of Ancient Egypt*, New York: Cornell University Press, 1997, p.157.

两类：庆典仪式与日常仪式。近期的一些学者开始将目光转向神庙的日常仪式，它们试图从中发现一些普遍性的规律，从个案的阐释中找到具有共性的东西。学者拉肯黑尔德·B.芬尼斯塔德指出，埃及神庙的日常仪式主要可以分为三种：日出仪式、正午仪式与日落仪式。每一种仪式背后都隐含了一种古老的神话宇宙论思想。设在埃德福（Edfu）的何露斯神庙也不例外，它每天早上的接神仪式看似简单，实际上却充满神话象征意味。早上接神仪式中颂唱的歌曲实际上是赞美神明创世的功绩，以及神明自身诞生的过程；开门仪式象征着白天战胜了黑夜，造物主从黑暗中升起，世界秩序开始更新。"晨祭涉及三个主要的概念：看见神明、神明的出现、神明的到来。这些概念相互补充交织，皆属于一种宗教的宇宙论，即宇宙中的阳光是具有一种神性的、至关重要的创造性因素。太阳神每天不断更新，就在此时，世界在太阳神的再生中诞生，与神明一起出现。"[①]这样看来，整个的晨祭仪式其实是一个关于造物主如何诞生，宇宙如何更新的神话叙述。芬尼斯塔德继而断言："造物主如何到来，世界如何存在于其光线中，这是神庙仪式的主要主题。各种建筑、图像、文本与仪式的叙述传递了关于阳光的一种宗教价值观。"[②]

上述这种显微式的考察某种程度上并不具备普遍性，但对于神庙仪式的阐释却具有极大的启发性，它使众多读者看到了神庙仪式乃至神庙建制背后的神话宇宙论思想。神庙仪式的结构分析其实是

---

① Ragnhild Bjerre Finnestad. "Temples of the Ptolemaic and Roman Periods: Ancient Traditions in New Contexts", in Byron E. Shafer, ed. *Temples of Ancient Egypt*. New York: Cornell University Press, 1997, p.207.

② Ragnhild Bjerre Finnestad. "Temples of the Ptolemaic and Roman Periods: Ancient Traditions in New Contexts", in Byron E. Shafer, ed. *Temples of Ancient Egypt*. New York: Cornell University Press, 1997, p.213.

借鉴了结构人类学关于结构由深层结构与表层结构建构而成的观点，将仪式视为一种整体性符号而加以分析，继而寻找神庙仪式符号与神话宇宙论之间的对应关系。仪式由各种因素组成，其中包括仪式的场地、空间结构、时间结构、进程、服饰、食物、乐器、舞蹈、祷文、器物、道具、主体、观众、祭物、路线等。这些因素与神话之间具有何种关联？它们是怎样选定并被建构的？这些因素在仪式中发挥了怎样的功效？为何要选定这些因素作为仪式的主要内容？上述这些问题都是神庙仪式起源研究需要探讨的问题，也是未来神庙阐释的新问题。至于这种阐释方式是否适用于中国与其他国家神庙的研究，还需要时间的进一步检验。最为重要的一点就是，研究者在阐释过程中必须具备一种比较的视野，能够在不同的仪式行为及符号中看到其共性，并运用一种跨文化的整体性视角解读这些神庙仪式背后蕴含的神话思想。毕竟，在前哲学时代，神话是人类思考宇宙及其存在的主要方式，它是人类思想的源泉。

四、结语

20世纪以来的神庙起源研究某种程度上在走着一条“转向人类学”的整体性阐释之路，较之于19世纪的语言学阐释套路，它具有人类学视野。也就是说，神庙仪式的发生机制问题开始进入研究者的视野，仪式与神话之间的问题继而成为探讨的核心问题，其中尤以神庙仪式的空间与时间起源问题为主。神话研究者全面吸收了人类学关于仪式的理论与方法，并以一种人类学阐释的模式探讨神庙与神话宇宙论之间的因果关联。另一方面，这种人类学转向并非是研究视角与方法的借鉴，而是人类学思维模式的全面转换。说得具体一点就是，20世纪尤其是20世纪后半叶的神庙起源研究，已经突破了欧洲中心主义的阐释模式，转向了对埃及神庙及两河流域神庙的全面探讨。早期那种以希腊神庙为中心的阐释模式被以埃及和近东神庙为主体的比较研究所取代，甚至以南诺·马瑞纳托斯为代表的部分学者开始以一种近东文化共同体的比较视角考察米诺神庙与埃及神庙、苏美尔神庙、叙利亚神庙之间的共性问题。非欧洲中心主义视角的转化使得神庙研究取得了巨大的突破，过去长时间内难以解决的问题得到了解决。譬如，米诺时代有无宫殿的疑难问题因南诺·马瑞纳托斯倡导的近东文明共同体理念的提出而得以解决，神庙作为建筑实体的理念也随之而改变。

此种“眼光向东”的研究模式与人类学强调的文化相对主义密不可分，同时与人类学关于文化及历史书写问题的反思不可分割。美国人类学者埃里克·沃尔夫曾经指出，新时代的历史书写“必须超越我们用来描述西方历史的惯常手法，必须考虑西方人民和非西方人民是如何共同参与这个世界性进程的。人类学家考察的大多数群体长期以来就一直卷入由欧洲扩张造成的变迁当中，而且他们对这些变迁同样是贡献甚巨。我们再也不能仅仅满足于只书写一种‘胜者为王’的历史，或者只满足于书写被支配族群的屈服史了。社会史学家和历史社会学家已经表明，普通大众虽然确实是历史过程的牺牲品和沉默的证人，但他们同样也是历史过程的积极主体。因此，我们必须发掘没有‘历史的人民’的历史——‘原始人’、农民、劳工、移民以及被征服的少数族群的鲜活历史”。[①]神庙起源

① 埃里克·沃尔夫：《欧洲与没有历史的人民》，赵丙祥、刘传珠、杨玉静译，上海人民出版社，2006年，前言第1—2页。

研究“眼光向东”的非欧洲中心主义阐释转向正是此种人类学思潮影响的结果。

神庙起源研究的人类学转向并非仅是人类学思潮影响所致，它同时与神话学自身理论与方法的不断发展有关，更与神话学与人类学、考古学、符号学等诸学科的互动与对话密不可分。神庙起源研究已经不只属于神话学，它还是宗教学、哲学、人类学，乃至于考古学和经济学等学科探讨的话题。跨学科甚至是破学科的研究趋向越来越明显，也越来越迫切，单纯的神话学阐释已经不能满足解释神庙起源的问题，一些话题的探讨需要借助于人文社会科学方法与理论，同时也需要自然科学的帮助。

第三章　神话与科学

第一节　古希腊人的神话观

一、近期研究述评

就语源而言，“秘索思”（Mythos）一词源于古希腊语μῦθος，而“逻各斯”（Logos）则为希腊文λὸγος一词的音译。在柏拉图之前，秘索思与逻各斯之间并无明显疆界，自柏拉图将诗人驱逐出理想国之后，秘索思便与逻各斯分道扬镳，前者与虚构和非理性相关，后者则正是真实与理性的代名词。因此，关于秘索思与逻各斯的探讨便可划为两种类型：对立说与互补说。持对立观点的研究者将秘索思与逻各斯对立起来，宣称二者不论在形式还是表述内容上均是对立的；而坚守互补论的学者认为秘索思与逻各斯是互补的，为同一事物的两个方面。这两类探讨本质上均属二元论，带有一定的意识形态意味。

因秘索思与逻各斯的公开对立始于柏拉图，多数研究者便将柏拉图的态度作为探讨的话题。学者吕克·布里森（Luc Brisson）指出，柏拉图的秘索思与逻各斯在意义上是对立的，二者之间不单是不可验证性话语与可验证性话语的对立，还是叙述性话语与论证性话语的对立。[①]布里森的这种观点遭到了学者克里斯托弗·罗威（Christopher Rowe）的反对，后者宣称秘索思与逻各斯之间的对立并非是柏拉图哲学的中心，因为人类所有的话语都是靠不住的。[②]学者凯瑟琳·摩根（Kathryn A. Morgan）继而指出，秘索思与逻各斯之间的对立是后哲学时代的产物，在哲学出现前，二者之间根本不存在这种对立。“秘索思与逻各斯的对立是早期哲学所建构的，这种对立已经成为一种富有刺激性的存在物。”[③]概括地说，这类探讨一般将秘索思视为虚构的叙述，而逻各斯则是真实的话语，明显含有肯定后者而贬低前者的倾向。近期有不少学者反对这种观点，譬如学者布鲁斯·林肯宣称，在前哲学时代的希腊，秘索思与逻各斯的内涵与柏拉图所说的截然相反：前者真实可信，后者则充满了欺骗性与煽动性。[④]一般而言，持对立观点的多数研究者从认知论视角探讨柏拉图的秘索思与逻各斯内涵上的断裂，不大关注前哲学时代二者之间的关联。

另一类研究者则与之相反，认为秘索思与逻各斯之间的关系不是对立的，而是互补的。这类探讨通常从历时性视角出发，探讨秘索思和逻各斯在不同语境中的内涵。例如，学者肯·道登认为，秘索思与逻各斯在荷马时代均指人类的言论，二者根本就不是一组对

---

① Luc Brisson, translated by Catherine Tihanyi. *How Philosophers Saved Myths: Allegorical Interpretation and Classical Mythology*. Chicago: The University of Chicago Press, 2004, p.25.

② Christopher Rowe. “Myth, History and Dialectic in Plato’s Republic and Timaeus Critias”, in Richard Buxton, ed. *From Myth to Reason? Studies in the Development of Greek Thought*. Oxford: Oxford University Press, 1999, p.265.

③ Kathryn A. Morgan. *Myth and Philosophy from the Presocratics to Plato*. Cambridge: Cambridge University Press, 2000, p.14.

④ Bruce Lincoln. *Theorizing Myth: Narrative, Ideology, and Scholarship*. Chicago: The University of Chicago Press, 1999, p.10.

立的术语。[①]让-皮埃尔·韦尔南继而指出，在指向言论这一概念时，秘索思属于逻各斯范畴，二者之间根本不存在冲突，只不过前者带有浓郁的宗教气息，特指一种神圣的叙述，它更具真实性与可靠性。后来到了公元前4世纪，秘索思才与逻各斯有了明确的区分。[②]以道登为代表的这类探讨的时间基本限定在哲学出现之前，对于哲学家与史学家对神话的改编不做深入考察。或者可以说，研究者还是认可柏拉图对秘索思的改造，认为后哲学时代的神话更多地带有与逻各斯对立的意味。

较之于国外学界，国内学者关于秘索思与逻各斯的探讨较为统一，多数学者将二者视为一组对立而又互补的概念加以考察。学者陈中梅认为，秘索思与逻各斯应该是一组对立互补的元观念。西方文化经历了由秘索思到逻各斯的发展过程，介于二者中间的一个过渡性概念是塞玛（sēma）。换言之，西方思想史经历了由秘索思象征的感性认知到逻各斯主导的理性认知过程，塞玛在其中担当了过渡的角色。[③]需要指出的是，陈中梅的这种看法仍未摆脱柏拉图的影响，属后哲学时代的二元对立论，它同时将二者的生成语境由古希腊转移到了西方文化场域。另一位学者孙柏则指出，就语言学与认识论角度而言，秘索思催生了隐喻思维，而逻各斯则产生了转喻思维，二者共同构成了人类思维的两个方面，它们之间的区分不是

---

① Ken Dowden. *The Uses of Greek Mythology*. London and New York: Routledge, 1992, p.4.

② Jean-Pierre Vernant. *Myth and Society in Ancient Greece*. New York: Zone Books, 1990, pp.183-201.

③ 陈中梅:《“投竿也未迟”——论秘索思》,《外国文学评论》1998年第2期，第5—14页；陈中梅:《柏拉图诗学和艺术思想研究》，商务印书馆，1999年，第453—497页；陈中梅:《言诗》，北京大学出版社，2008年，第291—332页；陈中梅:《神圣的荷马——荷马史诗研究》，北京大学出版社，2008年，第305—420页。

绝对的，而是对立互补的。[①]这种说法已经脱离了具体的文化语境，将秘索思与逻各斯的内涵扩大了。

从上述探讨可知，多数研究者对秘索思与逻各斯的考察以柏拉图为中心，对二者在柏拉图之前的内涵缺乏足够的认知，对它们在古代文本不同语境的内涵所做的深入发掘也不够充分。基于此，本节拟考证古希腊神话文本中秘索思与逻各斯的内涵，指出二者在此语境中的原初意义，还原它们在古希腊口传文化中的本相。

二、神话与逻各斯的现代内涵

自神话学诞生以来，尽管神话的定义不断改变，但这并不妨碍多数学者就神话的内容达成某种共识：一种与理性相对立的叙述，它讲述神明、英雄或超然存在物的故事。神话本质上为想象的产物，但在信仰上具有一定的真实性。这种理解将神话视为科学的对立面，神话因而成为虚假、虚构的代名词。少数持后现代观点的神话学者甚至认为“神话”本身就是现代学术的虚构，此术语纯属理性主义的建构。法国学者马塞尔·德蒂安（Marcel Detienne）宣称，“神话”一词根本就不存在，它纯粹是西方种族主义成见的产物，其目的是将西方与非西方、文明与野蛮、现在与过去区分开来。[②]法国学者克劳德·卡拉姆更为尖锐地指出，古代希腊根本不存在与现代意义上的神话相匹配的术语，“神话并非

① 孙柏：《丑角的复活——对西方戏剧文化的价值重估》，学林出版社，2002年，第21—22页。

② Marcel Detienne. *The Creation of Mythology*. Chicago: The University of Chicago Press, 1986, p.19.

一种本体论意义上的存在物，而是一种西方的范畴，它诞生于启蒙运动时期，是人类学早期思想的产物，'神话'一词是从欧洲中心主义视角看待他者文化行为所催生的"。[①]不难看出，神话在现代学术语境中遭遇到了空前挑战：神话表述的内容不仅是虚构的，而且"神话"一词也是现代学术建构起来的。这种视阈下的神话及其概念成为纯粹的虚构物，与现实、理性相距甚远。神话的内涵就表现为虚构性，而虚构包含两个层面的内容。其一，表述内容的荒诞性。神话是一种叙述性话语，表达了一些基于想象的虚幻性故事，这些神话情节是不可验证的，无法以理性与科学的标准衡量。其二，概念自身的建构性。"神话"一词为现代学术的创造物，是欧洲在殖民早期"我族"中心主义视角下对待异族文化的工具，具有意识形态的意味。总之，神话被赋予了负面意义，被作为与事实、真理、科学乃至理性的对比，与想象、虚构、创造等词语的现代性意涵纠葛不清。

与神话的虚构性内涵相反，现代科学主义视角下的逻各斯则成为理性、科学乃至真理的对等物。相对于神话而言，逻各斯的现代内涵主要为真实，这是继柏拉图以来的哲学家追求的至高境界。所谓真实，主要指逻各斯作为一种可验证的话语，而不是一种叙述性的话语，"而可验证话语遵循的规约为理性秩序。其局部顺序建立在数学模式之上，根据规律做出必要的结语。这种话语的演说者带

① Claude Calame. "The Rethoric of Muthos and Logos: Forms of Figurative Discourse", in Richard Buxton, ed. *From Myth to Reason? Studies in the Development of Greek Thought*. Oxford: Oxford University Press, 1999, p.121.

着这种结语探寻理性的证据”。① 这就意味着逻各斯表述的内容是真实而可信的，经得起科学的检验。另外，“逻各斯”一词更多地指称理性与智性。逻各斯不仅是一种可验证的真实性话语，还是世界秩序与原理的抽象体现。“在形式上，它与神话始终是对立的，逻各斯所论证的实例不同于神话故事所叙述的内容；在基本意义上，逻各斯与神话也是对立的，在这个意义层面上，哲学家的抽象概念有别于神明的本领，后者的奇遇是神话表述的话题。”② 由此看来，现代性语境中的逻各斯被赋予了极为明显的正面意味，它与真实、真理及智性相关，是人类理性发展的体现。不论在形式还是在意义层面，逻各斯与神话均是对立的。

从时间上来看，“神话”一词进入英文词条是在19世纪初期，神话被赋予了一定的新科学主义意味，用来专指诸如虚构、虚假、不可证明的一类叙述。进一步地说，神话的蕴意在古希腊随时间而改变，在柏拉图之前的时代，古希腊人的秘索思与现代意义上的神话有着天壤之别。概括地说，“希腊语中的秘索思指一种简洁的言论，要么是一则故事、一段对话，要么是一种计划的陈述”③。秘索斯出现的时间比逻各斯要早得多，明显带有口传文化的特征。这种意义上的秘索思未必就是虚构的，它更多地含有真实与理性的成分。就语源学而言，英文书写形式的逻各斯源自希腊语λόγοϖ，原

① Luc Brisson, translated by Catherine Tihanyi. *How Philosophers Saved Myths: Allegorical Interpretation and Classical Mythology.* Chicago: The University of Chicago Press, 2004, p.25.

② Jean-Pierre Vernant. *Myth and Society in Ancient Greece.* New York: Zone Books, 1990, p.211.

③ Jean-Pierre Vernant. *Myth and Society in Ancient Greece*. New York: Zone Books, 1990, pp.203–204.

意为“话语”（word），其动词的对应形式为λέγω，意思是“我说”（I say），这个单词是专门用来描述散文的，含有理性的意味，但不排斥虚构的成分。总之，希腊语中的秘索思与逻各斯之间的关系并非是对立的，而是相互补充的。从古至今，秘索思与逻各斯之间的关系发生了巨变，二者的意义及相互关系同样经历了一系列变化，时至今日，它们已成为一组对立的语词，与原初的词义之间具有了断裂。那么，秘索思与逻各斯古希腊早期神话文本中具有何种内涵？它们在不同的语境中具有怎样的变化？这种断裂从何时开始的？是何种原因造成了断裂？它是怎样产生的？笔者不可能列举所有的古希腊神话文本，只能从中选择较为典型的进行考察，重点是赫西俄德与荷马的文本。

三、赫西俄德的秘索思与逻各斯

从神话文本所反映的特征来看，赫西俄德的两部神话文本，即《神谱》《工作与时日》更多地带有口传文化的特征，而赫西俄德宣称二者乃受缪斯女神之托而作。女神将象征权力的橄榄枝交给赫西俄德，并将神圣的声音注入他心中，让他依神意歌唱过去与未来之事。[①]从这个角度来看，赫西俄德的文本具有代缪斯立言的意思。颇有意味的是，当缪斯女神向赫西俄德教授神圣之歌时，她们

① Hesiod, M. L. West, ed. *Theogony*. Oxford: Clarendon Press, 1966, Lines 30–35, “καί μοι σκῆπτρον ἔδον δάφνης ἐριθηλέος ὄζον δρέψασαι, θηητόν. ἐνέπνευσαν δέ μοι αὐδὴν θέσπιν, ἵνα κλείοιμι τά τ᾿ ἐσσόμενα πρό τ᾿ ἐόντα. καί μ᾿ ἐκέλονθ᾿ ὑμνεῖν μακάρων γένος αἰὲν ἐόντων, σφᾶς δ᾿ αὐτὰς πρῶτόν τε καὶ ὕστατον αἰὲν ἀείδειν. ἀλλὰ τί ἦ μοι ταῦτα περὶ δρῦν ἢ περὶ πέτρην.”

这样宣称："我们知道如何将那些虚构的故事说得像真的一样，如果我们愿意，我们也懂得如何讲述真事。"①在这个句子中，缪斯女神将虚构的故事称为"逻各斯"，该词语的内涵与现代意义上的逻各斯相去甚远，反倒与"秘索思"这个语词的内涵比较接近。当赫西俄德歌颂众神的业绩时，他这样倾吐心声："雷电之神宙斯，居住在层峦之上的神明，请你向下界观望并明察秋毫，侧耳听我倾诉衷肠，来使裁决公正，公义得以伸张。佩耳塞斯，我将对你讲述真实的事件。"②赫西俄德在这里将"秘索思"一词冠以"真实的事件"之名，似有柏拉图意义上的"逻各斯"之意。看上去就是，赫西俄德神话文本中这两处诗文中出现的逻各斯及秘索思与它们的现代性内涵之间具有极大的距离，甚至在意义上是相反的。这样就出现了一系列令人不解的问题：为何这两句引文中的逻各斯及秘索思与它们在现代语境中的意义具有如此大的差异？赫西俄德神话文本究竟有多少这样的术语出现？它们在文本中的内涵分别是什么？其意义是否一致？

学者布鲁斯·林肯曾统计过赫西俄德神话文本中秘索思与逻各斯的用法，③但基于某种功利性的目的，他并没有完全列出它们在具体语境中蕴含的意义，只重点阐释了其中的一些语句。笔者认为，

---

① Hesiod, M. L. West, ed. *Theogony*. Oxford: Clarendon Press, 1966, Lines 27-28, "ἴδμεν ψεύδεα πολλὰ λέγειν ἐτύμοισιν ὁμοῖα, ἴδμεν δ', εὖτ᾽ ἐθέλωμεν, ἀληθέα γηρύσασθαι."

② Hesiod, M. L. West, ed. *Works and Days*. Oxford: Clarendon Press, 1978, Lines 8-10, "Ζεὺς ὑψιβρεμέτης, ὃς ὑπέρτατα δώματα ναίει. κλῦθι ἰδὼν ἀίων τε, δίκῃ δ᾽ ἴθυνε θέμιστας τύνη. ἐγὼ δέ κε, Πέρσῃ, ἐτήτυμα μυθησαίμην."

③ Luc Brisson, translated by Catherine Tihanyi. *How Philosophers Saved Myths: Allegorical Interpretation and Classical Mythology*. Chicago: The University of Chicago Press, 2004, p.16.

欲探明秘索思与逻各斯的内涵，必须将其置于具体语境中，根据上下文来探求其意义。根据赫西俄德《神谱》及《工作与时日》的表述，秘索思与逻各斯出现的次数均为6次，但在具体的语境中，它们的意义存在细微的差别（见表3-1、表3-2）。

表3-1　赫西俄德文本中秘索思内涵

出处	语境	演说者	情节	内涵
《神谱》：第24行	持盾之神宙斯之女，奥林匹斯的缪斯女神首次开口说话，我是听到这话的第一人①	缪斯女神	缪斯女神开口说话	神明的话语
《神谱》：第169行	但诡诈强大的克洛诺斯鼓足勇气回答了亲爱母亲的话语②	克洛诺斯	克洛诺斯说话	庄严而肯定的回答
《神谱》：第665行	当众神听完科托斯的话语后，他们斗志昂扬。③	天神之子	克托斯宣誓	庄重的誓言
《工作与时日》：第194行	恶人以谎言欺骗善者，以恶语伤害他们④	赫西俄德	恶人欺骗善者	恶人说谎的事实

① Hesiod, M. L. West, ed. *Theogony*. Oxford: Clarendon Press, 1966, Lines24–25, “τόνδε δέ με πρώτιστα θεαὶ πρὸς μῦθον ἔειπον, Μοῦσαι Ολυμπιάδες, κοῦραι Διὸς αἰγιόχοιο.”

② Hesiod, M. L. West, ed. *Theogony*. Oxford: Clarendon Press, 1966, Line 169, “θαρσήσας δὲ μέγας Κρόνος ἀγκυλομήτης ἂψ αὖτις μύθοισι προσηύδα μητέρα κεδνήν.”

③ Hesiod, M. L. West, ed. *Theogony*. Oxford: Clarendon Press, 1966, Lines 664–665, “ὣς φάτ᾽. ἐπήνεσσαν δὲ θεοί, δωτῆρες ἐάων, μῦθον ἀκούσαντες.”

④ Hesiod, M. L. West, ed. *Work and Days*. Oxford: Clarendon Press, 1978, Lines193–194, “βλάψειδ᾽ ὁ κακὸς τὸν ἀρείονα φῶτα μύθοισιν σκολιοῖς ἐνέπων, ἐπὶ δ᾽ ὅρκον ὀμεῖται.”

续表

出处	语境	演说者	情节	内涵
《工作与时日》：第206行	这时，老鹰轻蔑地对夜莺说道[①]	老鹰	老鹰抓住了夜莺	现实生活的真理
《工作与时日》：第263行	你们这些王爷要杜绝这事，那些贪财受贿的王爷们，你们要使裁决公平；要彻底杜绝不公裁判的思想从心中滋生[②]	王爷	赫西俄德教诲王爷们	公正的裁决

表3–2　赫西俄德文本中逻各斯内涵

出处	语境	对象	情节	内涵
《神谱》：第27行	我们知道如何将那些虚构的故事说得像真的一样，若我们愿意，我们也懂得如何讲述真事[⑦]	缪斯女神	女神开口说话	故事

① Hesiod, M. L. West, ed. *Works and Days* . Oxford: Clarendon Press, 1978, Line 206, “τὴν ὅγ᾽ ἐπικρατέως πρὸς μῦθον ἔειπεν.”

② Hesiod, M. L. West, ed. *Works and Days*. Oxford: Clarendon Press, 1978, Lines 263–264, “ταῦτα φυλασσόμενοι, βασιλῆς, ἰθύνετε μύθους δωροφάγοι, σκολιέων δὲ δικέων ἐπὶ πάγχυ λάθεσθε.”

⑦ Hesiod, M. L. West, ed. *Theogony*. Oxford: Clarendon Press, 1966, Line 27, “ἴδμεν ψεύδεα πολλὰ λέγειν ἐτύμοισιν ὁμοῖα.”

续表

出处	语境	对象	情节	内涵
《神谱》：第229行	恶意的厄里斯女神生了痛苦的劳役之神、遗忘之神、饥馑之神、多泪的忧伤之神、争斗之神、战斗之神、凶杀之神、屠戮之神、争吵之神、谎言之神、争执之神、违法之神、毁灭之神，这些神明的本性都一样，厄里斯又生了诅咒之神，当人类蓄意发假誓时，她便找上门来①	厄里斯的孩子们	不和女神厄里斯的后代	谎言
《神谱》：第890行	但当她就要生产明眸女神雅典娜时，宙斯利用甜言蜜语欺骗了她，并将她吞进肚中，因为地母该亚与灿烂的天空之神乌拉诺斯有过忠告②	宙斯和墨提斯	宙斯欺骗墨提斯	甜言蜜语

① Hesiod, M. L. West, ed. *Theogony*. Oxford: Clarendon Press, 1966, Lines 226–232, "αὐτὰϱ Ἔϱις στυγεϱὴ τέκε μὲν Πόνον ἀλγινόεντα Λήθην τε Λιμόν τε καὶ Ἄλγεα δακϱυόεντα Ὑσμίνας τε Μάχαστε Φόνους τ᾽Ἀνδϱοκτασίας τε Νείκεά τε ψευδέας τε Λόγους Ἀμφιλλογίας τε Δυσνομίην τ᾽ Ἄτην τε, συνήθεας ἀλλήλῃσιν, Ὅϱκον θ᾽, ὃς δὴ πλεῖστον ἐπιχθονίους ἀνθϱώπους πημαίνει, ὅτε κέν τις ἑκὼν ἐπίοϱκον ὀμόσσῃ."

② Hesiod, M. L. West, ed. *Theogony*. Oxford: Clarendon Press, 1966, Lines 888–891, "ἀλλ᾽ ὅτε δὴ ἄϱ᾽ἔμελλε θεὰν γλαυκῶπιν Ἀθήνην τέξεσθαι, τότ᾽ ἔπειτα δόλῳ φϱένας ἐξαπατήσας αἱμυλίοισι λόγοισιν ἑὴν ἐσκάτθετο νηδὺν Γαίης φϱαδμοσύνῃσι καὶ Οὐϱανοῦ ἀστεϱόεντος."

续表

出处	语境	对象	情节	内涵
《工作与时日》：第78行	根据雷电之神宙斯的要求，阿尔戈斯的斩杀者赫尔墨斯设法将谎言、花言巧语及诡诈的本性放到了她心中，神使又赋予她说话的能力①	潘多拉	众神惩罚人类	谎言
《工作与时日》：第106行	倘若你乐意，我将简略而熟练地为你讲述另一个故事——请你记在心上——众神与人类如何出自同一个源头②	宇宙时代	讲故事	故事
《工作与时日》：第789行	每月中旬第六日非常不利于植物生长，但有利于生男孩，不利于生女孩，也不利于嫁女儿。每月上旬的第六日不利于生女孩，但有利于生男孩，适宜进行阉割山羊与绵羊，也有利于建造绵羊围栏。这一日有利于生男孩，但这一日出生的人将喜欢挖苦、谎言、花言巧语与嚼舌根③	每月的第六日	每月第六日出生的人喜欢说谎	谎言

① Hesiod, M. L. West, ed. *Works and Days*. Oxford: Clarendon Press, 1978, Lines 77–79, "ἐν δ᾽ ἄρα οἱ στήθεσσι διάκτορος Ἀργεϊφόντης ψεύδεά θ᾽ αἱμυλίους τε λόγους καὶ ἐπίκλοπον ἦθος τεῦξε Διὸς βουλῇσι βαρυκτύπου. "

② Hesiod, M. L. West, ed. *Works and Days*. Oxford: Clarendon Press, 1978, Lines 106–108, "εἰ δ᾽ ἐθέλεις, ἕτερόν τοι ἐγὼ λόγον ἐκκορυφώσω εὖ καὶ ἐπισταμένως, σὺ δ᾽ ἐνὶ φρεσὶ βάλλεοσῇσιν, ὡς ὁμόθεν γεγάασι θεοὶ θνητοί τ᾽ ἄνθρωποι."

③ Hesiod, M. L. West, ed. *Works and Days*. Oxford: Clarendon Press, 1978, Lines 782–789, "ἕκτη δ᾽ ἡ μέσση μάλ᾽ ἀσύμφορός ἐστι φυτοῖσιν, ἀνδρογόνος δ᾽ ἀγαθή. κούρῃ δ᾽ οὐ σύμφορός ἐστιν, οὔτε γενέσθαι πρῶτ᾽ οὔτ᾽ ἂρ γάμου ἀντιβολῆσαι. οὐδὲ μὲν ἡ πρώτη ἕκτη κούρῃ γε γενέσθαι ἄρμενος, ἀλλ᾽ ἐρίφους τάμνειν καὶ πώεα μήλων σηκόν τ᾽ ἀμφιβαλεῖν ποιμνήιον ἤπιον ἦμαρ. ἐσθλὴ δ᾽ ἀνδρογόνος. φιλέοι δέ᾽κε κέρτομα βάζειν ψεύδεά θ᾽αἱμυλίους τε λόγους κρυφίους τ᾽ὀαρισμούς."

从表3-1中可以看出来，秘索思这种话语的演说者一般是男性，这类角色在具体语境中一般都是强者。例如，在《神谱》第24行中，当缪斯女神开口对赫西俄德说话时，女神首先强调了自己的神性，贬谪了人类的无知。缪斯女神的话语神圣而庄严，其真实性更是不容怀疑，因为它们出自女神。再如，《工作与时日》中老鹰与夜莺之间形成了鲜明的对比：老鹰是雄性的，夜莺是雌性的；老鹰是捕食者，夜莺是被捕食者；老鹰强大无比，夜莺软弱无力。当老鹰开始对夜莺说话时，它已生擒了一只声音婉转的夜莺，并且说出了现实生活中弱者顺从强者的真理："可怜的小东西啊，你为何要啼哭呢？你现在已经落入了比你强大得多的人手中，你就得去我要去的任何地方，虽然你是一名女歌手。只要我高兴，就可以拿你当餐饭，也可以放你高飞远走。试图与强者作对的人就是傻瓜，因为他无法获胜，除了凌辱之外还要承受痛苦。"①赫西俄德将老鹰说的这些话语称为"秘索思"，一种强大但又可以验证的真实性话语。从上述分析中不难看出，在赫西俄德的文本中，秘索思首先是作为一种强大而富有力量的话语出现的，它的演说者通常为男性。即便是女性，也是缪斯女神在开口说话。话语的演说者在对话中处于有利的地位，他们的言辞也比较质朴，没有过多的修辞；此外，秘索思是一种真实可信的话语，它所表述的内容一般是现实生活中的真相，而不是虚构之物。这样看来，在赫西俄德时代，秘索思并非是

① Hesiod, M. L. West, ed. *Works and Days*. Oxford: Clarendon Press, 1978, Lines 207–211, "δαιμονίη, τί λέληκας; ἔχει νύ σε πολλὸν ἀρείων. τῇ δ᾽ εἶς, ᾗ σ᾽ ἂν ἐγώ περ ἄγω καὶ ἀοιδὸν ἐοῦσαν. δεῖπνον δ᾽, αἴ κ᾽ ἐθέλω ποιήσομαι ἠὲ μεθήσω. ἄφρων δ᾽, ὅς κ᾽ ἐθέλῃ πρὸς κρείσσονας ἀντιφερίζειν. νίκης τε στέρεται πρός τ᾽ αἴσχεσιν ἄλγεα πάσχει."

虚构性的言语，而是神圣而真实的话语，与现代性语境中神话的内涵截然相反。从涵盖的内容来看，赫西俄德文本中的秘索思等同于柏拉图眼中的逻各斯，是一种不可轻觑的真理。

秘索思在赫西俄德文本中的这种内涵，激发了我们对逻各斯的好奇，笔者下文拟考察逻各斯一词在其中的蕴意。从表3-2中能够看出，逻各斯的这种话语的演说者一般为女性或者是孩子，即便有的表述者是男性，比如在《神谱》第890行中，宙斯是这种甜言蜜语的操作者，但明显带有一种欺骗性目的——这种话语是靠不住的，具有诱惑性与欺骗性。另外，逻各斯所表述的内容一般与谎言、不可靠的话语、虚构的故事等这类言语相关，这些话语悦耳且富有诱惑性，但同时会带来伤害，能够使听者陷入一种比较危险或者不利的境况中。在《工作与时日》第78行中，当潘多拉说出逻各斯这种话语时，它实际上是一种谎言，一种诱导人类走向堕落与危险的话语，但潘多拉的声音听上去相当迷人，具有很大的诱惑力，人类难以抵挡这种美丽的谎言。逻各斯的听众，最后都陷入了一种危险的境地之中：墨提斯听信宙斯的花言巧语，被后者吞进了肚子中；厄庇米修斯听信了潘多拉的谎言而使人类陷入万劫不复的境地。概括地说，逻各斯通常指的是一种靠不住的、不可验证的、不真实的话语，但一般比较动听，富有一定的诱惑性，具有巨大的危险性与杀伤力。逻各斯这种话语的最大特征就是虚构性，无法根据真实性规约来验证其表述内容，多半是美丽的谎言。

这样看来，赫西俄德文本的秘索思与逻各斯是一组对立的话语，二者的对立分别体现在以下几个方面。一、性别差异。秘索思的表述者一般为男性，而逻各斯多半为女性，有时是未成年人。在希腊文化中，未成年人是没有性别特征的，通常被视为中性角色。二、表述的结果。秘索思带来的一般是好的结果或胜利，而逻各斯则与战争、灾难相关，是一种不好的结果。三、表述内容的冲突。一般情况下，秘索思与真实、真理、正义相关，而逻各斯则意味着谎言、虚构及欺骗。赫西俄德文本中这一组概念的内涵与其现代性意义是对立且相反的。（见表3-3）

表3-3　赫西俄德文本中秘索思与逻各斯内涵对比

内涵	秘索思	逻各斯
表述者性别	男性	女性或中性（未成年人）
表述结果	好的结果或胜利	不好的结果或失败
表述内容	真理、正义、真实	战争、灾难、虚构
特征	真实而可信的话语	虚构而不可信的话语

四、荷马的秘索思与逻各斯

学者理查德·P.马丁（Richard P. Martin）曾统计过荷马史诗《伊利亚特》中秘索思出现的次数。他指出，秘索思及其动词变格形式在史诗中出现的次数多达167次，其中秘索思以名词形式出现的次数有155次。通常情况下秘索思的表述者为发布命令或自我夸耀的男性，这种人物一般比较强大。[①]在马丁眼中，秘索思总是富有权威的男性在公开场合发表的富有力量的长篇大论。通常情况下，一则秘索思总是促使那些听众同意这种言论，只有那些地位与

① Richard P. Martin. *The Language of Heroes: Speech and Performance in the Iliad*. New York: Cornell University Press, 1989, p.22.

演说者相等的人才有资格对其进行质疑。不过马丁并没有对《奥德赛》的秘索思进行过统计学意义上的探讨，也没有对逻各斯进行统计，更没有对二者之间的内涵做对比。布鲁斯·林肯概略计算了荷马史诗中秘索思与逻各斯出现的次数，认为二者的内涵与赫西俄德神话文本的内涵差别不大，[①]因而并未就其中的差异做详细区分。本节无意彻底仔细统计荷马史诗中秘索斯与逻各斯出现的次数，而是就二者在一些比较重要的语境中的内涵做出阐释，并对其与赫西俄德文本中的内涵的差异做具体甄别。由于秘索斯在荷马史诗中出现的频率比较高，而逻各斯出现的频率则比较低，因此，笔者首先阐释逻各斯的内涵，关于秘索斯的探讨置于其后。

在《伊利亚特》第15卷第392行中，帕特洛克罗斯坐在欧律皮罗斯帐篷里，用动听的话语安慰这位受伤的英雄。荷马这个时候使用了“逻各斯”这个术语来指称这种悦耳的言论。从诗史表述的内容来看，帕特洛克罗斯讲述的话语未必是真实的，但却非常动听，具有取悦欧律皮罗斯的意味，它应该能够非常打动人心，使得遭受枪伤之苦的欧律皮罗斯大得安慰。《奥德赛》第1卷第56行中，卡吕普索用甜言蜜语媚惑奥德修斯，试图让他忘记伊塔刻从而永远待在她身边。这种话语非常动听，但充满了欺骗性，某些时候还富有诱惑力，使得奥德修斯能够忘记自己的亲人与家乡。自然，这种话语是靠不住的，因为女神使用它来哄骗奥德修斯。比如，她许下诺言，要赐给奥德修斯不死与永生，让他与自己一起掌管仙岛。就是这种富有煽动性而动听的言论，被荷马冠以“逻各斯”之名。逻各

① Bruce Lincoln. *Theorizing Myth: Narrative, Ideology, and Scholarship*. Chicago: The University of Chicago Press, 1999, p.17.

斯的表述者与其听者关系比较亲密。帕特洛克罗斯与欧律皮罗斯是战场上亲密的战友，有过生死之交；仙女卡吕普索与奥德修斯之间的关系比较特殊，前者虽为神族，但与身为凡人的奥德修斯有过七年的同居生活，最后还帮助他返还故乡。从叙述的意图来看，这些逻各斯的演说者通常希望听者能够接受自己的言论，从而达到劝勉或说服对方放弃一种生活现状而进入另一种境地。帕特洛克罗斯试图用抚慰性的话语安慰受伤的欧律皮罗斯，希望后者听后能够忘记苦痛。卡吕普索更渴望奥德修斯能够相信其甜言蜜语，放弃返回伊塔刻的念头而与她在仙岛上终身厮守。这些动听的话语一般在私人场合讲述，公开场合是不适宜发表这类言论的。总之，荷马史诗中这些诗文的情境告诉我们，荷马文本中的逻各斯通常是一种动听而富有诱惑力的言语，具有欺骗性，它的演说者一般在私人场合说这些话语，而不是在公开场合。这种话语并不一定要从女性的口中发出，但非常悦耳且颇能取悦人心（见表3-4）。

表3-4 荷马文本中逻各斯内涵

出处	语境	情节	内涵
《伊利亚特》第4卷第339行	佩特奥斯之子，宙斯养育的王者，还有你这诡诈狡猾[①]的人，你们为何退缩，等待别人向前冲？你们两个本应站在队伍最前面，勇敢面对战斗。	阿伽门农斥责部下	诡诈之言

① 学者布鲁斯·林肯在其论著中指出，在大英博物馆收藏的一块约公元前3世纪的编号为136的纸草上，δόλοισι被λόγοισι所取代。参见：Bruce Lincoln. *Theorizing Myth: Narrative, Ideology, and Scholarship*. Chicago: The University of Chicago Press, 1999, p.9。

续表

出处	语境	情节	内涵
《伊利亚特》第4卷第339行	因为你们是最先听到我邀请的人，在我们阿凯亚人为长者备办宴席时①	阿伽门农斥责部下	诡诈之言
《伊利亚特》第15卷第392行	当阿凯亚人与特洛伊人在壁垒边激战时，帕特洛克罗斯一直站在远离战船的地方，坐在受人尊敬的欧律皮罗斯帐篷里，一边用悦耳的话语安慰他，一边向他那黑沉沉的伤口敷上药草，以便减轻疼痛。但当他看到特洛伊人已越过壁垒，达那俄斯人则纷纷叫嚷溃退时，帕特洛克罗斯禁不住大声长叹，抡掌击股，满怀悲痛地对欧律皮罗斯放声论谈②	帕特洛克罗斯安慰欧律皮罗斯	动听悦耳的言论

① Homer, translated by A. T. Murray, revised by William F. Wyatt. *The Iliad*. London: Harvard University Press,1999, Book 4, Lines 338–342, “ὦ υἱὲ Πετεῶο διοτρεφέος βασιλῆος, καὶ σὺ κακοῖσι δόλοισι κεκασμένε κερδαλεόφρον τίπτε καταπτώσσοντες ἀφέστατε, μίμνετε δ᾽ ἄλλους; σφῶϊν μέν τ᾽ ἐπέοικε μετὰ πρώτοισιν ἐόντας ἑστάμεν ἠδὲ μάχης καυστείρης ἀντιβολῆσαι.”

② Homer, translated by A. T. Murray, revised by William F. Wyatt. *The Iliad*. London: Harvard University Press, 1999, Book 15, Lines 390–400, “Πάτροκλος δ᾽ εἷος μὲν Ἀχαιοί τε Τρῶές τε τείχεος ἀμφεμάχοντο θοάων ἔκτοθι νηῶν, τόφρ᾽ ὅ γ᾽ ἐνὶ κλισίῃ ἀγαπήνορος Εὐρυπύλοιο ἧστό τε καὶ τὸν ἔτερπε λόγοις, ἐπὶ δ᾽ ἕλκεϊ λυγρῷ φάρμακ᾽ ἀκέσματ᾽ ἔπασσε μελαινάων ὀδυνάων. αὐτὰρ ἐπεὶ δὴ τεῖχος ἐπεσσυμένους ἐνόησεΤρῶας, ἀτὰρ Δαναῶν γένετο ἰαχή τε φόβος τε, ᾤμωξέν τ᾽ ἄρ᾽ ἔπειτα καὶ ὣ πεπλήγετο μηρὼ χερσὶ καταπρηνέσσ᾽, ὀλοφυρόμενος δ᾽ ἔπος ηὔδα.”

续表

出处	语境	情节	内涵
《奥德赛》第1卷第56行	就是他的女儿阻留了可怜悲伤的断肠人，用甜言蜜语将其诱惑，使他忘却伊塔刻。但奥德修斯一心渴望哪怕能够望见故园升起的袅袅炊烟，只求一死①	卡吕普索甜言蜜语媚惑奥德修斯	诱惑而动听的甜言蜜语

较之于逻各斯，荷马文本中“秘索思”一词出现的频率非常高②，表格难以罗列其详，笔者在这里仅列出几处较为典型关键的诗文。从表3-5中能够看出，秘索思的演说者多半为男性英雄，他们一般是希腊军队中军权的掌握者，地位显赫且身份高贵，像阿伽门农、奥德修斯、涅斯托耳等人。另外，秘索思的表述者也有神明，像卡吕普索、赫利俄斯等。较之于人类，这些神明的地位非同寻常，荷马将他们说出的话语称为“秘索思”，在某种程度上含有一种不可侵犯的神圣意味。与逻各斯不同的是，演说者通常在公开场合，更多的是在军营或战场上发表秘索思这种言论。比如，阿伽

① Homer, translated by A. T. Murray, revised by George E. Dimock. *The Odyssey*. London: Harvard University Press, 1995, Book 1, Lines 55–59, “τοῦ θυγάτηρ δύστηνον ὀδυρόμενον κατερύκει, αἰεὶ δὲ μαλακοῖσι καὶ αἱμυλίοισι λόγοισιν θέλγει, ὅπως Ἰθάκης ἐπιλήσεται: αὐτὰρ Ὀδυσσεύς, ἱέμενος καὶ καπνὸν ἀποθρῴσκοντα νοῆσαι ἧς γαίης, θανέειν ἱμείρεται.”

② 荷马史诗中“秘索思”一词出现的次数大约为160次，限于篇幅，这里难以一一罗列，笔者在此仅标出其中较为典型且比较关键的语句出处，它们分别如下：Homer, translated by A. T. Murray, revised by William F. Wyatt. *The Iliad*. London: Harvard University Press,1999, 1.25, 1.33, 1.273, 1.361,1.379, 1.388, 1.565, 2.200, 2.282, 2.335, 3.76, 3.87, 4.357, 4.412, 5.715, 7.404, 9.309, 9.62, 11.839, 14.127, 15,202, 16.83, 16.199, 19.85, 19.107, 19.220, 20.369, 22.281, 24.571; Homer, translated by A. T. Murray, revised by George E. Dimock. *The Odyssey*. London: Harvard University Press, 1995, 1.273, 1.355, 2.77, 2.83, 5.98, 8.302, 10.189, 10.561, 23.62。

门农在希腊军营里斥责特洛伊祭司克律塞斯并将其赶走，而狄俄墨德斯也是当着希腊士兵与统帅的面发表言论的："不要使人接受阿勒克珊德洛斯的财物，也不要接回海伦。人人都知道，连傻瓜也知道，毁灭的绳索已经套在特洛伊人的脖子上。"①这些言论无疑非常有力，是一种真实而能够以事实验证的话语。当赫利俄斯向火神赫淮斯托斯报告阿弗洛狄忒与阿瑞斯私通时，他的话语是非常可靠的，众神后来观看了这一对情人尴尬而无处藏身的场景。由此可见，荷马史诗中的秘索思是强而有力的话语，它自那些地位显赫、身份高贵的人或神明口中发出，这些人通常在军营或公开场合发表言说，没有人能够反驳这些言语，因为它是真实可信的。

表3–5　荷马文本中秘索思内涵

出处	语境	演说者	场合	内涵
《伊利亚特》第1卷第379行	全体阿凯亚人发出同意的呼声，表示尊重祭司并接受其光荣的赎金，但这些并未打动阿特柔斯之子阿伽门农，他粗暴地赶走了祭司，并对其大发厉声②	阿伽门农	希腊军营	粗暴的话语

① Homer, translated by A. T. Murray, revised by William F. Wyatt. *The Iliad*. London: Harvard University Press, 1999, Book 7, Lines 400–402, "μήτ᾽ ἄρ τις νῦν κτήματ᾽ Ἀλεξάνδροιο δεχέσθω μήθ᾽ Ἑλένην: γνωτὸν δὲ καὶ ὃς μάλα νήπιός ἐστιν ὡς ἤδη Τρώεσσιν ὀλέθρου πείρατ᾽ ἐφῆπται."

② Homer, translated by A. T. Murray, revised by William F. Wyatt. *The Iliad*. London: Harvard University Press, 1999, Book 1, Lines 376–379, "ἔνθ᾽ ἄλλοι μὲν πάντες ἐπευφήμησαν Ἀχαιοὶ αἰδεῖσθαί θ᾽ ἱερῆα καὶ ἀγλαὰ δέχθαι ἄποινα. ἀλλ᾽ οὐκ Ἀτρεΐδῃ Ἀγαμέμνονι ἥνδανε θυμῷ, ἀλλὰ κακῶς ἀφίει, κρατερὸν δ᾽ ἐπὶ μῦθον ἔτελλε."

续表

出处	语境	演说者	场合	内涵
《伊利亚特》第2卷第200行	坐下，你这个蠢材。安静聆听那些比你杰出的人说话，你不好战，缺乏勇气，打仗和议事都不行①	奥德修斯	希腊军营	杰出者的话语
《伊利亚特》第7卷第404行	他这样说，全体阿凯亚人的儿子齐声欢呼，称赞驯马者狄俄墨德斯的话语②	狄俄墨德斯	希腊军营	英雄之言
《伊利亚特》第11卷第839行	欧律皮罗斯，此事咋办？我们该如何安排？我现在要赶过去向英武的阿喀琉斯传达阿凯亚人的护卫涅斯托耳托付的口信，不过见你受苦我也不能撒手不管③	涅斯托耳	希腊军营	英雄之言

① Homer, translated by A. T. Murray, revised by William F. Wyatt. *The Iliad*. London: Harvard University Press, 1999, Book 2, Lines 200–202, “δαιμόνι᾽ ἀτρέμας ἧσο καὶ ἄλλων μῦθον ἄκουε, οἳ σέο φέρτεροί εἰσι, σὺ δ᾽ ἀπτόλεμος καὶ ἄναλκις οὔτέ ποτ᾽ ἐν πολέμῳ ἐναρίθμιος οὔτ᾽ ἐνὶ βουλῇ.”

② Homer, translated by A. T. Murray, revised by William F. Wyatt. *The Iliad*. London: Harvard University Press, 1999, Book 7, Lines 403–404, “ὣς ἔφαθ᾽, οἳ δ᾽ἄρα πάντες ἐπίαχον υἷες Ἀχαιῶν μῦθον ἀγασσάμενοι Διομήδεος ἱπποδάμοιο.”

③ Homer, translated by A. T. Murray, revised by William F. Wyatt. *The Iliad*. London: Harvard University Press,1999, Book 11, Lines 838–840, “τὸν δ᾽αὖτε προσέειπε Μενοιτίου ἄλκιμος υἱός. πῶς τὰρ ἔοι τάδε ἔργα; τί ῥέξομεν Εὐρύπυλ᾽ ἥρως; ἔρχομαι ὄφρ᾽ Ἀχιλῆϊ δαΐφρονι μῦθον ἐνίσπω, ὃν Νέστωρ ἐπέτελλε Γερήνιος οὖρος Ἀχαιῶν. ἀλλ᾽ οὐδ᾽ ὧς περ σεῖο μεθήσω τειρομένοιο.”

续表

出处	语境	演说者	场合	内涵
《奥德赛》第5卷第98行	女神你问本神我为何来此，既然你问我，我就如实道来。是宙斯遣我前来，并非为我己愿①	卡吕普索	卡吕普索住处	女神之言
《奥德赛》第8卷第302行	此时强臂之神已走近他们，他未到利姆诺斯土地便返回。因为赫利俄斯为他监察，报告实情②	赫利俄斯	赫淮斯托斯家中	神明之言

从上述分析中可以看出，荷马史诗中秘索思与逻各斯基本上是一组对立的词语，二者在很多地方都存在差异（见表3-6）。就表述者而言，秘索思的演说者一般为地位比较高贵的男性英雄或神明，而逻各斯的持有者多为女性或一些具有温和品性的男性。在表述的场合上，男性英雄通常在公开场合尤其是军营发表自己的秘索思。这种话语非常有力而且符合实情，一般人是难以反驳的。与此相反，逻各斯的演说者一般在私人场合表述自己的观点，他们希望通过自己动听而悦耳的话语来取悦对方，从而试图阻止自己的听众放弃一些东西而跟从他。毋庸置疑，秘索思与逻各斯在真实性方面也形成了对比：前者是一种符合实情而真实可信的言论，而后者则是

① Homer, translated by A. T. Murray, revised by George E. Dimock. *The Odyssey*. London: Harvard University Press, 1995, Book 5, Lines 96–98, “εἰρωτᾷς μ᾽ ἐλθόντα θεὰ θεόν.”αὐτὰρ ἐγώ τοι νημερτέως τὸν μῦθον ἐνισπήσω. κέλεαι γάρ. Ζεὺς ἐμέ γ᾽ ἠνώγει δεῦρ᾽ ἐλθέμεν οὐκὲ θέλοντα.”

② Homer, translated by A. T. Murray, revised by George E. Dimock. *The Odyssey*. London: Harvard University Press, 1995, Book 8, Lines 300–302, “ἀγχίμολον δέ σφ᾽ ἦλθε περικλυτὸς ἀμφιγυήεις, αὖτις ὑποστρέψας πρὶν Λήμνου γαῖαν ἱκέσθαι. Ἠέλιος γάρ οἱ σκοπιὴν ἔχεν εἶπέ τε μῦθον.”

一套诡诈而不可信的话语，但听上去非常悦耳，颇能打动人心。另外，秘索思表述的内容一般比较充沛，具有十足的理性成分，而逻各斯则比较简短，充满了虚构与诱惑。

表3-6　荷马文本中秘索思与逻各斯内涵的对比

内涵	秘索思	逻各斯
表述者性别	男性或神明	女性或男性
表述场合	公开场合尤其是在军营	私人场合
表述内容	实情、事实	谎言、甜言蜜语
特征	真实、可信	诡诈而不可信

五、结语

就赫西俄德与荷马的文本而言，秘索思是一种话语或话语的表述方式，其最大的特征就是真实性。秘索思的演说者一般是社会地位比较高贵、身份显赫的重要人物，或者是神祇，而发表秘索思的地方一般是公开场所，比如集会、军营或神明聚集的神殿。从这个层面而言，在古代希腊，至少在赫西俄德与荷马的时代，秘索思与神话是两个不同的范畴，前者为古希腊人表述宇宙及世界规律的一种话语或行为，而后者则是现代科学主义表达非理性现象的一种工具或概念。从叙述的范畴来看，赫西俄德与荷马文本中的秘索思远比现代意义上的神话所描述的内容宽泛，更具可信性。如果要将神话视为人类认识世界的一种方式，那么秘索思这个语词远比神话要真实。更为重要的是，秘索思作为神话的元概念而存在，它在赫西俄德和荷马时代是人类真理的象征：一则秘索思就是一件事实，一段真实的表述，一种富有力量的言说方式，一套神圣的话语。或者说，在赫西俄德和荷马文本中，不存在作为虚构或故事的神话，只有作为真实性叙述或叙述方式的秘索思。尽管在书写形式或词根上有些渊源，但现代意义上的神话与古希腊人的秘索思，至少与赫西俄德、荷马文本中的秘索思是两个不同的概念。

作为与秘索思对立的概念，逻各斯同样是一种叙述或叙述行为，但它在内涵上更多地与虚构相关，与真理相去甚远。逻各斯的演说者多半为女性或未成年人，即便是男性，也是一些性情比较温和的男性。从赫西俄德与荷马文本中的语境来看，逻各斯的演说者与他者之间具有一种对立或亲密的关系，他们在远离战场的地方或公共场所讲述逻各斯。另外，逻各斯的演说者通常带有一种功利性的需求，渴望通过逻各斯让自己的听众跟从自己。当然，逻各斯这种话语或行为带有很强的诱惑性，多半为花言巧语或甜言蜜语，更多地与谎言、虚妄和欺骗相关。赫西俄德、荷马文本的逻各斯与现代语境中的逻各斯在内涵上同样是对立的，它所描述的对象不论是在内容还是在概念层面上，均与柏拉图之后的逻各斯存在冲突。

就表述的内涵而言，赫西俄德与荷马文本中的秘索思与逻各斯是一组对立的概念，二者在许多方面都存在差异。但这并不意味着古代希腊存在从秘索思到逻各斯的线性演变过程，也并不意味着存在逻各斯取代秘索思的理性化历程。在叙述的真实性层面，逻各斯后来取代了秘索思，但在赫西俄德与荷马时代，二者是希腊人表述世界及自我的两种不同手段，只不过在具体语境中内涵有所差异而已。在叙事的真实性层面，秘索思与逻各斯是对立的；在叙述层面，秘索思与逻各斯是互补的。二者共同建构了赫西俄德与荷马时代人类表述世界的方式。

第二节　神话与社会生物学

一、神话与科学的和谐

“那不过是神话！”当我们说这句话时，突出的是神话的虚构性。当人们论及神话时，大多数人会将神话与虚构相关联，认为神话是不可验证的虚构性叙事，神话与真实毫无关联，更不用说与科学相关。自然，这是科学时代与后科学时代的普通民众关于神话的认知与态度。对于现代学术界而言，神话与科学是和谐共存的，二者并不存在本质差异。西方现代神话学研究有两种和谐论范式：神话即科学论范式和神话为元科学范式，二者以此强调神话与科学之间的和谐问题。[①]从研究路径上讲，我认为还应该补充第三种范式，即神话的科学研究范式。所谓神话的科学研究范式，即采用科学的手段与方式，对神话进行科学式的研究与阐释。此种路径的意图在于，通过科学式的实证研究，发现神话与科学之间的内在关联，以此证明神话的可验证性与真实性。

这种科学式的研究，早在20世纪初期在弗洛伊德那里就被采用过，因为弗洛伊德采用了科学式的研究方法得出了神话与人类心理相关联的结论。但因众所周知的原因，弗洛伊德的神话理论并不具

---

① 王倩:《神话与科学的和解：西方现代神话研究的科学范式》,《中国社会科学报》2019年8月5日，第4版。

备十足的说服力，其研究神话的科学式手段也就很少被论及。但不可否认的是，弗洛伊德开创了神话的科学研究的范式，即，使用现代科学技术与手段，对神话进行科学式的研究。

对于瓦尔特·伯克特而言,《神圣的创造》一书是其科学地研究宗教与神话的经典之作。也因其所开创的科学研究方式，瓦尔特·伯克特于1990年获得了巴仁奖（Balzan Prize）。巴仁奖是一项世界性的奖项，每三年颁一次奖，每次只有四个人获奖，奖励在自然科学、艺术与和平这三个领域有杰出贡献的学者。1990年巴仁奖的获得者只有三位，德国学者瓦尔特·伯克特，美国学者詹姆斯·弗里曼·吉尔伯特，瑞士学者皮埃尔·拉利夫·德伊品耐。瓦尔特·伯克特获奖的领域是地中海世界的科学研究，詹姆斯·弗里曼·吉尔伯特的领域是地球物理学，皮埃尔·拉利夫·德伊品耐获奖的领域是国际私法。[①]从这个奖项的项目来看，瓦尔特·伯克特的研究对世界学术界实具深远的影响。那么，作为一名地中海世界古代宗教的科学研究者，瓦尔特·伯克特在《神圣的创造》中的科学式的突破究竟体现在哪里呢？他为何会采用这种方式来研究神话？一定程度上，这是其学术研究的经验所催生的。下文对其学术研究的道路做简要阐释。

二、伯克特学术思想轨迹

瓦尔特·伯克特，1931年2月2日生于德国巴伐利亚（Bavaria）

① 相关具体信息，参见巴仁奖基金的官方网站：https://www.Balzan.org/en//prizewinners。

的诺因代特尔绍（Neuendettelsau）。他曾是瑞士苏黎世大学名誉退休教授，现已逝世。他曾在美国任教多年，是希腊神话与仪式方面的资深专家，尤其擅长古代仪式与宗教的研究，对现代宗教学、历史学、神话学、人类学、哲学产生了重要影响，其影响自20世纪60年代至今不衰，身后有大批学术跟随者。

1950—1954年，伯克特在埃尔兰根大学学习语言学，后来进入慕尼黑大学学习历史与哲学，1955年，他在埃尔兰根大学获得了博士学位。1957—1961年，伯克特在埃尔兰根大学担任助教，1961—1965年，他在该校担任讲席教师。1966年，伯克特进入美国华盛顿希腊研究中心学习，其身份为一名初级访问学者。1966—1968年，伯克特离开了埃尔兰根大学，在柏林科技大学担任古典语言学教授。1968年，他接受了美国哈佛大学的邀请，到哈佛大学做了一年的客座教授。这个阶段的伯克特一直处在不断学习的状态之中，他将时间与精力几乎全部用在了对古典学与语言学的研究与学习之中，为日后对古代宗教与哲学的深入探索做了充分的准备。1969年，伯克特离开了柏林科技大学，到了瑞士苏黎世大学担任古典语言学教授，在这里一直工作到1996年，作为名誉教授退休。

1977年、1988年，伯克特先后两次作为访问教授去了加利福尼亚大学。1981年，伯克特迎来了自己学术生涯的第二个阶段，标志性的事件乃是他的论著《人类杀手》（*Homo Necans*）被译为意大利语发行。1982年，伯克特被邀请到哈佛大学做了一场讲座。1983年，《人类杀手》有了英译本，在英语世界引起了很大反响。1986—1988年，伯克特担任苏黎世大学哲学系主任。1989年，伯克特在圣安德鲁斯大学（University of St Andrews）做了吉福德讲座（Gifford Lectures）。1996年，伯克特从苏黎世大学光荣退休。

从某种意义上讲，奠定伯克特学术思想的论著有三部：《人类杀手》《希腊宗教》《古代秘仪》，三者同时又是希腊宗教研究的主要著作，被许多学者奉为宗教学研究的必读书目。从方法论上看，《人类杀手》是其中最能代表伯克特思想的力作。伯克特在《人类杀手》中将自己定位为一名语言学者，试图从古代希腊宗教文本入手，对宗教现象做生物学、心理学与社会学的阐释，更多的内容则涉及神话内容与仪式行为在动物行为学层面的意义。这其实乃是对神话与仪式做一种互动的探讨，对于多数读者来说，这种彻底的"祛魅"是一种方法论上的革新。当然，这种尝试源自康拉德·洛伦茨（Konrad Lorenz），他的《侵略论》（*On Aggression*）对暴力行为做了一种到位的分析。伯克特的《人类杀手》在某种程度上是对人类中心主义的一种评判与质疑，将人类对动物的杀戮与暴力、仪式、献祭联系起来，揭露了其中的一些个体性、生物性需求。

作为一名科班出身的语言学者，伯克特擅长各种宗教之间的比较。他在《希腊宗教》《古代秘仪》等论著中，将古代希腊宗教与埃及宗教、美索不达米亚宗教进行了比较，将三者之间的异同放在古代爱琴海地区文化交流的语境下阐释，从而将希腊文明的源头上溯到了"东方"。当然，伯克特对希腊人的吸收与接纳能力高度赞扬。他宣称，虽然希腊人从异国文化借用了不少东西，但他们并没有被强大的"东方"文明征服，而是最后将其融化在自己的文化中，希腊文化像一个吃足了"东方"奶水的婴儿，茁壮成长，最终成为西方文明的舵手。这种文明探源的方式自然令许多西方学者心满意足，但在某种程度上，伯克特却沿袭了浪漫主义倡导的西方文明"优越论"的论调，将希腊置于文明与文化进化的高级阶段，亚洲文明与非洲文明，尤其是埃及文明，只不过是成熟文明的前身而已。

对于神话学领域来说，伯克特最大的贡献就在于，他将神话学与具有实证性的社会生物学结合了起来，使得神话阐释摆脱了假想性的阐释模式。而伯克特对希腊神话与“东方”神话所做的比较研究，将神话解释与文化交往做了一种互动式探索，为比较神话学的探讨提供了一个新的空间。伯克特对神话与仪式定义、功能的界定，使得神话与仪式具有了一种社会学功能，这又是他对神话所做的结构主义与功能主义阐释的新贡献。关于伯克特在神话与科学之间所做的突破性贡献，下文结合其论著《神圣的创造》一书，做进一步探讨。

三、伯克特与神话的科学研究

所谓科学式的神话研究，在《神圣的创造》一书中最为明显的做法便是采用社会生物学的方法介入地中海世界沿岸的神话中，发现神话背后的生物学基础。从这个角度来看，伯克特实际上在探寻神话的生物学源头。社会生物学是一门崭新的学科，也是一门整合性的学科，涉及自然科学、社会科学和人文科学。社会生物学是1975年才出现的新兴学科，由爱德华·O.威尔逊（Edward O. Wilson）创建。它是一门系统地研究一切社会行为的生物学基础之科学。社会生物学的基本主旨乃是通过生物学的考察，发现人类社会的生物学属性，强调人性的共通之处，而非文化的差异所在。[①]《神圣的创造》一书的英文版出版于1996年，由作者于英国圣安德

① 威尔逊：《新的综合》，李昆峰编译，四川人民出版社，1985年。

鲁斯大学的系列讲座汇集而成，此时距离社会生物学的产生已经有多年了，社会生物学已经形成了较为完善的理论体系。伯克特在此书中的研究方法显然受到了社会生物学的深刻影响，他要挑战的实际上是爱德华·O.威尔逊留下的学术难题，即如何通过生物行为考察人类的宗教属性。为此，伯克特还专门将这一难题特别提出并加以强调，指出“爱德华·奥斯本·威尔逊认为：‘宗教是人类社会生物学的最大挑战’”①。事实上，伯克特的挑战性工作某种程度上算是成功了，他用社会生物学的方式，对神圣的神话与仪式进行了祛魅，将其最为基础性的生物学本性首次展现出来。

在我看来，《神圣的创造》一书第一个科学式的突破，便是将神话的起源追溯到人类的生物学属性那里。伯克特这方面的阐释案例很多，其中较为典型的是“少女的悲剧”这类神话。按照叙事的内容，“少女的悲剧”也被称为“英雄的诞生”神话。其主要内容为一位少女被强暴，怀孕后被隔离，继而生出儿子，儿子长大后解救母亲。这是一个在世界各地普遍存在的神话种类，同时也是一种比较重要的童话类型，其中比较典型的故事有《长发公主》《白雪公主》等。希腊神话中有大量这类神话留存，比如英雄珀尔修斯的母亲达娜厄的故事、达那俄斯的祖先伊娥的故事等。关于这类神话的阐释，先后有奥托·兰克（Otto Rank）的心理学解读②、普罗普的类型学阐释等。兰克与普罗普的解读无法解释“少女的悲剧”神话的一个疑问：为何少女最后生出的都是男婴？较之于其他学者，伯

① 瓦尔特·伯克特：《神圣的创造：神话的生物学踪迹》，赵周宽、田园译，陕西师范大学出版社，2019年，第13页。

② Otto Rank. *The Myth of the Birth of the Hero: A Psychological Exploration of Myth*. Baltimore: The Johns Hopkins University Press, 2004.

克特关于这类神话的探讨更具普遍性。他指出，“少女的悲剧”的神话，源自少女的成年仪式，神话的核心内容是强调少女从女孩到女人的身份转换，即女孩子在经过成年仪式之后可以结婚生子。表面看来，这是一则身份转换的神话，但实际上，这类神话强调的是性、生育与色情。进一步探究就会发现，这类神话与仪式的生物学源头是女孩的月经初潮、生产这类具有生物学意义的关键事件。但神话最后在表述女性的生理阶段的转变时，采用了编码的方式进行叙事，故而其原初的生物学叙事被扭曲或遮蔽。伯克特认为，造成这种现象的原因主要归结于神话的表述者为男性。“如果少女类型的故事经常被希腊的男性讲述的话，他们可能会通过故事来反映自己的成长，并且通过将自己置身或远离发生在女性身上的事件这种方式来重塑男性形象。”[①]

这在某种程度上可以解释“少女的悲剧”神话叙事中的女主角为何最后生出男婴。伯克特的阐释方式是曲折的，并不是直接将该类神话的源头上溯到女性的生理转折，而是将“少女的悲剧”的神话与希腊相关的女性成年仪式相关联，最后将这类少女成年仪式的源头归结于女性的月经初潮与生孩子这类重大生理事件。伯克特通过仪式来解读神话的源头的做法，某种程度上反映了新仪式主义学者解决问题的惯常做法：将神话与仪式相关联，认为神话是对仪式的阐释。从这个角度来说，伯克特关于“少女的悲剧”的神话学解读，一定程度上削弱了阐释的信服力。

伯克特的第二个突破之处乃是，为“替罪羊”这种暴力机制

① 瓦尔特·伯克特：《神圣的创造：神话的生物学踪迹》，赵周宽、田园译，陕西师范大学出版社，2019年，第90页。

找到了生物学基础。从学术渊源来看，伯克特并不是第一位探讨人类社会的替罪羊机制的学者。法国学者勒内·基拉尔是西方学界第一位将神话中替罪羊机制纳入学术探讨的学者。基拉尔指出，替罪羊机制本质是一种多数人对于少数人或者个人的迫害机制，它源自人类社会的摹仿欲望。[①]基拉尔的替罪羊理论虽然具有普适性，但因其基于人类心理，客观上不可验证，由此遭到了不少学者的质疑。在基拉尔替罪羊机制的理论上，伯克特进行了生物学源头的探寻。伯克特指出，神话叙事的替罪羊机制的最为突出的特征是部分代替整体，以个体牺牲完成对多数人的牺牲。"'部分代替整体'原则主张为保全整体而损失少部分，此原则在群体行为中甚至更加有效。"[②]在此基础上，伯克特指出，替罪羊机制的生物学基础，是生物学意义上的损失身体的部分器官而保全性命的生物学原理。例如，某些种类的蜘蛛在遇险时会断掉一条腿以此逃命，蜥蜴同样能轻易地断掉尾巴而逃之夭夭。"在这里，损毁自己肉身的一部分以保性命的行为就被编码在了一种特殊的生物程序当中，这种行为会代代相传且成为固定不变的特质，它会随着动物骨骼建构过程深嵌在动物的身体与意识当中，按照这种特殊的行为习惯而运行的生物程序有着明显的目的，即为了生存。"[③]伯克特指出，同样，在遭遇瘟疫、危机或社会秩序失衡时，人类同样会采用牺牲个人而保全多

---

① René Girard. *Violence and the Sacred.* Translated by Patrick Gregory. Baltimore: The Johns Hopkins University, 1977; René Girard. *The Scapegoat.* Baltimore: The Johns Hopkins University, 1986.

② 瓦尔特·伯克特：《神圣的创造：神话的生物学踪迹》，赵周宽、田园译，陕西师范大学出版社，2019年，第58页。

③ 瓦尔特·伯克特：《神圣的创造：神话的生物学踪迹》，赵周宽、田园译，陕西师范大学出版社，2019年，第45页。

数的做法，替罪羊是被选中的个体，类似于整个人类生命的一部分。这种机制看上去极为残酷，充满了暴力意味。但这也是人类保护自己的一种做法，就像动物损毁部分器官以保全性命的行为一样。

当然，伯克特这么做并非是强调神话的非理性因素，而是试图表明，看上去难以理解的神话叙事，在很大程度上是对自然界动物行为的一种符号性再表述。这就说明神话不是随意被创造的，而是在普遍性的自然现象基础上被创造出来的。换言之，神话叙事源于自然界，其基础是动物性行为。这种对神话的"祛魅"，某种程度上反映了20世纪后半叶的神话学者，试图将神话与科学调和起来的意图。较之于神话即科学论范式与神话为元科学的范式这两种和谐论模式，伯克特使用生物知识来阐释神话的科学源头的做法，即科学式的神话研究方式，更具一定的说服力。但我们同时也必须明白，这种做法依然是试图将神话的非理性叙事赋予理性与科学的阐释，其思维基础还是神话与科学为两种不同的存在本相的思维。这是一种科学式的研究，也是现代神话研究者对科学的屈从。

第三节　现代神话研究的科学范式

西方现代神话研究的时间起点为20世纪，其突出特征是将神话与科学相协调，强调神话与科学在主题与功能方面的内在关联。由此，现代西方神话研究形成了两种和谐论范式：第一，神话即科学论范式，视神话为真正的科学，使神话与现代科学相调和，策略性地将神话表述为科学；第二，神话为元科学论范式，视神话为元科学或原始科学，强调神话是前科学时期科学的对应物，神话具有类似于现代社会的科学之功能。概括地讲，西方现代神话研究的这两种和谐论范式，本质上是在科学面前以反抗的姿态寻求保存神话的路径，此种做法的目的并非是挑战科学，而是站在科学的立场上重新界定神话，从而使得神话在现代科学社会被重新认识。西方现代神话研究催生了科学式的理论体系：心理学、人类学、认知考古学、博物学、结构主义等。

20世纪以来的西方神话研究从来不是为了神话而研究神话，而是为了建立科学式的学科理论体系而研究神话。换言之，神话只不过是西方现代学术建立其理论体系的媒介与手段。从来就没有为研究神话而进行的神话研究，只有为了建立现代学术理论体系而进行的神话研究。在此种情境下，西方神话研究涉及的科学理论体系主要如下：心理学、博物学、结构主义神话学、人类学、认知考古学。心理学、结构主义神话学、博物学这三门学科将神话视为现代意义上的科学，属于第一种和谐论范式，也就是神话即科学论范式；而人类学与认知考古学则将神话视为元科学，属于第二种和谐论范式，即神话为元科学论范式。不论是将神话视为科学还是视为元科学，西方现代神话研究这两种和谐论范式皆通过重新界定神话而达到将神话与科学相和谐的意图。值得深思的是，上述两种做法将科学作为阐释与衡量科学的工具，即通过遵从科学而重新界定神话，直到20世纪末，随着后现代主义的崛起，通过科学重新界定神话的做法才遭到质疑。

神话即科学论范式源自19世纪的以麦克斯·缪勒为代表的语言学派的研究，后者将神话与自然现象相关联，试图通过神话寻找自然事件在语言学层面的隐喻。较之于19世纪的自然学派，心理学学者试图通过神话发现人类早期社会的心理结构，以此探寻人类意识的源头，具有进化论与起源论倾向。而结构主义神话学研究者则试图借助于神话寻找文化因素背后的深层结构，其潜在的思维模式乃是，神话就像科学一样，是理性的也是可以分析的。20世纪后期，随着环境的恶化，以及生物物种的不断灭绝，越来越多的学者开始关注生态问题，不少研究者试图探讨神话与植物、动物、自然、农业、生态环境、生态系统等之间的关系，继而发现神话对于本土知识体系层面的建构性作用，以及神话与知识谱系之间的关联。这是后工业社会多种合力相互作用的结果，也是后工业社会人类对神话的再认知。神话即科学论范式某种程度上乃是通过重新界定神话，而不是通过对科学的新界定，达到让神话与科学和解的目的。这是神话对科学的屈从，也是神话学研究者对于神话功能与意义的丰富性的一种阐释。

神话为元科学论范式的思维前提是，神话是前科学时代科学的对应物，神话是现代科学的元科学，其生成时间要早于现代科学。在此理解下，早期的神话学研究者，诸如列维-布留尔、马林诺夫斯基等人认为，前科学时期的人们使用神话来解释世界，他们不仅拥有神话，还拥有科学，因此，神话与科学是人类用来解释世界的两种不同方式，二者在性质与功能上并无本质性差异。这种将神话与科学并置于前科学时期的人类社会的阐释范式，使得20世纪后期从事认知考古学研究的学者，直接借助于神话图像探讨前科学时期的人类社会的文明形态，比如马丽加·金芭塔丝、南诺·马瑞纳托斯等。在这种语境下，神话属于宗教而不是科学范畴，随着科学的兴起，以及人类关于物质世界的科学式解释，神话必然会走向衰落。神话思维是前科学思维，作为前科学时期人类社会元科学的神话，必然成为科学建构与现代性世俗化过程中的牺牲品。为此产生的一种折中的做法乃是，就像学者卡尔·波普尔（Karl Popper）所主张的那样，承认科学产生于神话，但并非源自对神话的接受，而是源自对神话的批判。

不难看出，西方现代神话研究的科学范式的内涵包括两层意义。第一，出现了两种科学意义的研究范式：神话即科学论范式以及神话为元科学论范式。第二，出现具有科学意味的理论体系，其基础为实证研究，并且强调神话的世俗性与活态性，从而将神话从宗教属性中解放出来。这种将神话与科学相互调和的研究路径，是以重新界定神话的方式寻求神话与科学的和解，以此否定19世纪以泰勒和弗雷泽为主将神话与科学相对立的立场。此种科学式的神话研究催生了两类神话观，第一种神话观是将神话作为现实世界的表述，其功能与科学相异；第二种神话观是将神话作为现实世界的象征性表述，其功能与科学相似。尚需指出的是，西方现代神话的研究者并未对科学至高无上的地位做任何挑战，仅仅是以重新界定神话的方式探求神话与科学的和谐之道，这是神话研究对科学的屈从，也反映了西方近代神话研究者对于神话的双重态度：游离于理性与非理性之间。

第二部分
实　践

第四章　神话图像与神话编码

第一节　汉画像石车马出行图中的方位理念

一、相关说明

褚兰汉画像石墓位于安徽宿州市东北部，距离宿州市约67.5公里，距离徐州市约30公里。1956年，安徽省博物馆派专人前往发掘，共清理出两座汉画像石墓：一号墓与二号墓。其中包括数段墓垣、两座石祠、一个墓碑。据碑文记载，褚兰汉画像石二号墓建于东汉建宁四年（公元171年），一号墓建墓时间与二号墓相距不远。褚兰汉画像石墓共计出土汉画像石32块，石上雕刻画面达60余幅，内容涉及伏羲女娲、西王母、铺首衔环、神兽、车马出行、百戏、拜谒、观舞、庖厨、连璧纹等。褚兰两座画像石墓葬同时出土了墓垣、祠堂与墓碑，此种情况在全国极为罕见，而二号墓碑的明确纪年，使得它成为安徽、江苏、山东与河南等地同类汉画像石墓葬研究的典型。

宿州褚兰汉画像石墓的发掘至今已有半个世纪，但关于该墓的研究并不多见，除却1993年《考古学报》发表的王步毅先生撰写的考古发掘报告之外，只有两篇论文对褚兰汉画像石进行过专题探讨。[①]当下褚兰汉画像石墓研究存在的突出问题乃是，研究者并未充分意识到其画面表述的理念与思想，而往往流于画像形象考证与雕刻技法这类话题的探讨。作为皖北汉文化的载体，褚兰汉画像石刻画的内容是汉代文化的典型表述，也是汉代信仰与理念的再现。本节通过图像场景的阐释，探讨褚兰汉画像石背后的空间观念，即汉人关于空间层次的基本理解以及对于不同空间相互关系的认知态度，并探寻其空间结构的观念性源头。

二、车马升天

在褚兰汉墓中，与汉画像石同时出土的还有碑文与祠堂，以及明确的纪年，这就给它表述的空间意识提供了较为方便的认知条件。因图像具有多义性，较为可靠的方式是文字表述，我们先从褚兰汉墓的碑文开始解读。褚兰二号墓祠堂正壁刻有碑文，碑文残缺不全，文字如下："建宁四年二月壬子……为冢墓石……父以九月乙巳母以六月……多子孙……上人马皆食大（太）仓……律令……禄慕高荣寿四敬要（腰）带朱紫车……金银在怀何取不㝵（得）贵延年……德子孙常为……"[②]这里要强调"上人马皆食大（太）仓"这句话，它是理解汉画像石空间结构的关键。熟悉汉画像石研究的学者都知道，"上人马皆食大（太）仓"这句话并非褚兰汉画像石

① 参见王步毅：《褚兰汉画像石及有关物像的认识》，《中原文物》1991年第3期，第60—66页；岳翔、李传兴、黄永飞：《安徽宿县褚兰汉画像石墓研究》，《郑州航空工业管理学院学报》（社会科学版）2013年第4期，第160—163页。

② 王步毅：《安徽宿县褚兰汉画像石墓》，《考古学报》1993年第4期，第545页。本节所引用之原文与出处皆源自该文献，下文引用之处仅列出篇名与页码，其余不再赘述。

墓所独有，它在业已出土的汉墓画像中普遍存在，譬如四川简阳鬼头山东汉崖墓三号石棺的右壁画像题记[①]、河南许昌汉画像石砖题记[②]、山东苍山县东汉元嘉元年画像石题记[③]、内蒙古和林格尔一号汉墓西壁的壁画题记[④]等。部分学者的研究表明，从上述图像刻画的情境而言，此处的“大仓”与“太仓”实指天界的粮仓，“食大（太）仓”意为已经食用了天界的粮食，即已经升天。[⑤]这就意味着，墓主人死后要去的彼岸世界是天界。

褚兰一号墓葬石祠西壁上雕刻的图像场景表明，人死后要升入西王母所在的世界，享受不死的乐园生活。亡灵要进入这个世界，就必须借助于相关的工具或媒质。褚兰二号墓葬的石祠北壁、东壁、西壁三面墙基刻画了车马出行图（图4-1），二号墓前室的南壁、东壁、西壁、北壁四面墙基石上，也刻画了车马出行图（图4-2）。墓葬的石祠与墓室的墙基石上雕刻车马出行图，这种现象非同寻常，值得深思。汉画像石墓葬的结构富有象征意味，墙基自然不可能是天堂的象征，这些车马出行图自然不是天界的出行图。就石上画像描述的场景而言，这些车马出行的阵容非常庞大，有单驾轩车，有双驾轩车，有单驾轺车，也有双驾轺车，甚至还有驷马高车，二号墓葬前室西壁上的车马图中还出现了轩车车辕上龙首高扬的情景。根据王步毅先生的考证，二号墓葬的墓主人“胡元壬生前

---

① 内江市文管所、简阳县文化馆：《四川简阳县鬼头山东汉崖墓》，《文物》1991年第3期，第24页，图一六。
② 具体参见黄留春：《许昌汉砖石画像》，河南美术出版社，1994年，第48页，图75。
③ 山东省博物馆、苍山县文化馆：《山东苍山元嘉元年画象石墓》，《考古》1975年第2期，第126页，图五。
④ 内蒙古自治区博物馆文物工作队：《和林格尔汉墓壁画》，文物出版社，2007年，第14页。
⑤ 陈路：《汉画榜题“上人马食太仓”考》，《南都学坛》2005年第3期，第16—18页。

图 4-1a　褚兰二号墓石祠北壁墙基石车马出行图，赵亚君绘

图 4-1b　褚兰二号墓石祠东壁墙基石车马出行图，赵亚君绘

图 4-1c　褚兰二号墓石祠西壁墙基石车马出行图，赵亚君绘

图 4–2a　褚兰二号墓前室南壁墙基石车马出行图，赵亚君绘

图 4–2b　褚兰二号墓前室东壁墙基石车马出行图，赵亚君绘

图 4–2c　褚兰二号墓前室西壁墙基石车马出行图，赵亚君绘

图 4–2d　褚兰二号墓前室北壁墙基石车马出行图，赵亚君绘

确实未作过官吏。……胡元壬很可能是当时郡县中的富豪之辈”[①]。由此可以推测，墙基上刻画的车马出行图并非是墓主人生前的图像，因为这些车马出行图很多车马的规格远远超出了胡元壬作为郡县富豪的身份，尤其是驷马高车与龙首高扬的轩车，这是帝王的专车。这些图像既非现实生活中的图像，也非冥界图像，那么它究竟属于哪个宇宙层面的画像呢？

褚兰二号墓石祠的画像石图像为我们提供了该问题的答案。在二号墓石祠东壁墙基石的南侧面，即祠门东侧，刻画了一只肩生双翼的神羊；同样，在二号墓石祠西壁墙基石的南侧面，即祠门西侧，亦刻画了一只肩生双翼的神羊，二羊外形相似。[②]肩生双翼的羊是神话世界的动物，也是天界的神圣生物，它的出现象征着天界。将墙基作为参照物，车马队伍前行的方向是向着右方。在汉画像石表述的世界里，右方是神圣的方向，象征着西方，也是人死后升入天界的方向。这就表明，这些车马队伍是向着天界前进。也就是说，它们行驶在去天界的途中，车马实为人死后升天的媒介或工具。车马作为承载亡灵升入天界的工具，可在褚兰一号墓葬画像石雕刻的场景中得到验证。褚兰一号墓葬前室南壁额枋与前室北壁额枋刻画的车马场景（图4-3）表明，承载亡灵升天的车马队伍已经抵达天界，等候多时的使者低头恭迎。为何断定这两幅额枋画像石上的车马出行图为天界车马图呢？因为车马画像下端是神兽图，神兽属于天界，二者处于同一个画面上，此处的车马自然在天界。亡灵借助车马升天的理念同样能够在全国各地的车马出行图中得到验

① 王步毅：《安徽宿县褚兰汉画像石墓》，第548页。
② 具体参见王步毅：《安徽宿县褚兰汉画像石墓》，第541页，图三五、三六。

图4-3a　褚兰一号墓前室南壁额枋车马出行图，赵亚君绘

图4-3b　褚兰一号墓前室北壁额枋车马出行图，赵亚君绘

证，其中山东嘉祥武梁祠左石室屋顶前陂东段车马出行画像石场景尤为典型。在武梁祠左石室屋顶前陂东段画面上，车马从墓葬出发后，一路向西，最后行驶于云中，直奔西王母所在的世界。只不过，褚兰汉画像石仅仅描绘了人死后灵魂借助车马升天的场景，并未刻画神明借助何种工具降临人间的图像。因此我们至多只能说，褚兰汉画像石仅描述了人类灵魂升入天界的途径，至于神明借助何种路径与人类沟通，我们无从自褚兰汉画像石描述的场景中得知。毕竟出资建造墓葬的人关心的是其祖先死后的归宿，而不是神明如何与人类进行沟通。因此，我们能够断言，褚兰汉画像石墓描述的天地之间的感通是从人类到天界的单向运动，并非是神明与人类之间的双向运动。

三、车马尚右

褚兰汉墓刻有车马出行图的石头共有10块，其中一号墓2块，二号墓8块。一号墓车马出行图位于墓葬前室南壁与北壁的额枋上（图4-3），二号墓的车马出行图有一幅绘于祠堂西壁，3幅绘于祠堂北壁、东壁与西壁的墙基石上（图4-1），合成一幅完整的车马出行图，4幅绘于墓葬前室南壁、东壁、西壁与北壁的墙基石上（图4-2），同样合成一幅完整的车马出行图（关于车马出行图的位置与图像场景，参见表4-1）。褚兰汉画像石墓共计出土汉画像石32块，而车马出行图就有10块，约占画像石总数量的三分之一，这个比例值得深思。饶有趣味的是，尽管这十块画像石出自不同的两个墓葬，各个画像石所在的墓葬位置各不相同，它们却表述了同样的意义：车马是亡灵升天的工具，亡灵驾驭车马最终达到天界的新家。

在褚兰汉墓中，不管画像石位于何种位置，其上刻画的车马出行一律向着同一个方向前行，多数汉画像中的车马出行图亦如此。较之于其他类型的图像，汉画像中的车马右行是较为奇怪的现象，值得深入探讨。

表4–1　褚兰汉墓车马出行图情境

墓葬	图像位置	图像情境	车马前行方向	图像寓意
M1	墓葬室前室南壁额枋	画像两层，上层车马出行，下层为神兽图。上层画面为三辆加幡轺车飞驰前行，一骑者前导，一戴武冠者相迎	画面右方	到达天界
M1	墓葬前室北壁额枋	画像两层，上层车马出行，下层为神兽图。上层画面三车前行，首车为双驾轺车，后两车为单驾轺车。车马皆有一御者，一乘者	画面右方	到达天界
M2	祠堂西部	画面分为四层，第一层为天界，车马出行位于第二层，画面模糊，车马位于画面中央，两边有侍者站立	画面右方	到达天界
M2	祠堂北壁墙基	骖驾轩车两辆，双驾轺车一辆，轩车车辕饰有龙首。车前一伍伯，一骑吏前导	画面右方	到达天界
M2	祠堂东壁墙基	骖驾轩车两辆，双驾轺车一辆，轩车车辕饰有龙首	画面右方	升天途中
M2	祠堂西壁墙基	骖驾轩车两辆，双驾轺车一辆，轩车车辕饰有龙首	画面右方	升天途中

续表

墓葬	图像位置	图像情境	车马前行方向	图像寓意
M2	墓葬前室南壁墙基	双驾轺车三辆，每车一御者一乘者，车前一伍伯前导，一骑吏扬鞭策马	画面右方	升天途中
M2	墓葬前室东壁墙基	三辆马车，画面右方首车为驷马高车，后跟两辆双驾轺车，车前伍伯二人	画面右方	升天途中
M2	墓葬前室西壁墙基	马车四辆，画面右方第一辆马车为单驾轩车，第二辆为双驾轩车，车辕饰有龙首，第三辆为双驾轺车，第四辆为单驾轺车	画面右方	升天途中
M2	墓葬前室北壁墙基	单驾轺车三辆，轻车一辆。轻车无盖，乘者戴武冠。每车一御者一乘者	画面右方	升天途中

倘若扩大视野便会发现，全国各地的画像石中均出现此种车马向着同一方向前行的场景，学界关于车马出行的探讨也已形成相当声势。多数学者关注的焦点是车马出行的象征意义，譬如信立祥和巫鸿，二者皆将探讨的中心设定在车马出行的实质上。[①]另

① 信立祥先生认为，汉画像石中的车马出行图的实质是墓主人的灵魂从地下世界赴墓地祠堂去接受祭祀，其源头为传统的祖先崇拜观念和以“仁”为核心、以“孝”为主要内容的儒家伦理观念。而巫鸿先生则断言，汉代墓葬中的大量车马图像具有不同的指向，其中一部分用以表明墓主的官职或墓主其他生前经历，另一部分则是对送葬行列或是想象中灵魂出行场面的描绘。具体参见信立祥：《汉代画像中的车马出行图考》，《东南文化》1999年第1期，第47—63页；巫鸿：《从哪里来？到哪里去？——汉代丧葬艺术中的“柩车”与“魂车”》，见巫鸿：《礼仪中的美术——巫鸿中国古代美术史文编》，生活·读书·新知三联书店，2016年，第260页。

一部分学者探讨的核心是车马出行图的象征意义，例如李立先生就认为，汉画像石中车马出行的方向是向左，象征车马西行，隐喻了墓主奔向西方而寻求生命的再生和永生的绘画意图。[①]但李立先生犯了一个错误，汉画像石中的车马出行不是向左，而是向右。再者，汉画像石从未存在西方为左方的方位理念，只有西方为右方的认知。这里的关键是左与右方位划分的参照物问题，下面简单加以阐释。

首先要加以强调的是，汉画像是刻在石头上的画，不是地图，属于汉代丧葬艺术。今人探讨其方位，必须以汉画像石自身描绘的参照物作为划分方位的基准，同时参照当时社会划分方位的标准，不能以现代制图学的方位划分标准来划分其方位。汉画像中有许多表示水平方位的符号，其中尤为典型的是西王母、东王公，太阳、月亮，青龙、白虎等。这些方位符号所在的位置表明，汉画像方位划分的参照物不是观察者，而是图像石自身。在上述方位符号中，标示东方的东王公、太阳、青龙图像位于画像石的左方，而标示西方的西王母、月亮、白虎位于画像石的右方。因此可知，与现代制图学遵循的左西右东的方位划分原则相反，汉画像石描绘的方位模式为左东右西。以实物或人作为参照物划分左右的做法并非画像石所独有，它是汉代仪礼与仪式普遍遵循的方位划分原则。汉代君王佩剑，军队行军布阵，官吏车马出行，男女行路，均将位于中央者作为界定左右之参照物。[②]在东与西两个方向的界定上，汉画像石

① 李立、谭思梅：《汉画车马出行画像的神话学诠释》，《理论与创作》2004年第6期，第117—124页。

② 王倩：《论汉画像石方位划分参照物》，《文艺理论研究》2014年第6期，第151—155页。

与现代制图学是一致的，但二者方位模式中的左右位置恰好相反。因此研究者在表述汉画像石方位时，不应遵循现代制图学界定方位的原则，而应遵守汉画像石自身以及汉文化象征体系方位的划分规约。

褚兰汉画像车马出行方向皆朝向画面的右方，根据汉画像石方位特征可知，右方为西方。那么我们便可进一步断言，褚兰汉画像石车马出行具有尚右的特征，这与多数研究者的车马左行的观点相冲突。这种左与右方向相反的关键就在于，多数研究者根据现代制图学左西右东的方位规约划分汉画像石车马出行的方位，从而将汉画像石的左方视为观察者的右手方向，汉画像石的右方看作观察者的左手方向，由此造成了笔者眼中的车马右行，而多数研究者眼中的车马左行的现象。实际上，若按照画像石自身划分方位的原则，多数车马出行的方向基本是向右而不是向左。汉画像石中的右方是西方，那么褚兰汉墓中车马就朝向西方前行，由此出现车马尚右、尚西的空间方位特征。尚需说明的是，就像其他汉画像石描述的图像场景一样，褚兰车马出行图并非是墓主生前生活的真实写照，而是其死后亡灵的旅行图，其目的在于导引亡灵升天。这就意味着褚兰汉画像石车马尚右方位模式的背后是亡灵西上升天的彼世理念，反映了汉人关于死后亡灵进入西方天界或乐园的空间方位认知。

四、西上升天

从本质上说，亡灵升天属彼世信仰范畴，它是人类关于时间认知体系的一个组成部分。就像其他地区的汉画像石一样，褚兰汉墓关于西上升天的时间观念是借助于墓葬空间及其绘画来表现的。除却车马出行图之外，西上升天思想还有其他的图像表现要素，诸如男墓主与女墓主端坐图、拜谒图、歌舞图、西王母图像、连璧纹等。所有这些图像体系都是西上升天信仰的表现，它们以视觉叙事的方式表述了汉人的彼世信仰。因此我们可以断言，一方面，这些图像表现了褚兰汉墓中西上升天的彼世信仰，另一方面，它们又成为西上升天思想的一个部分，并且建构了西上升天的理念。

在褚兰汉墓中，墓室东壁与西壁是极为重要的墓葬空间。褚兰汉墓一号墓葬与二号墓葬均为东西走向，一号墓葬“墓室由双甬道、横前室、双后室和一个耳室组成。墓门向西，墓向285度”①，二号墓葬墓室“由前室、两侧室和后室组成。墓门在前室之西，无甬道。墓向西，280度”②。既然墓门朝西，墓室的东壁与西壁便成为表现升天信仰的重要空间，东壁面向西方，西方便是正方向，西壁面向东方，便成为反方向。因此，西壁画面表现西上升天的布局与东壁画面表现西上升天的布局有所不同，细化到具体的情节，便表现为墓主人的坐向与随从站立的方向上。具体说来，褚兰一号墓葬墓室东壁所绘画像在表现西上升天观念时，将墓主人描绘为坐于门向西开的天界房舍之内，男主人位于画像石的右方，拜谒者一律朝向画像的右方站立。比如，一号墓葬前室东壁额枋画像，前室东壁北段画像。上述场景中的墓主人画像均位于墓室东壁，即均面向西方端坐于门向西的屋舍中，屋顶站立的神鸟表明此为天界，拜见墓主的来访者面向画像右方站立拜谒。以上画像皆位于墓室东壁，画面

① 王步毅：《安徽宿县褚兰汉画像石墓》，第516页。
② 王步毅：《安徽宿县褚兰汉画像石墓》，第523页。

正对西方，拜谒者面向画面右方即西方站立。这些图像以一种可视化的方式表明，墓主的亡灵已经抵达西方天界。

较之于墓室东壁画像，褚兰一号汉墓墓室西壁图像的布局有所不同，但它同样以视觉叙事的方式描绘了墓主在西天乐园的彼世生活。褚兰一号墓葬前室西壁额枋画像上，女主人端坐于画面的左方的屋舍之内，房外众多舞女分成两组表演歌舞。屋顶上栖息的神鸟表明，这是墓主在天界的生活场景，女主人面朝画面的右方，右方即为西方。这就表明，女主人已经到了西方的天界，在享受彼世的富足生活。

在褚兰汉墓中，西上升天通常借助于两类神话图像表现，一是具体的神话形象，诸如西王母、神鸟，神兽，以及铺首等；二是抽象的神话符号，比如连璧纹。褚兰汉画像石墓葬在表现亡灵西上升天的彼世理念时，除了借用前文所讲的具体的神话之外，它还特别看重抽象的连璧纹。在以往的研究中，多数学者将连璧纹解读为一种抽象的装饰性图纹，从而忽略了它在汉画像石墓葬中的象征性意义。[①]在神话学中，连璧纹是神话符号，用来象征天界。[②]褚兰一号汉墓在表达西上升天的信仰时，将用来象征天界的连璧纹刻意绘于墓葬南北后室后壁正中，并且在连璧纹的中间刻画了表示天界的莲鱼图与墓主会客图。

一号墓葬的墓门向西，南北两后室为墓主棺椁存放处，南北两

① 张志春先生就认为，连璧纹是一种抽象的装饰性符号，并无确切象征意味。具体参见张志春：《从具象到抽象的演化轨迹——对陕北等地汉画像石一种抽象图纹的文化追溯》,《艺术百家》2003年第3期，第95—99页。

② 具体阐释参见叶舒宪：《论四重证据法的证据间性——以西汉窦氏墓玉组佩神话图像解读为例》,《陕西师范大学学报》（哲学社会科学版）2014年第5期，第71—79页。

后室的后壁正中即为东壁正中，其上的图像面向西方，以此隐喻墓主亡灵的归宿为西方天界。

褚兰汉墓以画面主角面向西方来象征墓主西升入天的观念并非偶然，这种现象在汉画像石与墓葬壁画中随处可见，甚至在西汉壁画墓与战国时期的帛画上也普遍存在。在河南洛阳烧沟村西卜千秋墓墓室顶脊壁画墓主人夫妇升仙图中，尽管二人升仙的工具有所不同，但他们均面向画面的右方即西方行进。该画面中的三头神凤、舟形蛇、飞犬、蟾蜍，这些神话形象皆向画面右方前行。同样，山东临沂金雀山九号汉墓墓主升天图，长沙马王堆一号汉墓帛画“非衣”图，长沙马王堆三号汉墓帛画墓主升天图，大连营城子汉墓二号墓壁画，上述画像中的主角皆面向西方升天。这些汉墓中的墓主升天图表明，褚兰汉画像表述的西上升天信仰并非是区域性现象，而是汉代社会普遍存在的宇宙论。进一步说，西上升天的信仰并非汉代独有，在战国时期的楚地帛画中早就存在，其中较为典型的当数长沙陈家大山战国楚墓帛画中墓主升天图，长沙子弹库楚墓帛画中墓主升天图。

这就意味着，西方在褚兰汉墓的空间方位中占有极为重要的地位，它成为死后亡灵归宿地的代称。这样看来，褚兰两座汉墓的墓门皆面向西方这种事实绝非偶然，它有着深远的方位象征意义，那就是为亡灵提供西上升天的方位导引。至于汉墓以及战国时代的楚墓为何将西方作为升天的方位，寥寥数语难以阐释透彻。不过我们能够肯定，西上升天与右行升天具有密切的关联。既然右方为西，左方为东，那么就可以推断，这种方位模式的参照物一定是面南背北的。东方是太阳升起的地方，而西方是太阳下沉的地方，日升则光明，日落则昏暗。西方与右方由此成为汉人想象的死后之地，但人们情感上又不愿意将亡灵归宿地想象为黑暗之地，他们宁愿想象亡灵向着西方高升到了天界。另外，《山海经》和《淮南子》等神话文本的叙事表明，西方天界是昆仑仙境，又是黄帝、西王母等神仙的居所，又有陆吾和凤凰鸾鸟等神兽仙禽，还有木禾与不死树等奇花异草①。因此人们颇为向往，希望能够到西方寻找乐园。某种程度上，从战国到汉代，帛画与汉画像石描绘的西上升天的场景受到了神话理念中西方乐园观念的影响，褚兰汉画像石西上升天的图像场景也是这种思想的产物。我们能够肯定，这种西上升天的理念与佛教西方乐园并无直接关联，因为战国时期就已经出现了西上升天的方位模式与理念，那时佛教尚未传入中国。褚兰汉墓西上升天的方位理念并非是受佛教思想影响，而是中国本土信仰的产物。

五、结语

由前文分析可知，褚兰汉画像石表述的宇宙是垂直二分的世界：以大地为中心分为地上与地下两部分，地表为人间，地上为天堂，与此相对应的为人类此世与彼世，即生前与死后世界。人死后亡灵借助于车马西行而高升到西方世界的天堂，即通过地表水平方位的转换到达垂直空间的交会。这种空间带有明显的宗教象征意味，为神话式想象世界。不难看出，褚兰汉画像石的空间模式强调

① 《山海经・西次三经》中描述的昆仑山神兽有神兽陆吾与鹑鸟，《山海经・海内西经》描绘的昆仑山神兽有开明兽、凤凰鸾鸟，神树则有视肉、珠树、文玉树、玗琪树、不死树、离朱、木禾、柏树、甘水、圣木曼兑等。《淮南子・地形训》描述的昆仑山神树有木禾、珠树、玉树、璇树、不死树、沙棠、琅玕、绛树、碧树、瑶树等。具体参见袁珂校注：《山海经校注》，巴蜀书社，1993年，第55—56页、第345—351页；陈广忠译注：《淮南子・地形训》，中华书局，2012年，第200页。

西方世界是亡灵归宿地，其理念源头为战国时代的神话信仰，它是中国本土信仰的产物，并非为佛教思想影响所致。此种空间理念的现实基础为人类对外界的感知，即人类通过身体的体验与观察而获得的经验。我们因此能够断言，褚兰汉画像描绘的空间是非理性的经验世界，其空间意识属体验的宇宙论范畴。

第二节　汉画像石连璧纹的神话编码

一、连璧纹概念与研究动向

首先需要指出的是，汉画像石中的连璧纹并非只有一种称呼，它还被称为联璧纹、绶带纹、穿孔（索）纹、璧帛相交纹、玉璧穿孔纹、璧帛纹等。本节之所以选择“连璧纹”这一称呼，乃是基于多数学者比较认同这种称谓，并且它能够反映出该符号与图像原初的神话编码意义。从构图特征来看，连璧纹主要由一个圆形的璧纹与两条直线纹相交而成，考古学因而将其称为十字穿环纹。据《中国画像石全集》[①]初步统计，汉代画像石墓葬中出现的连璧纹有60余幅，主要出现在安徽、江苏、山东、陕西、四川等地，其中尤以安徽地区居多。根据安徽省文物考古研究所和萧县博物馆公布的数据，安徽萧县汉代墓葬中出土了19块绘有连璧纹的画像石，是难得的考古学资料。另外，高书林先生编著的《淮北汉画像石》一书收

---

① 中国画像石全集编辑委员会编：《中国画像石全集》，山东美术出版社、河南美术出版社，2000年。

录了淮北市内出土的11幅连璧纹图像。[1]难得的是，他将连璧纹直接称为“璧帛图案”，以此区别于汉画像石中的双龙穿璧纹。这样看来，安徽汉代墓葬中出土的连璧纹合计约有30幅，在全国应该占据首位，值得深入探讨。

遗憾的是，近期关于汉画像石墓葬连璧纹的研究成果较少，并且多数学者倾向于从图像演变的角度出发，探讨连璧纹在汉画像石中的构图演变历程与主题功能。[2]因局限于书写时代的图像传统，多数研究者并未看到作为复合型图像的连璧纹背后的神话编码叙事，尤其是连璧纹中直线的象征意义，导致对其意义的探寻具有片面之嫌。基于此种现状，本节结合汉画像石墓葬中连璧纹的出土情境与符号建构，探寻连璧纹中直线符号的象征意义。在此基础上，将连璧纹置于前文字时代的神话大传统中，探讨其背后蕴含的神话编码。不过，“玉帛为二精”神话信仰的提法并非作者首次提出，它是近期文学人类学学者使用的一个特殊的神话信仰编码术语，需要加以简单梳理。

较早提出“玉帛为二精”为神话信仰的大传统这一说法的乃是叶舒宪先生，他先后两次撰文，探讨中国文化大传统中“玉帛为二精”这一神话信仰在玉器中的体现。[3]叶舒宪先认为帛出自蚕，因此借助玉器中的天蚕形象探讨玉帛神话信仰在玉器中的表现。换言

---

① 高书林编著：《淮北汉画像石》，天津人民美术出版社，2002年，第97页、第104—106页。

② 详见张志春：《从具象到抽象的演化轨迹——对陕北等地画像石一种抽象图纹的文化追溯》，《艺术百家》2003年第3期，第95—99页；吴佩英：《从具象图案到抽象装饰纹样的演变——陕北东汉画像石双龙穿璧纹的母题研究》，《民族艺术研究》2010年第4期，第140—146页。

③ 参见叶舒宪：《“玉帛为二精”神话考论》，《民族艺术》2014年第3期，第36—45页；叶舒宪：《玉帛为二精神话续论》，《民族艺术》2015年第3期，第24—32页。

之，叶舒宪先生关于“玉帛为二精”神话信仰的探讨局限于玉器，并未涉及玉器之外的其他出土文物与图像。后起的年轻学者吴玉萍在叶舒宪倡导的神话编码的理论基础上，探讨了文字文献中表述的关于帛与丝神话信仰的编码与演变问题。[1]但局限于研究对象的设定，她的探讨并未涉及玉石信仰，且仅仅限于文献资料与仪式，相关的考古文物很少被采用。公维军在叶舒宪研究的基础上，探讨了中国古代帛神话的演变问题，将帛神话信仰显圣物细分为桑、蚕、丝、帛四种，并具体探讨其演变历程。[2]可以看出，国内文学人类学者关于“玉帛为二精”的探讨倾向于将玉与帛两种物质分开，并且很大程度上依靠玉器中的蚕形象来诠释“玉帛为二精”的神话信仰。这就很容易造成一种误读，使得多数学者认为“玉帛为二精”的神话信仰只在玉器中有完美的体现，其他考古文物与图像中很少出现这种信仰符号。实际上，我们在汉画像石中已经发现，连璧纹就是典型的“玉帛为二精”神话信仰的符号编码。因为连璧纹本质上是玉璧与帛线符号构成的复合型图像，其体现的不死与永生信仰恰恰是出于前文字时期“玉帛为二精”神话信仰的核心所在。

二、连璧纹出土情境

在展开论述之前，笔者要首先考察汉画像石中连璧纹所在的出土情境。毕竟，图像的意义是结构性的，单独的一则图像毫无

① 参见吴玉萍：《“玉帛为二精”神话申论》，《百色学院学报》2016年第1期，第50—57页。

② 参见公维军：《“结丝”何以“织史”：早期中国桑蚕丝帛神话的编码与解码》，《贵州社会科学》2020年第6期，第82—87页。

意义，其意义存在于与其他图像的相互关系之中。客观上讲，“情境”一词有多重范畴与内涵，本节所使用的“情境”是考古学专业术语，指的是出土文物所有相关环境的总和。倡导情境考古学的学者伊恩·霍德（Ian Hodder）这样界定：“每个客体同时存在于多个相关的维度中，因此，一旦数据存在，则一个关联和对比的网络可以用于建立意义的阐释。围绕着任何客体变化的相关维度的总和可以定义为该客体的情境。我们试图赋予意义的客体X的相关情境就是按以上方式形成显著模式的客体X的所有相关资料。考古学意义上对情境的更精确的定义就是‘所有相关环境的总和’，所谓‘相关’指的是客体的显著关系，就是可以用来定义客体意义的必要关系。”[①]这是考古学意义上关于情境的界定，其范畴较为宽泛。若从图像神话学的视角来看，神话图像的探讨固然离不开图像的情境，但与图像意义密切相关的情境主要有两类：一、图像所在的文物情境，即图像所属文物在整个考古遗址中的位置，该层面主要关注图像与出土文物之间的物理性关系；二、图像的意义情境，也就是图像在其所属的文物图像中的位置，它倾向于强调图像与其所在的文物图像之间的结构性关系。[②]在考古学与神话学关于情境性界定的基础上，我们来看看汉代画像石墓葬中连璧纹的图像情境。

因连璧纹为复合型抽象符号，考古工作者难以发现其背后的神话学象征意义，故而在发掘报告中难以统一连璧纹的称呼，因此出现了前文所言的诸多名称：联璧纹、绶带纹、穿孔（索）纹、璧帛

① Ian Hodder. *Reading the Past: Current Approaches to Interpretation in Archaeology*. Cambridge: Cambridge University Press, 2003, pp.187–188.

② 王倩：《神话学文明起源路径研究》，中国社会科学出版社，2015年，第309—310页。

相交纹、玉璧穿孔纹等。除此之外，现有的考古发掘报告中并未系统地描述连璧纹的出土环境，这就给连璧纹相关情境的探讨造成了一定的难度。基于此，笔者主要选用了安徽萧县出土汉画像石墓中的连璧纹图像，同时参考其他地区的连璧纹进行阐释。之所以如此，主要基于以下三个方面的考虑：第一，萧县汉画像石墓葬属东汉时期典型的汉画像石墓葬，关于该地连璧纹的研究能够体现两汉时期画像石连璧纹的普遍性；第二，萧县汉画像石墓葬拥有较为完整与系统性的考古发掘报告，能够为连璧纹的探讨提供较为客观的考古学证据；第三，萧县汉画像石墓葬出土的连璧纹数量较多，涉及该地9座墓葬中的19幅汉画像石图像，这些数量可观的图像能够为连璧纹的探讨提供较为丰富而可靠的考古信息。

萧县汉画像石墓葬中连璧纹所在的图像情境比较特殊，主要绘于墓葬的门楣、门扉，以及门柱上。熟悉汉墓象征结构的人都知道，墓葬的大门是非常特殊的建筑构造，它具有双重意义。一方面，它将门内与门外两个世界隔绝开来——门外是现世，门内是彼世，大门因而是门外与门内两个世界的隔断物；另一方面，大门是两个世界相互转换与沟通的桥梁，现世通过大门而进入彼世。门扉是大门的主体构成部分，一定程度上能够代表大门，因而它在墓葬中具有不可替代的地位。门楣位于大门的最上部，象征着世界的至高处，也是进入另外一世界的最高入口。门柱是通往墓葬内部的道路，也是现世通往彼世的通道，具有导引亡灵的作用。从这个层面上讲，汉画像石墓葬中的门扉与门楣，以及门柱，这些都是通往另外一个世界的通道与桥梁。这样看来，门扉、门楣与门柱，实际上是汉画像石墓葬神圣空间的主要建构符号，也是神话信仰重要的“显圣物”。

如果将视野扩展开来，我们还会发现，其他地区连璧纹所在的图像情境同样值得深思。江苏、山东、四川、陕西等地区的连壁纹，除了出现在门楣、门扉与门柱这几个地方之外，还有少部分被刻画在棺木的挡板上。比如，山东枣庄小山西汉画像石墓葬中的连壁纹，就出现在棺木挡板的四壁上。[①]从墓葬结构的象征意义来看，棺椁的四壁挡板象征着通往彼世宇宙的通道，因而具有导引亡灵升天的象征性作用。这样看来，不论是萧县还是其他地区的汉画像石墓葬，连壁纹所在的位置都是非常重要的建筑部位，因而具有重要的象征意义，特殊的位置使得其上的连壁纹具有特殊的象征意义。但这种意义并不是连壁纹自身建构的，而是由其相关的图像或符号建构而成，这就涉及连壁纹的图像位置。

萧县汉画像石墓葬中的连壁纹主要被置于三个地方：门楣、门扉与门柱。连壁纹在这三种情境中的位置各不相同，下面加以详细解读。门楣上的连壁纹位于门楣的上部，与门楣下部的龙凤图像构成整个门楣的画面。门扉上的连壁纹多数位于门扉的上部，与其下的铺首衔环构成一个二分的门扉图像结构；还有一部分连壁纹被绘于门扉下部，与其上的铺首衔环构成一个单独的图像结构，同时与上面的连壁纹构成门扉的二元图像。而门柱上的连壁纹单独成一个完整的图像，构成左右对称的图像效果。我们甚至在萧县破阁遗址所在的汉画像石墓葬前室西墙壁上，看到了整个砖墙上绘满了连壁纹图像的壮观场景。陕西、四川、江苏等地区连壁纹所在的图像情境与此类似，不过多数情况下，连壁纹与其他神话图像构成复合型图像，涉及的神话图像主要有西王母、羽人、铺首、龙凤、玄武、天马、连理树、神树、

① 枣庄市文物管理委员会办公室、枣庄市博物馆：《山东枣庄小山西汉画像石墓》，《文物》1997年第12期，第40页，图一三。

嘉禾、仙草、昆仑山等。连璧纹与这些神话图像共同建构了墓葬图像的整体意义，同时也成为图像整体意义的一部分。

上述图像情境表明，汉画像石中的连璧纹并不是简单的装饰性图纹，而是具有极为重要的象征意义的神话图像，它在汉画像石墓葬中具有不可忽视的作用。它描绘了何种象征意义？为何汉代人要将这种复合型图像置于墓葬之中？它究竟具有什么样的作用与功能？上述问题探讨的前提就在于，连璧纹的复合图案是由哪几种图像要素构成的。基于此，下文探讨连璧纹的图像建构要素，并阐释其象征性意义。

三、连璧纹图像的建构符号

可以肯定的是，汉画像石墓葬的连璧纹由圆环和直线两种符号构成。学界目前通常将圆环符号识别为玉璧，并且认为玉璧是构成连璧纹图像的主体符号，而直线则是辅助符号。甚至不少学者认为，连璧纹由双龙穿璧纹演化而来，即直线图案是双龙符号的变体。[①]这种探讨强调了玉璧纹的图像意义，但却忽略了一个问题，即连璧纹中的直线符号为何由双龙符号演化而成。同时这类研究者并未注意到，多数情境下，双龙穿璧纹与连璧纹存在于同一个图像

---

① 张志春：《从具象到抽象的演化轨迹——对陕北等地汉画像石一种抽象图纹的文化追溯》，《艺术百家》2003年第3期，第95—99页；吴佩英：《从具象图案到抽象装饰纹样的演变——陕北东汉画像双龙穿璧纹的母题研究》，《民族艺术研究》2010年第4期，第140—146页。张志春与吴佩英都认为连璧纹由双龙穿璧纹演化而成，但二者对于图像具体的演化阶段以及表述的主题意义的看法各有不同。张志春认为连璧纹由双龙穿璧纹演化而成，而双龙穿璧纹则由伏羲女娲交尾图演化而成，因此连璧纹要表达的主题是生殖。吴佩英赞同张志春关于连璧纹由双龙交璧纹演绎而成的观点，但认为连璧纹的图像主题不是生殖而是升天。

中。也就是说，双龙穿璧纹与连璧纹是作为两种不同的图像类型同时出现在汉画像石墓葬中，并没有后者取代前者的情况。关于这一点，萧县汉画像石墓葬群可以提供比较有信服力的证据。在萧县出土的汉画像石墓葬群中，共计有四座墓葬中出现了双龙穿璧纹与连璧纹存在于同一个墓门图像中的情况，其中王山窝（编号XWM22、XWM23）的两座墓葬尤为典型。这四座墓葬中的图像结构基本相同：门楣上是双龙穿璧纹，左、右门扉上部是连璧纹，而门扉的下部是铺首衔环。这种图像结构有规律地出现在这四座墓葬中，并且都是东汉时期的汉画像石墓葬。这就表明双龙穿璧纹和连璧纹并不是同一类图像，毕竟二者出现的位置并不相同：连璧纹与铺首衔环作为一组图像出现在门扉上，其图像意义显然与门楣上双龙穿璧图纹的并不相同，其功能也不相同。

这种双龙穿璧纹与连璧纹同时出现于同一座墓葬中的情况并不限于萧县汉画像石墓葬，长沙马王堆一号汉墓同样存在这种情况。马王堆一号汉墓的棺椁足挡上绘有双龙穿璧纹，棺室头箱内的屏风上绘有连璧纹。巫鸿将长沙马王堆一号汉墓的双龙穿璧纹与连璧纹视为两种不同的图像模式，即运动模式与锁定模式，并指出二者具有不同的特殊象征意义："在一个较为抽象的层面上看，这两种模式所表达是两种不同的时间性，前者体现的是流动时间中一瞬即逝的发生，后者体现的则是一个凝固不变的永恒状态。"[1]尽管我们无法将这两种图像的象征意义套用在汉画像墓葬中的双龙穿璧纹与连璧纹上，但却可以断定，汉画像石中的连璧纹并不是由双龙穿璧纹演变

① 巫鸿：《马王堆一号汉墓中的龙、璧图像》，《文物》2015年第1期，第57页。

而来的，二者是不同的图像模式，并且在墓葬中有不同的功能。

这就意味着，连璧纹中直线符号的图像原型不是龙，而是另有所指。那么，它究竟是什么呢？从图像描述的形式与相关的资料来看，直线是丝线，也就是帛线。理由很简单，其一，连璧纹图像本身就是由玉璧与直线构成，其二，汉画像石墓葬中玉璧穿孔的图像现实表明，直线就是丝线。在迄今出土的汉画像石墓葬中，有不少图像中出现了玉璧孔中缠着丝帛的场景，这里仅举出两例加以说明。1986年洛阳偃师后杜楼村出土的西汉画像石中，明显可以看出，玉璧上悬挂的是帛线；[①]四川渠县新民乡沈家湾出土的沈府君左右阙玉璧上交叉的是帛线。[②]值得一提的是，洛阳偃师后杜楼村画像石中同样出现了双龙穿璧纹与连璧纹，再次证明二者并不是同一类图像，也不存在后者从前者演变而来的情况。这样，我们更加能够肯定，连璧纹其实就是玉璧与帛丝联合而成的复合型图纹，其负载的象征意义应与不死和永生相关。

一旦确认连璧纹由玉璧与帛线符号构成，我们就能够理解汉画像石墓葬中连璧纹负载的意义与功能了。玉璧是汉代高等墓葬中较为常见的随葬品，根据考古学者石文嘉的统计，迄今为止，汉代墓葬出土的玉璧大约有500件。[③]这些玉璧与汉墓中的其他器物共同建构了一套较为完整的升天象征体系。学界目前达成的一种共识乃是，象征天界或天门是汉代玉璧的主要文化功能。[④]对于汉画像石墓葬而

---

① 杨会霞、徐婵菲：《洛阳偃师后杜楼村西汉画像石椁墓》，《中国国家博物馆馆刊》2013年第2期，第11页，图一五。

② 高文主编：《四川汉画像石》，河南美术出版社，2000年，第55页，图66、67。

③ 石文嘉：《汉代玉璧的随葬制度》，《中原文物》2013年第3期，第61页。

④ 叶舒宪：《玉璧的神话学与符号编码研究》，《民族艺术》2015年第2期，第29页。

言，玉璧象征天门或天界已经成为一种固定的图像体系与意义象征体系，它在两汉时期的汉画像石墓葬中普遍存在。关于这一点，笔者不拟多加论证，前辈学者多有建树与论证。叶舒宪教授指出，玉璧作为天门象征符号的理念在汉代是如此普遍，“以至于产生出固定的象征模拟联想：一见到玉璧就联想到天界或天国之门”[①]。这就意味着，汉代的墓葬制度中已经建立起较为完善的象征体系，玉璧与天门之间已经存在一种对等的象征性关系，其象征意义已经无须言明，玉璧自身负载的信仰与象征理念在汉代已经成为一种约定俗成的固定认知理念。重庆巫山县出土的4块鎏金的玉璧铜牌，玉璧上方的“天门”二字非常明白地表明了这种理念。河南洛阳烧沟村61号汉墓出土的玉璧图像，同样表明了汉代赋予玉璧天门的象征意义。这样的案例无须多加援引，只要看看汉画像石中比比皆是的玉璧图像就大致可以明白，玉璧在汉代人的神话信仰中占有的至高地位。

连璧纹图像组合中的第二个组合性符号是直线，它主要出现在萧县汉墓的墓门门扉或立柱之上。在汉墓中，墓门门扉与立柱皆为天界的象征性符号，连璧纹中的直线因而必然与升天主题相关。就墓葬制度而言，连璧纹源自战国时期的连璧制度。具体说来就是，连璧纹中的玉璧图像源自战国棺外悬璧的楚墓饰棺制度，直线则源自棺外装饰丝绸或帛线的传统。[②]这种观点基本成立，无须加以阐释，需要补充的是关于蚕与帛线之间的内在关联问题。从生物学角度来看，丝绸不同于一般的纺织物，它由蚕吐丝结茧而成，因此蚕

① 叶舒宪：《论四重证据法的证据间性——以西汉窦氏墓玉组佩神话图像解读为例》，《陕西师范大学学报》（哲学社会科学版）2014年第5期，第74页。

② 黄凤春：《试论包山2号楚墓饰棺连璧制度》，《考古》2001年第11期，第60—65页。

在其中起到了关键作用。通常而言，蚕在其短暂的生命历程中，先后经历了卵、蚕、蛹、蛾这四个不同的阶段。在此过程中，上一个生命阶段的结束皆为下一个生命阶段的开始，生命在不同存在形式之间转换。这种生命循环与再生的特征赋予蚕神秘的属性，也使之受到人们的崇拜，由蚕而成的丝绸与帛也成为不死与再生的象征符号。对于蚕的这种特殊的生命转换阶段的崇拜，使得人们将蚕吐出的丝作为生命不死、转换或者是永恒的象征。

对于蚕这种神奇生物的神话化，以及蚕丝场景的神圣化，我们能够在2008年陕西榆林横山党岔乡出土的一组墓门汉画像石中看到。该画像石的左门柱刻画了蚕神吐丝的情景（图4-4），能够为画像石中连璧纹的神话象征意义提供有力的证明。画像石左边门柱上部的第一幅画面，刻画的是蚕神嫘祖吐丝与蚕官收丝的情境，陕西榆林汉画像石博物馆的赵延梅馆员这样描述这幅画的内容："左为蚕神嫘祖，头戴平顶帽，面容慈祥，墨绘垂目，朱点唇，着袍正面跽坐，三绺丝线从她的口中吐出，左手臂向前搭于左腿之上，右手臂上曲，阴线刻出右手指，阴线勾勒一丝线从右肩弧向左，直达右者的腿部，表示蚕神正在从口中抽丝出来。其低眉垂目之状，正可以表现蚕神的默默专注。右者头戴进贤冠，墨眼朱唇，着袍挺背侧面跽坐，右手持一捆扎好的丝线，为负责收理蚕丝的'蚕官'。"[①]陕西榆林横山这幅汉画像石画面描述的蚕神吐丝与蚕官收丝的情境，非常明白地表明了当时的汉代人将蚕吐丝这种行为视为神圣之举，并且将蚕丝看作神物的认知与理念。

① 赵延梅：《榆林新出韩凭故事及蚕神吐丝汉画像石初探》，《敦煌学辑刊》2019年第2期，第114—115页。

图 4-4　陕西榆林横山党岔乡汉画像石左门柱蚕神吐丝图局部，赵亚君绘

可以断定，汉画像石中的连璧纹蕴含了这样一种神话信仰：死者的亡灵通过象征天门的玉璧抵达天界，就像蚕通过生命的转换获得了不死与永恒的生命。一旦理解了连璧纹中玉璧与直线的象征意义，我们就能很容易理解，为何汉画像中描绘了如此多的连璧纹：原来在这种看似简单的复合神话图像背后，有着古人将生命视为不断更新与转换的神话理念。这种复合型图像系统的背后存在一种普遍性的理念或认知，那就是玉帛与天蚕为圣物的神话信仰与理念，套用《国语》的话语就是“玉帛为二精”。但这种理念并不是汉画像石独有的神话信仰，而是前文字时代神话大传统的编码叙事。

四、连璧纹的神话大传统

“玉帛为二精”是《国语》表述的神话理念，其观念性源头为新石器时代“玉为神器”以及“蚕为神物”的神话信仰。叶舒宪教授指出，玉石神话与天蚕神话信仰生成的时间与空间并不一致，前者最早出现在8000年前的中国北方地区，而后者最早出现在7000年前的南方地区。这两种信仰经过后人复杂的改造与改编，最后才演化成《国语》中所说的“玉帛为二精”的理念。[1]按照这种说法，我们考察“玉帛为二精”的神话信仰大传统时，应该将二者区分开来。关于玉为神玉，以及玉石信仰在中国文明进程中的演化情况，前辈学者多有论述，杨伯达与叶舒宪等人尤其具有创建性的观点。[2]因此，下文不再考论这方面的内容，而主要探讨天蚕神话信仰在中国早期文明进程的演化与表现，以及汉代的神话信仰如何对其进行继承与编码的情况。

大致说来，蚕为神物的神话信仰要归结于两种因素。其一，蚕的经济价值。作为一种完全变态的昆虫，蚕具有非常高的经济价值，其吐出的丝被编织成帛，因此成就了中国的农桑文化与丝绸文化。其二，蚕的生物学特征。蚕的一生虽然只有40多天，但却经历了卵、蚕、蛹、蛾这四个形态和生理机能完全不同的阶段，在此过程中要蜕皮四次，最后化成蚕蛾飞升而死。“蚕为龙精”或“蚕为

① 叶舒宪：《“玉帛为二精”神话考论》，《民族艺术》2014年第3期，第36页。

② 杨伯达：《巫玉之光：中国史前玉文化论考》，上海古籍出版社，2005年；叶舒宪：《玉石神话信仰与华夏精神》，复旦大学出版社，2019年；叶舒宪：《玄玉时代：五千年中国的新求证》，上海人民出版社，2020年。

马头娘”的说法大约都基于蚕的这种变态的生命特性。正是基于以上两个方面的认知，从新石器时期开始，早期中国的先民就开始在各种器皿与物质上刻绘大量的蚕与丝，以及相关的组合型图像，从陶蚕到玉蚕，各个考古遗址的文物皆可为此提供相关的证据。从东南淮河流域的双墩遗址，到西北黄河流域的山西运城夏县师村遗址，再到东北辽河流域的红山遗址，各个地域内都出现了蚕的文物。这种历史久远的前文字时期的文化大传统图像，为蚕为精物与神物的信仰提供了实物与图像证据。

从时间上看，安徽蚌埠双墩文化遗址出土的陶刻蚕形及蚕形与丝帛组合型符号，是迄今最早与蚕相关的符号与图像。双墩遗址出土的陶器上主要刻画了8件组合型蚕形符号，其中主要有蚕形、蚕茧形、蚕丝三种符号[①]。这就说明，早在7000年之前，淮河流域的先民就已经有了养蚕的经验，并且学会使用了缫丝这种技术。与淮河流域的陶蚕图像遥相呼应的，是山西运城夏县师村遗址出土的仰韶时期的四枚石雕蚕蛹。2019—2020年，考古工作者在距今6000多年的山西运城夏县师村发掘到了石质的蚕蛹。这四枚石雕蚕蛹由中条山的绿帘花岗岩制成，通体刻有螺旋状的横向弦纹，蚕头和蚕尾刻有简洁的刻纹，生动传神地描绘出蚕蛹的生命特征。基于上述考古事实，考古工作者指出，“师村遗址发现的仰韶早期石雕蚕蛹及其共生关系和文化属性显示，距今6000年以前，地处黄河中游的运城盆地先民们已经了解、喜爱并崇尚桑蚕”[②]。早在1926年，著名考古

① 参见安徽省文物考古研究所、蚌埠市博物馆编著：《蚌埠双墩：新石器时代遗址发掘报告》(上)，科学出版社，2008年，第196页、339—340页。

② 吉林大学考古学院、山西省考古研究院、运城市文物保护中心：《山西夏县师村新石器时代遗址2019~2020发掘收获》，《文物世界》2021年第2期，第6页。

学者李济就在山西夏县西阴村发掘出半个经人工切割过的茧壳。结合两次发掘的陶蚕可知，仰韶时期的西北地区，已经有了可以与南方地区相媲美的养蚕缫丝技术。

从蚕的生命历程来看，蚕蛹是蚕化成蚕蛾的前一个阶段，也是蚕蛾飞升前的最后一个阶段，山西夏县师村出土的石雕蚕蛹以一种生动的形式展现了蚕神奇的生命转换。史前图像并非是为了单纯的审美情趣而创造的，图像背后总是隐藏着某种神圣的宗教或信仰情感。[①]石雕蚕蛹的出土同时表明，此时的人们已经拥有蚕与生命转换之间存在一种直接关联的认知理念。大概此时的人们也期待人能够像蚕一样，灵魂可以自由地在几种生命形式之间自由转换，从而获得不死的生命与永恒的自由。当这种蚕的神话信仰与玉石信仰相遇后，便催生出玉蚕这种富有双重意味的玉器造型。

东北红山文化遗址先后出土了9枚玉蚕雕像，[②]这些玉蚕有的是蚕蛹，有的是成蚕，表现的是由蚕到蛹的生命转换过程。这些玉蚕雕像风格不一，有的写实，有的抽象，玉蚕雕像大小不一，大的长达12.7厘米，小的仅1.3厘米，皆为红山文化晚期的产物。红山文化的玉蚕表明，东北西辽河流域的广大地域内，已经出现了极为成熟的养蚕技术，先民关于蚕的认知与理念，与东南地区的天蚕信仰几乎没有大的差异。更为重要的是，“玉蚕形象的特殊意义不仅仅在于说明蚕神话的产生年代之久，还能够说明二精的有机结合，即以一种精物’（玉）来表现另外一种‘精物’

---

① Ariel Golan. *Prehistoric Religion: Mythology, Symbolism.* Jerusalem: A. Golan, 2003, p.9.
② 刘国祥：《红山文化研究》，中国社会科学院博士论文，2015年，第527页。

（帛）”[1]。在这种认知下，我们就很容易理解，为何商周及后世的大量玉蚕被置于墓葬。关于商周出土玉蚕的盛况，这里仅列举一个例子加以说明。1985年，考古工作者在山东省济南市济阳区刘台西周六号墓发掘出22件玉蚕，[2]这些玉蚕围绕在墓主人身体周围，具非常明显的象征意味。22件玉蚕大小不一，最大长4.6厘米，最小长1.9厘米。玉蚕的类型较多，有小蚕，有眠蚕，有大蚕，有熟蚕。这些出于生命不同阶段的玉蚕，建构了一个具有象征性的生命转换过程，以一种极为生动的方式象征了生命在不同阶段的转换与更替，同时表明了蚕与人的生命之间的内在关联。这样看来，玉蚕完美地体现了“玉帛为二精”的神话理念，更描述了先人对于生命转换与更新的信仰。

前文字时期这种“玉帛为二精”的理念，到了汉代并未中断，相反，随着通向西域的丝绸之路的开通，这种神话理念与民间信仰相结合，催生出汉画像石中玉璧与丝线相交织的连璧纹图像。换言之，汉代人将象征不死的蚕置换为丝线，将玉蚕图像改造为连璧纹，在某种程度上实现了“玉帛为二精”的图像表现。蚕与丝属两种不同的范畴，丝是蚕的精华，由蚕到蚕丝是生命不同状态的转换，汉代人希望通过由蚕到丝的图像转换来体会生命由有生到不死的本质性转换。比较夸张的一种做法是，汉代人将与蚕相关的蚕茧、丝、帛一起描绘在汉画像画面中，更加强调生命的转换过程。甘肃嘉峪关新城汉墓的墓室后壁上，有17块砖面上绘满了蚕茧、丝

① 叶舒宪：《“玉帛为二精”神话考论》，《民族艺术》2014年第3期，第44页。
② 山东省文物考古研究所：《山东济阳刘台子西周六号墓清理报告》，《文物》1996年第12期，第15页。

束与绢帛，以及蚕茧与丝相交的图像，[①]以此强调死者亡灵在不同生命状态之间的自由转换。

五、结语

可以断言，汉画像石中的连璧纹图像是一组具有高度象征意义的复合型神话图像，其中承载了“玉帛为二精”的神话信仰。这种由玉与天蚕信仰建构的神话图像并不是汉代人的独创，而是对史前玉石与天蚕为神物的神话信仰的继承，更是汉代民间信仰对前文字时期的文化大传统的编码。其编码的核心是由蚕到丝的符号置换，以及玉璧与丝帛建构的图像的新意义。前文字时期的“玉帛为二精”的神话信仰，强调生命的不死与永生，而汉画像石中的连璧纹除了保留此种神话大传统之外，还增加了生命在不同阶段转换的理念，即更加强调生命经历不同阶段、不同状态下的转换更新后获得一种永远运动的不死状态。这就将神话大传统下的不死理念置换为更新与转换，从而将静态的生命观转换为动态的生命理念。这种编码一方面继承了无文字时期“玉帛为二精”的不死神话信仰，另一方面表现了汉代神话强调生命本质在于更新的理念。由此可见，前文字时期的“玉帛为二精”的神话信仰对汉画像石中的连璧纹起到了观念性塑造作用，而后者对于前者又具有不断编码的作用。这就体现了前文字时期的神话信仰与书写时代的神话理念之间的互构作用，也表明了前文字时期的口传文化大传统与书写时代文化小传统之间的相互作用。

① 嘉峪关市文物清理小组：《嘉峪关汉画像砖墓》，《文物》1972年第12期，第26页。

第三节　石头与树：希腊神话的信仰编码

一、橡树与石头：希腊神话文本的未解之谜

这是一则源自荷马史诗的谚语：伊萨克国王奥德修斯（Odysseus）历经艰辛，终获众神允许，在雅典娜女神的帮助下回到阔别20年的故园，他乔装成乞丐，打算射杀众求婚人，与妻儿共享天伦之乐。机智的珀涅罗珀（Penelope）向伪装成乞丐的奥德修斯问道："请你告诉我你的氏族，来自何方，因为你定然不会出生于岩石或古老的橡树。"[①]言外之意就是，你不是出自橡树或石头，即你一定有着人类的血统。赫克托尔（Hector）在特洛伊城门前等待希腊英雄阿喀琉斯（Achilles）时自言自语："现在我和他不可能像一对青年男女幽会时那样，从橡树和石头絮絮谈起，青年男女才那样不断喁喁情语。"[②]上述两段诗文中皆出现了石头与橡树，令人不解的是，二者皆与史诗内容毫无关联，看上去似乎为谚语或程式化套语，在文中并不具有任何作用。那么，橡树与石头究竟意味着什么？二者背后究竟有怎样的故事或关联？我们在荷马史诗中根本找不到任何线索，似乎这是荷马留给后人的一个不解之谜。

荷马史诗中关于橡树与石头的谜语并非出自诗人荷马的臆想，因为可以从赫西俄德（Hesiod）的《神谱》中发现类似的表述。诗

---

① Homer, translated by A. T. Murray, revised by George E. Dimock. *The Odyssey*. Cambridge: Harvard University Press, 1995, Book 19, Lines 162–163.后文中引用此书仅标作者名、书名、册数、行数。

② Homer, translated by A. T. Murray, revised by William F. Wyatt. *The Iliad*. London: Harvard University Press,1999, Book 22, Lines 126–128.后文中引用此书仅标作者名、书名、册数、行数。

人赫西俄德宣称，缪斯（Muses）女神曾经将一种神圣的声音吹进他的心扉，让其歌唱过去和将来之事。“但是，为何要述说这一切关于橡树和石头的话语呢？”[①]赫西俄德这样反问。就像荷马史诗一样，这句诗文同样涉及橡树与石头，但赫西俄德在文中同样未做任何阐释，也未在诗中其他地方做任何表述。部分学者指出，“橡树和石头的话语”乃希腊谚语，意思是“离题的言语”。但这里尚存的一个疑问乃是，为何橡树和石头的话语会被理解为离题的话语？它究竟反映了希腊文化的何种内涵？

在上述神话文本中，橡树与石头出现的语境不一，有的是询问陌生人氏族的铺垫，有的是青年男女幽会时谈论的话题，有的则指向缪斯女神规定的过去与将来之事。尽管表述的情境迥然有别，但话题共同指向了橡树与石头。不难看出，荷马史诗与赫西俄德诗文中涉及的橡树和石头为组合性语词，二者同时出现在文本中，共同建构了一个充满诗意的意象。换言之，二者成对出现在希腊神话文本中，与某种古老的谚语或原始文化相关。这就意味着，在荷马与赫西俄德的时代，橡树与石头已经成为希腊人所熟知的话语，其象征意义与内涵已无须多做阐释——它是希腊民众文化生活的一部分。可以断言，这种橡树与石头的话语肯定非同寻常并且具有深远的影响力，否则它不可能同时出现在荷马史诗与赫西俄德的文本中。

同样，公元前13世纪的乌迦特（Ugaritic）文本中的《巴力史诗故事群》（*Epic of the Baal Cycle*）中有着类似的表述：“我有

---

① Hesiod, M. L. West, ed. *Theogony*. Oxford: Clarendon Press, 1966, Line 35.

句话要对你说，我要对你复述一句话：大树的话语与石头的呢喃，天空对大地的低语，以及对星星的叹息，我知道响雷，天空并不知道，人类无法理解的话语，大地上居住的人群并不理解。来吧，我将揭开谜底，在我的神山萨芬（Saphon）之中，在圣殿之内。"[1] 如同希腊神话文本，作为乌迦特文本的巴力史诗中反复出现了"大树的话语与石头的呢喃"这句话。尽管我们不明白其具体所指，但至少能够明确一点：它显然作为程式化套语而被使用，指向了某种约定俗成的意义体系。尽管乌迦特文本与希腊文本叙述的内容并不相同，但二者均涉及石头与树，并将其作为共生性语词而加以强调。

就时间而言，巴力史诗生成的时间要比荷马史诗和赫西俄德的《神谱》早得多，前者比后者早了500年左右。虽然如此，但二者的表述中均涉及石头与大树这种共生性语词。这就表明，大树与石头绝不是一种简单的意象与语词，它应该非常重要，并未随时间流逝而消失。石头与大树具有异常强大的生命力，能够穿越时间之河流而存在于神话文本中。就地域而言，希腊与乌迦特皆处于地中海沿岸，二者隔海遥遥相对。一种共生性语词，能够跨越地中海，出现于两岸的神话文本中，这本身就是一种非同寻常的现象。一言以蔽之，作为谜语也罢，作为言语也罢，作为程式化套语也罢，作为共生语词的石头与树，它跨越了时间与空间，频频出现于希腊神话与乌迦特神话中。这是一种罕见的现象，它背后一定隐藏着某种曾经重大但现已丢失的文化信息，那么，它究竟是什么？出于何种原

① Nicolas Wyatt. *Religious Texts from Ugarit: The Words of Ilimilku and His Colleagues*. Sheffield: Sheffield Academic Press, 1998, p.78.

因而被遗忘抑或叙述？希腊神话文本并未对此做表述，为探究其意义，必须突破地域限制与文本束缚，到地中海沿岸的广阔地域，到文本之外去探寻相关的表述。首先可以考虑的是早于神话书写的米诺时期的图像资料，它是口传时代的文化遗产。

二、米诺图像中的石头与树

与希腊神话文本截然不同的是，米诺时期图像上刻画石头与树的象征意义非常明确，它指向了神殿，具体说来是露天的神明居所。某种程度上说，石头与树代表了神明在人间的圣殿，也是神明向其崇拜者显身的场所。在哈吉亚·特里亚达（Hagia Triada）石棺上，我们可以看到作为圣殿的石头与树的场景。三名祭奠者正在举行某种祭奠仪式，其中最前面的一名女性在向神殿中的一口大型容器中倒酒，中间的女性肩挑两只装满美酒的敞口瓮，她身后的男性在弹奏乐曲。中间那位头戴羽冠、身着长袍的女性应为主持仪式女祭司，她身边一前一后站立的两位人物应该为其助手，前者上身裸露，下身穿着一条开衩的短裙，将手中所捧器皿中的酒倒向面前的一口大瓮中，后者肩扛一把七弦琴，似乎是乐师这类的神职人员。从图像表现的场景来看，这里举行的应该是一种祭拜神明的仪式。按照常理，敬神仪式应该在圣殿中举行，但奇怪的是画面中并未出现神殿，祭拜者面对的是两株大树与石头。石头位于大树的底端，每株大树下有一块石头，每一株大树上端有一把双面斧，每一把双面斧上站立着一只鸟。鸟儿站立的方向与祭奠者面对的方向一致。显然，这里的大树与石头就是神殿，它是祭拜者举行仪式的场所。石棺上的大树和石头是成对出现的，二者共同象征着作为神圣空间的神殿。尽管图像并未告诉我们为何是石头与大树，而不是别的东西具有象征神殿的作用，但它至少表明，在荷马史诗之前的米诺时期，石头与大树已经作为一种共生性的神圣符号，共同建构了作为神明居所的神殿，并且二者是同时出现的，缺一不可。这与米诺戒指上刻画的场景是一致的（图4-5），从米诺图像资料所提供的场景来看，石头与树一般象征夜晚或者露天的神殿，它在概念上等同于神明的居所，是神明在人间的居住地。

图4-5　瓦菲奥金戒指上描绘的神明居所

多数情况下，神明会在其居所中现身，向其崇拜者发布神谕，一枚迈锡尼出土的戒指上刻画的图像很好地诠释了这种场景（图4-6）。在该图像中，神明的神殿由三株大树和一扇拱形的石头大门组成，神殿的上部是一株枝叶扶苏的树，下部是两株直立的树，旁边站立两位身着荷叶裙的女性，她们的双手合拢指向了前额。这种姿态显然是在祈祷。在这里，树与石头既是神明的圣殿，也是人类崇拜与祈祷的场所。石头与大树某种程度上被视为神明的化身，其功能等同于神像。在一些米诺时代的戒指上，神明有时会出现在石头或大树的旁边，从而向其崇拜者现身。现藏于牛津博物馆的一枚米诺戒指向我们展示了这种神圣的场景：由大树和石头组成的神庙外，一名女性右手向着天空高举而祈祷，不远处的天空中，一名身影模糊的神明听到祈祷后便从空中降落，他右手平伸，右手下垂，准备向崇拜者授予神谕。图像中心是一根直立的柱子，向上可以通到天空。这种柱子我们经常在神话与图像中见到，它是世界之轴的宇宙论象征，这一点从史前时代开始便已有所记载。从图像中可以看出，这位神明准备降落在他的圣殿之中，这是一所露天圣殿，以大门和树作为标志性符号，而大树为其中心。①

图 4-6 迈锡尼出土戒指上的神殿

从米诺戒指提供的图像资料来看，大树或石头象征的圣殿是举行仪式或祭拜活动的主要场所。一枚迈锡尼出土的戒指上（图4-7）刻画了这样的情境：一名男性抓住圣殿上方的大树，将头掉转过去，一名女性伏在大树边的圣殿上，中间的一名女性则双手叉

① 关于该建筑物为露天神殿的论述与阐释，具体参见Nanno Marinatos. *Minoan Kingship and the Solar Goddess: A Near Eastern Koin*e. Urbana: University of Illinois Press, 2010, p.73; Arthur J. Evans, "Mycenaean Tree and Pillar Cult and Its Mediterranean Relations," *The Journal of Hellenic Studies*, Vol.21,1901, pp.170–172。

图4-7　迈锡尼戒指上的摇树仪式

腰，手舞足蹈。图像两边是象征着圣殿的大树，圣殿之间是众多的石块，祭拜者的双足踏在上面，试图通过摇动大树而得到神谕。不难看出，这是一种入神仪式，即借助于大树进入迷狂状态从而获得神谕。在该仪式中，先知摇动作为神明居所的大树，大树发出声音，神明听到大树的声音后，再通过大树发出声音，先知聆听大树的声音并领会神谕。此种场景在希腊的德尔菲神托所中经常出现：阿波罗的祭司皮提亚（Pythia）要在咀嚼月桂树的树叶之后，才能够进入迷狂状态发布神谕。[1]直到公元前5世纪，希腊人依然认为，咀嚼月桂树叶能够让他们与阿波罗神近距离地接触，从而得知神意。[2]这种通过大树获得神意的做法可以在《圣经》中得到印证：上帝告知大卫，他要在敌人非利士人（Philistines）的桑林对面去攻打他们，当他听到桑树梢上有脚步声之后，他就可以率领军

① John Ferguson. *Among the Gods: An Archaeological Exploration of Ancient Greek Religion*. London: Routledge, 1989, p.72.

② H. W. Parke & D. E. W. Wormell. *The Delphic Oracle*. Oxford: Blackwell, 1956, p.26.

队前去急速攻打非利士人了。[①]这里的大树实际上具有双重作用——作为神殿与通神的介质，后者是在前者的基础上进行的，因为只有作为神明的居所，大树才具有神性，人类才能够通过它得知神明的意愿。

另外一种情况是，占卜者通过石头与树构成的神圣之所而看到异象，继而获知神意。就米诺戒指提供的图像而言，一些鸟类与流星之类的符号还会出现在这类场景中。在一枚出自希腊塞勒珀勒（Sellopoulo）的金戒指上（图4-8），一名男性伏在一块巨大的圆形石头上，他左手攀援圆石，回首张望，右手问候其右方的一只飞鸟。男性的头顶右上方，一颗流星穿天空而过。男性的左边是一株大树，树下是数块圆石。根据神话学者马丁·尼尔森的判断，这只鸟儿是神明的化身。[②]也就是说，这是神明向人类发布异象的场景，此种情境只会发生在神明的圣殿之中。如果回头考察一下荷马史诗，《伊利亚特》中的部分诗文或许可以帮助我们理解这种异象。赫克托耳（Hector）死后，特洛伊老国王普里阿摩斯（Priamus）祈求宙斯派遣神鸟发布神谕，以便让他知道是否能够到希腊阵营赎回儿子的尸首。“父亲宙斯，伊人达山至高的统帅，请让我到阿喀琉斯那里受到接待，获得怜悯，请您派遣一只显示预兆的鸟儿，快捷的信使，您心爱的飞鸟，强大无比，让他在您右边飞过，我亲眼目睹，有信心到骑快马的达那奥斯人的船寨去。”[③]宙斯听到祈祷后，果然按照普里阿

---

① *Holy Bible*. New Revised Standard Version. Oxford: Oxford University Press, 1955, 2Samuel, 24:26. 后文引用《圣经》不再标注详细信息，《圣经》译文参考和合本译文。

② Martin P. Nilsson. *The Minoan-Mycenaean Religion and Its Survival in Greek Religion*. Lund: C. W. K. Gleerup, 1927, p.285.

③ Homer. *The Iliad*. Book 24, Lines308-313.

图 4-8　塞勒珀勒戒指上的神殿

摩斯所祈祷的，派遣了一只鸟儿去报送神谕。能够看出，诗文所表述的信息与图像描绘的场景是一致的：鸟儿是发布神谕的信使，它在敬拜者的右方飞过。较之于《伊利亚特》，米诺戒指刻画的神谕场景中还出现了流星。在《伊利亚特》的另外一段诗文中，我们看到雅典娜女神以流星的面目出现在特洛伊人面前。“雅典娜早已按捺不住，她从奥林匹斯山下降，犹如狡诈的克罗诺斯之子放出流星，作为对航海的水手或作战的大军的预兆，发出朵朵炫目的闪光，非常明亮，帕拉斯·雅典娜女神也这样降落到地上。”①

在米诺图像资料中，我们找不到石头与大树生人的表述，因为并没有相关的场景刻画人类从大树或石头中诞生的情节。似乎米诺图像与荷马史诗、赫西俄德的表述之间存在巨大的断裂，二者之间并无直接关联。换言之，米诺时期的图像资料并不能解释荷马史诗文本中石头与大树生人的谜语，至多只能提供赫西俄德文本中“大

① Homer. *The Iliad*. Book 4, Lines73–78.

树与石头的话语”的图像原型。因此要探寻石头与大树话语背后所蕴含的思想，必须跨越米诺文化，向石器时代的地中海文化迈进，进一步探索其原初意义。实际上，米诺戒指上刻画的石头与大树图案仅仅是口传时代后期的产物，催生它的原型当为新石器时代地中海巨石文化大传统。

三、地中海巨石文化大传统

就巨石文化的性质而言，地中海沿岸的巨石文化与西欧、亚洲、美洲、非洲等地的巨石文化并无本质性差异，它们均为史前社会口传时代人类创造的独特文化，表述了人类在其发展早期关于石头的种种认知。巨石文化中的石头不同于现代化学意义上作为硅铝酸盐、硅磷酸盐、硅硼酸盐等化合物的石头，在巨石文化语境中，石头首先是一种神圣的物质，因为来自大地母亲的身体深处，带有大地女神的神性。一种普遍的共识乃是，石头因为其自身的质地与存在方式，“它的伟力、它的静止、它的体积以及它奇特的外形与人类绝无共性；它们同时表明存在着某种炫目的、可怕的、富有吸引力的以及颇具威胁的事物。它以其崇高、坚硬、外形状和色彩，使人类直面某种与他所属的世俗世界判然有别的实在和力量”[①]。正因为这种属性，石头象征了持久、永恒、不朽，乃至于神圣。总之，石头因其自身的属性而被人类赋予象征意味，并成为人类膜拜的对象。我们可以通过印度尼西亚的一则神话理解石头的这种象征意味。太

① 米尔恰·伊利亚德：《神圣的存在：比较宗教的范型》，晏可佳、姚蓓琴译，广西师范大学出版社，2008年，第206页。

初之时，天距离地很近，神将礼物系在绳子上送给人类的第一对夫妇。一日，神将石头送给这对夫妇，但他们非常恼怒，断然拒绝了礼物。后来神送给这对夫妇一只香蕉，于是他们欣然接受。随后，他们听到了神的声音："既然你们选择了香蕉，你们的生命便如水果一般。倘若你们当初选择了石头，你们的生命就会像石头一样永恒不朽。"[①]人类用石头建造神明的神殿，或者将石头看作神明的居所，它折射了人类将石头视为神明的这种认知心理——石头的质地极为坚韧，能够长久地存在于世界上，这种特性非常符合神明不死的特性，二者因此被等同。某种程度上，石头就是神明的化身，巨石建造的神庙就等同于神像，人类见到了神庙就见到了神明。事实上，被希腊人奉为神使的赫尔墨斯（Hermes），它最初的形象只不过是路边的一块石头，而阿波罗（Apollo）最初的样子也是由一根立柱来表示的。巨石神庙象征了神明不死的本性，也是神明在人间的居所，人类在这里举行各种仪式敬拜神明，希望得到神明的佑护。并且，人类希望通过巨石神庙举行的仪式与神明进行沟通，从而准确无误地理解神意。这样，我们便可以理解马耳他的巨石神庙的意义了——人们在这些神庙中定期举行一些仪式与庆典活动并献上祭品，以此获得神意，得到神明的庇护。石头的这种仪式性功用与米诺戒指描绘的图像基本吻合，但米诺戒指鲜有人类向神明敬献祭品的场景。很有可能，米诺时代制造戒指的工匠们继承了巨石文化中以石为神明居所与神殿的思想，而扬弃了敬献祭品的理念。

希腊与地中海各地遗留的史前巨石神庙与圣殿即是对"以石

---

① James George Frazer. *The Belief in Immortality and the Worship of the Dead*. Vol. 1, London: Macmillan and Co., Limited, 1913, pp.74–75.

为神明居所”很好的阐释。即便到了历史时期，巨石依然是人类崇拜的对象。譬如，赫梯人（Hittites）称其被膏抹的石头为圣石胡瓦斯（Huwasi），并将其置于神殿或露天圣殿内，人们在其前面献祭。[①]而希腊人将德尔菲阿波罗神庙中一块石头称为翁法罗斯石（Omphalos），石头所在的神庙就是希腊人心中的世界中心，即大地的肚脐。事实上，“我们完全可以肯定，翁法罗斯石就是树立在坟墓上的锥形石”[②]。在地中海巨石文化传统中，石头既是神明的圣所，也是人类死后的葬身之地，马耳他史前巨石神庙为此提供了有力的实物证据。马耳他岛屿的哈尔·萨弗里耶尼（Hal Saflieni）的地下神庙由数个岩石中的墓冢组合而成，“那儿长眠着7000多具骨骸，骸骨遍地都是，仿佛是乱扔造成的”[③]。神庙内室的墙壁上均有雕刻或壁画，多半为螺旋形、圆形和曲线形图案，另外，在这个史前墓葬中还出土了所谓“睡着的胖女人”女神卧像，以及公牛图像。神殿内有圆顶房间，越往里去，房间越窄、越暗。墓室呈曲线形，其结构某种程度上接近子宫，“神庙就是以更大的比例复制的子宫。活人走进去仿佛进入了女神的身体之中”[④]。死者置身其中，便象征性地进入了女神的身体，然后可以通过女神的子宫获得重生。这就表明，马耳他的巨石神庙也是死者的葬身之地，它是人类死后获得

---

① 相关表述参见 Tryggve N. D. Mettinger. *No Graven Image? Israelite Aniconism in Its Ancient Near Eastern Context. Coniectanea Biblica*. Old Testament Series 42. Stockholm: Almqvist & Wiksell, 1995, pp.29-130。

② 简·艾伦·赫丽生：《古希腊宗教的社会起源》，谢世坚译，广西师范大学出版社，2004年，第404页。

③ 费尔南·布罗代尔：《地中海考古：史前史和古代史》，蒋明炜、吕华、曹青林、刘驯刚译，社会科学文献出版社，2005年，第77页。

④ Günther Zuntz. *Persephone: Three Essays on Religion and Thought in Magna Graecia*. Oxford: Clarendon Press, 1971, p.8.

再生的神圣之地。这其中很有可能潜藏着这样一种观念：石头出自大地女神的身体内部即大地深处，它是大地的孩子，人类作为女神的创造物，死后葬在巨石墓室中，就能够进入大地母亲的子宫获得重生。这种认知转换为宗教信仰就是，人类从作为女神子宫与身体的巨石中诞生，石头与女神皆为人类母亲。这样我们便能够理解，为何地中海沿岸乃至于世界各地出现了那么多被称为石棚的巨石建筑。索多（Soto）的石棚长达21米，一面山墙状的花岗石高达3.4米，宽约3.1米，厚达0.7米，重量达21吨。严格意义上说，巨石文化中的石棚是安葬死者的地方，但它无疑表明人们对石头的崇拜心理，他们将巨石建造的墓冢视为一种神圣的重生场所，死者置身其中便可获得新生命。

如此，我们便也很容易理解地中海沿岸地区的巨石墓葬的作用，诸如萨丁岛上奥芝里（Ozieri）文化遗址中的巨石墓室、马耳他岛屿上的巨石墓葬，乃至于史前时期世界各地巨石文化遗址中的巨石墓等。在史前时期，这些墓葬实际上是死者获得重生的神圣场所，也是人们举行重生仪式的庆典中心。人们希望通过在巨石圣殿举行的仪式与神明进行沟通，也渴望自己已死去的祖先能够再生，渴望新的生命从巨石墓葬中诞生。这种巨石认知理念的另外一种变体就是："人们将祖先等同于或联想成石头，从而理解了生死之间的延续性和永久性。"[①]祖先是石头，那么人类就是石头的后代了。进一步延伸就是，石头出自大地女神的身体，人类出自石头，大地女神就是人类的母亲，石头就是人类的母亲。那这样荷马史诗中

① 米尔恰·伊利亚德：《宗教思想史》，晏可佳、吴晓群、姚蓓琴译，上海社会科学院出版社，2004年，第108页。

“你定然不会出生于岩石或古老的橡树”这样的谜语，以及赫西俄德文本中“石头和橡树的话语”也就有了答案，原来它指的不单是关于大树和石头创造人类的故事，还包含了人类从石头与大树而生的神话信仰。

在地中海巨石文化传统中，就像石头一样，树作为神庙或圣所的象征性符号而出现在人类的认知体系中，它与石头一起建构了作为神圣空间的圣地。至于为何树能够作为不死与再生的象征，这主要是由树自身的生物学特征所决定的：大树每年都要长出很多树叶，这些树叶可以周期性地长出然后凋落，大树因此获得了周期性新生。关于这一点，此处不打算赘言，作者另有专文阐释。“实际上，在原始世界的其他地方也可以发现树和石头成对的出现。在摩亨佐-达罗的前印度文明，有一处圣地就是围绕着一棵树而建造起来的。这样的圣地，在佛陀传法的时代遍布整个印度。巴利文作品经常提到放置在树边的石头或者祭坛（veyaddi，manco），它构成了民间对丰产神（夜叉）的崇拜。”[①]这样，石头与树便成为一种共生性的符号，共同建构了作为神明身体或居所的圣地，人类在此举行这种仪式，通过这些仪式，死者能够获得重生，伤者能够得到治疗，新生命与新生活方式亦在此诞生。从这个层面而言，石头与树是人类的祖先与父母，它们赋予了人类新的生命，正是它们使得人类一代代繁衍，生生不息。

总之，在新石器时期地中海巨石文化大传统下，石头与树是人类用来指涉神圣的象征符号，二者共同建构的空间是人类举行仪式

① 米尔恰·伊利亚德：《神圣的存在：比较宗教的范型》，晏可佳、姚蓓琴译，广西师范大学出版社，2008年，第259页。

的圣地，也是人获得新生的场所。这样看来，新石器时代地中海巨石文化传统下的石头与树，其象征意义比米诺图像资料所刻画的更为复杂，比荷马史诗与赫西俄德文本表述的更为丰富。看上去就是，就石头与树的象征意义而言，口传时代的神话信仰远比文字书写时代的神话文本要更为繁复。但另一方面，文字书写时代的神话文本能够对原有的神话信仰进行编码，不断创造新的内容，从而丰富石头与树的象征意味。稍晚于荷马史诗与赫西俄德文本的后世文学文本极为有力地证明了这一点，我们不妨一一观之。

四、后世文学叙事中的石头与树

荷马之后文学中关于石头与树的表述有多种，这里仅仅选取三种文本，那就是《圣经·旧约》、奥维德（Ovid）的《变形记》，以及维吉尔（Virgil）的《埃涅阿斯纪》。这三部文本能够代表从公元前5世纪到公元1世纪左右地中海世界文学中关于石头与树的叙述，它们分别从不同地域与时间反映文学创作对于史前巨石文化大传统的再编码，以及对于荷马史诗和赫西俄德文本的再创造。

《圣经·旧约》中表述石头与树共生的地方并不多见，只有少数地方讲到了石头与树的共存，一处是《约书亚记》，另外一处是《耶里米书》，不妨分别视之。“约书亚将这些话都写在神的律法书上，又将一块大石头立在橡树下耶和华的圣所旁边。”[①]这里的石头与橡树均为耶和华圣殿的象征符号，不过另外一处的石头与树就截

① *Holy Bible*. Joshua, 24:26.

然不同了。“他们向木头（英文为tree）说：‘你是我的父’。向石头说，‘你是生我的’。”[①]可以看出，《圣经》时代的希伯来人曾经有过将石头与树当作生命起源的信仰。《圣经》中的另一处经文同样透露了石头生人的信仰：“你轻忽生你的磐石，忘记产你的神。”[②]这种关于石头与神一体，继而生出人类的概念并不是圣经时代希伯来人独创的，它是史前巨石文化传统的遗留物，也是对巨石文化中石头生人信仰的再编码。

多数情况下，《圣经》中的橡树与石头是分别独立存在的，并且关于橡树的叙述要比石头多。橡树主要有示剑（Shechem）的摩利（Moreh）橡树和希伯伦（Hebron）的幔利（Mamre）橡树，在这两处橡树下，耶和华向亚伯兰（Abram）显身。“亚伯兰经过那地，到了示剑地方、摩利橡树那里。那时，迦南人住在那地。耶和华向亚伯兰显现，说：‘我要把这地赐给你的后裔。’”[③]后来，耶和华又在幔利橡树下显身，“耶和华在幔利橡树那里，向亚伯兰显现出来。”[④]橡树在概念上等同圣所，是神明的显身之地。就这一点而言，《圣经》与米诺图像、史前巨石文化传统是一致的，这与希腊神话中橡树作为宙斯的圣树也是吻合的。另一方面，《圣经》中的大树在理念上等同于神像。这一点在耶和华对摩西的告诫中体现得非常明确：“你为耶和华你的神筑坛，不可在坛旁栽什么树木作为木偶。也不可为自己设立柱像，这是耶和华你神所恨恶的。”[⑤]不难

① *Holy Bible*. Jeremiah, 2:27.
② *Holy Bible*. Deuteronomy, 32:18.
③ *Holy Bible*. Genesis, 12:6-7.
④ *Holy Bible*. Genesis, 18:1.
⑤ *Holy Bible*. Deuteronomy, 16:21-22.

看出，这里的树木实际为木偶（即神像），它作为崇拜的对象而存在。犹大国王亚哈斯推行异教，他塑造巴力的神像，并“在邱坛上、山岗上、各个青松树下献祭烧香”①。烧香就意味着举行祭拜仪式，这种行为只有在神殿中进行，树木自然等同于神殿。

《圣经》中的石头具有两种功用：作为神殿的石头与作为见证的石头。前者较为典型的当数雅各曾经通过石头而面见上帝：“雅各出了别是巴，向哈兰走去。到了一个地方，因为太阳落了，就在那里住宿，便拾起那地方的一块石头枕在头下，在那里躺卧睡了。梦见一个梯子立在地上，梯子的头顶着天，有神的使者在梯子上，上去下来。耶和华站在梯子以上，说……雅各睡醒了，说：‘耶和华真在这里！我竟不知道。’就惧怕说：‘这地方何等可畏！这不是别的，乃是神的殿，也是天的门。’雅各清早起来，把所枕的石头立作柱子，浇油在上面。他就给那地方起名叫伯特利（就是“神殿”的意思）……雅各许愿说：……我所立为柱子的石头也必作神的殿，凡你所赐给我的，我必将十分之一献给你。”②在上述经文中，“石头是神明的居所，雅各能够因其而邂逅耶和华，石头也是一个纪念神显曾经发生的崇拜场所”③。约书亚带领以色列民众渡过约旦河后，吩咐他们说：“你们下约旦河中，过到耶和华你们神的约柜前头，按着以色列人十二支派的数目，每人取一块石头扛在肩上。这些石头在你们中间可以作为证据。日后你们的子孙问你们说，‘这些石头是什么意思？’你们就对他们说，‘这是因为约旦河的水

① *Holy Bible*. 1 Chronicles, 28:4.
② *Holy Bible*. Genesis, 28:10–22.
③ Nanno Marinatos. *Minoan Kingship and the Solar Goddess: A Near Eastern Koine*. Urbana: University of Illinois Press, 2010, p.91.

在耶和华的约柜前断绝；约柜过约旦河的时候，约旦河的水就断绝了。这些石头要作以色列人永远的纪念。'"[①]作为纪念物的石头实际上具有见证作用，就像亚瑟·伊文思（Arthur Evans）眼中的米诺石头一样。[②]"这石头可以向我们作见证，因为是听见了耶和华所吩咐我们的一切话，倘若你们背弃你们的神，这石头就可以向你们作见证。"[③]能够看出，作为文字书写时代的叙述，《圣经》对口传文化中关于石头与树的编码较为全面并富有创造性，它一方面保留了史前文化中石头与树生人的信仰，另一方面将史前女神改造为希伯来人的至高神耶和华。

这样的创造性叙述同样体现在后世作家奥维德的《变形记》与维吉尔的《埃涅阿斯纪》中。就像《圣经》一样，《变形记》中橡树与石头成对出现的地方不多，只有一处讲到了橡树与石头的共生，那就是人类的起源。丢卡利翁（Deucalion）与妻子皮拉（Pyrrha）听取了阿尔忒弥斯（Artemis）女神的神谕之后，开始向身后扔石头，"丢卡利翁投掷的石头变成了男人，他妻子投掷的石头变成了女人"。[④]奥维德关于石头的叙述更为接近荷马史诗，也是对口传时代石头生人信仰的再创造。耐人寻味的是，奥维德在《变形记》中讲述了树生人的神话。密耳拉（Myrrha）是由少女变成的一株没药树，后来与自己的父亲乱伦生出了阿多尼斯（Adonis）。[⑤]少女密耳拉之

① *Holy Bible*. Joshua, 4:5-7.

② Arthur J. Evans. "Mycenaean Tree and Pillar Cult and Its Mediterranean Relations", *The Journal of Hellenic Studies*. Vol. 21, 1901, pp.112-113.

③ *Holy Bible*. Joshua, 24:27.

④ Ovid. *The Metamorphoses*, Book 1. A Complete New Version. translated by Horace Gregory, with Decoration by Zhenya Gay. New York: The Viking Press, 1958, p.15.

⑤ Ovid. *The Metamorphoses*, Book 1. A Complete New Version. translated by Horace Gregory, with Decoration by Zhenya Gay. New York: The Viking Press, 1958, pp.279-286.

所以会变成一株没药树，乃是因为在希腊文中，没药的发音与它非常接近，二者在语源上具有关联。这样看来，奥维德直接将口传时代树生人的信仰改造为神话故事，它与荷马史诗之间具有某种关联，因为它涉及了树生人情节，解释了为何人类由树而来。

古罗马诗人维吉尔的《埃涅阿斯纪》中同样有关于石头与树的叙述，但文本对二者的编码并不相同，而是各有侧重。综观全文，《埃涅阿斯纪》中的石头与树共生的地方只有一处，那就是二者作为阿波罗的神庙出现。[①]石头主要作为海仙与妖怪的居所，[②]而大树则具有多种用途，它既是生长在神庙旁的圣树，[③]也是人们占卜、献祭的场所。[④]就石头与树指涉的范畴而言，这些编码并未超越《圣经》经文。但特别需要指出的是，《埃涅阿斯纪》中对大树的编码有一处非常特殊，那就是关于冥府金枝的叙述。"在一棵枝叶茂密的树里，藏着一条黄金的树枝，它的叶子和杈桠也是黄金的，据说它是冥后普洛塞皮娜的圣物。整片森林护卫着它，幽谷的阴影遮盖着它。谁要想下到地府的深处，必须先把这黄金发一般的枝条从树上采撷下来。美丽的普洛塞皮娜规定这金枝摘下之后应当献给她。这金枝摘下之后，第二枝金枝又会长出来，枝上长出的新叶也是黄

① Virgil. *The Aeneid*. translated by John Dryden with Introduction and Notes. Auckland: The Floating Press, 2009, Book 3, Lines 90-93.

② Virgil. *The Aeneid*. translated by John Dryden with Introduction and Notes. Auckland: The Floating Press, 2009, Book 3, Lines 166-167.

③ 关于大树作为神庙旁伴生圣树的叙述，具体参见 Virgil. *The Aeneid*. translated by John Dryden with Introduction and Notes. Auckland: The Floating Press, 2009, Book 1, Lines 441-452; Book 2, Lines 721-722。

④ 关于大树作为祭祀、占卜场所的叙述，具体参见 Virgil. *The Aeneid*. translated by John Dryden with Introduction and Notes. Auckland: The Floating Press, 2009, Book 7, Lines 65-79; Book 9, Lines 87-92。

金的。”[①]这里的金枝实际上为树的变体，它自我生长的能力隐喻着生命的再生，这是口传时代大树生人神话的另外一种编码方式，它采用金枝再生枝叶的方式叙述圣树创造生命的神话信仰。至于为何将圣树置换为金枝，这主要是由其颜色与质地所决定的。因此，“黄金这种随着文明的到来而得到大规模开发的稀有金属，就承前启后地担当起象征神性与不死性的符号象征功能”[②]。由圣树生人到金枝再生的叙述实则为神话信仰的不同编码，二者在表述不死与再生思想上具有同等功效。

五、结语

作为口传时代神话信仰的石头与树的象征意义丰富多样，历经不同时代之后，它以编码的形式保存在各种叙述中。该神话信仰是后世叙述的原型，与这个意象相关的所有表述皆可视为对该原型的一种编码。因口传时代与文字书写时代的诸种差异，石头与树的编码意义不断发生变化。以时间为尺度，各种表述的层次与秩序可作如下理解：米诺戒指为口传时代的图像资料，其生成时间比后来文字时代的书写资料要古老得多，为第一级编码，荷马史诗与赫西俄德的文本为第二级编码，后世文学文本《圣经》、奥维德的《变形记》、维吉尔的《埃涅阿斯纪》为第三级编码。在该编码框架中，米诺戒指描绘了大树与石头作为圣地的场景，但遗漏了大树与石头生人的神话信仰。在荷马与赫西俄德的文本叙述中，石头与树被

① 维吉尔：《埃涅阿斯纪》，杨周翰译，人民文学出版社，2000年，第138页。
② 叶舒宪：《金枝玉叶：比较神话学的中国视角》，复旦大学出版社，2012年，第11页。

改造成石头与橡树，关于橡树与石头的话语成为一则晦涩难懂的谚语。后来的《圣经·旧约》以故事的方式叙述了石头与树作为圣所的象征性意义，同时以告诫的方式将石头与耶和华等同起来，但削弱了石头与树生人的叙述性情境。奥维德的《变形记》则将这种神话信仰转换成石头与大树生人的故事，维吉尔的《埃涅阿斯纪》创造性地将不死与再生理念改造为金枝再生枝叶的叙事。这样看来，距离口传时代愈远，关于石头与树的叙述愈具有创造性，其对原型的编码就愈加繁复，甚至部分叙事脱离了原型的本原意义。

如果将这种原型编码关系简化，就得到一种类似于金字塔的编码结构。在该结构中，作为石头与树的原型，其编码级别与其本原意义之间存在一种时间秩序。编码所处的级别越高，其意义与原型本原意义之间的差距就越大。这就意味着，作为原型的石头与树具有建构性功能，它通过各种不同的编码，创造了一系列关于石头与树的意义群。这些意义群之间相互关联，彼此互动，反过来又对石头与树的象征性意义进行建构，从而不断丰富其原初内涵。作为原型的巨石文化传统中的石头与树，经历不同时代之后，总是被既定时代的文化赋予一种全新的意义，并被再次编码，每一次编码都是对原始意象的再创造，原型的意义因而不断被遮蔽、扭曲，甚至颠覆。

第五章　神话观念与希腊人的宇宙论

第一节　克里特彩绘陶棺画中的彼世信仰

彩绘棺画指的是描绘于彩绘棺椁之上的图像，古希腊青铜时代晚期的彩绘棺画是在墓室中被发现的，因而被视为一种特殊形式的墓室壁画。古希腊青铜时代晚期的彩绘棺画分为彩绘石棺画与彩绘陶棺画两种，主要分布在克里特与希腊本土。这些彩绘棺画的生成时间在公元前1400年到公元前1200年，是米诺文明晚期的产物。古希腊青铜时代晚期的彩绘棺画是地中海世界文化交流与融合的产物，在地中海宗教共同体中具有极其重要的地位。

国际学术界关于古希腊青铜时代晚期彩绘棺画的研究始于20世纪初叶，其探讨可分为图像要素研究与图像关系研究两种。关注图像要素的研究者倾向于探讨彩绘棺画的图像及其符号，其中包括对图像类型的讨论[①]、对图像象征意义的讨论[②]，以及对图像特征的讨

---

① 详见Lyvia Morgan. “A Minoan Larnax from Knossos”, *Annual of the British School at Athens*, Vol.82, 1987, p.171–200; Anastasia Dakouri-Hild. “The Most Discouraged Mycenaeans: Performing Emotion and Death in Late Bronze Age Tanagra, Greece”, *Journal of Field Archaeology*, Vol.46, No. 6, 2021, pp.349–381。

② 详见Jane Ellen Harrison. *Themis: A Study of the Social Origins of Greek Religion*, Cambridge: The Cambridge University Press,1912, pp.158–178; Martin P. Nilson. *The Minoan-Mycenaean Religion and Its Survival in Greek Religion*, Lund: C. W. K. Gleerup,1927, pp.353–381;（转下页）

论[①]等。早期学者的研究主要集中在克里特哈格亚·特里亚达石棺画面象征意义的研究上，但关于石棺图像的意义并未取得共识。[②]从事图像关系研究的学者主要探析古希腊青铜时代晚期彩绘棺画与其他艺术形式之间的关系，其中包括克里特彩绘棺画的源头、[③]克里特彩绘棺画与地中海宗教之间的关系[④]等。可以看出，国际学术界关于古希腊青铜时代晚期彩绘棺画的探讨尚处于图像局部研究阶段，对于彩绘棺画图像体系的关注较为少见。国内学界关于古希腊彩绘棺画的研究处于起步阶段，仅有笔者一篇关于克里特彩绘棺图像体系与信仰研究的论文。[⑤]综上可知，国内外学术界尚未出现关于古希腊青铜时代晚期彩绘棺画图像体系的综合性研究成果，这就给本节的探讨留下了较为充分的空间。有鉴于此，本节拟对青铜时代晚期克里特与希腊本土彩绘棺画的图像体系问题进行探讨，对其生成情境、图像结构、彼世场景进行系统分析，进而探究古希腊青铜时代晚期彩绘棺画在地中海宗教共同体中的价值。

（接上页）Jean Porter Nauert. "The Hagia Triada Sarcophagus: An Iconographical Study", *Antike Kunst,* Vol.8, No. 2, 1965, pp.91–98; E. D. T. Vermeulen. "Painted Mycenaean Larnakes", *The Journal of Hellenic Studies*, Vol.85, 1965, pp.123–148。

① 在对特里亚达彩绘石棺残缺画面进行修复之后，多罗·利维指出，特里亚达彩绘石棺具有浓郁的克里特本土艺术特征，是克里特人的独创。详见Doro Levi. "The Sarcophagus of Hagia Triada Restored", *Archaeology*, Vol. 9, No. 3, 1956, pp.192–199。

② 如简·艾伦·哈里森认为，特里亚达彩绘石棺描绘的画面是季节交替仪式的再现，而马丁·尼尔森则认为，特里亚达彩绘石棺画表述的核心是对死者祭奠的仪式。详见Jane Ellen Harrison. *Themis: A Study of the Social Origins of Greek Religion*, p.178; Martin P. Nilson, *The Minoan-Mycenaean Religion and Its Survival in Greek Religion*, p.378。

③ L. Vance Watrous. "The Origin and Iconography of the Late Minoan Painted Larnax", *Hesperia*, Vol. 60, No.3,1991, pp.285–307.

④ Nanno Marinatos. *Minoan Kingship and the Solar Goddess: A Near Eastern Koine*, Urbana: University of Illinois Press, 2010, pp.140–150.

⑤ 王倩：《克里特彩绘陶棺图像体系与信仰》，《中国社会科学报》2019年1月7日，第6版。

一、彩绘棺画的出土情境

考古学意义上的情境，指的是文物所在的所有相关环境的总和。就青铜时代晚期的古希腊彩绘棺画而言，其出土情境主要涉及两个方面的内容，一是彩绘棺画所在的遗址，二是彩绘棺画所在的棺椁的形制。从遗存分布区域来看，古希腊青铜时代晚期的彩绘石棺与陶棺主要分布在克里特半岛与希腊本土。因古希腊青铜时代晚期迄今只有一具彩绘石棺出土，因此这里先介绍彩绘石棺画的出土情境。青铜时代晚期克里特唯一的一具彩绘石棺是哈格亚·特里亚达彩绘石棺，为意大利考古学者帕里贝尼（R. Paribeni）于1903年6月23日所发掘。特里亚达彩绘石棺的生成时间在公元前1370年到公元前1320年，该石棺因发现于哈格亚·特里亚达遗址北部山顶之上的墓中而被命名。哈格亚·特里亚达遗址位于克里特中南部的美萨拉（Mesara）平原上，此地距离较宏伟的费斯托斯（Phaistos）宫殿很近。此彩绘石棺长1.37米，宽0.895米，高0.45米，质地为石灰岩。[①]哈格亚·特里亚达彩绘石棺为箱式形制，四个挡面上皆有彩绘图像。

克里特遗址极其丰富，大约有140个墓葬遗址中出现了彩绘陶

① Jean Porter Nauert. “The Hagia Triada Sarcophagus an Iconographical Study”, *Antike Kunst*, Vol.8, No. 2, 1965, pp.91–98; Doro Levi. “The Sarcophagus of Hagia Triada Restored”, *Archaeology*, Vol. 9, No. 3, 1956, pp.192–199.

棺。[①]克里特地区出土了700个左右陶棺，其中彩绘陶棺过半。[②]这些彩绘陶棺分布在克里特岛中部、西部和东部地区，尤其是中部与西部地区的中心地带。在上述区域中，比较重要的考古遗址主要分布在以下几个地方：东部的帕莱卡斯特罗（Palaikaistro）、帕凯亚摩斯（Pachyammos）、维萨里卡·阿诺盖亚（Vassilike Anogeia），西部的阿美尼（Armeni），以及中部的高斐拉科亚（Giofyrakia）、凯弗洛克里（Kavrochori）。因尚有60具陶棺的相关数据尚未公布，我们很难统计上述各个地方出土彩绘陶棺的具体数字。不过可以肯定的是，克里特中部地区出土的箱式彩绘陶棺最多，而西部边缘地区出土的浴缸状彩绘陶棺最多。在众多地域中，阿美尼出土的箱状彩绘陶棺最多，占据西部出土彩绘陶棺的88%以上，同时占据克里特出土彩绘陶棺的29%。[③]上述地区彩绘陶棺的生成时间为米诺文明晚期，即公元前1400年到公元前1300年。在公元前14世纪，克里特地区尤其盛行箱状彩绘陶棺。[④]克里特出土的彩绘陶棺是用高黏度黏土烧制而成的，其颜色与陶瓶有些类似，即底色是黄褐色，主色是红色或黑色。

克里特彩绘陶棺主要有两种形式，即箱状彩绘陶棺与浴缸状彩

---

① Bogdan Rutkowski. “The Origin of the Minoan Coffin”, *The Annual of the British School at Athens*, Vol.63,1968, p.223.

② 其中箱式陶棺476具，浴缸式陶棺58具，尚未公布数据的陶棺60具。详见Laura Preston. “Contextualising the Larnax: Tradition, Innovation andRegionalism in Coffin Use on Later Minoan II-IIB Crete”, *Oxford Journal of Archaeology*, Vol.23, No.2, 2004, p.178, p.189。

③ Laura Preston. “Contextualising the Larnax: Tradition, Innovation and Regionalism in Coffin Use on Later Minoan II-IIB Crete”, *Oxford Journal of Archaeology*, Vol.23, No.2, 2004, p.178, p.191.

④ L. Vance Watrous. “The Origin and Iconography of the Late Minoan Painted Larnax”, *Hesperia*, Vol. 60, No.3, 1991, p.285.

绘陶棺，前者数量较多，后者数量极其有限。考古工作者迄今在克里特岛西部地区仅发现了5具浴缸状彩绘陶棺。[①]箱状彩绘陶棺通常有盖子，有四个支架，其结构类似于木制棺椁，而浴缸形状的彩绘陶棺通常没有盖子与支架。箱状彩绘陶棺的结构基本相同，即由棺盖、侧挡，以及支架构成。浴缸状的彩绘陶棺外形大同小异，与现实生活中的浴缸并无明显差异。箱状的彩绘陶棺与浴缸状彩绘陶棺偶尔会有把手，但把手上并未绘有任何图案。箱状彩绘陶棺的把手基本在盖子上，以及棺椁的左、右侧挡上，而浴缸状彩绘陶棺的把手通常在棺椁的四周。尽管箱状彩绘陶棺与浴缸状彩绘陶棺形状各异，但二者在尺寸上有些类似。具体而言，二者的“长度在90—150厘米之间，宽度在35—60厘米之间，高度在50—85厘米之间”。[②]

青铜时代晚期的希腊本土出土陶棺90具，其中彩绘陶棺约50具。而彼俄提亚（Boeotia）的塔那格拉（Tanagra）是希腊本土出土彩绘陶棺的集中之地，该地出土彩绘陶棺48具。希腊本土出土彩绘陶棺的体积略小于克里特地区的彩绘陶棺，“其长度在0.43—1.13米之间，宽度在0.20—0.38米之间，高度在0.32—0.78米之间。这些彩绘陶棺的尺寸变化很小（腿部也是如此），其变动尺寸在0.15米之内”[③]。多数情况下，希腊本土彩绘陶棺所在的遗址是家族墓地。

① Katerina Baxevani. “A Minoan Larnax From Pigi Rethymnou with Religious and Funerary Iconography”, *Bulletin-Institute of Classical Studies*, Vol. 40(S63), 1995, p.16, note.3.

② Laura Preston. “Contextualising the Larnax: Tradition, Innovation and Regionalism in Coffin Use on Later Minoan II-IIB Crete”, *Oxford Journal of Archaeology,* Vol.23, No.2, 2004, p.183.

③ Anastasia Dakouri-Hild. “The Most Discouraged Mycenaeans: Performing Emotion and Death in Late Bronze Age Tanagra, Greece”, *Journal of Field Archaeology*, Vol.46, No. 6, 2021, p.354.

希腊本土的彩绘陶棺大部分是在石窟墓（rock-carved chamber tomb）中发现的，墓室地上与彩绘陶棺中堆满人骨，墓室与彩绘陶棺中偶有陶瓶出现。彩绘陶棺以箱式为主，鲜有浴缸式彩绘陶棺。希腊本土的彩绘陶棺多数没有盖子与把手，因而与克里特的彩绘陶棺在结构上存在明显差异。因缺乏相关的考古背景，很难确定希腊本土彩绘陶棺的主人。不过从彩绘陶棺盛放的尸骨来看，尸骨有婴儿和孩子的，也有成人的。希腊本土的陶棺多数被发现于石窟墓中，而石窟墓是富人的墓葬，因此一种较大的可能性乃是，彩绘陶棺是当时流行于富人之间的一种比较普遍的葬具。

塔那格拉出土的彩绘陶棺分布在丹卓（Dendro）与盖斐塔（Gephyta）这两个地方。[①]这两地以出土箱式彩绘陶棺为主，偶尔也有浴缸式彩绘陶棺出土。丹卓与盖斐塔两地彩绘陶棺的生成时间在LHIIIB时期，即公元前1300年到公元前1200年。丹卓彩绘陶棺的生成时间比盖斐塔彩绘陶棺的生成时间要早一些，前者在LHIIIB时期的早期，后者在LHIIIB时期的晚期。这些彩绘陶棺用来盛放尸骨，成年人与孩子的尸骨都有。彩绘陶棺通常被置于石窟墓室之中，随葬品数量不多且质地粗糙，可见墓主人的地位并不是很高，可能是当时的富人。该地彩绘陶棺的外形与克里特中西部的彩绘陶棺外形极为接近，但质地比克里特的彩绘陶棺略微粗糙一些。

青铜时代晚期希腊本土的彩绘陶棺的制作工艺较为独特，即先

---

① 彩绘陶棺的具体情况如下：丹卓25具，盖斐塔18具，未能确定出土信息的彩绘陶棺5具，详见Anastasia Dakouri-Hild. “The Most Discouraged Mycenaeans: Performing Emotion and Death in Late Bronze Age Tanagra, Greece”, *Journal of Field Archaeology*, Vol.46, No. 6, 2021, p.353, Table 1。

分段制成，再加以拼接，最后烧制而成。“彩绘陶棺的黏土较为粗糙低劣，其中夹带了各种填充物，诸如砂砾、云母、植物纤维……多数彩绘陶棺的棺体上凿有不少孔洞，这些成排的孔洞从棺底开始，穿过棺椁支架上端。”①这种设计主要基于两个方面的考虑，一是方便彩绘陶棺在烧制过程中散热，二是为了让空气进入彩绘陶棺以便快速排掉尸水。②这种在棺体上凿孔的做法并不限于希腊本土地区，它在克里特地区也比较普遍。希腊本土彩绘陶棺的颜色与克里特地区的陶棺极为类似，即底色为黄褐色，主色是红色或黑色。克里特地区的彩绘陶棺图像鲜有人物形象，只有哈格亚·特里亚达与拉赛蒙（Rethymnon）附近的皮格（Pigi）这两地的彩绘棺画上出现了人物形象。

二、古希腊彩绘棺画的图像结构

从结构主义图像学的视角来看，图像由图像要素建构而成，其意义也隐藏在图像要素与结构之中。因此，在探讨古希腊青铜时代晚期彩绘棺画的图像结构之前，我们要考察其图像要素（见表5-1）。按照本节的表述顺序，我们的探究还是从克里特彩绘陶棺画开始。

① E. D. T. Vermeule. “Painted Mycenaean Larnakes”, *The Journal of Hellenic Studies*, Vol. 85, 1965, p.126.

② Lyvia Morgan. “A Minoan Larnax from Knossos”, *Annual of the British School at Athens*, Vol.82,1987, pp.173–174.

表 5-1　青铜时代晚期克里特与希腊本土彩绘棺画符号

区域＼符号	人物	植物	动物	出行工具	几何符号	神话图像
克里特	女性、男性、死者	棕榈树、纸莎草、百合花、海藻	公牛、山羊、马、鹿、水鸟、章鱼、海豚	马车、船	圆形、圆形花瓣、山形符号、波浪线、螺旋纹、方格纹	双面斧、太阳、太阳盘、格里芬、生命树、神鸟
希腊本土	女性、男性、死者	棕榈树、纸莎草、百合花、常春藤	公牛、山羊、马、水鸟、章鱼、软体动物	马车、船	圆形、半圆、菱形、方格纹、波浪线、水平线、十字形	格里芬、斯芬克斯

制表参考：Nanno Marinatos. *Minoan Kingship and the Solar Goddess: A Near Eastern Koine*, Urbana : University of Illinois Press, 2010, pp.140-150; Anastasia Dakouri-Hild, “The Most Discouraged Mycenaeans: Performing Emotion and Death in Late Bronze Age Tanagra, Greece”, *Journal of Field Archaeology*, Vol.46, No.6, 2021. p.358。

克里特彩绘棺画描绘的图像主要有人物、植物、动物、出行工具、几何符号，以及神话图像。只有哈格亚·特里亚达彩绘石棺画与皮格彩绘陶棺上出现了人物形象，其中包括女性、男性、死者。彩绘陶棺画中的植物图像主要有棕榈树、百合花、海藻，棕榈树与百合花是陆地植物，海藻则是海洋植物。彩绘陶棺画上的动物图像有公牛、山羊、马、鹿、水鸟、章鱼、海豚，其中陆地动物图像以公牛、山羊、马、鹿为主，海洋动物图像则以水鸟、章鱼、海洋软体动物为主。彩绘棺画描绘的出行工具主要有马车和船，这两类图像出现的频率不高，但多数被描绘于彩绘棺画的中央。在克里特东部出土的一具浴缸状的彩绘陶棺上，一艘船被描绘在较长的侧挡中央，船体两端呈现对称状，船上有桅杆与随风飘扬的帆（见图5-1）。克里特彩绘棺画描述的几何图像有圆形、圆形花瓣、山形符号、波浪线、螺旋纹、方格纹，山形符号主要出现在彩绘棺椁的盖子上，圆形与波浪线符号主要出现在彩绘棺椁侧挡的边界处。值得注意的是，克里特彩绘棺画上出现了众多的神话图像，其中尤以双面斧、太阳、格里芬、生命树、神鸟居多。

图5-1　克里特浴缸状彩绘陶棺上的船
现藏于克里特伊拉克利翁博物馆，王倩摄

较之于克里特地区，希腊本土彩绘陶棺上的图像场景相对要简单一些，以哀悼的情境为主。因为青铜时代晚期希腊本土的彩绘棺画主要分布在塔那格拉的丹卓与盖斐塔这两个地方，这里主要探讨这两个地区的图像因素。塔那格拉地区彩绘棺画的图像场景的因素可分为以下几类：人物、植物、动物、几何符号、出行工具以及神话图像。女性形象是塔那格拉彩绘陶棺画面表现的核心图像，共计有27处考古遗址中的36具彩绘陶棺上出现了女性形象①。哀悼的女性形象是该地彩绘棺画的灵魂，有33具彩绘陶棺刻画了哀悼的女性形象。男性形象较少，盖斐塔只有4处考古遗址中的7具彩绘陶棺上描绘了男性形象。青铜时代晚期希腊本土彩绘棺画描绘的植物图像种类较少，主要有棕榈树、百合花、纸莎草、常春藤，其中尤以棕榈树居多，塔那格拉共有7处墓葬中出现了棕榈树图像。塔那格拉的彩绘陶棺上的动物图像多半是陆地动物，诸如公牛、山羊、马以及水鸟，海洋动物主要以乌贼与鱼类为主。该地彩绘陶棺画上的几何类图像种类繁多，出现了半圆、圆形、菱形、方格纹、波浪线、水平线、十字形这类符号，其中半圆和圆形符号较多。塔那格拉彩绘陶棺描绘的出行工具依然是马车和船，并未有新的出行工具出现。塔那格拉彩绘陶棺上的神话图像以斯芬克斯和格里芬为主，并没有双面斧与太阳盘。较为特殊的是，塔那格拉的彩绘陶棺上出现了儿童的尸体。在丹卓3号墓的一具彩绘陶棺上，一具儿童的尸体被置于马车内，四位悲伤的成人围绕在马车两边，其中一位成人在抚摩孩子的头部，试图做最后的告别。②

从图像的结构性特征来看，青铜时代晚期克里特与希腊本土两地的彩绘陶棺画具有二元并立的特征。这种二元并立的特征首先体现在陆地场景与海洋场景的并存上，克里特彩绘陶棺画的图

① 其中有丹卓的11处遗址，盖斐塔的13处遗址，不能确定的考古遗址3处。关于具体的考古遗址信息，详见Anastasia Dakouri-Hild.“The Most Discouraged Mycenaeans: Performing Emotion and Death in Late Bronze Age Tanagra, Greece”, *Journal of Field archaeology*, Vol.46, No.6, 2021, p.349–381 p.358, Table 6; 关于绘有女性形象彩绘陶棺的具体信息，详见Margaretha Kramer-Hajos.“Mourning on the Larnakes at Tanagra: Gender and Agency in Late Bronze Age Greece”, *Hesperia*, Vol.84, No. 4, 2015, p.634, Fig.1。

② 详见Margaretha Kramer-Hajos. “Mourning on the Larnakes at Tanagra: Gender and Agency in Late Bronze Age Greece”, *Hesperia*, Vol.84, No. 4, 2015, p.645, Fig.9。

像尤其明显。彩绘陶棺画描绘的世界以海洋世界为主，但是其中又有陆地世界的图景。多数情况下海洋包围了陆地，而整个画面既有海洋世界，也有陆地世界。它似乎在表达一种完全不同于现实世界的彼世图景：彼世位于大洋深处的海底，是一个充满光明与生机的乐园。为方便理解，我们这里举例加以阐释。克里特东部凯弗洛克里彩绘陶棺（见图5-2），侧挡中央描绘了一驾奔驰的双轮马车，马车的左边是一株高大的棕榈树，树上站立着一只神鸟，棕榈树的左边是高大的海藻；马车的右边是一只章鱼和软体动物，以及很长的波浪线。该彩绘陶棺的盖子上刻画的同样是棕榈、神鸟与海洋生物共存的场景。棕榈树是陆地植物，鸟也多数生活在陆地上，而章鱼、软体生物以及海藻等都生活在海洋中。这就可以判断，这具彩绘陶棺描绘的图像是陆地与海洋场景的并置。凯弗洛克里彩绘陶棺盖子上描绘的陆地场景同样被海洋场景所围绕，与侧挡描述的场景基本一致。这就表明了一种图像结构上的特征，即陆地与海洋并立，并且海洋包围陆地。这种二元并立的图像结构性特征，应该是古希腊人的宗教信仰的表达，它们试图在传达一种关于彼世的理念。

克里特人这种关于彼世的宗教理念并不仅仅限于陆地场景与海洋场景的二元并立，它还表现在乐园场景与海洋场景的二元并立上。从克里特彩绘陶棺画描绘的场景来看，乐园并不是天堂，前者是亡灵的归宿地，后者是神明的居住地。乐园是亡灵的归宿，是一个充满光明与温暖的地方，亡灵在此可以享有永恒的生命。多数情况下，克里特彩绘陶棺画描绘的乐园占据整个画面的中心，但乐园图像却被大洋包围，形成了乐园在海洋深处的图像景观。克里特彩绘陶棺画的乐园景观主要由格里芬、双面斧、公牛角、太阳、百合花、纸

图 5-2　凯弗洛克里彩绘陶棺上的大海与陆地图景（摹本）

图 5-3　帕莱卡斯特罗彩绘陶棺上乐园与海洋场景

莎草构成。在克里特神话中，格里芬、双面斧、公牛角、太阳是乐园的象征符号。[①]克里特人的百合花类似于埃及神话中的荷花，是一种象征着再生的符号——埃及神话中的荷花生出了太阳。[②]考古学者亚瑟·伊文思指出，很多情况下，克里特的彩绘棺画上的百合花与纸莎草图案合二为一，即百合花与纸莎草的上半部被组合在一起成为一种复合型的图像，以此突出其宗教象征意味。该图像类似于埃及的瓦兹（waz），后者是埃及人用来象征德尔塔女神（Delta Goddess）的符号。[③]伊文思并未指出这种宗教象征意味究竟是什么，但我们却可以顺着其思维方式做出一个大胆的推论，即百合花与纸莎草组合在一起，一是具有强调再生的象征意味，二是突出乐园与水相关。克里特的百合花等同于埃及的荷花，荷花生活在水中，而纸莎草也是水生植物，二者被组合在一起，被青铜时代晚期的米诺人与迈锡尼人置于彩绘棺画上，很有可能强调乐园在水中这种理念。

在克里特东部帕莱卡斯特罗出土的彩绘陶棺（见图5-3），棺椁的一个侧挡上同时出现了格里芬、百合花、双面斧、公牛角、太阳、河流，以及纸莎草的图像，这些符号被陶棺支架上的螺旋线围绕，后者是大海的象征符号。陶棺的盖子上主要刻画了太阳与山脉，以及纸莎草的图像，这些图像与侧挡上的图像形成了呼应。克里特彩绘陶棺画将乐园图像与海洋图像并置在一起，形成了一个完

① Nanno Marinatos. *Minoan Kingship and the Solar Goddess: A Near Eastern Koine*. Urbana: University of Illinois Press, 2010，pp.114–130.

② Raymond O. Faulkner. *The Ancient Egyptian Book of the Dead*. London: British Museum Publications,1985, p.79. Spell 81A.

③ Arthur Evans. *The Palace of Minos: A Comparative Account of the Successive Stages of the Early Cretan Civilization as Illustrated by the Discoveries at Knossos*, Volume 2, Part 2, London: Macmillan and Co., Limited,1928, p.473, p.483.

图5-4　克里特彩绘陶棺上乐园与海洋场景
大都会博物馆收藏（编号：1996.521a, b），王倩摄

全不同于现实世界的新世界图景。大都会博物馆收藏的克里特的一具彩绘陶棺（见图5-4），侧挡上刻画了双面斧、太阳与公牛角的图像，陶棺的支架上画满了波浪线与螺旋纹，同样表现了乐园与海洋并存的奇特场景。这些彩绘陶棺分布于克里特的各个地区，时间大致在公元前13世纪左右，它们以一种特殊的方式表现了克里特地区的宗教信仰。希腊本土的彩绘陶棺画同样具有这种特征，只不过其图像特征没有克里特地区的彩绘陶棺明显，此处不作赘述。

明显可以看出，古希腊青铜时代晚期彩绘棺的图像结构是二元并立的，这种二元并立性首先体现在陆地场景与海洋场景的并立上，其次体现在乐园场景与海洋场景的并立上。这意味着古希腊的彩绘陶棺图像的结构具有多样的二元并立性：陆地与海洋的并置，乐园与海洋的并置，上与下的并置，光明与黑暗的并置。这种奇特的二元并立性使得古希腊彩绘陶棺成为一种表达宗教理念的图像载体。但古希腊的彩绘棺图像表现的二元世界并不是割裂开来的，相反，二者完全是一体的，即陆地世界与乐园都被包围在海洋世界之中，这个全新的世界位于大洋深处的海底，不同于现实世界。这就使得我们不得不思考一个问题：古希腊青铜时代晚期彩绘棺描绘的图像在表达何种认知与理念？

三、古希腊彩绘棺画的彼世场景

古希腊青铜时代晚期的彩绘石棺与陶棺皆为葬具，用来盛放人的尸骨，绘于其上的图像与符号也是为死者服务的。对于古希腊人而言，死亡并不是生命的结束与终止，而是另外一种生命形式的开始。“死亡是确保生命能够再生的一个必经阶段。”[①]古希腊人要为逝者举行隆重的送别葬礼，以此纪念死者。“特别值得注意的是，海上民族通过大海来为死者做最后的送别。”[②]这就意味着死者的亡灵只能借助于船来横渡大洋，最后抵达彼世。从这个意义上，我们也许就可以理解，为何克里特伊拉克利翁博物馆收藏的彩绘陶棺上描绘了一只帆船（图5-1），它应该是为死者亡灵穿过海洋而准备的。在克里特哈格亚·特里亚达彩绘石棺画上，画面右方最前面的男子，向死者献祭了一只船的模型（见图5-5），这也应该是希望死者的亡灵能够乘船顺利渡过大洋。可以断言，古希腊彩绘石棺与陶棺以及其上的图像，都具有一定的象征意义，即皆为死者亡灵服务。古希腊

① Bernard C. Dietrich. “Death and Afterlife in Minoan Religion”, *Kernos*, Vol.10, 1997, p.19.
② Bernard C. Dietrich. “Death and Afterlife in Minoan Religion”, *Kernos*, Vol.10, 1997, p.26.

青铜时代晚期彩绘石棺与陶棺的形状也因此变得非常容易理解，古希腊人将彩绘石棺与陶棺做成箱状或浴缸状，很有可能是因为二者很容易在水中漂浮，能够将死者的亡灵顺利送到目的地。古希腊神话中达娜厄与其子珀尔修斯被放在箱子或浴缸中在大海中漂流的故事，或许是克里特人关于亡灵借助箱子或浴缸抵达彼世的遥远记忆。

这样看来，古希腊青铜时代晚期彩绘棺画上的图像与场景极有可能是彼世图景，而不是其他场景。倘若仔细观察便会发现，几乎所有克里特与希腊本土的彩绘陶棺与石棺的四个支架上都绘满了波浪线，并且波浪线包围了整个画面。这并不是一种偶然的现象，而是一种具有深刻象征意味的图像模式。这种图像表现模式有两种可能的象征意味，一是象征海洋包围陆地，彼世位于一个被大洋围绕的岛屿上；二是象征彼世世界是一个位于大洋深处的空间，它距离大陆非常遥远。我们认为第二种象征意味的可能性比较大，因为彩绘棺画的其他图像场景为此提供了图像因素的支持。克里特与希腊本土彩绘棺画描绘的很多场景并不是单一的陆地或海洋场景，而是陆地场景与海洋场景并存，陆地生物与海洋生物并存。这就意味着图像描绘的彼世并不是一个岛屿，因为岛屿上不可能同时有海洋与陆地生物并存的情况。一种可能的情境乃是，彼世位于海底，因为海底世界才有海洋生物，那里有平原，陆地动物也可以在此活动。还有一点就是，彩绘棺画描绘的场景多半都是海洋世界，这很大程度上象征着死者亡灵要去的地方是一个海洋世界，而不是岛屿。关于这一点，我们可以在克里特凯弗洛克里的彩绘陶棺画（图5-2）上看到较为典型的场景。在该陶棺的侧挡上，一辆双轮马车载着死者向着画面的右方前行，而马车的左右两边分别是神鸟、章鱼、海藻、棕榈树。从画面描绘的场景来看，马车应该行驶在海底而不是陆地。换言之，马车载着死者向着海底的彼世前行。在克里特皮格出土的彩绘陶棺棺盖上，死者与周围的送别者皆被描绘在棺盖的底部，整个棺盖上绘满了波浪线，这很有可能就象征着死者要去的地方是海底世界而不是被大洋环绕的岛屿。考古学者南诺·马瑞纳托斯认为，青铜时代克里特人的彼世是位于大洋深处的第二个世界，并且海底充满了再生的因素。[①]我们认为此时克里特与希腊本土享有相同的宇宙论，其彼世位于深不可测的海底。

这种关于彼世位于大洋深处海底的理念，荷马史诗《奥德赛》中有所表述。在《奥德赛》中，珀涅罗珀意欲寻死，其亡灵要到大洋深处的彼世世界："请把我的灵魂带走，或者让风暴带走我，带我经过幽暗昏冥的条条道路，将我抛进环流的大洋奥克阿诺斯的河口。"[②]这种死者亡灵穿过大洋的理念在《奥德赛》的另一段诗文中再次出现，即当珀涅罗珀的求婚者被杀死之后，他们的亡灵要穿过奥克阿诺斯河。也就意味着，荷马眼中的彼世与古希腊彩绘陶棺上描绘的彼世是一致的：它位于大地的边缘，深不可测，亡灵要历经艰难方可抵达。从彩绘陶棺描绘的场景来看，古希腊人彼世世界的地形非常复杂，其间有高山、河流、湖泊。[③]这一点在《奥德赛》中也能够见到。珀涅罗珀求婚者的亡灵在抵达死亡世界之前，要经过白色的岩洞（rock Leucas），穿过太阳之门（gates of the sun）和

---

① Nanno Marinatos. *Minoan Kingship and the Solar Goddess: A Near Eastern Koine*. Urbana: University of Illinois Press, 2010, p147.

② Homer. *The Odyssey*. Translated by A. T. Murray, revised by George E. Dimock, Cambridge: Harvard University Press,1995,1995, Book 20, Lines 60-66.

③ 在米诺时期的古希腊艺术中，牛角符号象征山脉，波浪线象征河流，圆形的螺旋纹象征湖泊，这些符号已经形成了一种固定的图像叙事模式。相关表述参见：Nanno Marinatos. *Minoan Kingship and the Solar Goddess: A Near Eastern Koine*. Urbana: University of Illinois Press, 2010, pp.107-110。

梦幻之地（land of dreams），最后抵达阿福得洛斯草地（mead of asphodel）。南诺·马瑞纳托斯认为，太阳之门是通向彼世世界的边界与大门，它位于马什山（Mountain Mashu）中间，在埃及与克里特艺术中被表现为双峰的形状。[①]我们能够断言，《奥德赛》中的死者要经过岩洞、大山、平原、草地，最后抵达彼世世界。借助于《奥德赛》，我们便很容易理解古希腊青铜时代晚期彩绘石棺与陶棺上描绘的图像场景：它们是死者亡灵通往彼世的必经之地，也是亡灵的旅行路线。因此，彩绘陶棺上的棕榈、鲜花、章鱼或者太阳，应该是亡灵在通往彼世世界途中见到的景观，也是对死者亡灵的导引。古希腊青铜时代晚期彩绘棺画的图像场景很有可能是亡灵导引图，是亡灵通往彼世的叙事性地图。

从古希腊青铜时代晚期彩绘棺画的场景来看，这个具有神秘意味的彼世世界是光明之地，更是死后的乐园。克里特彩绘陶棺画刻画了众多乐园的图景，东部帕莱卡斯特罗的彩绘陶棺图像尤其典型（图5-3）。该彩绘陶棺的一个侧挡上刻画了众多的图像与符号：格里芬、百合花、双面斧、公牛角、太阳、河流，以及纸莎草的图像。上述图像与符号是太阳女神的象征符号，它们之所以出现在陶棺上，很有可能是因为它们是光明与美好的象征。这就意味着克里特彩绘陶棺描绘的世界是一个美好的光明乐园，它是亡灵的归宿地。在这个视角上看，彩绘棺画上那些生机勃勃的棕榈树、牛、山羊、章鱼、贝类以及海藻，就有了新的含义：它们生长在阳光下，在光明的海底不断地生长。这种彼世世界是光明乐园的理念，同样

① Nanno Marinatos. *Minoan Kingship and the Solar Goddess: A Near Eastern Koine*. Urbana: University of Illinois Press, 2010, p.142.

在塔那格拉的一具彩绘陶棺上有所体现（见图5-6）。在这具彩绘陶棺上，两位男性在鲜花盛开的原野漫步，身后跟着一只硕大的神鸟，神鸟背后是两株开花的纸莎草，棺椁的支架刻画的是象征宇宙山的U形符号。画面的左方是两株纸莎草，右方是波浪线，二者的象征意味非常明显。纸莎草是水生植物，波浪线象征着大海，二者均指向了海洋世界。这幅彩绘陶棺画以一种极其生动的方式表明，古希腊人死后，其亡灵要去的彼世是一个类似于天堂的光明之地，这里鲜花盛开，四季温暖，生命不死。但这个乐园并不是天堂，它是亡灵寄居的特殊空间，并且在大海深处。米诺时期的希腊人关于彼世乐园的记忆还保留在荷马史诗《奥德赛》中，老海神普罗透斯对墨涅拉俄斯说道："你已注定不是死在牧马的阿尔戈斯，被命运赶上。不朽的神明将把你送往埃琉西昂原野，大地的边缘，金发的拉达曼提斯的住所，居住在那里的人们过着悠闲的生活，那里没有暴风雨，没有严冬和淫雨，时时吹拂着柔和的西风，轻声哨叫，奥克阿诺斯遣它给人们带来清爽。"①《奥德赛》中的埃琉西昂原野不是死后乐园，它是少数英雄的亡灵居住的地方。

从古希腊彩绘棺画描绘的图像场景来看，亡灵要去的地方是大海深处的永生乐园，它位于大地的西方。尽管彩绘棺画本身并没有标明死后乐园在西方，但我们可以通过彩绘棺画描绘的场景来辨别。从哈格亚·特里亚达彩绘石棺画描绘的场景来看（见图5-5），画面右端是祭奠死者的场景，而画面左端是敬拜太阳女神的场景。太阳女神是光明的象征，太阳从东方升起来，因此画面左端的方向

① Homer. *The Odyssey*. Book 4, Lines 561–568.

图5-5　克里特哈格亚·特里亚达彩绘石棺画（较长一端）
现藏于克里特伊拉克利翁博物馆，王倩摄

应该是东方，而画面右边的方向应该是西方。在克里特皮格出土的一具彩绘陶棺的盖子上，描绘了死者被置于尸架上的场景，死者的头部朝向画面的右方，画面的背景是大海深处。哈格亚·特里亚达与皮格这两个地方死者头部的方向都指向了画面的右方，这就说明亡灵的归宿地应该是西方，西方也是太阳栖息的地方。结合《奥德赛》中所书写的古希腊的死后乐园常年吹拂着柔和的西风的情境，我们可以肯定，这种死者头部朝向画面右方的做法，象征着死者亡灵向西方前行而抵达乐园。古希腊彩绘棺画上这种死者头部向右方的图像场景，在几何时期的希腊瓶画上经常出现。雅典附近的凯拉米克斯（Kerameikos）出土的双耳细颈椭圆陶罐上，死者被置于尸架上，其头部向着画面右方（见图5-7）。学者古德伦·阿尔伯格

（Gudrun Ahlberg）指出，希腊几何时期的瓶画上，死者的头部总是被置于画面右方，这种方位在葬礼上具有特殊的意味。[1]我们认为，死者面向右方的图景，是克里特彩绘陶棺上表述的西方是亡灵乐园理念的图像延续。

图5–6　塔那格拉5号墓彩绘陶棺画上的乐园图景，赵亚君绘

图5–7　凯拉米克斯双耳细颈椭圆陶罐画面（局部）
现藏于雅典国家博物馆（编号：804），王倩摄

① Gudrun Ahlberg. *Prothesis and Ekphora in Greek Geometric Art*. Göteborg: Paul Åströms Förlag. 1971, p.43.

综上可知，青铜时代希腊人的彼世是一个非常特殊的空间，位于远离大地的西方海底。这里是一个光明的世界，常年温暖湿润，鲜花盛开，树木长青，几乎可以与天堂相媲美。这里虽然美好，但它不是天堂，是亡灵寄居的永生乐园。彼世虽然是海底世界，但地形却非常复杂，有高山、岩洞、平原、河流、湖泊，乃至于草地。因此，亡灵要历经千辛万苦方可抵达海底世界的不死乐园。

米诺文明时期克里特与希腊本土彩绘棺画描绘的彼世理念极为独特，可以将其理解成为此时克里特与希腊本土埋葬习俗的产物。米诺时期克里特人与希腊本土居民盛行第二次入葬的习俗，第二次入葬基本都是在人死后2年到5年之内举行，与第一次入葬的时间有一段距离。“第二次入葬时，不必入葬整具遗骨，只选择头颅骨和股骨安葬，其余皆可抛弃。”[1]考古学者马瑞纳托斯指出，新宫殿时期克里特地区盛行海葬，很有可能克里特人在第二次埋葬祖先时，将大部分遗骨放入船中，然后让船沉入大海。一种较为可能的情况乃是，二次入葬的遗骨就被盛放在彩绘陶棺或石棺中。这可以帮助我们理解为何彩绘陶棺或石棺中遗骨较少，同时也为彩绘陶棺与石棺的尺寸比真人尺寸小很多提供了一种理解的线索。大海收纳了死者，死者最后沉入海底，海底自然就成为死者的栖息地，也是亡灵最后的乐园。

如果将眼光放到地中海世界，我们就会发现古希腊彩绘石棺与陶棺图像体现的彼世在西方的理念，与古埃及以及美索不达米亚地区的文本所表述的彼世理念是一致的。在古埃及《亡灵书》

① 王以欣：《寻找迷宫：神话、考古与米诺文明》，山东画报出版社，2010年，第270页。

中，死者的亡灵要不断追寻太阳的脚步，历经艰难才能够到达西方永生乐园，而其主要的出行工具就是船。《亡灵书》中第91篇的咒语就是帮助亡灵摆脱西方之门的禁锢，“谁要是知道了这条经文，他就会成为彼世世界一个具有再生资格的灵魂，不会被任何一扇通向彼世的西方之门所禁锢”[①]。这段经文非常明显地表明，死者的亡灵要去西方才能获得不死的生命，亡灵要经历各种磨难方可抵达神明所在的西方不死乐园。这种理念与古希腊彩绘棺画描述的彼世理念是一致的。《亡灵书》的生成时间在新王国时期，时间略早于古希腊的彩绘棺画。克里特地区彩绘陶棺的形制源自古埃及的木制棺椁，很有可能古希腊彩绘陶棺上的彼世理念一定程度上也受到了埃及《亡灵书》的影响，导致二者关于死后世界的表述亦是一致的。

米诺时期克里特与彩绘棺画图像描绘的光明乐园的理念，同样在巴比伦史诗《吉尔伽美什》中有所体现。英雄吉尔伽美什为了寻找不死草，要穿越位于马什山的太阳之门，[②]然后下到大河深处的乐园。他要不断地追寻太阳的脚步，穿越由蝎人把守的山门，才能够到达光明的乐园。有学者指出，一种可能的情况是，英雄吉尔伽美什的这种历险路线，与《亡灵书》和古希腊彩绘陶棺画表述的亡灵旅行路线有些类似。“换言之，英雄吉尔伽美历险路线模仿的是死

① Raymond O. Faulkner. *The Ancient Egyptian Book of the Dead*. London: British Museum Publications,1985, p.84. Spell 91.

② 马什山是宇宙山，也是连接天堂与冥界的通道：其山顶上通天堂，山麓下抵冥界。马什山由两名蝎人把守，凡人不能随意通过。详见《吉尔伽美什：巴比伦史诗与神话》，赵乐甡译，译林出版社，1999年，第63—64页，第9块泥板（二A）。

者亡灵之旅。”[①]这就意味着巴比伦人的《吉尔伽美什》中的英雄历险之旅，与《亡灵书》以及青铜时代后期克里特和希腊本土彩绘棺画描述的死者亡灵之旅具有某种理念性关联，即亡灵要不断旅行才能够抵达光明而温暖的不死乐园，并在此获得永生。换言之，古希腊彩绘棺画表达的彼世信仰，并不是古希腊人的独创，而是此时整个地中海世界共享的一种信仰叙事模式。也就是说，古希腊彩绘棺画描绘的彼世图景，是古希腊人借鉴地中海世界宗教理念的结果，它也是地中海世界宗教共同体的一个组成部分。

四、结语

至此，我们能够得出两点推论：其一，古希腊彩绘棺画已经形成了一套极其复杂的图像体系。该图像体系的叙事核心是亡灵如何追随太阳，西行至西方的海底不死乐园。古希腊彩绘棺画的图像体系本质上是以彼世为核心的神话体系，它以图像叙事的方式表述了亡灵抵达彼世不死乐园的历险路线。该神话图像叙事体系没有固定的叙事情节，却生动地标明了亡灵西行所经过的各类地方：大海、大山、河流、平原，湖泊。古希腊彩绘棺画图像体系描述的核心内容是亡灵如何抵达海底的不死乐园，因此这些图像并非是出于审美目的而被制造的，相反，它是为死者亡灵服务的。换言之，古希腊彩绘棺画的图像体系实际上是亡灵导引图，其作用类似于埃及的《亡灵书》，用来指导亡灵如何抵达死后的光明乐园。

---

① Nanno Marinatos. *Minoan Kingship and the Solar Goddess: A Near Eastern Koine*. Urbana: University of Illinois Press, 2010, p.142.

其二，古希腊彩绘棺画的图像体系具有明显的海洋文化特征，是地中海宗教共同体的产物。古希腊彩绘棺画描述的彼世世界位于大洋深处的海底，亡灵要渡过大海才能够抵达。这种向西与向下寻找不死乐园的彼世认知显然是海洋文化的产物，也是地中海宗教共同体的产物。因古希腊彩绘棺画在公元前1400年到公元前1200年的克里特与希腊本土流行，并且部分发现于家族石窟墓，这就表明古希腊彩绘棺画描述的彼世理念并不属于王族，而是属于王族之外的富人或其他阶层。这种亡灵的归宿地是光明乐园的理念，在埃及《亡灵书》与巴比伦史诗《吉尔伽美什》中有所体现，并且在几何时期的古希腊瓶画上同样能够发现。如果没有业已成型并被系统化的神话叙事，那么这种关于彼世的认知模式很难在地中海世界传播。因此可以肯定，在宫殿时期的克里特与地中海东岸世界，这种关于彼世的信仰就已经被具体化，继而成为一种图像叙事的模式。

第二节　荷马史诗中的异象

一、相关概念

荷马史诗因保存了大量的古希腊神话而受到众多研究者的重视，因此，本节关于古希腊神话中的异象研究，以荷马史诗为重点研究对象。

所谓异象，指的是非同寻常的景象，基督教的异象指上帝对人类特别的启示、引导与预言。本节所论述的异象指的是不同寻常的景象，并不是纯粹基督教意义上的异象。荷马史诗中的异象表述多达近百处，涉及的情境包括战争、瘟疫、地震、海啸、占卜等。除此之外，异象还关涉众多的神话人物形象：宙斯、雅典娜、阿波罗、波塞冬、阿伽门农、阿喀琉斯、奥德修斯、赫克托尔、海伦等。可以看出，这些异象情境皆为史诗表述的关键性情节与形象，对史诗的情节发展起到了关键性推进作用。但国内学者关于荷马史诗异象的研究却较为少见，仅有陈中梅先生及其他个别研究者探讨其中的“鸟迹”问题，[①]可见尚有很大的空间展开相关问题的探究。本节从“大历史”与“大、小传统”的知识视野出发，从跨学科视角探讨荷马史诗中的异象问题，其中包括异象的种类与样态，异象的叙事结构，并探寻其生成的史前信仰大传统源头。

“大历史”是20世纪末以来西方新史学倡导的一种理论，旨在强调历史的整体性与长时段性质，是对新史学强调的“复数的历史观”的另外一种补充。所谓“大历史”，首先它不是世界史，不是全球史，不是国家史，上述历史都具有局限性，即以人类为中心。从大历史的理论来看，“大历史”是万物史，是非人类中心主义的历史。其次，“大历史”的起点不是人类历史的起点，而是宇宙生成的起点，大历史的终点也不是人类历史的终点，而是万物的终点，因为在人类消失之后，其他物种的历史还在继续。从这个角度来说，“大历史”的生成历史比人类的生成历史要早得多，是真正意义上的长时段历史。从大历史的视角来说，本节探讨的异象就不局限于荷马史诗与荷马时代，还要上溯到前文字时期的考古实物与图像上描绘的异象图像，由此反观荷马史诗中的异象与前文字时代图像之间的关联，即“小传统”对于“大传统”的继承问题。这里

① 陈中梅：《神圣的荷马》，北京大学出版社，2008年，第311—332页；李玮巍：《论〈荷马史诗〉中的鸟迹》，《成都航空职业技术学院学报》2010年第4期，第75—77页。

需要对“大传统”与“小传统”做一个简单的交代。

“大传统”与“小传统”这一对学术术语的创造者是罗伯特·雷德菲尔德。罗伯特·雷德菲尔德眼中的“大传统”指的是代表国家与权力、由城镇的知识阶级所掌控的书写的文化传统；“小传统”则指代表乡村的，由乡民通过口传等方式传承的大众文化传统。[①]罗伯特·雷德菲尔德的大、小传统仅仅针对原始形态的小型社会或民族国家的农村社会的系统划分而言，并不针对所有类型的社会。当下意义上的“大、小传统”不同于罗伯特·雷德菲尔德界定的大、小传统，它有着特定内涵。从叶舒宪先生的阐释来看，大、小传统各有其特定的内涵：“把由汉字编码的文化传统叫做小传统，将前文字时代的文化传统视为大传统。”[②]虽然叶舒宪教授将小传统局限于中国汉字编码的传统，但这并不妨碍本节关于荷马史诗异象的探讨，笔者将小传统视为文字而不是汉字编码的传统，这样就能够将荷马史诗中的异象探讨上溯至前文字时代。当然，本节的理论基础并不局限于新史学的“大历史”理论与人类学意义上的“大、小传统”，而是在跨学科阐释的基础上，将荷马史诗表述的异象与前文字时代出土文物和图像描述的异象场景联系起来进行探讨，以此发现二者之间的关联。只不过，这一切要从荷马史诗异象的种类与形态开始。

① Robert Redfield. *Peasant Society and Culture: An Anthropological Approach to Civilization*. Chicago: The University of Chicago Press, 1956, pp.70–71.

② 叶舒宪：《探寻中国文化的大传统——四重证据法与人文创新》，《社会科学家》2011年第11期，第9页。

二、异象的种类与形态

荷马史诗中的异象主要包括以下几类：瘟疫、地震、海风、海浪、海啸、鸟迹、异音、幻象（主要是神明幻化成人）、流星、闪电、梦兆等。上述异象可以归结为两种形态：灾难型异象与神谕型异象。所谓灾难型异象，指的是能够带来灾难与破坏力的异象，这类异象主要为瘟疫、地震、海风、海浪、海啸，尤其是海浪、海啸这类异象，具有明显的海洋文明特征。古希腊为海岛类国家，其“中心地带是一座半岛，大体分成两部分，由一道极其狭窄的地峡连接在一起，另外还包括爱琴海中相互联系的岛屿。由于东地中海地壳构造方面的巨大活动，才使得希腊中心地带的地形地貌以山脉纵横为标志”[①]。在这种地理地貌下，古希腊灾难型异象主要表现为地震、海风、海浪、海啸，而大陆性平原地区普遍发生的旱灾与水灾，在荷马史诗表述的灾难型异象中几乎不存在。

灾难型异象也称灾异，是神明对人类的一种严惩。在多数情况下，荷马史诗中的灾异之所以发生，是因为人类犯下了大错，做了对神明极其不敬的事情，神明以此重罚人类。在《伊利亚特》中，迈锡尼国王阿伽门农霸占了特洛伊人的女子，也就是阿波罗的大祭司克律塞斯的女儿，阿波罗为此发起瘟疫，希腊联军与牲畜死亡无数。由神明发起的灾异是无法抗拒的，地震、海啸、瘟疫，均是如此。因此我们在荷马史诗中并没有看到英雄救世的神话，仅仅看到因为某一个人的过错而导致众多无辜者遭受灾异的

① 保罗·卡特里奇主编：《剑桥插图古希腊史》，郭小凌等译，山东画报出版社，2005年，第26—27页。

现象。在这种语境下，人类消除灾难的唯一途径便是悔过赎罪。我们因而看到，在《伊利亚特》中，希腊人归还了特洛伊人的女子，并举行盛大的赎罪仪式，以此来消除瘟疫。这种罪与罚的灾异叙事与中国神话中的灾异叙事有着本质的不同，因为神话本身无意制造救世英雄，而是旨在提醒人类，要永远直面自己的行为并反思。中国神话中的灾异叙事强调英雄救世的思想，比如大禹治水这类神话，其叙事主旨并不在于灾异的发生，而是在于如何救灾。当然，历代史书中也不乏灾异神话，但这些灾异神话是谶纬神话与天命神话，并不是真正意义上的灾异神话。荷马史诗中的灾异是一种灾难，但不是普通的灾难，而是神明惩罚人类的手段。这种灾难，人类是无法抵御的。它之所以是灾难型异象，是因为神明借此要警告人类，他们犯了错，要悔过赎罪。说到底，此种灾异不具预言性，而是具有惩戒性，与神谕型异象有着本质的差异。

神谕型异象指的是以神谕形式出现的异象，其中涉及鸟迹、异音、幻象、流星、闪电这类异象。这类神谕型异象在世界各地文学作品中出现的频率较高，希伯来人的《圣经》中频繁出现的各类异象，都是上帝对人类的种种启示与暗示。中国历代史书中频繁出现的灾异、祥瑞等异象，皆为上天对人们的暗示与信号。神谕型异象因而是一种普遍的认知系统，是来自另外一个世界的暗示性或隐喻性的象征。较之于希伯来与古代中国，荷马史诗中的天象与鸟迹异象居多，这要归结于古希腊的独特位置与信仰机制。古希腊位于地中海北部，地中海地区在史前时期就已经是一个极为活跃的贸易地带，在公元前2500年左右就已经实现了信仰的大一统，此时的克里特地区与周围的地中海、埃及、巴比伦共享一种近似共同体性的文明体系，拥有相同的宗教与神话信仰。[①]这种文明体系涉及天文学，对于海上民族的希腊人而言，天文学知识极其重要，因为海上贸易与航向，天象知识是唯一可以依靠的有效路径。在这种背景下，克里特文明很大程度上引进了埃及与巴比伦的天文学知识。“巴比伦人对天体感兴趣是因为他们认为这些天体预示着人间的君王个人及其王国的未来。他们对为何月食会在特定的时间发生不感兴趣，只是对这一现象感兴趣。他们不去争论天空必然产生这种现象的原因，而是研究天象所隐含的神灵对人类的指令。”[②]在引进巴比伦人的天象知识时，古希腊人沿袭了这种认知观，乃至于到荷马时代，依据天象来获知神意的做法依然存在。我们因此在荷马史诗中看到，大量的天文异象被视为神谕，人们借此可以获知神意。

在荷马史诗的异象中，鸟迹类异象最多，在《伊利亚特》与《奥德赛》中有12处之多，其中《伊利亚特》8次，《奥德赛》4次。上述鸟异象涉及的鸟类有鹰、鹞鹰、苍鹭，基本都是猛禽类飞鸟。这些鸟迹异象中较为典型的有两处，一处是希腊联军观看鹰抓小鹿的异象，另外一处是特洛伊老国王普里阿摩斯（Priams）看到鹰从人右方飞过的异象。在这两处飞鸟异象中，鹰是至高神宙斯派到人间传递神意的使者，鹰抓小鹿以及鹰右飞的异象成为宙斯向人类传递神意的神谕。其他十处鸟异象，都是神明派遣飞鸟向人类传递神意的预兆，只不过有的异象需要大祭司解读，有的异象所有人一看

① 费尔南·布罗代尔：《地中海考古：史前史和古代史》，蒋明炜、吕华、曹青林、刘驯刚译，社会科学文献出版社，2005年，第83—116页。

② 保罗·卡特里奇主编：《剑桥插图古希腊史》，郭小凌等译，山东画报出版社，2005年，第274页。

就明白，比如，希腊联军看到的鹰抓小鹿的异象要请大祭司来解读，而鹰右飞的异象任何人都能够明白其中的蕴意。

这里存在的一个疑问是，为何希腊人将鹰、鹞鹰这类猛禽类飞鸟作为异象传递的使者？若细究起来，原因有多种，有两个原因最为主要。其一，希腊多数地区为山地与半岛，鹰与鹞鹰这类猛禽适宜在希腊生存。换言之，鹰类猛禽在希腊的数量较多。关于这一点，我们不必多说，只要看看荷马之前的大量出土文物与图像上描述的众多鸟的形象就可以明白，荷马之后的历史文献与文学作品中诸多关于鸟的描述，同样能够表明这一点。从另一个视角来看，希腊如果没有数量众多的鸟，占卜与神谕这类事情不可能进行。我们甚至在阿里斯托芬的喜剧《鸟》中看到希腊民众凡事都要依靠鸟类占卜的情景："你们不管干什么都得先找鸟问上一卦，不管是做买卖，置家具，还是吃喜酒。你们问卦要找鸟，求签也找鸟，打喷嚏也叫鸟，开会也叫鸟，说一句话是鸟，用人是鸟，驴子也是鸟，所以我们就是你们的阿波罗神，这是很清楚的。"[①]其二，荷马以及荷马之前的时代，飞鸟为神使的信仰普遍存在于古希腊，甚至世界各地都普遍存在这种理念。原因非常简单，鸟类飞翔于天地之间，是上天与大地传递信息的通道与桥梁，也是把死者亡灵带到天堂的使者。[②]当然，这并不是荷马史诗独有的现象，克里特出土的米诺时代许多黄金戒指上同样描绘了鸟儿右飞的异象，尤其是塞勒派勒出土的黄金戒指，它所描绘的飞鸟异象与特洛伊国王看到的鹰飞右方

---

① Aristophanes. *Birds*. Nan Dunbar, ed., Oxford: Oxford University Press, 2018, Lines 715—722.

② 米尔恰·伊利亚德：《萨满教》，段满福译，社会科学文献出版社，2018年，第156—158页。

的异象完全一致。[1]这就说明，鸟异象在荷马时代之前就普遍存在于希腊世界。甚至学者马丁·尼尔森认为鸟在异象中是神明的化身。[2]我们也可以这样理解，鸟异象是希腊神谕的一种形式，也是神显的一种方式，表明了神明的神圣旨意。

三、异象的叙事模式

荷马史诗中的异象叙事模式受制于异象的形态，即灾难型异象与神谕型异象各有不同的叙事模式。对于灾难型异象而言，其叙事结构为惩罚型叙事模式，而对于神谕型异象而言，其叙事模式并非是惩罚式，而是神谕型叙事模式。两种叙事模式相互结合，建构了荷马史诗的异象叙事，使得史诗的叙事具有神秘而悲壮的意味。因两种叙事模式的结构与机制并不完全相同，笔者下文分别阐释。

荷马史诗中的灾异叙事具有明显的惩罚意味，即因人类的罪恶导致神明降下灾异以示惩罚。这种叙事模式基本属于因果式叙事，但其中却蕴含着替罪羊机制，充满了暴力意味。这样说来有些抽象，笔者举例简单加以说明。凡是读过《伊利亚特》的人都知道，史诗开篇描述了希腊联军遭受的大瘟疫，将士与随军的骡子、狗群大量死亡。灾异是阿波罗神发起的，因为希腊联军的首领阿伽门农霸占了特洛伊人的女子，也就是阿波罗大祭司的女儿。希腊人

---

① Mervyn R. Popham, E. A. Catling and H. W. Catling. "Sellopoulo Tombs 3 and 4, Two Late Minoan Graves near Knossos", *The Annual of the British School at Athens*, Vol.69, No.1, 1974, pp.195-257.

② Martin P. Nilsson. *The Minoan-Mycenaean Religion and Its Survival in Greek Religion*. Lund: C. W. K. Gleerup, 1927, p.285.

明白瘟疫暴发的真实原因后，随即送还了异邦的女子，并举行了盛大的赎罪仪式，延续十日的瘟疫才得以消失。这种因果式的叙事模式将瘟疫归结于一个人，即迈锡尼的国王阿伽门农，让他成为瘟疫发生的罪人。现实社会中很多瘟疫实际上并不是某个人的过失造成的。中外历史上发生过无数的瘟疫，希腊社会同样发生过无数次的瘟疫，但瘟疫并不是人类的罪恶造成的。据修昔底德的《伯罗奔尼撒战争史》记载，公元前430年夏季与公元前427年冬季，即伯罗奔尼撒战争的第二年与第五年，雅典城曾经发生过两次大瘟疫，仅死亡的士兵就多达4700多名，相当于雅典公民现役人数的三分之一。[①]雅典城这场瘟疫的暴发并未有明确的原因，尽管死亡人数极多。但在荷马史诗中，所有的灾异都是因为人类触犯了神明而导致的，除了阿伽门农造成了瘟疫，还有奥德修斯因触怒了海神波塞冬而招致了海啸、地震等。这种因果叙事模式实际上表述的主题是罪与罚。这在《圣经》旧约中比比皆是，以色列人经历的每一次灾异都是因为自身的罪恶而导致上帝震怒降下灾难。较为严重的一次是在摩西带领以色列人出埃及后，百姓向耶和华发恶言，结果耶和华降了极大的瘟疫，导致以色列14700人死亡。就这个层面而言，罪与罚的灾异叙事并不是荷马史诗独有的，很难说荷马史诗是否借鉴了《圣经》的叙事模式，但二者的表述模式存在类似之处，这一点不可否认。

仔细分析之后便会发现，荷马史诗的这种因果式灾异叙事模式隐含着替罪羊机制，即让一个人或一类人承担灾异发生的罪名，最

① 修昔底德：《伯罗奔尼撒战争史》，谢德风译，商务印书馆，1985年，第137—141页、第241—242页。

后牺牲这个人或这类人以此求得神明的宽恕从而消除灾异。这实际上是集体对个人或部分的暴力叙事，即牺牲个体或少数人的利益来消除灾难。关于这一点，我们还是要分析《伊利亚特》表述的瘟疫，以此显示替罪羊机制的叙事模式。特洛伊战争期间发生在希腊军队中的瘟疫，我们无从考证这究竟是哪一种疾病导致的瘟疫，但从史诗表述的内容来看，希腊联军死亡的人数应该非常庞大，因为这场瘟疫持续了整整十天。现实中的瘟疫多数找不到源头，即不是因果关系式的瘟疫。但荷马在《伊利亚特》中却将这一场瘟疫归结于阿伽门农的贪心，霸占异族女儿并拒绝对方父亲重金赎回。从叙事的角度来看，这是在为瘟疫寻找替罪羊，找出一个合适的理由让他承担灾异的罪名，最后牺牲其利益而保全集体利益。至于为何荷马会选择阿伽门农作为这场灾异的替罪羊，这大概要归结于替罪羊机制中关于替罪羊选择的标准，即少数他者会被选择为替罪羊。[①]阿伽门农因其地位太高，是迈锡尼的国王，又是希腊联军的统帅，拥有至高的权力，与其他人格格不入，成为希腊联军的"他者"。荷马因此使他成为特洛伊战争期间消除瘟疫的替罪羊，最后让他交出了异族的女子并向阿波罗献上隆重的祭礼。阿伽门农认错赎罪后，希腊联军很快恢复了因瘟疫而濒临崩溃的秩序。这种叙事结构对希腊瘟疫叙事的影响极大，尤其是希腊悲剧。索福克勒斯的《俄狄浦斯王》表述的忒拜城瘟疫，具有非常典型的替罪羊叙事模式。悲剧将忒拜城的瘟疫归结于俄狄浦斯的乱伦行为，最终以俄狄浦斯刺瞎双眼和自我流放为赎罪的手段，忒拜城的瘟疫才得以止息。

---

① 勒内·吉拉尔：《替罪羊》，冯寿农译，东方出版社，2002年，第15—27页。

对于神谕型异象而言，其叙事模式是神谕式的。所谓神谕式叙事模式，指的是神明发起异象给人类以示神意的叙事模式。这种叙事模式中的异象等同于神谕，是神明向人类发送其旨意的标志性手段。多数情况下，异象的发布是因为人类的需要，即人类祈求神明发布异象表明神意。比如，在《伊利亚特》中，特洛伊国王普里阿摩斯要到阿喀琉斯的军帐中赎回被杀死的赫克托尔的尸首，因众人反对，普里阿摩斯就向宙斯祈祷："父亲宙斯，伊达山的至高无上的统治者，请让我到阿喀琉斯那里受到接待，获得怜悯，请派遣一只显示预兆的鸟儿，快速的信使，你心爱的飞禽，强大无比，让它在右边飞过，我亲眼看见，好让我有信心到骑快马的达那奥斯人的船宅去。"[①]宙斯最后满足了普里阿摩斯的祈求，特洛伊王宫内的人们目睹了老鹰在众人右方飞过的异象。另外一种情况乃是，神谕式叙事模式还涉及人类神明主动向人类发送异象的情景。这类叙事模式表明神明对人类社会的主动介入，以便人类获知神意后采取行动。这类叙事模式在荷马史诗中有很多表现，包括梦幻、异音、异象、幻象等，其中较为典型的是梦幻，这里举一个例子加以说明。特洛伊战争期间，宙斯偏向特洛伊一方，决定以梦幻形式发送假神谕，让阿伽门农发起战争。梦神最后在梦中以涅斯托尔的样子对阿伽门农说话，煽动他对特洛伊人出战："驯马的阿特柔斯的儿子啊，你是在睡觉，一个为将士所信赖、事事关心的出谋人，不应该整夜睡眠。你赶快听我的话，我是从大师宙斯那里前来的信使，他虽然远在天上，却很关心你，怜悯你，他叫你立刻把长头发的阿开

① Homer. *The Iliad*, 24:308–313.

奥斯人武装。”[①]在这个案例中，以梦幻形式出现的异象，是宙斯介入特洛伊战争帮助特洛伊人意愿的强烈体现。这种叙事模式将异象作为一种神意，也是神明与人类关系和谐的一种标志。一旦人神关系出现裂痕，神明便会以灾异形式的异象惩罚人类，直到人类认罪悔过。这种异象叙事模式不同于中国谶纬神话中的祥瑞异象叙事模式，因为祥瑞异象叙事模式基本表述的都是好的结果，而荷马史诗中的神谕叙事模式除了预言好的结果外，还有不如人意的结果。譬如，特洛伊战争中，特洛伊王子赫克托尔率领队伍攻击希腊军队时，神明派出老鹰飞在队伍的左侧，以示行军不利的预告。[②]

异象的因果式与神谕式叙事模式中隐含着一个共同的异象叙事过程，那就是神明发送异象，人类接受异象，获知神意。在这个过程中，异象的发送者是神明，异象的接受者是人类，是自上而下不可逆的单向过程。一种值得注意的现象是，几乎任何神明都可以发送异象，如宙斯、阿波罗、雅典娜、波塞冬等，但不是每一个人都能够看见异象，尤其是神谕类异象。那么，看见异象的是什么人呢？国王或英雄。换言之，能够直面异象的都是社会地位比较高的人，譬如阿伽门农、奥德修斯、普里阿摩斯、特勒马科斯等。这就意味着，荷马史诗中的异象是给特定的人群显示的神谕，并不是每一个人都有资格看见异象。这是为什么呢？简单说来，这并不是荷马的独创，而是源自仪式，其源头可上溯至青铜时代（约公元前3300年到公元前1100年）爱琴海与黎凡特地区，甚至有可能是安纳托利亚地区，下文分别加以说明。

---

① Homer. *The Iliad*, 2:23–29.
② Homer. *The Iliad*, 12:200–207.

四、异象的大传统源头

青铜时代的古希腊是神权时代，此时的地中海沿岸共同拥有一位至高无上的太阳女神，国王是太阳女神的儿子。这位太阳女神拥有各种象征性的符号：双面斧、星星、花朵、水鸟、蜻蜓、斯芬克斯等。[①]在神权时代的地中海世界，国王显示其地位与权力除了利用一些声威符号之外，诸如金器、精致的建筑物、打到的猎物这类奢侈性消费符号，还要借助于宗教与信仰符号。在神权时代，占有沟通天权地的能力就是最大的权力。“只有控制着沟通手段的人，才握有统治的知识，即权力。”[②]在这种语境下，只有两类人有资格主持祭祀仪式并直面神明的神显，那就是王族（国王或王后）与大祭司。《圣经》中直面耶和华的人只有一个，即摩西，因为他既是以色列人的王，也是大祭司。在西奈山上，摩西见到了以异象出现的神显，却无法直面上帝。因为上帝告诉他：“你要站在磐石上，我的荣耀经过的时候，我必将你放在磐石穴中，用我的手遮掩你，等我过去；然后我要将我的手收回，你就得见我的背，却不得见我的面。”[③]这一理念表现在米诺时期特里亚达出土的石棺上，就出现了王后主持神明献祭仪式的场景。在这个献祭仪式中，只有王后在主持献祭仪式。王后头戴羽冠身着长裙，带领众人在向前方由石头和树组成的野外神殿进献礼物，树上站立的鸟与双面斧表明了神殿

---

① Nanno Marinatos. *The Minoan Kingship and the Solar Goddess: A Near Eastern Koine*. Urbana: University of Illinois Press, 2010, pp.151–166.

② 张光直:《美术、神话与祭祀》，郭净译，生活·读书·新知三联书店，2013年，第37页。

③ *Holy Bible*. Exodus, 33: 21–23.

的神圣性。

在米诺时期的克里特出土的众多金戒指上，出现了大量的神谕型异象。这些场景表述的基本都是通灵者在祈求神明以异象的形式告知神意。用宗教学家伊利亚德的话语来说，这类异象实际上是神显场景。[①]在这个时期的金戒指上，出现较多的图像是以鸟类、天体（彗星、太阳、星星）、昆虫（蜻蜓、蝴蝶），以及双面斧为主的图像与符号。在不少金戒指所描绘的异象场景中，有的与荷马史诗表述的神谕型异象情境如出一辙。笔者在此举出一个案例加以论述。

前文已经论及，宙斯曾经放出一只老鹰飞在众人右上方，以预示特洛伊老国王普利阿摩斯可以去希腊人军营赎回赫克托尔的尸首。除此之外，《伊利亚特》还描述了奥德修斯与狄奥墨得斯探视特洛伊军营时，雅典娜女神在他们右方放出苍鹭以预兆顺利的异象。这种鸟向右飞的异象在克诺索斯（Knossos）北部的赛勒派勒地区出土的金戒指上有真实的体现。在解读金戒指图像之前，这里简单说明一下希腊人金戒指的用途。米诺时期克里特的金戒指并不是用来日常佩戴的，它是国王使用的用来象征国王权威的符号，其用途类似于中国的玉玺，很多时候加盖在文件或相关的物品上，以示王宫发出的命令。而金戒指上描绘的图像，基本是与神明相关的场

① “神显”一词是宗教学者米尔恰·伊利亚德创建的一个范畴，用来表明神圣显示其自身存在的方式。神显的形式多种多样，既可以是自然物，诸如石头、树木、河流，乃至于宇宙，神显也可以是基督教倡导的道成肉身。在伊利亚德的神显范畴中，任何事物与符号都可以成为神显，成为神圣存在的象征符号。具体参见：米尔恰·伊利亚德：《神圣的存在：比较宗教的范型》，晏可佳、姚蓓琴译，广西师范大学出版社，2008 年，第1—28页；米尔恰·伊利亚德：《神圣与世俗》，王建光译，华夏出版社，2002 年，第4—6页。

景，以示国王的神圣性。关于这种戒指的用途，希腊人并无文字记载，但是我们可以在《圣经》中看到类似的用途。在《出埃及记》中，埃及国王曾经把金戒指送给约瑟以示器重。在《以斯帖记》中，以色列人用哈曼王的金戒指盖印在谕旨上："末底改奉亚哈随鲁王的名写谕旨，用王的戒指盖印，交给骑御马、圈快马的驿卒，传到各处。"[1]因为戒指要当作印章使用，戒指上雕刻的图像与其印出来的水平方向图像是相反的。我们在赛勒派勒的金戒指上见到的图像与印出来的图像的水平方向因此也是相反的。这就表明，荷马史诗中鸟右飞的异象，其源头可上溯到继承青铜时代的仪式，也是希腊口头传统被传承的产物。

梦兆是荷马史诗中比较常见的一种异象，神明通常借助于梦境发布神谕，以此预言事物的结果。这种异象其实也不是荷马的独创，而是荷马继承青铜时代仪式的结果。尼尔森指出，"希腊的悲剧诗人们一般很少创造新神话，但通常采用一种比较彻底的形式来改造神话，颂歌抒情诗人同样如此。何以如此？因为在那个时代，诗人的荣誉与声望并不像现代诗人那样取决于对某些事物的原创与发明，而取决于以一种新颖而独特的形式来表达传统素材所蕴含的思想"[2]。这种推测是有道理的，因为地中海沿岸其他地区的文献中有很多神明通过梦幻发布神谕的案例。《圣经》中描述，雅各在伯特利（Bethel）做梦，上帝通过梦幻向他发预言："梦见一个梯子立在地上，梯子的头顶着天，有神的使者在梯子上，上去

① *Holy Bible*. Esther, 8:10.
② Martin. P. Nilsson. *The Mycenaean Origin of Greek Mythology*. Berkeley: University of California press, 1972, p.1.

下来。耶和华站在梯子以上，说，‘我是耶和华你祖先亚伯拉罕的神，也是以撒的神，我要将你现在所躺卧之地赐给你和你的后裔。你的后裔必像地上的尘沙那样多，必向东西南北开展。地上万族必因你和你的后裔得福。我也与你同在，你无论往哪里去，我必保佑你，领你归回这地，总不离弃你，直到我成全了向你所应许的。’”[①]《圣经》与荷马表述的这种通过梦幻异象获得神谕的现象，青铜时代的地中海沿岸非常普遍。在青铜时代的马里（Mari）国王济姆里利姆（Zimrilim）王宫的王室档案中，有不少关于神明通过梦幻发布神谕的记载，其中一条表述如下：“在梦中，我遇到了一位和我一样的人，他也打算去云游……在到达马里之前，我进入了特卡（Terqa）城。进城之后，我走进达甘（Dagan）神庙，匍匐在大神达甘的神像前。就在我跪拜神像时，大神达甘开口这样对我说话。”[②]看上去就是，青铜时代的地中海地区，普遍盛行通过梦幻占卜获知神意的仪式，这种仪式在米诺时期的金戒指上同样得到了表现。在克诺索斯出土的一枚金戒指上，我们看到了荷马史诗描绘的梦异象（图4-8）。画面中的男性赤身裸体，蹲伏在一块硕大的石头边，这位男性的身后与周围都是石头和树，他似乎在倾听什么。从男性的姿势与所处的环境来看，他应该是一位通灵者，试图通过梦幻异象获得神谕。这应该是克里特米诺时期一种特殊的梦幻异象，很大程度上是通灵者在通过梦幻异象进行占卜。克里特米诺时期金戒指描绘的其他异象场景中，通灵者都穿着特殊的衣服，只有

① *Holy Bible*. Genesis, 28:12–15.

② Martti Nissinen. *Prophets and Prophecy in the Ancient Near East*. Atlanta, Ga: Society of Biblical Literature, 2003, p.63, note38.

梦幻异象中的通灵者是裸体状态，这大概是想以最为纯粹的自然方式接近神明，从而获得神谕。这种占梦的异象传统，被荷马史诗所继承，甚至到了希罗多德时代，我们看到了不少希腊人通过梦幻获取神意的案例。譬如，希罗多德时期的一位希腊人，在底比斯的阿姆披阿拉欧斯（Amphibianiaraus）神殿中待了一个晚上，试图通过做梦获知神意。[①]当然，这种口传时期的异象传统在地中海沿岸的其他地区也得到了传承，甚至与索伦生活在同一时期的吕底亚国王克诺伊索斯（Cnoethus）也在睡梦中被神告知，将要面临失去儿子的惩罚。[②]可见口传时期异象的大传统影响了荷马史诗的异象表述，并对荷马之后的希腊历史表述产生了影响。我们甚至可以说，这是希腊人与地中海沿岸地区人们信仰与宗教的描述，并不是荷马虚构的异象叙事。

五、结语

可以看出，异象不是荷马史诗的虚构性内容，而是荷马及荷马之前的青铜时代希腊人宗教与信仰生活的一个部分，它折射出希腊人试图通过日常生活的种种迹象获知神意的心愿。荷马史诗中的异象本质上是人神之间关系疏远或亲近的晴雨表：灾异是人神关系疏远的结果，神谕性异象是人神关系和谐的标志。相较于中国正史中的异象叙事，荷马史诗中的异象叙事具有明显的叙事化与因果化特征，即将异象表述为具有连贯性因果关系的叙事与故事，显示了荷

① 希罗多德：《历史》（下），王以铸译，商务印书馆，2019年，第722页。
② 希罗多德：《历史》（上），王以铸译，商务印书馆，2019年，第19页。

马史诗的叙事化特征。进一步说，荷马史诗中的异象并不是荷马的独创，而是具有极其深远的口传源头。荷马史诗中的异象，不仅是小传统创造的结果，还是希腊本土口传时期大历史传统的产物，甚至在一定程度是米诺时期地中海文明及其信仰共同体与后来的书写的文化相结合的产物。从异象依据的中介来看，荷马史诗中的异象都是自然异象，即借助于天象与自然环境中的景象显示神谕的异象，具有明显的海洋文明特征。换言之，不论是天象还是其他自然异象，这些异象都与海洋文明的属性密切相关。荷马史诗中的异象是地中海文明共同体的产物，反映了地中海文明在宗教与信仰层面的共同特征。能够断言，荷马史诗中的异象，是多重文化、信仰与文明的交互作用的产物，也是人类大历史、多区域、多重合力共同催生的多元现象。

第三节　希腊神话中的灾难伦理

作为希腊文化的遗产，古希腊神话已经深深烙在希腊人记忆之中，成为集体知识中不可或缺的部分。古希腊灾难神话表述的内容繁复多样，涉及灾难的发生、起源，灾难的治理，应对灾难的手段，以及灾后社会秩序的恢复、调整与重构。甚至不少灾难神话具有普遍性，诸如洪水神话、瘟疫神话，相关叙事还包括世界的毁灭与再生，人类自身的繁衍以及人类与世界关系的重建。在这个层面上，古希腊灾难神话是人类神话时代灾难记忆与感知的特殊叙事形式，也是后世相关灾难知识的源头和典范。在瘟疫、地震、雾霾、洪水、干旱频仍的当今社会，探讨古希腊神话中的灾难叙事，能够帮助我们直面灾难并积极寻找应对灾难的策略。

较为遗憾的是，中国学术界迄今尚未有整体探讨古希腊灾难神话的研究成果。本节从跨学科视角出发探讨古希腊灾难神话的类型与成因，叙事模式，灾难的治疗，社会秩序的调整、恢复与重构，并深入探讨古希腊灾难神话蕴含的“替罪羊”机制，人类在灾难面前的自我反思，以及希腊人善待自然与环境的敬畏精神，以此展现海洋民族应对灾难的路径。

一、灾难的种类与起源

从表述类型来看，古希腊神话中的灾难主要有以下几种：瘟疫、战争、地震、海啸、飓风、洪水等。这些灾难叙事有不少普遍存在于世界各地的神话中，比如瘟疫、战争、洪水等。其中比较典型的是洪水神话，世界各地的神话中都有这类叙事，在斯蒂·汤普森（Stith Thompson）界定的世界99种普遍存在的灾难编码中，其编号为A1010。[①]较之中国神话，古希腊神话很少有关于干旱的神话，而中国则有不少抗旱神话，诸如后羿射日[②]与商汤祈雨[③]这类

① 斯蒂·汤普森：《世界民间故事分类学》，郑海等译，上海文艺出版社，1991年，第576页。

② 后羿射日神话异文见于以下各处：《山海经》之《海外南经》《海内西经》《大荒南经》《海内经》，《楚辞》之《天问》《离骚》，《淮南子》之《本经训》《览冥训》《氾论训》《诠言训》《说山训》，《论语》之《宪问》，《荀子》之《君道》《议兵》《解蔽》《王霸》《儒效》《正论》，《左传》之“襄公四年”“昭公二十年”，《墨子》之《非儒》，《扬子云集》之《太仆箴》《上林苑箴》，《后汉书》之《崔骃传》，《庄子》之《德充符》《山木》《庚桑楚》《徐无鬼》，《尚书》之《夏书》，《韩非子》之《守道》《用人》《外储说左·上》《说林·下》《难三》，《管子》之《形势》《小称》《形势解》，《吕氏春秋》之《勿躬》，《说文解字》之“羽”“六”“邑”部等。

③ 商汤祈雨神话异文见于以下各处：《尸子》卷上，《荀子》之《大略篇》，《吕氏春秋》之《顺民》，《吕氏春秋》之《商书·汤诰》，《国语》之《周语·上》，《墨子》之《兼爱·下》，《淮南子》之《修务训》，《文选注》之《思玄赋注》，《帝王世纪》之《感虚篇》，《说苑》之《君道》等。

神话。这是一种看上去比较奇怪的现象，若结合古希腊的地理、文化与经济情况，则会发现其中的原因。古希腊的中心地带是伯罗奔尼撒半岛，属地中海气候，降水量总体不足，经济上以海洋贸易、渔业与农业为主。希腊人种植的农作物通常都比较耐旱，“古代地中海的主要食品通常被称为‘地中海’三元组：橄榄、谷物与葡萄”[①]。海洋贸易、渔业受到干旱的影响不大，多数农作物又比较耐旱，在这种情况下，干旱对古希腊不能造成破坏性影响，因此旱灾神话并不多见。

在古希腊神话中，尽管灾难的种类有很多，但其来源只有一个：神明。换言之，灾难的制造者是神明。只不过，发起灾难的神明并不是一位，而是多位。古希腊神话中神明众多，共计有3673位神明，[②]这些神明各司其职，统管世界。制造灾难的主要是奥林匹斯众神，尤其是宙斯、阿波罗、波塞冬、雅典娜等诸神。神明之所以发起灾难，是因为人类得罪了神明，神明为了惩罚人类而制造了灾难。所谓人类得罪神明，乃是指人类做了神明不喜欢的事，并不一定是人类有错。在希腊神话中，不死的神明高高在上，必死的人类地位极为卑微，人类的一切都受神明的掌控：婚嫁、命运、死亡等。就像荷马所说的那样，人类生命的轮回就像树叶的更替，一代代发芽，一代代凋零。[③]无论人类如何努力奋斗，总是逃不脱命运女神编织的命运之网与死亡之网。赫西俄德曾说：“所有死的凡人

① 保罗·卡特里奇主编：《剑桥插图古希腊史》，郭小凌等译，山东画报出版社，2005年，第36页。

② Harold Newman and John O. Newman. *A Genealogical Chart of Greek Mythology*. Chapel Hill: The University of North Carolina Press, 2003, p.1.

③ Homer. *The Iliad*. Book 6, Lines 145–149; Book 21, Lines 465–466.

能不能出名，能不能得到荣誉，全依伟大神祇宙斯的意愿。因为他既能轻易地使人成为强有力者，也能轻易地压抑强有力者。他能轻易地压低高傲者抬高微贱者，也能轻易地变曲为直，打倒高傲者。”[①]在这种语境下，神明发起灾难，是为了惩罚与告诫人类，神明的神圣地位不可亵渎。至于人类触犯神明的具体原因，则各有不同，主要有以下几类。

第一类原因是人类道德的败坏与堕落。希腊神话中表述这类原因的叙事比较多，也是灾难发生的主要原因之一。按照希腊神话的思维模式，人类的道德出了问题，神明就要惩罚人类，因此消除这部分道德败坏的人类。甚至在某种极端的情况下，某个人在不知情的情况下触犯了道德底线，神明就要发起灾难，以此让这个人悔过与赎罪。这里存在一种极端的做法，即神明会因某个人的罪过而发起灾难，惩罚范围却远超这个人。比如，阿卡狄亚（Arcadia）的国王吕卡翁（Lycaon）因为用其儿子的肉来款待伪装成客旅的宙斯，宙斯震怒之下将吕卡翁变成了狼，后来又发起了一场大洪水来消灭所有人类。[②]在吕卡翁的案例中，吕卡翁被惩罚的原因是他残忍地杀死了自己的儿子。在神明看来，这是极为不道德的，一定要狠狠地加以惩罚。除了将其变成狼，神明还要发起洪水灭绝所有道德败坏的人类。吕卡翁知道宙斯来访，所以杀死自己的儿子来款待宙斯，这是有意识的一种行为。在俄狄浦斯的神话中，俄狄浦斯在不知情的情境下弑父娶母，最后导致整个忒拜城都被阿波罗惩罚，

① Hesiod, M. L. West, ed. *Works and Days*. Oxford: Clarendon Press, 1978, Lines 5-7.
② 古斯塔夫·施瓦布：《希腊古典神话》，曹乃云译，译林出版社，2000年，第11—14页。

人和动物都染上了瘟疫。明显可以看出，灾难是神明制造的，但实际上是人类自身行为导致的，如果人类不做坏事，神明就不会借灾难来惩罚人类。关于这一点，俄狄浦斯的话语是典型的明证："哎呀！哎呀！一切都应验了！天光呀，我现在向你看最后一眼！我成了不应当生我的父母的儿子，娶了不应当娶的母亲，杀了不应当杀的父亲。"[①]神明降灾惩罚人类的罪行，这与圣经神话的表述有些类似，同时也是一种世界性的神话母题，中国"绝地天通"的神话便是这类神话。

第二类原因是人类触犯了神明。这类神话强调因为人类对神明不够尊重与虔敬，导致灾难的发生。在希腊神话中，神明神圣不可侵犯，人神之间的差别不允许人类做出触犯神明的事情，一旦触犯神明，人类就会受到严厉的惩罚。通常的结果就是，某个人触犯神明，与其相关的族群要为此遭受灾难。在特洛伊战争中，迈锡尼国王阿伽门农霸占了阿波罗大祭司克律塞斯的女儿，阿波罗为此降下瘟疫。阿伽门农并未直接对阿波罗表示不敬，但是却在战争中掠走了阿波罗大祭司的女儿，为此招来了瘟疫。与第一类原因类似的是，希腊的神明比较严厉，往往会因为一个人的过错而发起灾难惩罚众人。奥德修斯杀死了海神波塞冬的儿子独目巨人，波塞冬为此屡次发起海啸与地震。荷马曾经借宙斯之口说明原因："凡人总是归咎于我们天神，说什么灾难由我们遣送，其实是他们自己丧失理智，超越了命限遭不幸。"[②]这里存在的一个逻辑就是，人类有自己

① 索福克勒斯：《索福克勒斯悲剧两种》，罗念生译，人民文学出版社，1961年，第103页。
② Homer. *The Odyssey*, 1:32-34.

做事的阈限，不可逾越阈限。一旦逾越，灾难就会来临。这就是德尔菲阿波罗神庙中神谕的蕴意：认识你自己。

第三类原因就是神明之间的不和。在这种情况下，灾难的发生看上去与人类毫无关系，但仔细分析后发现，实际还是和人类有着密切的关系。希腊神话中的特洛伊战争表面上是希腊和特洛伊之间的战争，但实际上是由赫拉、雅典娜、阿芙洛狄忒三位女神争夺金苹果的不和事件所导致。而特洛伊战争之所以能够爆发，是因为阿芙洛狄忒答应将世上最美丽的女人海伦送给帕里斯为妻。倘若当初帕里斯不选阿芙洛狄忒是最美的女神，他就不会拐走海伦，特洛伊战争自然不会发生。从这个意义上讲，希腊与特洛伊之间耗时十年的战争，实际上还是由帕里斯的选择而造成。还有一种情况就是，神明之间不和导致了灾难的发生，但人类却是导致神明不和的原因，普罗米修斯为人类从天庭盗火，导致宙斯等诸神创造潘多拉盒子将灾难散布人间。这些神话都能够很好地体现这类原因。因此，根本上说，由神明不和导致的灾难是与人类直接相关的。

二、禳灾与秩序重建

灾难是一种突发性的社会事件与社会危机，当灾难来临时，人类原有的社会等级与秩序就要发生改变。特定的灾情面前，所有的人只有一个明确的身份：难民或受难者。灾难带来的最大危机就是，原有的社会秩序被打乱，社会动荡不安，正常的生活与工作状态被打乱，个体与集体会陷入失序状态。尽快消除灾难，恢复正常的社会秩序，这是灾难发生后所有社会都会采取的措施。

就像现实社会一样，希腊神话中的灾难叙事同样将禳灾与秩序重构作为表述的重点。但希腊人所处的地理环境以及其海洋文明的特点，使得希腊神话中的社会秩序重构具有鲜明的独特性，与中国灾难神话中表述的救灾方式完全不同。中国灾难神话强调人类对灾难的战胜，由此出现大禹治水、后羿射日、女娲补天这类强调“人定胜天”的灾难神话。“因此，中国灾害神话内蕴的观念和行为模式是：主动依靠自己的力量，通过坚忍不拔的努力以克服灾害，而不是被动地向神意或命运低头。”[①]希腊神话突出的却是人类在灾难面前无能为力的灾难伦理，以及人类在灾难之后的负罪感。希腊神话中基本没有治水、补天、射日这类抗灾神话，甚至不少神话中的灾难不可救治，人类在地震、火山爆发、洪水这类灾难面前无能为力，只能被动接受。希腊神话中唯一可以救治的灾难只有瘟疫，希腊神话中禳灾的方式非常独特，那就是赎罪与悔改。

通常情况下，在希腊神话中，人类要举行盛大的赎罪仪式，向神明献上丰盛的祭物，并表明人类已经意识到其所犯下的错误，祈求神明的谅解，祈求灾难终止。这种禳灾神话的典型，当数《伊利亚特》中的赎罪仪式。当希腊人得知连续十天的瘟疫是因阿伽门农霸占了阿波罗大祭司克律塞斯的女儿后，希腊人当即举行了盛大的赎罪仪式，以此来消除瘟疫。他们派出了20名桨手，由奥德修斯带队，归还克律塞斯的女儿，并举行了隆重的清洁仪式，向阿波罗献上丰盛的百牲祭礼，并赞颂阿波罗的美德。希腊神话中有众多的英

① 杨利慧：《世界的毁灭与重生：中国神话中的自然灾害》，《民俗研究》2018年第6期，第65页。

雄，却没有任何一位英雄能够救灾。恰恰相反，希腊联军的统帅阿伽门农反倒是特洛伊战争时期希腊瘟疫发生的罪魁祸首，因为他扣留了阿波罗大祭司克律塞斯的女儿，阿波罗盛怒之下连降十天的瘟疫。从希腊神话的表述来看，瘟疫消除的前提是人类向神明赎罪，承认自己得罪了神明。这是一种“去英雄化”的自省式禳灾模式，与中国神话中英雄救世的叙事截然不同。从叙事的模式来看，这种从人类自身出发反思灾难根源并赎罪的叙事范式，并不是希腊神话所独有的，它在《圣经》中比比皆是。比如，埃及法老拒绝摩西带领以色列人回归后发生的十灾，以色列人出埃及后回迦南路上所遭受的极为严重的瘟疫，都是上帝的惩罚。这些灾难是不可消除的，除非人类赎罪。

在希腊神话中，消除灾难的另外一种方式就是悔过，其中伴有自我惩罚。这种情况一般是人类在道德与伦理上犯了禁忌，从而导致灾难的发生，要消除灾难，人类就要悔过。悔过的方式并不是口头上的，通常是人类采用自我惩罚的方式来表明其知错的诚意。这类神话比较典型的是俄狄浦斯神话，下面简单加以阐释。根据希腊神话的叙事，当俄狄浦斯得知其在无意间犯了人伦的大罪，当他看到忒拜城因为自己的罪过而被神明惩罚以瘟疫后，当即刺瞎自己的双眼，自我流放到忒拜之外。俄狄浦斯是希腊神话中的英雄，他能够破解斯芬克斯的谜语，将忒拜从斯芬克斯的威胁中解救出来。但是他却无法面对忒拜城的瘟疫，甚至招致了忒拜瘟疫的发生。这种彻底的“去英雄化”叙事，使得希腊神话的灾难表述成为典型的自省式灾难叙事。这种叙事模式带有明显的宗教色彩，即对神明的绝对服从，以及对人类自身行为的不断反思。灾难的发生不是神明擅自制造的，而是人类自身行为招致的。天灾其实为人祸，希腊灾难神话用一种非常生动的方式表明了这种思想。

灾难之后，社会秩序的恢复与重构是人们必须要面对的现实问题。希腊神话中鲜有灾难之后重构社会的表述，神话似乎仅仅满足于人类赎罪与悔过。我们因此看到，特洛伊战争期间，希腊人向阿波罗赎罪之后，希腊军队的瘟疫立即就消失了。同样，俄狄浦斯自我放逐后，忒拜城很快就恢复了平静，尽管忒拜人失去了国王，新的国王尚未即位。值得注意的是，希腊洪水神话中表述了灾难之后秩序的重构问题，但却将社会秩序的重构转换为人类的再造。在洪水之后，人类只剩下普罗米修斯的儿子丢卡利翁（Deucalion）与其妻子皮拉（Pyrrha）。此时世界上只有他们夫妻二人，社会秩序的重构实际上已经无法进行。他们面对的最为迫切的问题就是如何让人口快速增长。在神明的启发下，二人向身后扔石头，新的人类被创造出来。这种被创造的新一代人类没有先前人类的堕落与败坏，是虔诚与勤劳的新人类。这则洪水神话实际上强调的是新人类的创造，以及新一代人类区别于老一代人类的美好品质。这就相当于人类的悔过与赎罪，因为悔过与赎罪之后，人类会痛改前非，回到神明造人的最初的样态：勤劳与虔诚。

概而言之，希腊神话中的禳灾与秩序重构，强调的是人类的悔过与赎罪，以及人类道德与伦理的再造。在这种情况下，任何英雄都没有能力来拯救世界，拯救世界的前提就是人类自身的悔过自新。这是一种道德与伦理上的永恒回归，即回到人类被造的最初的状态，对神明完全的虔敬，对自然完全的尊重，对人自身品性完全的回归。因此，禳灾本质上是人类自身伦理的回归与救治，也是人类认知自身局限，将人类放到宇宙与自然中，重新回归万物和谐的状态。较之于中国灾难神话的灾难伦理，希腊神话表述的这种反思性伦理更具哲学意味，尽管它采用了一种极为生动的表述途径。

三、灾难的替罪羊叙事模式

在表述灾难时，希腊神话采用了因果式叙事模式：某个人因其罪过而得罪了神明，神明震怒之下降下灾难，人类得知原因后赎罪悔过，神明于是消除灾难，人类社会秩序恢复正常。这是一种因果式的灾难叙事模式，将灾难的根源归结于人类自身的罪恶，某种程度上与《圣经》的灾难叙事模式是一致的。在这个模式中，灾难是神明对人类的一种惩罚，也是神明对人类的警告。因此可以断言，希腊神话中的灾难是人类道德与伦理的指示灯，更是人神关系的信号，灾难的叙事模式背后，是希腊人关于自身伦理的反思。就这一点而言，希腊灾难神话与中国灾难神话有着本质的不同。因为中国灾难神话表述的重点不是灾难的根源，而是救灾的结果。“神话是用它的方式来讲述人类所面对的生存困境。中国神话的特点就是以人为神话的主体和各种灾害抗争，而且抗争的结果，有时候看起来像是失败的，实际上要超越失败。比如夸父逐日失败，但夸父弃其杖化为邓林。”[①]形成这种差异的主要原因，可能是中国古代典籍对灾难神话做了伦理性的剔选，有意识地强调其中的教化与伦理意味。[②]这样看来，希腊的灾难神话很大程度上较完整地保留了神话原有的意蕴，尽管被历代作家与文人不断地重述。

---

① 叶舒宪：《文学中的灾难与救世》，《文化学刊》2008年第4期，第15页。
② 塞·诺·克雷默：《世界古代神话》，魏庆征译，华夏出版社，1989年，第377页。

罪与罚这一主题是希腊神话表述的核心内容，而该因果式表述内容的最大特征是替罪羊叙事模式。如果仔细分析俄狄浦斯王的神话，就会理解替罪羊叙事模式的叙事结构。忒拜城的瘟疫无人可以消除，而神谕将俄狄浦斯作为导致这一灾难的替罪羊，是他弑父娶母的罪行导致神明的惩罚。了解真相后的俄狄浦斯为了救助忒拜城，刺瞎双眼，自我流放到异地，瘟疫得以止息。尽管神话采用了因果式叙事方式，但明显可以看到，灾难因俄狄浦斯而起，又因其悔过而消除。忒拜瘟疫的破坏性就在于它从根本上摧毁了所有形式的社会差异，模糊了所有的身份差异性，使得所有的社会界限都趋于一致，最终瘟疫使得忒拜城出现了前所未有的社会危机。这个时候，人们就要追究灾难的来源：到底是谁带来了如此大的瘟疫？异族人俄狄浦斯因此成为忒拜瘟疫的替罪羊。作为替罪羊的俄狄浦斯先是被神话罪恶化，后来又被神话神圣化，成为拯救忒拜城的英雄。忒拜城的乞援人曾对俄狄浦斯说："我们是把你当作天灾和人生祸患的救星。……现在，俄狄浦斯，全能的主上，我们全体乞援人求你，或是靠天神的指点，或是靠凡人的力量，为我们找出一条生路。在我看来，凡是富有经验的人，他们的主见一定是很有用处的。"[①]可以看出，忒拜人对俄狄浦斯的感觉是双重的，也是矛盾的，但完全符合俄狄浦斯的替罪羊身份。

俄狄浦斯担当了替罪羊的功能，先是担当破坏社会秩序与等级的罪名，再通过自身的牺牲换取群体生存与秩序的再组合。作为替

① 索福克勒斯：《索福克勒斯悲剧两种》，罗念生译，人民文学出版社，1961年，第68页。

罪羊的俄狄浦斯具有双面性："他本身具有人性，但又介于神明与野兽之间，具有兽性。"[①]他是善与恶矛盾的结合，既是忒拜人的敌对者，又是其保护者；既是瘟疫的根源，又是瘟疫的终结者。他具有罪恶性与神圣性。在俄狄浦斯这个人物身上，人性与兽性、神圣与罪恶、中心与边缘、灾难与和平，这些界限是模糊的。神话选择了作为外乡人的俄狄浦斯，将其作为忒拜城瘟疫的根源，以他一个人的牺牲拯救了忒拜城。从这个意义上讲，这种替罪羊叙事模式其实是一种暴力叙事，讲述了忒拜人在瘟疫暴发时，将俄狄浦斯列为罪人，然后将其驱逐的故事。"更令人肯定的是，驱逐这个受难者是在迫害最严重的情况下发生的。"[②]其叙事目的是借助于集体暴力，牺牲一个无辜的受害者。神话将替罪羊视为社会危机和灾难的制造者，除掉这个替罪羊，就能恢复濒临崩溃的社会秩序，整体利益从而得以保障。从这个角度上看，希腊灾难神话实为暴力文本，通过灾难叙事，将集体对个体的迫害合法化。

灾难神话的这种替罪羊叙事模式并不是希腊神话所独有的，《圣经》旧约叙事中充斥着这类灾难叙事。翻开《圣经》就会发现，几乎所有的灾难都是由人类的无知与罪过导致的，上帝以无数次的灾难来惩罚并告诫人类，要认识到自身的罪过，要敬畏上帝，不然就会灾难临头。中国古代的灾难神话也存在这种替罪羊叙事模式，只不过它采用了另外一种比较隐蔽的叙事方式，即将帝王的失德作为灾难的源头，商汤祈雨的神话是这一类神话的典型，而商汤祈雨的祷辞能更能够表明这一点："……并告无辜于上下神祇…肆台小

① Terry Eagleton. *Sweet Violence: The Idea of Tragedy.* Malden: Blackwell, 2003, p.281.
② 勒内·吉拉尔：《替罪羊》，冯寿农译，东方出版社，2002年，第32页。

子，将天命明威,不敢赦。敢用玄牡，敢昭告于上天神后，请罪有夏。……兹朕未知获戾于上下，栗栗危惧,若将陨于深渊。……尔有善，朕弗敢蔽；罪当朕躬，弗敢自赦，惟简在上帝之心。其尔万方有罪，在予一人。予一人有罪，无以尔万方。”[①]商汤王的祈雨祷辞与俄狄浦斯的自责本质上是相同的，即将灾难的原因归结于一个人的罪过，一人有罪，整个族群都要为此承受神明的惩罚。这种将灾难归结于一人的替罪羊叙事模式，实际上就是关于灾难的暴力叙事。这种叙事之所以不被觉察，是因为神话采用了一种非常隐蔽的因果叙事来强调罪与罚的主题。

希腊灾难神话为何要采用替罪羊叙事来表述灾难的起源与救治？这要归结于文学与神话的治疗功能。希腊是岛国，古代希腊灾难频发，地震、火山爆发、瘟疫这类灾难对于希腊人来说是常事。20世纪60年代考古工作者在圣托里尼岛发掘的考古遗物已经充分表明，这里在公元前1500年左右有过一场异常惨烈的火山爆发。这些自然灾害成为希腊灾难神话的原型，也是灾难神话的主题。在表述灾难时，人们对于已经发生的灾难有一种恐慌感，对于将来无法控制的灾难更有一种恐惧感。此时，神话为了缓解人类的这类情绪，就虚构了一个替罪羊，认为是某一个人或神得罪了众神，只要他们悔过并赎罪，灾难就可以消除。也就是说，灾难其实并不可怕，人们只要不做失德的事情，神明就不会发起灾难，人类社会就会充满希望。替罪羊叙事模式是为了缓解人类对于灾难的恐慌感而设计的。这种功能就是神话与文学的治疗功能，对人类心理创伤有

① 阮元校刻：《尚书正义·商书·汤诰》,《十三经注疏》(上)，中华书局，1980年，第162页。

救治作用。“人作为有机生命物中最复杂精微的一种，如果文学活动对于他的生命—精神的生存生态来说是不可或缺的，那么承担起包括治病和救灾在内的文化整合与治疗功能，也就是文学活动最初的特质所在。”[①]作为早期的文学形式，神话承担了文学的这种救治功能。

四、结语

希腊神话中的灾难叙事内容主要是人类的罪恶与神明的惩罚，这种因果式叙事折射的是罪与罚二者之间的对立。进一步说，古希腊神话的叙事核心是灾难发生的原因，而不是灾难救治的结果，这一点典型地反映在俄狄浦斯的神话中。换言之，古希腊神话的灾难叙事很大程度上强调人类对神明的顺从与敬畏，以及人类面对灾难的无助。在面对灾难时，没有任何一位英雄能够救世，所有人都是难民，这种“去英雄化”的叙事使得古希腊神话中的灾难叙事具有一种悲剧意味。由此可见，古希腊灾难神话所反映的灾难理念与伦理是：正视人类自身的罪过，主动向神明与命运低头，放弃依靠人类努力与奋斗去消除灾难的想法，去求得神明的宽恕以消除灾难。较之于中国灾难神话中英雄救世的灾难伦理，古希腊灾难神话显得有些消极。但仔细分析便会发现，这种消极，这种放弃救灾转而求得神明消灾的叙事背后，是一种反思与悔过型的灾难伦理观。人类究竟做错了什么导致灾难的发生？这种反思型的灾难叙事使得古希

① 叶舒宪：《文学治疗的民族志》，《百色学院学报》2008年第5期，第34页。

腊神话成为灾难哲学，也使它成为禳灾的叙事工具，一定程度上能够救灾或减免灾难的发生。毕竟，如何避免灾难再度发生是人类需要持续思考的问题。在这方面，古希腊灾难神话提供了一种反思的路径。

第六章　神话观念与中国宗族

第一节　天命神话建构王族身份叙事的路径

一、理论背景

“天命神话”指中国正史中以宣扬“天命”思想为主的政治神话，主要包括感生神话、异相神话与异象神话。本节探讨对象出自中国正史，尤其是二十四史。之所以选择正史，乃是因为它是历代官方编纂的历史，能够代表中国历史书写的正统性。笔者探讨的天命神话主要是正史中的历代帝王诞生神话，之所以如此，主要是基于这样一种考虑：在中国历代史书描述中，帝王诞生神话是正史中反复出现的神话叙事主题，也是“天命神话”的主要叙事主体，更是史书强调的重点内容。更为重要的是，帝王诞生神话的数量极其惊人，已经到了让人不得不关注的地步。据笔者统计，在中国正史中，与帝王诞生相关的感生、异相与异象神话多达212则，涉及传说时期帝王22位，历史时期帝王85位，其中包括颛顼、尧、舜、禹、殷契、商汤、刘邦、孙权、刘备、李世民、赵匡胤、朱元璋、清顺治帝福临等。对中国历史而言，数量如此庞大的神话被堂而皇之地写进中国正史，这绝非偶然，其背后一定有着非同寻常的原因。这就引出了一个我们不得不思考的问题：作为虚构性叙事的神话是如何进入历史的？围绕该问题展开的一系列话题有：感生、异相与异象神话这三类“天命”神话分别有哪些叙事范式？为何皇族历史的书写者要借助这三类神话建构其历史叙事？生成这种历史叙事范式的思维基础是什么？本节以整体性视角看待这三类“天命”神话，将其置于具体的生成情境中加以探讨，并概括其在历史时期对王权意识形态建构具有的塑造性作用。

本节为跨学科阐释，所依据的理论主要有两种，一是西方史学的“神话历史”理论，二是中国早期的关联宇宙论。这两种理论互不关联，但二者都与本节的内容密切相关，下面简单加以阐释。

“神话历史”理论是西方新史学近期倡导的理论，其发展演进的历史并不算很久，但给学术界带来的影响却是广泛而持久的。[①]从学术渊源上看，“神话历史”一词最初是用来探讨历史性质的概念性术语，与历史观念的改变密切相关。1985年，在美国历史协会第100届年会上，美国学者威廉·H.麦克尼尔发表题为“神话历史：真理、神话、历史和历史学家”（“Mythistory, or Truth, Myth, History and Historians”）的演讲，首次提出“神话历史”这一概念。麦克尼尔指出，神话历史本质上是一种虚构与真实并存的历史，它用来表述人类历史的属性。在麦克尼尔眼中，史学并非一门科学，相反，它是一种以主观阐释和叙述为主的哲学或诗学，并且历史也不是真实的，它是真实与虚构的混合体。在使用神话历史这一概念时，麦

① 关于神话历史的相关概念及其衍变与影响参见王倩：《论文明起源研究的神话历史模式》，《文艺理论研究》2013年第1期，第202—208页。

克尼尔强调：历史叙述只不过是对历史事件的阐释，历史的根本属性是神话性——虚构，作为科学的历史并不存在，只有作为阐释学或诗学的历史。在麦克尼尔的神话历史范畴内，神话并非历史的代名词，而是虚构的同义词，它与真实相去甚远。

继麦克尼尔之后，美国新史学的另一名代表唐纳德・R.凯利对神话历史做了更为全面的阐释。早在1990年，唐纳德・R.凯利在其论文《兰克时代的神话历史》中就已将神话历史作为现代史学界的一种修正主义运动而提出来。[①]凯利的神话历史观包含了这样一种认知，"历史起源于神话并逐渐摆脱了这种神话特性，直到马基雅维里和奎恰尔迪尼时代，它获得彻底觉悟为止——或者可能是伏尔泰和吉本时代，或者可能是蒙森和兰克时代，或者可能是这个世纪'新'的经济、社会和文化史等等"[②]。凯利的神话历史概念更多地倾向于承认历史具有的神话性，即叙述上的诗性，以及神话所包含的真实性——表述历史的最初面目。在承认历史的阐释属性的前提下，凯利从叙述层面理解神话与历史之间的共性，强调神话作为历史的元叙述这样一种事实；麦克尼尔则在凸显历史的虚构性与真实性共生这样一种事实基础上，强调西方历史叙述如同神话一样具有虚假性。凯利的神话历史观比麦克尼尔的神话历史观更具阐释空间，它为约瑟夫・马里的神话历史概念提供了理论框架。

马里的神话历史概念建立在现代历史编纂学的基础之上，即

---

① Donald R. Kelley. "Mythistory in the Ages of Ranke", in *Leopold von Ranke and the Shape of the Historical Discipline*. G. G. Iggers and J. M. Powell, eds., Syracuse, New York: Syracuse University Press, 1990, pp.3–20.

② 唐纳德・R.凯利：《多面的历史：从希罗多德到赫尔德的历史探询》，陈恒、宋立宏译，生活・读书・新知三联书店，2003年，第1页。

以历史书写为前提。[①]就阐释范畴而言，马里的神话历史在内涵上包括两个方面的内容：作为历史的神话与作为神话的历史。所谓作为历史的神话，并不意味着神话就是历史，而是指向这样一种事实，即神话是作为独立于历史而存在的一种范畴，或者说，神话因叙述了人类历史的起源和超然存在的历史事件，从而为人类共同体提供了一种具有历史意义的情感象征模式或原型。作为神话的历史指的是历史编纂的诗学性质。马里的神话历史概念以承认神话作为历史性叙述为前提，探询神话如何进入历史。当论及神话与历史之间的关系时，马里坚持认为，神话被证明是根本的起源性叙述，因此，神话是第一位的，历史是第二位的。总体而言，神话历史在凸显历史作为诗学这一学科属性时，承认神话对于历史的创造性价值。

神话历史是新史学反思历史的概念性工具，其基本意图在于通过神话探寻历史的原初面貌，继而重构历史及史学观念。神话历史这一概念的主要价值在于，它破除了将历史视为科学的假象，消解了长久以来就存在的神话与历史之间的对立。但西方史学关于神话历史的探讨存在的主要问题在于，它以欧洲历史为探讨的核心，并未涉及中国神话与历史，更没有探讨神话是如何进入历史的。本节要解决的问题是，在神话历史的理论背景下，在帝制时代的中国，神话是如何进入历史书写的？该问题的探讨还需要考虑中国神话与历史的特殊性，尤其是中国古代的宇宙论。因此，本节的理论背景还要涉及另外一种理论，那就是中国古代关联宇

① Joseph Mali. *Mythistory: The Making of a Modern Historiography*. Chicago: The University of Chicago Press, 2003, p.xii.

宙论。

关联宇宙论是20世纪早期西方汉学家用来描述中国人思维特质的概念性术语，或称关联思维（correlative thinking），并引起西方汉学界广泛的探讨。不少汉学家曾经将关联宇宙论视为定义“中国性”的主要标志，也是塑造中华民族身份认同的主要思想依据。根据学者斯坦利·坦比亚（Stanley J. Tambiah）的观点，宇宙论是一个“概念和关系的体系，它视万物或宇宙为一个有序的系统，根据空间、时间、物质，以及运动，来对其加以描绘，并且包括了神、人、动物、精灵、妖魔等一切存在物”①。作为宇宙论的一种特殊形式，中国的关联宇宙论是一个具有丰富内涵的关系共同体，是由阴阳、四方、五行、谶纬、八卦等概念有机构成的一个体系。“这样一种关联宇宙观是一个有序的系统，在宇宙不同现实领域之间建立对应关系，将人类世界的各种范畴，比如人的身体、行为、道德、社会政治秩序和历史变化，与宇宙的各类范畴，包括时间、空间、天体、季节转换，以及自然现象关联起来。”②从这个意义上讲，关联宇宙论是早期中国文化的主要表现形式，后来一直延续到中国的政治文化中，与权力、意识形态、帝国的建构直接关联起来。早在中国王权建构之初，关联宇宙论便借助于谶纬、五行等理念，通过建构王权神话进入中国王权叙事，持续影响了中国两千多年的帝制文化与历史。

当下国内外关于中国关联宇宙论的探讨主要集中在关联宇宙

---

① Stanley J. Tambiah. *The Buddhist Conception of Universal King and Its Manifestation in South and Southeast Asia*. Kuala Lumpur: University of Malaya,1987, p.3.

② Aihe Wang. *Cosmology and Political Culture in Early China*. Cambridge: Cambridge University Press, 2000, p.2.

论的特征、结构、起源以及思想史意义，涉及汉学家主要有葛兰言（Marcel Granet）、卫德明（Hellmut Wilhelm）、李约瑟（Joseph Needham）、葛瑞汉（A. C Graham）、史华慈（Benjamin I. Schwartz）等。20世纪以来，部分中国学者开始重新反思关联宇宙论的起源，以及与政治之间的共建问题。譬如，贾晋华教授将中国早期关联宇宙论的源头上溯到了商代的巫术仪式，[①]王爱和教授则探讨了关联宇宙论与政治的关联问题。[②]国内学者关于关联宇宙论的探讨主要集中在谶纬方面：一是关于谶纬的阐释，二是关于谶纬对中国古代文学的影响的探讨。关于谶纬的阐释，比较全面的是钟肇鹏与陈槃先生的探讨。钟肇鹏先生在《谶纬论略》中集中探讨了谶纬与政治、今文经学、文学、宗教的关系；陈槃先生在《古谶纬研讨及其书录解题》一书中，详细阐释了自秦汉以来的谶纬思想，以及相关的表述谶纬思想的书录。关于谶纬与文学研究的探讨，主要集中在谶纬对文学的影响研究方面，较为典型的有孙蓉蓉关于谶纬与文学关系的研究、[③]王焕然关于谶纬与魏晋南北朝文学的研究、[④]吴从祥关于谶纬与汉代文学关系的探讨[⑤]等。尚需指出的是，在谶纬与政治、权力的共建方面，学者的探讨并不是很深入，目前专门研究的书目并不多见，较为典型的是姜望来的《谣谶与北朝政治研究》，集中探讨了谣谶与北朝政治关系之间的共建问题。

① 贾晋华：《感物溯源：中国古代关联思维的形成和衍化》，收入胡晓明主编：《后五四时代中国思想学术之路》，华东师范大学出版社，2018年，第145—169页。
② Aihe Wang. *Cosmology and Political Culture in Early China*. Cambridge: Cambridge University Press, 2000.
③ 孙蓉蓉：《谶纬与文学研究》，中华书局，2018年。
④ 王焕然：《谶纬与魏晋南北朝文学研究》，河南人民出版社，2016年。
⑤ 吴从祥：《谶纬与汉代文学》，中国社会科学出版社，2015年。

需要加以说明的是，本节依据西方史学的神话历史理论，以及中国古代的关联宇宙论，但并不拘泥于二者所探讨的内容与理论疆界，而是灵活运用二者的理论范畴，整合史学、神话学、中国哲学与政治学这些学科的跨学科视野，进行立体的跨学科的阐释，相关内容的探讨亦并不限于传统的单一学科的视角。在充分考虑情境性原则的基础之上，会重点从神话学与新史学的角度阐释相关问题，对相关问题的表述与分析，也会从新术语范畴与理论限度出发，因此，相关传统学术术语，比如谶纬、五德始终理论、天人合一等，笔者会酌情使用。跨学科视野探讨问题，很多内容的阐释并不一定遵从单一学科视角看待问题的范畴，因此，本节在阐释过程中对感生、异象、异相以及相关问题的分析，并不一定与单一学科视角出发完全一致，特此加以说明。

二、感生神话叙事范式及其思维机制

感生指无性而生，感生神话指通过无性接触而生殖的神话。据笔者统计，中国正史中的帝王感生神话有80则，其中传说时期帝王感生神话25则，历史时期帝王感生神话55则。不少学者将帝王诞生神话称为“政治神话”，认为这类神话是“阶级社会中怀着特定的政治倾向性的人们（即便是个别也采取匿名的方式），为了某些政治目的（如要使汉帝禅让天下于贤人，或王莽代汉等），借助文化传统中的宗教思想和神话传说资料而造作的虚构性诸神故事”[①]。

① 冷德熙：《超越神话：纬书政治神话研究》，东方出版社，1996年，第40页。

因此，此种视角下感生神话研究的关注点为神话在政治意识形态建构层面具有的功能。比如，冷德熙先生关于汉代纬书中感生神话的研究，就仅关注神话与汉代政治形态建构之间的关联问题。[①]本质上说，中国正史中的帝王感生神话是晚起的政治神话，即统治者授命史官创造的神话。袁珂先生指出："统治阶级不但借感生神话宣扬天命思想，并且自己也创造感生神话。"[②]从研究趋势来看，当下的多数探讨往往忽视了感生神话在建构王权意识形态与历史书写层面具有的功能。对于中国正史而言，感生神话在王权意识形态表述层面具有的塑造性作用，要远远大于其在政治意识形态建构方面的作用，下文做详细阐释。

若深入分析便会发现，在中国正史中，尽管自汉代到清代的帝王诞生神话多达80则，但其叙事模式却呈现明显的程式化风格。也就是说，中国正史中的帝王诞生神话已形成固定的叙事序列，具体如下：

1. 一位女性因接触神秘之物而受孕。神秘物通常是龙，太阳，鸟卵，日光，紫气或神秘的植物果实，比如朱果之类。

2. 女性诞下婴儿。婴儿出生时，通常伴有异象，比如红光满室、香气弥漫不散、紫气或祥云围绕等。

3. 婴儿日后成为身份尊贵的帝王。诞生男婴通常为皇族始祖，并且通常体有异貌，比如龙颜、体有黑子、方颡广额等。

在上述叙事序列中，感生之物有龙、太阳、鸟卵、日光、紫气等。表面上看，这些符号之间并没有内在关联。但在神话世界，这

---

① 冷德熙：《超越神话：纬书政治神话研究》，东方出版社，1996年，第97—102页。
② 袁珂：《中国神话史》，上海文艺出版社，1988年，第94页。

些感生之物实际上都是上天的象征符号。在中国神话中，龙象征天子或天，这是一种大众熟知的神话常识。太阳因其在天空运行，又是万物光明之源，因而成为上天的象征符号。至于紫气与祥云这类符号，因其飘浮于天空，亦是天之象征物。鸟则因为飞翔于天空而成为天之象征物。上述神话感生之物的象征意义并不局限于中国，而是普遍存在于世界各个民族与文化的神话中，尤其是在地中海世界。这就意味着，神话世界中的感生之物是上天的象征物。不言而喻，因母亲感天受孕而生的婴儿的血统源自神明，其身份比常人神圣而高贵。以往的研究者将帝王感生神话视为政治神话是不难理解的，毕竟此类神话的主旨非常明确，就是要宣扬帝王权力与地位的神圣性：其血统源自神明，其权力与统治是不容置疑的，此为政治神话被创造的初衷。

在中国正史表述的帝王感生神话中，因母亲感天而生的帝王，其王权均非从前代王权帝国和平继承而来，相反，他们往往通过暴力获取王位。比如，推翻前秦统治的刘邦，反抗元统治而开创明帝国的朱元璋，以及夺取明代统治权的努尔哈赤等。孙广德先生指出，自汉代至清代，中国正史中开国之君的感生神话涉及二十三位帝王，除了刘邦、朱元璋这些统一帝国的开国之君，还包括曹丕、王莽、刘备、孙权等王权分割时期的开国之君。[①]这些开国之君的王权均为从前王朝夺取而得，其感生神话自然也是在出生后被创造，尤其值得注意的是汉高祖刘邦神奇的诞生神话。帝王诞生神话表述帝王的神奇诞生，其主要意图乃是宣扬君权神授：帝王的统治

① 孙广德：《我国正史中的政治神话》，收入杜维运、王寿南、王德毅、李云汉编：《中国史学论文选集》第6辑，幼狮文化事业公司，1986年，第65—66页。

乃天意，其身份与地位神圣而不可侵犯。

在上述帝王感生叙事模式中，真实性叙事因素与虚构性叙事因素的相互结合，创造出中国帝制时期帝王诞生的历史叙事。在该叙事结构中，真实性的因素有：帝王，帝王母亲，帝王的诞生事件；虚构性要素有：皇帝母亲与神相遇，皇帝的神奇诞生，与感生相关的神话形象如日、红光、龙等。借助帝王母亲的神秘受孕，作为历史事实的帝王诞生事件被表述为纯粹的皇族祖先诞生神话。用神话历史的理念来看，这个过程可以称为神话历史的过程，其中既有历史的神话化，也有神话的历史化。换言之，在帝王感生叙事中，虚构性叙事与真实性叙事相互交织，共同建构了王权意识形态。笔者以汉高祖刘邦的感生神话为例，具体加以阐释。

汉高祖刘邦的诞生神话主要载于《史记》《汉书》《宋史》这三部史书。载于上述三种史书中的刘邦诞生神话细节虽各有不同，但叙事结构基本相同，即其母感蛟龙而生刘邦。较之于《史记》与《汉书》,《宋书》添加了刘邦母亲食赤珠后与蛟龙相遇而受孕生下刘邦的情节。我们先看看《宋书》的表述："汉高帝父曰刘执嘉。执嘉之母，梦赤鸟若龙戏己，而生执嘉，是为太上皇帝。母名含始，是为昭灵后。昭灵后游于洛池，有玉鸡衔赤珠，刻曰玉英，吞此者王。昭灵后取而吞之。又寝于大泽，梦与神遇。是时雷电晦冥，太上皇视之，见蛟龙在其上，遂有身而生季，是为高帝。"①

可以看出，这则神话明显为刘邦建国后被创造的，因为刘邦的父亲在叙事中被称为"太上皇"，母亲则被称为"昭灵后"。我们同

① 沈约：《宋书》第3册，中华书局，1974年，第766—767页。

样可以断言，这是一则双重感生神话，即刘邦母亲先是吞赤珠而后感蛟龙生刘邦，并且刘邦母亲昭灵后（刘媪）吞食赤珠的情节明显为后期添加而成。刘邦出自布衣之家，其血统并不高贵。可以肯定，当他诞生时，当时的皇族家谱中并无其诞生叙事，因为当时的王权掌握在嬴姓王族手中，而刘邦本族原来的族谱叙事中同样没有刘邦诞生的表述。同样可以肯定的是，刘邦的诞生是事实，其母亲怀孕亦为事实，而吞食赤珠、遇蛟龙则是神话叙事。汉高祖刘邦的诞生，因为其母食赤珠、遇蛟龙的神话情节，而成为叙述刘邦家族神圣血统来源的历史叙事。反过来，刘邦诞生的历史事实，也因为其中包含其母食赤珠、遇蛟龙这两个叙事情节，而成为典型的诞生神话叙事。刘邦诞生神话因为刘邦作为汉帝国始祖的特殊身份而成为历史事件；同样，刘邦诞生的历史事实也因其虚构性叙事而成为诞生神话。我们由此可以断言，刘邦诞生的历史叙事就是神话历史。在这里，历史事实被神话化了，刘邦诞生的神话亦被历史化了。神话与历史，在汉帝国开国之君刘邦的诞生上相互建构，并最终成为政治意识形态叙事的塑造性因素。我们有理由认为，这是汉帝国开国之君的神话历史，也是刘姓王室宗族的神话历史。本质上说，关于刘邦诞生的叙事既是历史，又是神话，更是政治意识形态叙事。它强调刘邦为天（龙）子，同时强调刘邦及其后裔的统治为天命，是不可违背的上天意志。

从时间上来看，感生神话始于汉代而终于清代，五胡十六国时期感生神话最多，宋代之后，感生神话极少，只有一则[①]。有两

① 这则感生神话表述的是清人祖先布库里雍顺的母亲佛库伦吞食朱果而感孕的故事。具体见于赵尔巽等：《清史稿》第2册，中华书局，1976年，第1页。

个时期值得注意，一是汉代，二是五胡十六国时期。这两个时期内，感生神话极为丰富，五胡十六国时期的感生神话最多，其数量超过汉代的感生神话数量。这种现象背后有着极为复杂的原因，我们简单加以阐释。汉代感生神话较多的原因比较好理解，因为汉代盛行关联宇宙论，尤其是万物感生，阴阳感易，五行宇宙论，以及谶纬思想。在关联宇宙论思想下，汉代感生神话也就出现了，它利用万物互相感生的宇宙论，将上天表述为一位干涉人间政治与权力建构的有人格的至高神，同时将感生的帝王描述为天子，其本意非常明显，无须再解释。五胡十六国时期的感生神话比汉代丰富，除了关联宇宙论盛行之外，还有其他原因。原因之一乃是，五胡十六国时期的政权不是汉人建立的，为取得汉人与正统的认可，统治者就仿照汉代以来的感生神话模式，撰写了一系列的感生神话。原因之二是，五胡十六国国君的权力有的是暴力夺取，有的是非长子继位，不符合正统王权交接的标准，为了证明其权力来源的合法性，统治者就命历史书写者创造了感生神话。原因之三是，五胡十六国时期的统治者信仰天命，多数底层民众也有天命信仰，[①]此时利用关联宇宙论来制造君王感生神话，就容易被接受并发挥作用。

至此，我们不得不思考这样一个问题：神话为何会选择感生叙事这种方式进入历史？也就是说，中国正史的书写者为何将帝王诞生神话写进皇族历史中？大致说来，这主要归结于以下几个方面的因素。第一，汉代之前圣王感生神话的影响。中国正史生成之前的

① 钱国盈：《十六国时期五胡君主的感生、异貌神话》，《嘉南学报》2012年第38期，第682—693页。

传说时期存在诸多关于历代圣王诞生的神话传说，比如伏羲、神农、皇帝、少昊、颛顼、尧、禹等。一方面这些圣王诞生神话始终强调圣王与神明之间在血缘方面的亲密关系，[①]另一方面其叙事结构已产生深远影响，成为一种圣王诞生的常识性叙事模式。受此种神话传统影响的中国正史，在书写帝王诞生时，自然就借用了这种圣王诞生的神话叙事模式。第二，中国根深蒂固的天命观，尤其是汉代的天人感应理念中的谶纬思想。以董仲舒为首的儒家强调帝王在沟通天人方面的特殊作用：君王是上天统治人间的合法代理人，其主要作用是将上天的道德意志贯彻到人间。在董仲舒看来，帝王是人间的君王，因此“王”字的意义能够代表君王沟通天地的职能，“古之造文者，三画而连其中，谓之王。三画者，天地与人也，而连其中者，通其道也。取天地与人之中以为其贯而参通之，非王者孰能当是？是故王者唯天之施”[②]。既然这样，帝王就是天子，帝王的诞生就是感天而生。上天在感生神话中已经被人格化，借助于各种象征符号被加以表现。既然君王的神性源自上天，其诞生自然就异于常人，帝王母亲感天生子是一种表现帝王血缘来自上天的特殊形式。帝王母亲感孕而生出帝王，这也是上天向人间发布的神圣征兆。在此思维模式下，帝王作为天子诞生自然具有神圣性。除此之外，帝王神性的标志符号还包括其特殊的相貌，以及其诞生时出现的异象。与前者相关的是异相神话，与后者相关的则是异象神话。为方便起见，下文对二者分别加以阐释。

---

① 关于五帝传说与圣王之间的关系，参见杨宽：《中国上古史导论》，收入顾颉刚等：《古史辨》（第七册），蓝灯文化事业股份有限公司，1993年，第246—268页。

② 苏舆：《春秋繁露义证》，钟哲点校，中华书局，1992年，第328—329页。

三、异相神话与“天命”观

“异相”之名本于方术，借自佛典。我们不妨看关于异相的界定：“异相，原可泛称奇异之貌，即相者所观验之膺天承命之异人生就之非凡之相。方术中之相术，包括相人、相地之法，出自‘数’与‘象’之观念，乃‘形法’之大端。在古人看来，凡有形之体，无不有相。天有天象，地有地形，人则有面相、手相、骨相、体相，草木、鸟兽、六畜、刀剑、山川、宅墓，亦各有其相。”[①]本节所论异相，指的是人之异貌，其中包括面相、体态、骨相、秉性、气质等，而异相神话，则指与此相关的神话，并不包括除此之外的天文及地物之异相神话。

在中国正史中，帝王与贵人异相，乃天经地义之事。这是谶纬思想的核心。《白虎通疏证》曰：“圣人皆有异表。”因为异相能表明一个人异于常人之禀赋，尤其是帝王的神性。感生通过外在于人的现象显示帝王的神性血统，而异相则通过帝王的身体特征表明其神性血统。也就是说，凡望见异相者，必知其不凡禀赋与血统，敬畏之心油然而生。因此我们在王充的《论衡》中能够读到这样的观点：“王者一受命，内以为性，外以为体。体者，面辅骨法，生而禀之。……禀富贵之命，生而有表见于面，故许负、姑布子卿辄见其验。”[②]王充的观点表明，汉代对于帝王的认知依然是神话式的，它同时表明汉代盛行以骨相学即以相貌来论帝王的做法。概括说来

---

① 余欣：《中古异相：写本时代的学术、信仰与社会》，上海古籍出版社，2015年，第3页。
② 黄晖：《论衡校释》，中华书局，2017年，第149页。

就是，“帝王的异相往往与天上的星宿对应，这实际上与感生一体两面，都在说帝王承天而生，进一步申明王者受命于天的道理”[①]。从宗族发展与皇族历史的角度来看，帝王异相神话的创造不仅仅是出于受命的需要，其背后还有巩固帝王身份与地位，以及王室宗族的成员获得身份认同的意图。一旦开国之君或继位之君的神圣血统与地位获得认同，整个皇族乃至于整个宗族的血统与身份就获得了合法性表述。这是异相神话在叙事性层面具有的建构性作用，是任何真实性叙事所无法企及的。

一种事实就是，因其母感天受孕而生的帝王通常都具有非凡的相貌与秉性，这就意味着中国正史在表述帝王的神性血统时，通常会借助于感生与异相神话这两种叙事方式。只不过汉代之后，帝王感生神话的数量日益减少，而帝王异相神话则日益增多。十六国时期[②]的帝王神话同样具有上述特征。十六国中由“胡人所建立的国家共有十三国，其中有十国记载着开国之君或继体守文之君的感生、异貌神话。此外，后秦与西秦，虽无开国君主之感生、异貌神话，仍有先祖或奠基者的感生神话”[③]。据笔者统计，十六国时期帝王神话合计有32则，其中感生神话仅有6则；十六国之后，中国正史中的异相神话日益增多，感生神话逐渐退出皇族历史叙事体系。时至清帝国，帝王感生神话更少，仅

---

① 曾德雄：《谶纬中的帝王世系及受命》，《文史哲》2006年第1期，第42页。

② 十六国时期指的是公元303年至公元439年这一时期，始于刘源建国而终于北魏灭北凉。该历史时期内，汉族、匈奴、鲜卑、羌、氐、羯等族群先后建立汉、前赵、后赵、前凉、前燕、前秦、后秦、后燕、西秦、后凉、南凉、北凉、南燕、西凉、北燕、夏、冉魏。北魏学者崔鸿曾撰《十六国春秋》一书专门陈述除冉魏国之外的十六国，后人遂以“十六国”称呼该历史时期。

③ 钱国盈：《十六国时期五胡君主的感生、异貌神话》，《嘉南学报》2012年第38期，第682页。

有清太祖努尔哈赤一人有感生神话。[①]这其中的原因非常简单：汉代谶纬之说的影响随时间而逐渐减弱，隋唐时期逐渐消亡；而天命说始终影响着皇族历史的书写，感生与异相神话皆为建构王权意识形态而被创造，帝王感生神话影响渐弱，帝王异相神话必然繁盛。

纵观中国正史，帝王异相神话主要强调以下四个方面的内容。一，帝王龙颜。帝王龙颜的具体表现主要有：或面相似龙，或头上有角，或头顶隆起，或顶发耸立，或美髯须，或鼻如龟龙，或遍体鳞文，或体态呈现金色。这些特征强调帝王相貌具有龙的特征，其中最为突出的乃是面貌，其次是体态，最后是须发。本质上说，这类异相神话建立在帝王为龙子的神话观念基础之上。二，帝王垂手过膝。这类神话以十六国时期五胡之国帝王的异相神话居多，具有这类异相的帝王有刘曜、苻坚、姚襄、慕容垂。[②]三，帝王五官异于常人。这类异相神话强调君王的眼、耳、鼻、口等具有非凡特征，如重眸、目有精光、隆鼻、方口、大耳等。四，帝王体有异记。此类异相神话突出帝王身体的某个部位具有特殊的特征或标记，以此强调其与上天之间的密切关联。例如，汉高祖刘邦左股有七十二黑子，北周文帝宇文泰背部有黑子，金世宗完颜雍胸间有七子如北斗形等。总之，上述四类异相神话突出帝王的非凡相貌，以此强调帝王与上天之间的密切关联。更有甚者，皇族历史叙事者将

---

① 清太祖努尔哈赤的感生神话强调努尔哈赤的母亲佛库伦因感朱果而生子，表述文字如下："始祖布库里雍顺。母曰佛库伦，相传感朱果而孕。"参见赵尔巽等：《清史稿》第2册，中华书局，1976年，第1页。

② 上述相关帝王异相神话的表述，参见房玄龄等：《晋书》第9册、第10册，中华书局，2017年，第2683、2883、2962、3077页。

异相的特征叠加在一位帝王身上，使被表述的帝王成为面貌迥异于常人的异类。这方面典型的是北周文帝宇文泰，他被表述为具有诸多异相特征的“他者”：“生而有黑气如盖，下覆其身。及长，身长八尺，方颡广额，美须髯，发长委地，垂手过膝，背有黑子，宛转若龙盘之形，面有紫光，人望而敬畏之。”[①]明显可以看出，方颡广额乃是龙颜的特征，黑气罩身乃是与上天关系亲密的表现。身长八尺、美髯须、体有黑子、面有紫光、长发及地等这些特征中的每一项都与上天直接相关。此种表述的意图非常明显：宇文泰相貌与众不同乃是天意，他天生就是帝王。我们从这个案例中可以看出，十六国时期的异相神话几乎汇集了前代异相神话中所有表现帝王异相的因素，以此表现帝王的不凡身世。

在这些异相神话中，每一位帝王均有不同的异相：或龙颜，或长臂，或五官异于常人，或体有异记。表面看来，这些异相特征之间并无相同之处，并且不符合今天的审美标准，甚至个别帝王的相貌看起来有些怪异，比如前文所说的北周文帝宇文泰。宇文泰大概除了身高之外，其他方面的异相特征在今天看来并不符合男性美的标准，甚至我们可以将有些体征视为生理缺陷。但深入分析便会发现，这些异相因素均指向了一个共同的对象——上天。从当时骨相学的思维方式看，人有异相，并非是出于己意，乃是天意。关于这一点，我们从王充《论衡・骨相篇》的论述中能够明白：“人曰命难知。命甚易知。知之何用？用之骨体。人命禀于天，则有表候（见）于体。查表候以知命，犹查斗斛以知容矣。表候者，骨法之

① 令狐德棻：《周书》第1册，中华书局，1971年，第1页；李延寿：《北史》第2册，中华书局，1974年，第312页。以上表述，内容完全相同。

谓也。”[①]换言之，人的相貌是天命的体现，也是上天神圣性的神显。上天是神圣的，人的体貌是世俗的，一旦世俗的身体成为神显之物，身体就具有了神圣性。帝王的异相直接表明帝王是天子，是上天派遣到人间管理万物的统治者，他与上天之间的关系极为亲密。异相因而成为帝王神圣血统的外在标志与象征符号，异相神话继而成为皇族历史建构帝王神圣血统的有效方式，也是历史书写的神圣叙事源头。

对于中国历代皇族而言，一旦王族失去表明血统神圣性的神话，整个王室宗族就失去了统治国家与天下的合法性。也正是基于此，中国正史中的历代皇族总是在表述其开国之君或继位之君的相关事件中，刻意加入表明帝王神圣血统的神话。如果帝王叙事中没有感生神话与异相神话，那么一定要有另一种表明其神圣血统的神话——异象神话。或者我们可以说，异象神话也是一种建构皇族神圣历史的叙事途径，它有效地巩固了皇族统治，在王室宗族的身份认同层面具有非同寻常的作用。

四、异象神话叙事结构与五行体系

异象是不同寻常的景象，其中包括自然异象与人文异象，“比如天文气象、兽异羽孽、山川变易、历法音律等。用中国中古传统的语言来说，就是祥瑞和灾异”[②]。对于中国正史而言，异象是上天

---

① 黄晖：《论衡校释》，中华书局，2017年，第126页。
② 孙英刚：《神文时代：谶纬、术数与中古政治研究》，上海古籍出版社，2015年，第18页。

对某个人，尤其是对帝王神圣血统、身份，乃至于宿命的昭示。换言之，中国正史中的异象是一种政治预言，异象神话因而是一种具有浓郁意识形态建构意味的政治预言，它直接与皇族祖先，特别是开国之君的神性血统与身份相关。据笔者统计，中国正史中的异象神话共计71则，其中传说时期异象神话8则，历史时期异象神话63则，涉及7位传说时期的帝王，47位历史时期的帝王。这些异象神话涉及历史时期17位开国之君，比如汉高祖刘邦、隋文帝杨坚、宋太祖赵匡胤、辽太祖耶律阿保机、明太祖朱元璋等。除此之外，异象神话还涉及40位历史时期的继位之君，其中包括汉文帝刘恒、汉武帝刘彻、唐肃宗李亨、宋仁宗赵祯、明成祖朱棣、清世祖福临等。这些数量可观的帝王异象神话，一定程度上使中国正史充满了神秘的政治预言意味，同时使得皇族历史的叙事具有一种浓郁的程式化风格。由此我们不得不思考这样一个问题：这些神话究竟使用了何种叙事模式表述其意图？

这些异象神话多数在帝王诞生之际发生，我们可以称之为“诞生异象神话”。该神话叙事结构涉及如下几个因素：异象的发送者，异象的接受者，异象的指向者，异象的象征意义。在中国正史的异象神话中，异象的发送者是上天，接受者与指向者均为皇帝，异象背后对应的则是天命。在此过程中，上天是异象的主动发送者，皇帝则是异象的被动接受者。在该叙事结构中，一方是主动发送异象的上天，另一方是被动接受异象的皇帝；异象是天命的象征符号，上天通过向皇帝发送异象而表明其与皇帝之间的亲密关系。这类异象神话的意图非常明显：表明皇帝的神圣身份以及其权力来源的合法性。饶有趣味的是，在这个异象的发送与接受过程中，上天与皇帝并不直接进行沟通，而是通过异象间接地进行交流。具体说来就是，上天通过异象向皇帝传达其旨意，皇帝及异象的见证者均为天命的被动接受者，上天完全主动，皇帝则完全被动，二者之间并不进行平等、直接的交流。这其实是异象神话的制造者的最终表达：皇帝诞生时发生的异象并非是皇室宗族所能预料或控制的，它是天意，是上天向人间发送的信号。

进一步分析便会发现，在中国正史的异象神话叙事中，虽然神显物繁复多变，但最终指向了上天。我们先看看异象神话中出现的各类神显物及其象征意义，然后再做分析。在中国正史表述的异象神话中，神显物有多种，其中龙出现的频率最高，其次是蛇、凤凰、孔雀、嘉禾，然后是红光，紫气、黑气、五色云、祥云等。在神话世界与谶纬体系中，上述神话形象各有其具体的象征意义，我们不妨先看看龙。在帝制时代的中国，“龙是上天的造物，也是皇帝个人的象征”①。龙出现的异象就是帝王诞生的预兆，这已成为帝制时代中国历史叙事的一种常识。婴儿诞生时有龙出现，意味着该婴儿是真龙天子，是将来的帝王。从神话学视角来看，龙是天上的神兽，龙因此是上天的象征物。根据结构主义神话学同类事物转换并置的规约，凡是与上天相关的神话生物与符号，均可以作为与龙同等的符号出现在异象神话中。由此我们看到，在中国正史表述的异象神话中，除了龙之外，还出现了蛇、凤凰、孔雀、嘉禾、红光、紫气、黑气、五色云、祥云等。在异象神话中，这些神话形象出现的功能与龙的出现完全相同：表明诞生的婴儿是未来的皇帝，是上天派来治理人间的君王。这样说来不免有些抽象，我们以宋太

① 卜正民：《挣扎的帝国：元与明》，潘玮琳译，中信出版集团，2016年，第9页。

祖赵匡胤诞生时的异象为例进行具体分析。《宋史》记载他“后唐天成二年，生于洛阳夹马营，赤光绕室，异香经宿不散，体有金色，三日不变”[①]。在这个异象神话中，宋太祖诞生时，其出生地出现了赤光，并且伴有异香。在正常人的认知中，日光通常是白色的，赤光极为罕见，更不用说赤光绕室。表面看来，赤光是超自然现象，但按照神话思维思索，我们就会明白，赤光源自太阳，而太阳为天空之物，象征着上天。这样赤光就成为上天的象征符号，与龙一样成为帝王的权威性象征物。赵匡胤诞生之际出现的赤光预示着他为上天的儿子，是将来的帝王。在帝制时期的中国，这类神话叙事带有明显的建构王权的意识形态意味，因此成为皇族祖先尤其是开国之君诞生的历史书写，也成为王室宗族书写其祖先诞生事件的信史。

若仔细勘察中国正史，我们就会发现，帝王诞生时伴有异象，已经成为王室宗族祖先诞生的一种叙事范式。我们可以断言，异象神话叙事模式一定程度上受到了中国古代神话中圣王诞生叙事情节的影响，但更大程度上，它是一种皇族历史书写叙事的策略。自从《史记》表述了汉高祖刘邦所居之地有天子与龙虎之气之后，中国正史中关于皇族祖先的叙事中就有此类异象神话出现，但直到《后汉书》，中国正史中才出现了皇族诞生异象的神话。《后汉书》首次叙述了汉光武帝刘秀诞生的异象神话：“以建平元年十二月甲子夜生光武于县舍，有赤光照室中。钦异焉，使卜者王长占之。长辟左右曰：‘此兆吉不可言。’是岁县界有嘉禾生，一茎九

① 脱脱：《宋史》第1册，中华书局，1977年，第2页。

穗，因名光武曰秀。”[①] 光武帝刘秀诞生的异象神话中出现赤光与嘉禾这两种神话形象，主要与汉代的五行理念及“天命”思想相关。一种事实就是，汉武帝刘彻推行五行体系中的土德，而光武帝刘秀即位后为争夺“天命”而提出新的说法。“光武帝推翻王莽政权恢复汉室后接受了相生循环宇宙观，以火德为汉制，二者自此成为东汉正统并一直延续到东汉灭亡。”[②] 在这种情境下，赤光一方面是火德的象征符号，另一方面是“天命”的征兆，它因此被历史书写者借用，进入汉代历史的异象神话表述体系。自然，赤光在异象神话的出现，其发挥的作用与龙在异象神话中的出现并无本质性差异：宣告诞生的婴儿是上天选定的“天子”，其权力与统治的合法性不容置疑。

此种帝王诞生伴有异象的叙事在中国帝制时代一直未间断，甚至到了帝制晚期，满族的王室历史叙事还在延续这种异象神话叙事模式，以至于我们在《清史稿》中看到了清世祖（顺治皇帝）福临诞生的异象神话：“母孝庄文皇后方娠，红光绕身，盘旋如龙形。诞之前夕，梦神人抱子纳后怀曰：‘此统一天下之主也。’寤，以语太宗。太宗喜甚，曰：‘奇祥也，生子必建大业。’翌日上生，红光烛宫中，香气经日不散。”[③] 这则异象神话看似简单，实际上意蕴丰富。清顺治皇帝的诞生异象神话涉及三种神话因素：龙、红光、香气。深入分析便会发现，此神话异象叙事中出现龙，乃是沿用了历代异象神话中帝王诞生有龙出现的叙事模式；而红光与香气的出

---

① 范晔：《后汉书》第1册，中华书局，1965年，第86页。
② 王爱和：《中国古代宇宙观与政治文化》，金蕾、徐峰译，上海古籍出版社，2011年，第182页。
③ 赵尔巽：《清史稿》第2册，中华书局，1976年，第83页。

现，则沿袭了汉代以来的帝王诞生叙事中赤光或香气出现的异象叙事套路。换言之，顺治皇帝福临诞生的异象神话由龙神话与赤光神话这两种异象神话叙事模式构成。我们有理由认为，催生此种异象神话模式的原因大致有两种，一是汉代以来中国正史中龙异象神话的叙事模式，二是延续到清代的五行思想体系。两种因素的相互作用，使清顺治皇帝的诞生异象神话得以生成。

五、结语

在“天命”神话中，感生、异相与异象神话在不同历史时期具有不同的衍化特征。感生神话始于汉代，五胡十六国时期最多，宋代之后逐渐走向消亡，到清代只有一则感生神话。异相神话与感生神话有些类似，始于汉代，五胡十六国时期最多，此后便很少，时至清代，帝王神话中只有两则异相神话。异象神话始于汉代，但汉代异象神话数量较少，两晋之后数量增多，五胡十六国时期最多，宋代之后逐渐减少，清代只有一则帝王诞生的异象神话。由此可以断言，在天人感应的思维模式下，“天命”神话通过感生、异相与异象这三种方式进入中国历史。只不过，因关联宇宙论在中国历史进程中的作用并不相同，在进入历史与王权建构的过程中，这三类“天命”神话兴衰的时间段并不完全一致。感生神话与异相神话在汉代最为兴盛，宋代之后基本消亡，这要归结于谶纬思想在中国历史不同阶段地位的不同。众所周知，汉代盛行谶纬思想，感生与异相神话是谶纬思想的主要表现，在很大程度上推动了王权的建构与巩固。三国时期的魏国开始禁止谶纬之风，时至隋代，官民同禁谶纬传播。这就导致与谶纬密切相关的感生与异相神话自隋唐开始消亡，异象神话取而代之。

感生、异相与异象，三者是中国正史表述皇族祖先诞生的叙事性模式与叙事策略，但却共同指向了中国关联宇宙论。感生、异相与异象，三者已经成为中国正史表述皇族祖先诞生的叙事性模式，亦是历代皇族历史表述其权力来源必不可少的叙事策略。通过感生、异相与异象这三类“天命”神话，皇族将帝王的诞生表述为一系列具有固定情节模式的神圣叙事，进而将帝王的血统、身份与命运与上天直接联系起来。在此过程中，作为元历史的神话成为皇族历史的神圣叙事源头，也是建构王权意识形态的塑造性要素。严格意义上讲，帝王诞生的感生、异相与异象神话均不是真正意义上的神话，而是政治神话或者意识形态神话，因为它与权力乃至于整个王室宗族身份的认同密切相关。上述三类“天命”神话之所以能够进入中国历史，从根本上说，主要归结于自商周以来关于“天命”的神话信仰。作为“天人感应”核心内容的五行理念，谶纬、五德，以及关联宇宙论所强调的“天命”观，多重因素的相互作用催生了中国正史中的“天命”神话。在天人感应的关联宇宙论模式下，上天对帝王的态度与旨意皆通过与帝王相关的事项来表现，尤其是帝王的诞生事件。换言之，感生、异相以及异象，皆为上天与帝王之间具有密切关联的表现。这样我们就能够理解，从汉代到晚清，近两千年的历史时期内，皇族关于历代祖先诞生的表述总是沿着感生、异相与异象这三条路径衍化，从未有新的叙事模式出现。在王室宗族祖先的神圣诞生叙事中，历史与神话相互建构，共同创造了具有中国特色的王权意识形态。

第二节　汉画像石中的祖灵神话信仰

汉画像石是汉代丧葬艺术的典型，也是汉代民间祭奠祖先的一种方式。当下中国学界达成的共识乃是，汉画像石是汉代非主流社会（中下层阶级为主）的丧葬艺术。[①]在这样一种语境下，我们有理由认为，汉画像石描述的祖灵神话乃是汉代民间社会关于祖先与宗族彼岸信仰的图像叙事。本节从汉画像石的墓主画像入手，探讨汉画像石表现的祖先亡灵归宿的理念，以及亡灵升天的路径，以此揭开汉画像石中的祖灵理念。

一、祖像：祖灵的实体化

汉代文人扬雄曾经在《元后诔》中写道："皇皇灵祖，惟若孔臧。降兹珪璧，命服有常。"这一说法传达出来的信息是，汉代人非常崇拜祖先，并且相信祖灵能够从天上降临到人间，并依附于玉圭与玉璧这类玉礼器上。但对于汉画像石描绘的世界而言，祖灵并不通过玉礼器来表现自己，而是通过墓祖像来呈现。也就是说，祖像是祖灵的实体化表现形式，它一定程度上能够象征祖灵。关于这一点，郑岩也曾经论述过，认为祖像是死者灵魂的象征。[②]我们赞同郑岩的观点，但关于祖像与祖灵之间关系的阐释，本节

① 具体参见汪小洋：《汉墓绘画中的两个图像体系》，《民族艺术研究》2015年第1期，第109页；罗伟先：《汉墓石刻画像与墓主身份等级研究》，《四川文物》1992年第2期，第30页。

② 郑岩：《墓主画像研究》，收入《中国汉画学会第九届年会论文集》（上），中国社会出版社，2004年，第261页。

有不一样的观点。这就要从祖像的具体类型与语境入手，下文分别探讨。

尽管祖像是祖灵的实体化象征符号，但在不同的语境中，祖像与祖灵之间的关系并不完全对等。在汉画像石中，祖像主要出现在两种情境中，一是墓葬，二是祠堂。通常而言，学界将出现在墓葬中的画像石上的祖像称为墓主像，而将出现在祠堂中的画像石上的祖像称为祠主像。作为祖像，墓主像出现的频率较高，但祠主像出现的频率并不高，这主要归结于现存的汉代画像石墓较多而祠堂较少。山东嘉祥蕉城村石祠后壁画像描绘的祠主受拜图[①]中，祠主身后的楼柱上刻有“此斋主也”四个大字的榜题，非常明白地表明了汉代人将祠主像作为祖像的理念。[②]祠主像基本表现的是祠主死后的生活场景，即祖灵在另外一个世界的不朽生活，譬如接受拜谒、观看乐舞百戏表演、骑马出行等。基于祖像是祖先灵魂的象征物这一现实诉求，墓主像与祠主像并没有采用写实的方式表现祖先的面容，而是以象征性的方式来表现亡灵在另一世界的生活，因此具有象征性与虚构性，祠主的相貌基本与生前相貌并不相同。上文提到的山东嘉祥焦城村石祠的祠主像，基本是按照汉代通行祖先像描绘的，很难说是祠主生前的样子。

墓主像在汉画像石中的数量较多，其类型与祠主像类型相同，

① 详见朱锡禄编著：《嘉祥汉画像石》，山东美术出版社，1992年，图3。原画像石残缺不齐，其线描图见信立详：《论汉代的墓上祠堂及其画像》，收入南阳汉代画像石学术讨论会办公室编：《汉代画像石研究》，文物出版社，1987年，第195页，图一五。

② 不少学者曾经将嘉祥焦城村石祠后壁画像的榜题释读为“此齐王也”，信立详则新解释为“此斋主也”，详见信立详：《论汉代的墓上祠堂及其画像》，收入南阳汉代画像石学术讨论会办公室编：《汉代画像石研究》，文物出版社，1987年，第194页。

主要可以分为侧面像与正面像，并且以侧面像居多。值得注意的是，侧面墓主像一律面向画面的右方，具有极为明显的象征意义。比如，山东嘉祥焦城村石祠后壁的祠主，以及安徽宿州褚兰汉墓一号墓中车马出行图中的墓主像，都是侧面像，并且面向画面的右方。这种祖像向右的方位传统，其实并不是汉画像石所独有，汉墓壁画中亦有墓主像面向画面右方的传统，只要看看山东临沂金雀山九号汉墓墓主画像，河南洛阳烧沟村西汉墓卜千秋墓主夫妇画像，长沙马王堆一号汉墓、三号汉墓帛画墓主画像，以及大连营城子汉墓二号墓壁画墓墓主画像，就会明白这种墓主面向画面右方的图像表现模式并不少见。学者汪小洋指出，汉画像石墓的墓主基本是社会中下层阶层，而壁画墓的墓主是中上层贵族阶层，[①]这样就可以推断，汉画像石中墓主面向右方的图像表现传统并不是汉代民间信仰所独有，而是由汉代社会信仰的神话理念所决定的。

倘若追溯墓主侧面画像中墓主面向右方的传统，我们很快就会发现，战国时期的帛画上已经有了这种墓主面向右方的模式。譬如，长沙陈家大山战国楚墓帛画中墓主升天图和长沙子弹库楚墓帛画中墓主升天图，这两幅帛画中的墓主在升天过程中，均面向画面的右方即西方。这种有意识地突出墓主人面向的做法，与汉墓、祠堂中突出墓主面向的方法如出一辙。长沙为楚地，这两幅帛画中的主人面向右方，应该很容易理解二者具有相似之处。毕竟二者在时间与空间上距离较近，催生其墓主面向右方的思想

① 汪小洋：《汉壁画墓墓主人阶层探讨》，《南京艺术学院学报》（美术与设计版）2006年第1期，第24—27页。

与信仰也应属同一类型。但汉代画像石与壁画墓中普遍出现墓主面向右方的图像模式，就很难说汉代画像石墓主像受到了楚地帛画墓主像的影响。不过可以推断，二者的类似归结于墓主画像背后关于彼岸的神话信仰。换言之，楚地战国时期神话中关于祖灵升天的思想，被汉代人所继承，从而创造出了汉墓中的墓主面向西方的画像表现模式。

战国时期的帛画虽然给汉画像石中的侧面墓主像提供了思想与艺术层面的启发，但深究起来我们就会发现，这种墓主像面向画面右方的表现传统与理念源自更早的前文字时期。如果将时间与空间做个具体的划定，我们可以断言，陕西石峁出土的侧面玉人像是汉画像石侧面墓主像的原型与源头。石峁出土了大量的玉器，但最为重要的是侧面玉人头像的玉器。迄今发现的玉人头像有两件，一件存于今天的陕西省历史博物馆，一件系私人收藏（图6-1）。这两件玉人均是侧面，人像为高鼻方脸，橄榄形大眼，凸耳，束髻，面颊穿孔。与此类似的是，石峁同时还出土了高冠侧身玉人头像（图6-2），其造型与前两件玉人头像极为类似，玉人高鼻阔嘴，侧面向右方。石峁出土的这两类玉人头像都是双面雕刻的玉器，但正面都是面向西方。可以肯定的是，这两件玉人像是石峁的祖先像，也是祖灵的象征符号。这种画像模式的背后是祖灵神话信仰，即祖灵像玉一样不死。只要观看一下陕西石峁出土的数量众多的玉柄形器，以及象征不死的各类玉器：玉璧、玉璇玑、玉璜、玉琮、玉鹰、玉鸱鸮、玉鸟等，就会明白石峁侧面玉人头像背后的祖灵神话理念：祖灵已经飞入了天界，获得不朽的生命。因为从神话学的角度来看，上述玉器都是不死的象征，而玉人头像与玉羽冠人像以及玉柄形器，显然是祖灵的象征符号。[1]石峁的这种神话信仰实际上与汉画像石所表述的祖灵理念完全吻合，但比后者早了两千多年。

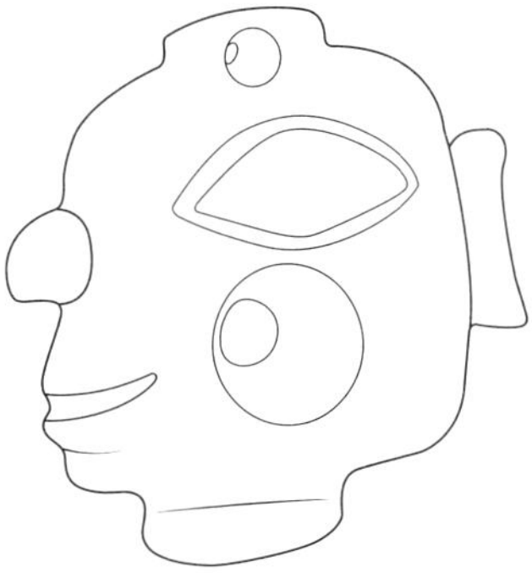

图6-1　石峁玉人头像，赵亚君绘

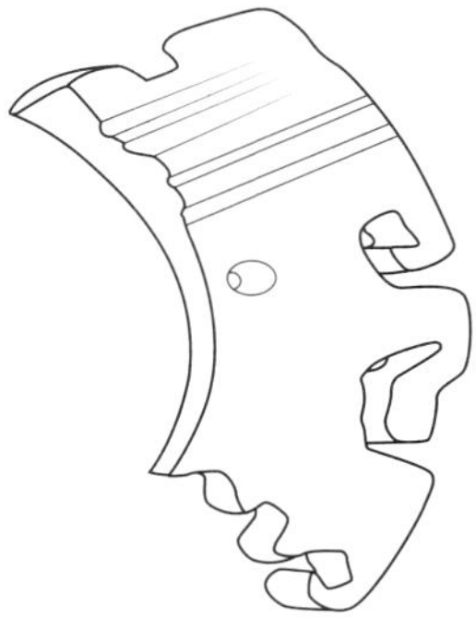

图6-2　石峁高冠侧身玉人头像，赵亚君绘

从图像方位划分的情境性原则来看，汉代与战国时期的帛画上的墓主像，以及石峁出土的玉人像，均面向画面的右方，而右方即为西方。[2]这就意味着，汉画像中的祖灵向着西方前行抵达不死的西方乐园。但此处的西方乐园并不是佛教中的西方乐土，而是中国本土神话中西王母统管的昆仑山不死世界。何以判断？这就要从汉画像石中的西王母图像开始探讨。

① 玉柄形器是祖灵的象征符号，从史前时期一直延续到文字时期。详见叶舒宪：《玉人像、玉柄形器与祖灵牌位——华夏祖神偶像源流的大传统新认识》，《民族艺术》2013年第3期，第23—28、49页；叶舒宪：《竹节与花瓣形玉柄形器的神话学研究——祖灵与玉石的植物花表现》，《民族艺术》2014年01期，第30—37页；叶舒宪：《怎样从大传统重解小传统——玉石之路、祖灵牌位和车马升天意象》，《思想战线》2013年05期，第23—28页。

② 详见王倩：《二元宇宙：褚兰汉墓车马出行图方位结构》，《民族艺术》，2016年第6期，第79—86页；王倩：《论汉画像石方位划分参照物》，《文艺理论研究》2014年第6期，第151—155页。

二、西上升天：祖灵的归宿

汉学家鲁惟一认为，“汉代人渴望将死者灵魂的一个成分导入另外一个世界或天堂，人们有时认为这是一个仙或不朽者的世界。”[①]鲁惟一的观点是针对死者的魂与魄而言的，并不完全适用于汉画像石中祖灵的探讨。按照先秦以来的死亡理念，人死之后，“魂气归于天，形魄归于地，故祭求诸阴阳之义也”[②]。余英时指出，商代人非常崇拜祖先，他们相信祖先的亡灵可以庇佑后代，并且升入天界加入神明的行列。尽管商代之后有关于灵魂转化为鬼的理念，但两汉时期关于鬼居住的阴间或死后世界的观念并不发达。[③]这就让我们很容易理解，为何汉画像石描绘的祖灵要高升到天界了，毕竟商代以来的大传统观念在驱动着汉代人的信仰理念。对于汉画像石而言，祖灵要去的天界并不是通常意义上的天界，而是西王母所在的不死的昆仑山世界。关于这一点，我们无须多加阐释，因为大量的汉画像石中的场景已经表明了这一点。为方便理解，我们这里以山东武梁祠的祖像为例加以探讨。在武梁祠左石室屋顶前陂东段画面第一层，死者亡灵从墓穴中飞出来之后，乘上马车一路向西，飞升到西王母的世界。羽人乘云车、驭龙车，天马行空，翼龙飞翔，神鸟飞舞，西王母的世界显然是神话中不死的西方乐园，更是汉代人关于祖先亡灵归宿的最美好的描述。

汉画像石中祖灵的归宿是西王母所在的昆仑山世界，它由很多

---

① 鲁惟一：《汉代的信仰、神话和理性》，王浩译，北京大学出版社，2009年，第30页。

② 阮元校刻：《十三经注疏》（全2册）之《礼记正义》（二十六，《郊特牲》），中华书局，1980年，第1457页。

③ 余英时：《东汉生死观》，侯旭东等译，上海古籍出版社，2005年，第84—90页。

象征性的神话图像与符号构成：东王公、羽人、天马、玉兔、蟾蜍、龙、虎、天熊、神鹿、三青鸟、九尾狐、各类神兽、月亮、太阳、扶桑树、昆仑山、不死药、不死草、玉胜、北斗、星辰、云气等。在神话世界与神话思维中，上述图像与符号具有两层象征意义。第一，这是西王母所在神圣的昆仑山乐园。这个乐园是西方不死的宇宙世界，由至高神西王母所掌管。昆仑山乐园是一个神奇的世界，有不死药与不死草这类奇花异草，还有三青鸟、九尾狐等奇珍异兽。这种图像叙事的内容与《山海经》所描写的昆仑山的神话世界非常吻合，①同时增加了不少仙界的因素，诸如羽人、九尾狐等。第二，这是祖灵的归宿。祖灵历经各种艰难险阻之后，最后抵达不死的乐园，获得永恒不朽的生命。这就意味着，祖灵的归宿是神圣而不死的宇宙乐园，祖灵因而也是神圣而不朽的。只不过，这个乐园在遥远的西方世界即昆仑山，它高高在上，不是每个人都可以抵达的。

顾颉刚先生认为，“中国古代留传下来的神话中，有两个很重要的系统：一个是昆仑神话系统；一个是蓬莱神话系统。……到了战国中后期，在新的历史条件下，又被人结合起来，形成一个新的统一的神话世界”②。按照顾颉刚先生的说法，亡灵归宿的乐园神

① 《山海经·西次三经》中描述的昆仑山神兽有神兽陆吾与鹑鸟，《山海经·海内西经》描绘的昆仑山神兽有开明兽、凤凰鸾鸟，神树则有视肉、珠树、文玉树、玗琪树、不死树、离朱、木禾、柏树、甘水、圣木曼兑等。《淮南子·地形训》描述的昆仑山神树有木禾、珠树、玉树、璇树、不死树、沙棠、琅玕、绛树、碧树、瑶树等。具体参见袁珂校注：《山海经校注》，巴蜀书社，1993年，第55—56、345—351页；陈广忠译注：《淮南子·地形训》，中华书局，2012年，第200页。

② 顾颉刚：《〈庄子〉和〈楚辞〉中昆仑和蓬莱两个神话系统的融合》，原文刊载于《中华文史论丛》1979年第2期，本节引文出自钱小柏编：《顾颉刚民俗学论集》，上海文艺出版社，1998年，第41页。

话同样也有昆仑山神话和蓬莱神话两个系统。甚至我们在史书中看到，秦始皇不止一次派人到蓬莱寻求仙人与不死药，汉武帝也曾经在元封元年（公元前110年）到胶东寻找蓬莱神话中的仙人。[①]但比较奇怪的是，汉画像石并未有关于祖灵飞升到蓬莱仙岛的图像叙事。汉画像石中有关于蓬莱仙岛的描绘，但不是祖灵的归宿之地。有不少学者认为，四川彭山出土的石棺上有关于蓬莱仙岛的画面，因为画像描述了三座神山，神山上分别坐着羽人、神人。但石棺另外一侧的画像车马出行图表明，墓主人乘坐的马车是向着画面的右方即西方前行的，很难说此处三座神山中有汉代蓬莱神话中作为三神山之一的蓬莱仙岛，[②]很大程度上它是传说中的西方昆仑山。汉画像石中类似的山峰图像也出现在其他地方，比如在陕西定边县郝滩乡汉墓出土的西王母宴乐图中，昆仑山由三支白色的莲蓬状的山峰组成。[③]这就使我们不得不思考：为何祖灵的归宿是西王母统辖的遥远的昆仑山世界而不是其他世界？问题的探讨涉及诸多因素，但其中的关键性因素有两点：第一，蓬莱神话的信仰者；第二，西王母在两汉时期特殊的至高神地位。

第一，蓬莱神话的信仰者。尽管《史记》中记载了秦始皇与汉武帝二人多次寻求蓬莱不死药的故事，但制造不死药的却是方士，并不是普通的百姓。“而方士更言蓬莱诸神若将可得，于是上欣然庶几遇之。”[④]这就意味着蓬莱神话的信仰者并不是普通百姓，而是

---

① 司马迁：《史记》（卷十二，孝武本纪），中华书局，1963年，第455页。

②《史记》称：“海中有三神山，名蓬莱、方丈、瀛洲，仙人居之。”详见司马迁：《史记》（卷六，秦始皇本纪），中华书局，1959年，第247页。

③ 图片见徐光冀主编：《中国出土壁画全集》（陕西卷上），科学出版社，2011年，第64页，图60。

④ 司马迁：《史记》（卷二十八，封禅书），中华书局，1959年，第1398页。

社会的中上层阶级。而汉画像石的墓主人却属于社会的中下层阶级，基本上局限于“上至二千石官吏，下至一般富豪市民的大跨度中间阶层的范围内”[①]。基于社会地位与知识层面的限制，汉画像石的墓主人基本不关心或者说不会关注蓬莱仙岛的神话，他们宁愿相信祖先的亡灵去的是西王母所在的遥远的昆仑山乐园，而不是隔着海洋的虚无缥缈的蓬莱仙岛。这样就很容易理解为何汉画像石描绘的祖灵基本都是向着西方的昆仑山前行。

第二，西王母在两汉时期的特殊地位造就了汉画像石中的祖灵归宿。从汉画像石尤其是山东滕州地区的画像石所描绘的图景来看，西王母身边会有伏羲与女娲的图像出现，后二者在中国神话中为创生神明，二者出现在西王母身边，使得西王母具有了至高神的身份。[②]按照神话学关于女神文明的观点，作为至高神的西王母担负所有神明的职责：负责生命的出生、抚育与死亡。这样，祖先死后，其亡灵就会去往西王母所在的不死的昆仑山世界，获得不朽的生命。这种宗教与神明层面的理念造就了汉画像石中祖灵上西王母世界的图像叙事。另一方面，汉代社会的西王母造神运动，将西王母推上了宗教至高神的地位。在全国掀起的一场西王母崇拜运动发生在汉哀帝建平四年（公元前3年）正月，地点在关东三十六或二十六郡国。此时恰逢一场大旱，该地的民众互相传一种叫作“行西王母诏筹”的枚筹，号召大家进入长安城。在进入长安城的过程中，这些民众的举止怪诞异常，或披发赤足，

① 罗伟先：《汉墓石刻画像与墓主身份等级研究》，《四川文物》1992年第2期，第28页。

② 汪小洋：《汉画像石中西王母的至上神努力》，《寻根》2004年第5期，第18—28页。

或乘骑奔驰，或致驿传行。他们西入长安城后，集体聚集在里巷阡陌，或聚众博弈或歌舞，举行了大规模的祭祀西王母活动。根据相关史书的表述，当时有专门的组织派人分发符书给这些民众，并借由西王母之口吻发话给聚集的民众："佩此书者不死。不信我言，视门枢下，当有白发。"[①]此事件从正月持续到秋天，在整个国家引起了极大的震动。自此之后，西王母信仰在汉代快速流传开来。在这种情境下，汉代人自然将祖灵的归宿想象为西王母所在的西方不死世界，因为这样祖先的亡灵就能获得永生，家族成员亦可从中获得庇佑。

概而言之，各种因素促成了汉画像石中祖灵西上至西王母宇宙的图景，也使得汉画像石所表现的彼岸场景只有天界而缺乏阴间图像，其叙事模式生发了汉画像石中祖灵西上升天的宗族神话理念。在升天的过程中，祖灵要穿越重重障碍最后抵达遥远的昆仑山，昆仑山因此成为祖灵到达彼岸即天界的边界。从汉画像石的表述来看，昆仑山是不死之山，也是灵魂最后的归宿。但昆仑山高不可测，《山海经》将其描述为位于西北的帝下之都，其山神秘莫测，"方八百里，高万仞"[②]。《淮南子·地形训》则将其表述为远离中土的远方之城，"中有增城九重，其高万一千里百一十四步二尺六寸"[③]。昆仑山还有开明兽这类神兽把守，并不是一般亡灵能够到达的，因此，祖灵要凭借特殊的交通工具才能抵达。实际上我们发现，画像石中的祖灵乃是乘着一种特殊的交通工具即车马西上升天

① 班固：《汉书》（卷二十七，五行志），中华书局，1962年，第1476页。
② 袁珂校注：《山海经校注》（海内西经），上海古籍出版社，1980年，第294页
③ 何宁：《淮南子集释》（地形训），中华书局，1998年，第323页。

的。也就是说，汉画像石描绘的祖灵乃是通过车马西上从而抵达不死的西王母乐园。

三、车马：祖灵升天工具

汉代人在汉画像石中关于亡灵借助车马升天的描述有着固定的模式——死者的亡灵在大队人马的陪送下一路向西前行，前往西王母所在的不死世界，即死者永恒的家园。在表述祖灵西上升天这一理念时，汉代人将车马行进的方向分成两种，一种是向着画面的右方，另一种是向着画面的左方，车马向着画面右方前行的画面占据多数。当下学术界争论的焦点在于，在祖灵西上升天的过程中，车马是左行还是右行？巫鸿认为，祖灵乃是乘着车马向着画面的右方前行进入天界的。[①]刘辉则指出，车马左行与右行升天的方位模式并不是固定的，它与汉画像描绘的天界象征符号密切相关，而最后归结于墓主或建墓者的意愿。[②]不管车马向东还是向西前行，最后都向着西方前行，这是学术界迄今达成的共识。还有一点就是，尽管车马出行图的阵容强大，但墓主人的亡灵是坐在马车之上升天的，而其他的随行人员则是骑着马跟随在其周围。这种固定的模式在汉画像石中随处可见，比如，山东苍山县城前村元嘉元年汉画像石中的车马出行图[③]，安徽宿县褚兰一号汉墓前室北壁额枋上的车

① 详见巫鸿：《从哪里来？到哪里去？——汉代艺术中的车马图像》，《中国书画》2004年第4期，第53页。

② 刘辉：《汉画车马图像辨析——兼与巫鸿先生商榷》，《中国书画》2007年第8期，第64页。

③ 图片见山东省博物馆、苍山县文化馆：《山东苍山元嘉元年画象石墓》，《考古》1975年第2期，第129页，图七之二。

马出行图[1]等。车马西行图像描述了这样一种宇宙论：祖灵借助自东而西的车马而升天，最后抵达高高在上的昆仑山世界。这就意味着，祖灵先通过水平方位，最后抵达垂直方位。

这类祖灵理念并不是汉画像石所独有的，它在汉墓壁画中随处可见，安徽、江苏、山东、四川、陕西、河南等出土的墓室壁画中皆有，其中比较典型的是河北安平逯家庄东汉壁画墓。该砖画墓葬中室西壁、北壁与东壁三面壁画皆绘有车马出行图，尤其是中室西壁的壁画画面[2]，该画面车马出行图有四层，每一层都有一辆主车，以及骑行的随从与仪仗队。该车马队伍一路向西直奔西王母所在的昆仑天界。这就表明，汉画像石墓与壁画墓的车马出行图所表达的祖灵西行升天的理念是一致的。如将车马出行图出现的时间向前追溯，我们会发现战国时期的墓室壁画中就出现了车马出行图。在湖北荆门包山2号楚墓的一个漆奁上，描绘了祖灵车马升天的出行图景（图6-3）。这幅车马出行图描绘的出行车辆有四辆，尽管车辆与马的形态各不相同，但车马一律向西前行。这就使得我们不得不思考这样一个问题：这些祖灵乘坐车马西上升天的画像难道是巧合吗？实际上，车马升天图绝非偶然出现在汉墓与楚墓中。那么，为何汉代人与战国时期的楚国人会选择车马作为祖灵升天的工具呢？简单说来就是，这是由车马的认知神话学意义所催生的，即由车与马的神话学思维导致。下文加以简单阐释。

---

① 图片见王步毅：《安徽宿县褚兰汉画像石墓》，《考古学报》1993年第4期，第527页，图一四。

② 图片见徐光冀主编：《中国出土壁画全集》（第1册），科学出版社，2011年，第3页，图3。

图6-3 湖北荆门包山二号楚墓出土车马出行图（局部），赵亚君绘

中国神话中有夏朝人奚仲制车的故事，若这样推算，我国车出现的时间应该可以追溯到夏代。尽管汉代距离夏代有很长的历史，但车的基本结构并未发生本质性变化，依然是两轮、一轴、一舆、一盖、一辕和一衡，并且车子的结构具有宇宙象征意义："舆方法地，盖圆象天；三十辐以象日月，盖弓二十八以象列星。"[①]这样，整个车子就是一个大宇宙，人坐在车中，就等于立于天地之间，也就达到了天地人的合一。大宇宙与小宇宙重叠，从而达到了宇宙的合一与循环。如果死者的亡灵坐在了车子上，那么就象征着亡灵回归到了宇宙创世的状态。至于马的宇宙论意义，则比较容易理解。首先在前科学时代，马是跑得比较快的一种动物。更为重要的是，在神话学意义上，马是天马，也是带领亡灵升天的神兽，它能够驮着祖灵上天。"马带着死者前往其他世界；它能带来'层面上的突破'，即从这一世界进入其他世界。"[②]在中国和世界其他地方，马被用在葬礼上，也是

① 范晔：《后汉书·舆服志上》，中华书局，1965年，第3642页。
② 米尔恰·伊利亚德：《萨满教：古老的入迷术》，段满福译，社会科学文献出版社，2018年，第470页。

出于这种意图。贵州麻山苗族世代传承的口头叙事长诗《亚鲁王》中就有专门的《砍马经》，讲到了死者葬礼上神圣的砍马仪式，即由马带领死者的亡灵进入天界。[①]这样就不难理解为何汉代墓葬中出现那么多车马西行升天的场景了，毕竟马拉的车子是当时跑得最快的交通工具，它可以把亡灵送到最远、最高的地方。这是神话时期大传统思维作用下的产物，也是世界性神话思维作用的结果。

祖灵车马升天的理念不仅仅表现在汉画像中，还表现在大量的车马殉葬中，考古工作者发掘出来的商周时期的大量车马坑给出了富有说服力的证据。“从1953年至今，共发掘了商代晚期的车马坑41座。”[②]其中以殷墟数量居多。这些车马坑中埋葬的是真正的车马，“基本上按照马车原来使用的情况埋葬，即驾马与车子套在一起。两马侧卧在车辕两旁”[③]。这些出土的车马表明，一方面，商代人视车马为财富，车马陪葬彰显了墓主人显赫的身份与地位；另一方面，这些车马并不是给活人用的，而是给死者亡灵用的，帮助亡灵顺利到达天界。这样祖先的亡灵就可以与神明一起居住在高高的天界，从而庇护后人。这种车马升天的祖灵理念自商代之后一直在延续，陕西临潼秦始皇陵出土的一号与二号铜车马，以及汉代墓葬中出土的车马，这些墓葬坑中的车马都是这种祖灵理念的再现。较之于汉画像石中的车马出行图，汉代墓葬车马坑中的车马数量要远远少于汉墓壁画中描绘的车马出行图。究其原因，主要归结于汉画

---

① 叶舒宪：《〈亚鲁王·砍马经〉与马祭仪式的比较神话学研究》，《民族艺术》2013年第2期，第22—27页。

② 杨锡璋、商炜主编：《中国考古学》（夏商卷），中国社科科学出版社，2003年，第411页。

③ 杨锡璋、商炜主编：《中国考古学》（夏商卷），中国社科科学出版社，2003年，第412页。

像石墓主的身份。前文已经论述，汉画像石墓主的身份基本为两千石以下的官员或地主，属于社会中下阶层，汉代设有严格的车马制度，葬礼埋葬车马更是如此，这就促使众多的汉墓中出现了以车马出行图代替埋葬车马的做法。真正的车马埋葬要耗费巨资，对于普通家庭而言是一笔巨额支出。以车马画像代替真实的车马则会节省很多钱财，并能发挥同样的帮助亡灵升天的作用。

可见，祖灵乘着车马升天并不是汉画像石独有的理念，而是汉代乃至于中国前文字时期以来神话信仰的产物。由此可以判断，汉代人很大程度上不愿意其祖先的亡灵去往一个黑暗阴冷的世界，而是期待祖先的亡灵高升到一个不死的永恒乐园。祖灵车马升天理念的背后，是汉代人关于车与马的神话学认知理念。作为交通工具的车与马，在某种意义上成为汉代人关于彼岸世界认知的神话符号。

四、结语

初步可以判断，汉代人通过具象化与象征化这两种方式来表述其祖灵理念。这两种表现方式相互交织，共同描绘出汉代人祖先死后的归宿：亡灵乘着车马向西飞奔，最后高升到西王母所在的昆仑山乐园，从而获得不死的生命。亡灵先向西，最后再向上，即先通过水平方位再通过垂直方位而抵达昆仑山。这种祖灵理念本质上是神话式的，是中国前文字时期神话信仰的产物，并不是外来的神话信仰与理念。并且，随着御马与造车技术的传播，该神话信仰从前文字时代延续到了汉代。在汉代祖灵理念的传播中，车马技术的传播对于祖灵理念的传播起到了很大的推进作用。也就是说，汉代的祖灵理念并不是依靠单纯的神话信仰而从文字时期传承下来的，相反，它依靠了当时非常先进的交通技术而被传播与传承，从商周时代到战国，再从秦代到汉代。

第三节　南北朝皇族神话中的宇宙论

一、南北朝皇族神话的叙事样态

所谓宗族神话，指的是关于宗族的神圣故事。宗族神话是一个具有信仰意味的概念，它不仅被视为是真实的，还被视为神圣而受到宗族成员敬畏的故事。宗族神话涉及宗教、信仰与宇宙论，它既有虚构性，也有真实性，它是虚构与真实的结合体。宗族神话真实性的这一部分指的是与宗族相关的真实性的信息，比如祖先的起源、祖先的名字、村落的位置、宗族成员的名字以及祠堂的起源与建造这些信息。宗族神话当中的虚构性成分指的是一些神圣性的虚构叙事，譬如祖先是神明的后代、宗族的迁移是因为祖先受了某位神明的指点等。从表述内容来看，宗族神话包括神明、宗族祖先与宗族成员，因此宗族神话并不排斥宗族成员生前与死后的相关神话，即此世与彼世的神话。长沙马王堆一号汉墓出土的“非衣”帛画，实际上描绘的是轪侯家族祖先辛追夫人死后灵魂飞升的神话。

从存在样态来看，神话主要有四种形式的叙事样态：口传、仪式、图像与文本，与之对应的是四种神话认知形式：言说、表演、观看与书写。大约在20万年之前，人类就已经开始用语言进行交流，而人类书写的历史只有几千年。人类的交流也一直以语言为主，文字形式的交流是非常晚起的事件。“文字即便被发明出来，在生产力发展水平尚不够高、社会分工尚不充分的古代，因为需要长时间的专门学习，就远不是人人都有机会掌握的。换言之，文字作为书写符号长期以来被社会中的一小部分人所垄断和掌控（如贵族和僧侣等），多数人只能对文字和书写技术礼敬有加，在有些文化中甚至发展出了文字崇拜的习俗。纵观世界数千年的文明史，在许多地区和国度，文盲长期远超识字的人数。”[①]这样大致可以推测，口传形式的神话在数量上也应该最多，而文字形式的神话数量则最少。但对于南北朝神话而言，情况完全与之相反。南北朝皇族神话主要保存在正史、墓室壁画与玉器中，其叙事形态因而有两类：文字与图像，前者主要为正史，后者主要为墓室壁画与玉器。

在历代皇族神话中，文本样态的南北朝皇族神话数量最多，主要载于《梁书》《南史》《魏书》《北史》《北齐书》《周书》等史书。在202则南北朝皇室宗族神话中，感生神话有25则，异相神话有43则，异象神话有134则。正史皇族神话中涉及的帝王有24位，除帝王之外的皇族男性成员4位，女性成员10位。[②]从中可以看出，正史中的皇族神话非常重视皇族成员叙事的宗族性。皇族神话不单单有皇帝的神话，还有皇族女性的神话，以及除皇帝以外男性成员的

① 朝戈金：《作为认识论和方法论的口头传统》，《内蒙古社会科学》（汉文版）2019年第2期，第12页。

② 这24位帝王分别为：南朝宋武帝刘裕、南朝宋元帝刘劭、南朝宋孝武帝刘骏、南朝宋顺帝刘準、南朝齐高帝萧道成、南朝齐武帝萧赜、南朝梁武帝萧衍、南朝梁简文帝萧纲、南朝梁元帝萧绎、南朝陈高祖陈霸先、南朝陈宣帝陈顼、北魏道武帝拓跋珪、北魏太武帝拓跋焘、北魏孝文帝拓跋宏、西魏孝武帝元修、北齐文宣帝高洋、北齐武成帝高湛、北周文帝宇文泰、北周孝闵帝宇文觉、北周武帝宇文邕、北魏宣武帝元恪、北魏孝明帝元诩、北齐文宣帝高洋、北齐后主高纬；4位非帝王皇室成员分别是：北齐文襄帝高澄、北魏高祖拓跋什翼犍、北齐神武帝高欢、北魏始祖拓跋力微；10位女性皇族成员分别是：南朝齐高昭皇后刘智容、北魏永熙皇后高氏、北魏太原长公主、南朝梁高祖德皇后郗徽、南朝梁高祖贵嫔丁令光、南朝陈高宗皇后柳敬言、朝陈高祖宣皇后章要儿、北魏文成元皇后李氏、北魏宣武灵皇后胡氏、北魏文成文明皇后冯氏。

神话。这些皇族神话皆出自正史中的人物传记，为皇族历史的一部分。也就是说，因为这些神话本质上是皇室宗族的家传，因而被当作皇族成员的历史写进了正史。这些皇族神话以虚构性叙事的方式，描述了整个皇室宗族的神圣血统及身份。在南北朝之前，正史中皇室女性与皇帝之外的男性皇族成员的神话数量极为稀少。

那么，究竟是何种原因造成了南北朝皇族神话注重皇族成员整体性叙事的现象？这主要归结于南北朝时期民间宗族力量的强大以及宗族家传的盛行。南北朝战乱不断，门阀制度森严，民间盛行私修家传以此强调并抬高家族地位。据章学诚《文史通义》表述，“自魏晋以降，迄乎六朝，望族渐崇。学士大夫，辄推太史世家遗意，自为家传。其命名之别，若《王肃家传》、虞览《家记》、范汪《世传》、明粲《世录》、陆煦《家史》之属，并于谱牒之外，勒为专书，以俟采录者也”[①]。在这种情境下，皇族同样出于抬高其宗族地位的需要，在正史中大量增加了皇室宗族成员的传记。受以汉族为主的正统史学书写的影响，加之南北朝异族皇族渴望得到汉族的认同，南北朝正史中的皇族神话的数量在历代王朝中都居首位。这些文本形式的神话主要表述皇族成员身份的高贵，即将其血统上溯到上天。在具体叙事形式上，南北朝沿用了前朝皇族神话的叙事形式，即感生、异相与异象这三类。在表述内容上，这三类宗族神话均以历史人物传记的形式叙述了南北朝皇族成员的现世生活，并不涉及皇族成员的死后世界，因为墓室壁画与玉器以图像的形式描绘了其彼岸世界。

---

① 章学诚著，叶瑛校注：《文史通义校注》，中华书局，1985年，第620页。

所谓壁画，指的是各种形式的壁画装饰，如彩绘壁画、石线刻、砖雕、模印砖、画像砖、画像石等。[①]北朝的皇族壁画墓有五座，其中一座帝陵壁画墓，四座皇族壁画墓。北朝的皇族壁画墓主要分布在河北磁县境内。这五座皇族墓室壁画的具体分布如下：河北磁县湾漳北齐文宣王高洋壁画墓，河北磁县东魏茹茹公主壁画墓，河北磁县北齐武冯翊王高润壁画墓，河北磁县刘庄村高孝绪壁画墓，河北磁县东魏皇族元祜壁画墓。南朝的皇族壁画墓共计有四座，并且全部为帝陵壁画墓，其中丹阳三座、南京一座。这些帝陵壁画墓分别是：丹阳胡桥鹤仙坳南齐景帝肖道生夫妻合葬墓，丹阳胡桥吴家村南齐废帝东昏侯肖宝卷墓，丹阳建山金家村南齐和帝肖宝融恭安陵,南京西善桥南朝刘宋孝武帝刘骏景宁陵。尽管这些皇族壁画墓分布区域之间存在巨大差异，但其描述内容却基本相似，即以表现皇族成员的显赫地位与彼世生活为主，其中包括墓主人升天时声势浩大的仪仗队，以及彼岸生活的奢华。

值得注意的是，南北朝皇族墓室壁画在描述皇族成员的彼世生活情景时，所采取的路径有所不同。北朝皇族壁画多半以彩绘壁画的形式描绘青龙、白虎、朱雀等这类象征天界的方位神兽，以及羽人、瑞兽、流云、莲花等神话形象；南朝皇族墓室壁画同样描绘了上述神话图像，但同时却描述了竹林七贤与荣启期这些历史人物形象。关于这些历史人物形象的探讨颇多，其中较为典型的有三种：一是郑岩的

---

① 郑岩:《魏晋南北朝壁画墓研究（增订版）》，文物出版社，2016年，第2页。

高士象征说①，二是韦正的门阀制度影响说②，三是汪小洋的转换说③。笔者比较赞同汪小洋的转换观点，即历史人物图像的隐喻化与功能化。另外，竹林七贤与荣启期的形象并非是以彩绘壁画的形式出现，而是砖刻壁画。这也是南朝帝陵壁画与北朝皇族墓室壁画的一个重大区别。只不过在表现墓主人的死后生活与显赫地位方面，南北朝皇族墓室壁画的内容几乎是一致的，并无本质差异。

南北朝皇族墓葬出土的玉器极其稀少，比如，南京西善桥南朝刘宋孝武帝刘骏景宁陵中仅仅出土了一面带云纹的碧玉环，而河北磁县湾漳帝陵中仅仅出土了三个玉璧、一个玉棒。并且，这些玉器与历代皇族墓葬中出土的玉器相比，显然在做工与质量上逊色很多。这种现象在历代皇族墓葬中极为罕见，值得深入探究。那么，究竟是什么原因造成了这种现象呢？造成这种现象的原因大致有如下三个方面：其一，社会动荡，战乱不断，西玉东输的玉路堵塞，玉材来源受阻，玉料大大减少。其二，自三国曹魏开始，尤其是魏文帝曹丕开始，国家明令禁止厚葬。曹丕明令，墓葬“无施苇炭，无藏金银铜铁，一以瓦器，合古涂车、刍灵之义。棺但漆际会三过，饭含无以珠玉，无施珠襦玉匣”④。三国之后，作为奢侈品的

① 郑岩认为竹林七贤是高士，高士是通往神仙世界的媒介，甚至高士本身就是神仙。这些高士图像出现在南朝刘姓帝陵墓壁画墓中，具有帮助墓主人升天的作用。具体参见郑岩：《魏晋南北朝壁画墓研究（增订版）》，文物出版社，2016年，第193页。

② 韦正认为，南朝刘姓王朝为新出门户，并不是士族出身，想借用高士图像获得士族认可，借此抬高自己地位。具体参见韦正：《六朝墓葬的考古学研究》，北京大学出版社，2011年，第303页。

③ 汪小洋认为，帝陵墓葬壁画中的竹林七贤与荣启期图像已经被符号化，成为彼岸世界的符号，也是天界神灵的象征符号，象征着墓主人的重生。荣启期具有神灵的性质，竹林七贤则类似于西王母身边的仙人，因此能够为墓主人提供重生经验。具体参见汪小洋：《南北朝帝陵壁画墓的图像体系讨论》，《民族艺术》2015年第4期。

④ 陈寿撰，裴松志注：《三国志》（卷二，魏书·文帝纪），中华书局，1964年，第81页。

玉器便很少出现在墓葬中。其三，南北朝时期玄学兴盛，佛教与道教并存，不少工匠被吸引到石窟建造工程中，如云冈石窟、龙门石窟，制玉的工匠相对减少，因而导致制玉技术有所下降。

南北朝皇族神话尽管叙事形态各不相同，但叙事内容却出奇的一致，基本可以分为两类："天命"神话与"不死"神话。前者表述皇族成员在人间的生活，后者描述皇族成员在彼岸世界的生活情境。这两种叙事体系分别以不同的方式表述了皇族成员的显赫身份，下文分别论述。

二、"天命"神话理念

所谓"天命"神话，指的是以宣扬"天命"思想为主的政治神话。从叙事内容上看，"天命"神话有三种叙事类型：感生、异相与异象。南北朝时期有202则，几乎占据了历史时期神话的四分之一，在历代皇族神话中占据首位。那么，为何南北朝时期会有如此多的"天命"神话出现？这种现象非同寻常，值得进行深入探讨。造成这种现象的原因有很多，其中最为重要的原因就是，南北朝政局动荡不安，政权更换频繁。短短169年，南北朝政权被六十余位皇帝轮流控制。此时战乱频仍，人心涣散，统治者身份难以获得认可，尤其是南朝的统治者，基本都是靠夺权获得地位的。在这种情况下，皇族权力难以获得士族家族的认可，皇族试图通过"天命"神话来获得其统治身份的合法性。这其中涉及的一个重要事实就是，南北朝时期的皇族神话实际上是作为皇族历史而被写进正史的，这就意味着皇族神话具有历史叙事的功能。感生、异相与异象这三类神话在南北朝历史进程中具有的作用并非完全相同，它们分别发挥着不同的功能，下文分别论述。

感生神话是天命神话中出现时间最早的一类神话，从口传时期到历史时期均有。南北朝时期有25则皇族感生神话，比汉代的皇族感生神话还多了一则，占据历代皇族感生神话之最。多数情况下，这类感生神话表述的核心与汉代以来的皇族感生神话表述的核心是相同的，即描述皇族成员的母亲与天之象征物交感而生出婴儿的故事。皇族感生神话的成员多半是皇帝，还有除皇帝之外的男性皇族成员与女性成员，尤其是皇后。就像历代皇族感生神话一样，南北朝皇族感生神话具有固定的叙事情节模式，即一位女性与象征上天的某种神秘物交感，生出具有神圣血统的孩子。南北朝皇族感生神话的感生之物除了龙、日、月之外，还包括菖蒲花这种水生植物。菖蒲能够进入感生物的队列，除了可以驱寒入药之外，还有宗教学上的意义。主要是菖蒲可以驱邪，道教将其列为长生植物，[①]佛教将其列为焚香之一，与圣洁相关。根据结构主义神话学的转换原则，从驱寒到驱邪，再到长生与圣洁，最后与不死相关。菖蒲花最终成为与上天相关的神圣之物，被《梁书》用来描述南朝梁武帝萧衍的母亲感生菖蒲而生出萧衍的神话。[②]非常明显地可以看出来，皇族感生神话叙事的重点在于皇族成员的血统源自上天，其身份是神圣

---

① 《太平广记》（卷十·神仙十）曰："汉武上嵩山，登大愚石室。起道宫，使董仲舒、东方朔等。斋洁思神。至夜，忽见有仙人。长二丈，耳出头巅，垂下至肩。武帝礼而问之。仙人曰：'吾九岳神也，闻中岳石上菖蒲，一寸九节，可以服之长生，故来采耳。'"具体参见李昉：《太平广记》（卷十·神仙十），中华书局，1961年，第70页。

② 关于南朝梁武帝萧衍母亲因接触菖蒲花而生出萧衍的神话，具体如下："初，后尝于室内，忽见庭前昌蒲生花，光彩照灼，非世中所有。后惊视，谓侍者曰：'汝见不？'对曰：'不见。'后曰：'尝闻见者当富贵。'因遽取吞之。是月产高祖。将产之夜，后见庭内若有衣冠陪列焉。"具体参见姚思廉：《梁书》（卷七，列传第一·皇后），中华书局，1973年，第156页。

的，故而其统治是合法的。这类感生神话在汉代正史中出现的频率很高，多达24则。刘邦母亲遇神物而生出刘邦的神话就是其中较为典型的感生神话。我们很容易理解汉代盛行感生神话，毕竟汉代盛行“天命”思想与谶纬思想，以及汉代儒家强调天人感应的宇宙论。但南北朝时期，儒家思想影响已经减弱，此时出现大量的感生神话，就比较难以理解。不过，倘若回顾一下南北朝的政治正统观，大致就可以理解这种反常的神话现象。南北朝时期政局动荡，权力更换频繁，统治者因而很难获得民众的认同，尤其是作为少数民族的北朝统治者。此时儒家思想对民众的影响已经减弱，但南北朝统治者出于对王权正统理念的维护，即利用“君权神授”思想来使政权与统治合法，便采用了自汉代以来就盛行的感生神话来强调其统治乃天意。同时通过这种方式竭力标榜其统治的王朝是华夏王权的正宗继承者，与正统华夏王权起源模式并无本质差异。

南北皇族异相神话与前代皇族异相神话并无本质性差异，无非是通过异相神话表明皇族成员，尤其是皇帝身份的高贵。值得注意的是，南北朝皇族异相神话往往将龙颜、身材高大、手臂过膝、美髯须、文其名[1]这些异相特征叠加在一个人身上。这种集多种异相于一身的做法，在很大程度上将皇族成员描述为一位完全不同于常人的“他者”。在这方面，北周文帝宇文泰的异相神话不啻为典型。《周书》与《北史》用完全相同的文字来描述这位少数民族出身的皇

① 所谓文其名，即皇族成员生下来身上便有文字，多数文字是皇族成员的名字。譬如，南朝梁高祖萧衍生而文其名：“高祖以宋孝武大明八年甲辰岁生于秣陵县同夏里三桥宅。生而有奇异，两胯骈骨，顶上隆起，有文在右手曰‘武’。”具体参见姚思廉：《梁书》(卷一,本纪第一・武帝上)，中华书局，1973年，第1—2页。

帝。[1]在此类异相神话中，宇文泰几乎具有帝王异相的所有特征：黑气罩身、身长八尺、龙颜、美须髯、长发、长臂、体有异记。这种复合化异相描述，使得宇文泰成为普通人眼中的另类。但在当时的政治宇宙论体系中，这种长相却是帝王称帝的天生条件。从神话学的视角来看，宇文泰的异相神话没有一类是独创的，即关于其异相的所有描述在其之前的异相神话中均已出现，《周书》与《北史》的作者只不过将多种异相神话叠加在了宇文泰身上而已。这里反映了两个问题，具体说来就是：第一，北朝非汉族统治者认可汉族文化与神话传统，试图通过异相神话回归汉文化与皇族神话传统；第二，北朝统治者试图通过这种汉化的异相神话，使其统治获得汉族与民众的认可。还有一种可能性乃是，北朝非汉族皇族，长相异于汉人，统治者试图通过汉代以来的异相神话传统美化其长相，以此获得汉人的认同。不难看出，隐藏在异相神话背后的思维方式乃是，天赋异相者，必有其非凡使命与身份，其他人无法效仿。这实际上还是汉代“天人感应”宇宙论的体现，也同时反映了南北朝时期非汉族建立的政权对汉人宇宙论与文化的认同。

在南北朝皇族神话中，异象神话的数量最多，有134则，其中龙见神话[2]93则。异象神话中出现最多的神话动物是龙。这类皇族异象神话遵循的认知原则是，天降异象，实际上是天降神意，上天通过异象告知神意，尤其是关于皇室宗族的命运。这就意味着，异象是上天发送给皇族或天下的一种神圣预言，上天通过异象来发布

---

① 令狐德棻：《周书》（卷一，帝纪第一·文帝上），中华书局，1971年，第2页；李延寿：《北史》（卷九，周本纪上·第九），中华书局，1974年，第312页。

② 龙见神话，指的是有龙出现的异象神话。这类神话基本是预言神话，龙的出现意味着国家或政治要出现重大变化。

其旨意。当然，异象包括祥瑞与灾变，二者预示的事件性质完全不同。值得一提的是，就像历代皇族的异象神话一样，南北朝异象神话之间并无明显的因果叙事关联，不少异象神话往往只是作为一种预言式的神显出现在相关皇族叙事中，其最终目的是表明皇族成员的神圣血统与身份，即其生有异象，其死亦有异象，生死乃天意，异象是上天给皇族的预兆。在所有异象神话中，龙见神话较为独特，值得加以探讨。南北朝皇族的龙见神话几乎是帝王个人的专属叙事，出现在帝王生命的关键时期：出生、死亡、转折期等。南朝齐高帝萧道成年少时梦见青龙西行逐日的情景，占卜者将此龙见现象解释为南朝宋末运的预兆。[①]在神话思维中，龙是上天的象征符号，也是帝王的化身。但是另一方面，在传统中国的文化语境中，“龙可以是皇帝权威的表现，也可以是上天不满皇帝统治的征兆。这就是龙被记载，甚至写入史书的原因。作为来自自然的征兆，它们是一个大模式上的小片断，如果这个模式被释读出来，则将揭示国家事务的未来走向。”[②]进一步探究，其实还可以发现，虽然南北朝政权的统治者族群身份并不相同，但其异象神话本质上没有差异，都是为皇族的身份与血统做合法叙事的一种策略性虚构手段。在皇族身份合法化的神话叙事过程中，南北朝统治者不约而同地选择了将异象的发起者统一化的做法，即将上天作为异象的发送者。这就反映出此时南北朝统治者对于“天命”神话的认同，以及将龙与天奉为共同的神话与祖先的文化归依心理。

---

① “太祖年十七，梦乘青龙西行逐日，日将薄山乃止，觉而恐惧，家人问占者，云‘至贵之象也’。苏偘云：‘青，木色。日暮者，宋氏末运也。’”具体参见萧子显：《南齐书》（卷十八，志第十・祥瑞），中华书局，1972年，第353页。

② 卜正民：《挣扎的帝国：元与明》，潘玮琳译，中信出版社，2016年，第9页。

至此，我们不得不思考这样一个问题：为何南北朝会有如此多的皇族异象神话？影响南北朝皇族异象生成的因素应该有不少，但其主导因素却是气候。竺可桢指出，南北朝时期属于物候期，这个时期的气候发生了变化，即南方与北方普遍转冷。[①]魏晋南北朝的气候在总体上是以寒冷为主要特征。从当时文献所记载来看，多数寒冷事件与小冰期期间的寒冷事件相似，南北朝时期因而是一个可与小冰期相比拟的寒冷气候阶段，并且处于冷—暖—冷的气候变化期。[②]在气候急剧变化的情况下，就会出现各种异象，其中包括天文异象。中国历代王朝都重视天象的变化，自《汉书》在天文等志中专门记载各种天象后，以后正史多数辟有天文等志，南北朝史书也是如此。据刘次沅等学者研究，南北朝时期史学记载的天象有2441条，其中南朝1091条，北朝1350条，这些天象多数为天文异象，其中包括日食、月食、月掩犯、行星昼见、太阳黑子、日晕、流星、彗星等。南北朝的天象记录为汉代以来最高，直到宋代才被超越。“北魏、北周、刘宋、南齐都有较高的天象记录密度，尤其是南齐，达到每年24条。其记录密度之高，是北宋之前的顶峰。”[③]气候与天象的变化，带来的是各种各样的灾难：日食、月食、星陨、大风、旱灾、蝗灾、水灾、地震、山崩等。南北朝正史中记载的各类灾难有550条之多，南北朝共计169年，其中有灾难记录的

---

① 竺可桢：《中国近五千年来气候变迁的初步研究》，《考古学报》1972年第1期，第22页。

② 郑景云等：《魏晋南北朝时期的中国东部温度变化》，《第四纪研究》2005年第2期，第129—140页。

③ 刘次沅、马莉萍：《南北朝天象记录统计分析》，《西北大学学报（自然科学版）》2013年第5期，第837页。

有147年。[①]北魏期间的灾难最多，北魏宣武帝延昌元年（公元512年）的地震最为严重："四月庚辰，京师及并、朔、相、冀、定、瀛六州地震。恒州之繁畤、桑乾、灵丘，肆州之秀容、雁门地震陷裂，山崩泉涌，杀五千三百一十人，伤者二千七百二十二人，牛马杂畜死伤者三千余。"[②]在这种异象不断、灾难频发的状况下，异象神话难免多了起来，皇族异象神话也是在这种背景下生成的，只不过它表述的成员仅限于皇室成员而不是普通百姓，并且带有一定的意识形态建构意味。

总的来看，南北朝的皇族感生、异相与异象神话这三种"天命"神话，它们之间并无本质性差异，因为三者表述的核心理念都是"天命"。"天命"神话表述的对象是皇族成员，皇族成员的高贵身份与血统皆为天命，这是其叙事的核心内容。这三类"天命"神话皆无连续的叙事情节，亦无连续的叙事谱系，只有不连贯的非因果式叙事。不过三者不约而同地将所有皇族成员的身份来源指向了上天，这就表明了"天命"神话具有明显的政治诉求。具体说来就是，感生神话将皇族成员的血统追溯到上天，异相神话通过表述皇族成员的异貌将"天命"理念身体化，异象神话则将"天命"表述为一系列外在的征兆式叙事。通过不同形式的神话叙事，南北朝皇族试图将其身份与地位合法化，继而获得大众的认同。南北朝皇族"天命"神话强调的是皇族成员现世身份的合法性问题，它并不关注皇族成员的彼世生活。但这并不意味着南北朝皇族神话没有关于彼世生活的神话，实际上，南北朝墓室壁画中描绘了大量皇族成员

① 王亚利：《魏晋南北朝灾害研究》，四川大学博士论文，2003年，第25页。
② 魏收：《魏书》（卷一百一十二上，灵徵志八上第十七），中华书局，1974年，第2897页。

彼世生活的神话场景，这些神话用可视化的图像叙事，描述了皇族成员在另外一个世界的情景。

三、“不死”神话理念

南北朝时期出土的玉器极为稀少，此时关于皇族彼世的神话主要保存在墓室壁画中。这些墓室壁画中的彼世神话实际上是关于死者灵魂不死的神话，即死者亡灵最后的归宿地为天界的神话。值得玩味的是，南北朝皇族墓室壁画描绘的天界不同于汉画像石所描绘的，二者之间存在很大差异。汉画像石描绘的不死世界是以西王母为主的西方不死世界，而南北朝皇族墓室壁画中并未见到西王母图像，出现较多的是以青龙和白虎为主的天界图像，这要归结于自汉代以来墓室壁画的神话传统。据汪小洋教授的研究可知，汉代以来的墓室壁画传统可分为以西王母为主的新兴图像体系和以女娲为主的传统图像体系，“西王母图像体系表现着中、下贵族和平民阶层的重生信仰，传统神灵图像体系表现着中、上贵族阶层的重生信仰”[①]。这也就是为何多数汉画像石中出现西王母图像，而汉代以来的皇族墓室壁画多出现以青龙和白虎为主的图像的原因——二者属于不同的神话图像体系。汪小洋教授的观点有一定的根据，但其仅仅看到了汉代以来的墓室壁画中的神话传统，如果将时间上溯到汉代之前的神话传统，我们就会发现，南北朝墓室壁画的天界图像有着更为深远的神话传统。具体说来就是，南北朝墓室壁画关于天界

① 汪小洋：《中国墓室壁画史论》，科学出版社，2018年，第27页。

的神话图像体系，其源头可以追溯到前文字时期关于“天”的神话信仰。叶舒宪教授的研究表明，前文字时期的华夏民族普遍信仰以“天”为主的不死神话，玉器往往是升天与不死的象征性神话符号，“天”的神话信仰造就了中国的玉石文化，也催生了皇族关于“天”的仪式与权力象征体系。作为“天”神话信仰的一个组成部分，汉代皇族墓室壁画将逝去帝王的亡灵归宿地描绘为天界。这是一种较为普遍的做法。河南永城芒砀山梁孝王墓葬中出现的以四神为主的天界神话图像，很好地表明了这一点。因此，南北朝皇族墓室壁画中以天界为主的神话图像体系，实际上继承的是汉代以前的“天”神话信仰传统，与以西王母为主的汉画像石神话图像体系并不相同。

目前学界达成的一种共识乃是，南北朝皇族墓室壁画描述的场景是墓主人亡灵抵达天界获得不死生命的过程。此时皇族墓室壁画描绘所有场景皆以不死与天界为核心。与此相关的神话图像与符号主要有：金乌、青龙、白虎、朱雀、玄武、方相氏、神兽、羽人、羽兔、飞天、星象、莲花、忍冬、流云、竹林七贤、荣启期等。从神话图像传统来看，北朝的天界图像并无本质性创新，基本沿袭汉代以来墓室壁画的图像体系，即以四神及天象、莲花、忍冬、流云等传统图像符号为主。特别值得关注的是南朝皇族墓室壁画中出现的竹林七贤、荣启期与飞天这三类新的神话图像。竹林七贤、荣启期、飞天均同时出现在南朝三座帝陵中，这三座帝陵分别是：江苏丹阳胡桥鹤仙坳南齐景帝肖道生夫妻合葬陵，丹阳胡桥吴家村南齐废帝东昏侯肖宝卷帝陵，丹阳建山金家村南齐和帝肖宝融恭安陵。竹林七贤、荣启期为历史人物，而飞天则为神话形象，三者同时出现在南朝的帝陵壁画中，必有其缘由。目前比较具有说服力的一种观点乃是，竹林七贤与荣启期虽为历史人物，但其图像具有隐喻神仙的功能，可以帮助墓主人完成生命的再生。[1]按照这种观点，飞天图像应该也具有这种类似的作用，即作为神仙辅助墓主人升天。从源头上看，飞天图像也并非是南朝帝陵壁画的独创，浙江余杭小横山墓葬群中出现了南朝时期飞天的神话图像，这就表明飞天形象已经在南朝时期普遍存在。从飞天的造型可以看出来，这类飞天形象结合了早期汉画像石的羽人、仙人与敦煌飞天的造型特征，是中国本土神话与外来佛教神话相结合的产物。

因此可以判断，南北朝皇族墓室壁画的神话图像有三种类型。其一，传统天界神话图像。该体系继承了前文字时期天界与不死的神话信仰，尤其是汉代以来墓室壁画中关于“不死”的神话图像体系，如四神、星象、莲花、忍冬、流云等，这类图像在南北朝皇族墓室中占据主导地位。其二，道教神话图像。这类神话体系以竹林七贤和荣启期等人物图像为主，主要出现在南朝皇族墓室壁画中。考古工作者迄今在南朝帝陵画像砖上发现了四幅竹林七贤与荣启期图像，具体如下：1960年南京西善桥（南朝刘宋孝武帝刘骏景陵墓）南朝大墓出土一幅，1965年丹阳胡桥先塘湾南齐大墓（南朝齐景帝肖道生夫妻合葬陵）出土一幅，1968年丹阳胡桥吴家村（南朝齐废帝东昏侯肖宝卷陵寝）及建山金家村（南齐和帝肖宝融恭安陵）分别出土一幅。其三，佛教神话图像。飞天是南北朝时期佛教神话图像体系的主要体现，但只有南朝帝陵墓室壁画中出现飞天图像，北朝皇族墓室壁画中并未出现飞天图像。上述三个神话体系有

---

① 汪小洋：《南北朝帝陵壁画墓的图像体系讨论》，《民族艺术》，2015年第4期，第88页。

力表明，南北朝皇族墓室壁画描绘的“不死”神话，并不仅仅是本土神话的产物，而是中国本土神话传统与佛教神话相互结合的结果，也是南北朝民族、宗教融合的一种图像表现。

尽管图像的表现内容涉及三种神话类型，但南北朝皇族墓室壁画描述的却是本土神话宇宙论，即死者亡灵的最终归宿地为天界。我们可以从四神、天象、莲花、忍冬、飞天等这类象征天界的传统神话图像中明白这一点。除此之外，南北朝墓室壁画表现的天界方位是左东右西，这与本土神话图像的方位理念完全一致。关于这一点，我们要略做论述。南北朝墓室壁画出现最多的两种神话图像是青龙与白虎，并且二者在墓葬中有着固定的方位。不论是北朝墓室壁画还是南朝墓室壁画，青龙与白虎总是出现在墓室的东方与西方。笔者下面以江苏丹阳建山金家村帝陵的墓室壁画为例，加以分析与阐释。这座墓葬墓室主室前方上部的东壁（左壁）绘有羽人戏龙图像，西壁（右壁）则绘有羽人戏虎图像。[①]根据青龙与白虎图像自身的特征，以及图像所在墓室中的具体位置，可以明确左青龙、右白虎的方位理念。与此同时，该墓葬的甬道口与第一重石门间顶部壁画上描绘有太阳与月亮图像，太阳图像居于顶部东方，月亮图像居于顶部西方。根据中国神话图像的思维模式，太阳象征早晨与东方，月亮象征夜晚与西方。结合这座墓葬太阳居东、月亮居西的图像情境，我们可以非常明确地得出左东右西的方位结构。这样的方位结构在江苏丹阳胡桥吴家村的帝陵壁画中同样有所体现，该墓葬主室东壁与西壁上的羽人戏龙、羽人戏虎的图像位置同样表

① 具体参见南京博物院：《江苏丹阳县胡桥、建山两座南朝墓葬》,《文物》1980年第2期，第4—5页。

明了这一点。这种左东右西的方位模式，与汉代以来画像石与墓室壁画中的方位模式完全一致。因此可以断言，南北朝皇族墓室壁画继承与延续的依然是中国本土神话图像的方位模式，尽管其中有佛教与道教神话的叙事因素在其中。

一种非常明显的特征就是，在表现“不死”神话的过程中，南北朝墓室壁画采用了将神话仪式化的方式强调皇族成员世俗身份的显赫。关于这一点，我们能够从四神与仪仗图像中得到确证。在中国传统的神话理念中，四神指的是青龙、白虎、朱雀、玄武四种神话形象。除了指示方位之外，四神还被用来象征天象与星象。根据结构主义神话学的同类转换原则，四神就被用来象征天界、不死乃至于权力。在这种思维模式下，我们就很容易理解南北朝皇族墓室壁画中的四神图像了。不论是南朝皇族墓室壁画，还是北朝皇族墓室壁画，二者都描述了大量的四神形象，尤其是青龙与白虎的形象。在表现青龙与白虎形象时，它们都采用了将其尺度加大这种仪式化方式，以此突出皇族身份的高贵，但所使用的方式略有不同。北朝皇族壁画通常采用将单独的青龙、白虎图像尺寸加大的方式，而南朝皇族墓室壁画会采用羽人戏龙与戏虎图像尺寸加大的方式。比如，河北湾漳北朝王族墓葬墓道两壁上的青龙与白虎图像通长有4.5米，甬道上的朱雀图像通高近5米，[①]大大超出了正常的尺寸；江苏丹阳建山金家村帝陵墓室壁画中的羽人戏龙图像宽2.4米，高0.94米，足以显示皇族的显赫身份。南北朝皇族之所以多将青龙与白虎这两种神话图像仪式化，主要是因为一来这两类神话形象象征天

① 中国社会科学院考古研究所、河北省文物研究所邺城考古工作队：《河北磁县湾漳北朝墓》，《考古》1990年第7期，第602—603页。

界，用此形象能够表明墓主人亡灵升天的情景；二来因为，青龙与白虎同时能够象征权威，是统治者的声威符号[①]，以此隐喻皇族的显赫身份。不少学者从壁画内容的规制出发，将这类图像的仪式化现象称为规制问题，比如郑岩就认为这是帝陵壁画内容的制度所导致的。[②]但从神话学的视角来看，这是神话图像的仪式化叙事，具有非常明显的仪式化特征。

与此同时，南北朝皇族墓室壁画通过大型的仪仗队来表现死者亡灵升天的盛大场景。对于北朝皇族墓室壁画而言，神话图像仪式化程度最高的莫过于河北磁县湾漳北齐帝王高洋墓中的仪仗队伍。该墓葬东西墓道壁画的总面积达到320平方米，东西两壁的中心画面是一支53人组成的出行仪仗队。从墓道壁画描述的情境来看，此种出行队列应该是送行死者亡灵升天的仪式队列，因为队伍的上方画面是天界，东西两壁绘有青龙与白虎，所有这些画面很明确地表明了仪仗队是为死者灵魂升天送行的仪式性队伍。这种仪式化场景的主要作用就在于，突出灵魂升天这种由生命现世到彼世转换关键时刻的神圣性，同时表明死者的非凡身份。较之于北朝，南朝皇族墓室壁画中的仪仗队主要表现为车马出行图这种传统壁画图像，但图像仪式化的功能是相同的。江苏丹阳胡桥吴家村与建山金家村两座帝陵墓室壁出土了两幅画面长达4.97米的车马出行图，二者均是这种神话图像仪式化的典型。[③]

总之，从南北朝皇族墓室壁画的叙事体系来看，尽管图像类型

---

① 关于图像与声威符号的相关探讨，具体参见王倩：《神话学文明起源路径研究》，中国社会科学出版社，2015年，第77—81页。

② 郑岩：《魏晋南北朝墓室壁画》，文物出版社，2019年，第107—171页。

③ 南京博物院：《江苏丹阳县胡桥、建山两座南朝墓葬》，《文物》1980年第2期，第6页。

混融了传统神话、道教神话与佛教神话三种图像类型，但它却只有一个“不死”神话叙事体系。这个体系描述了皇族成员死后灵魂升天的过程与结果，本质上为关于彼世的神话体系。但就在表现死者亡灵进入天界的过程中，皇族墓室壁画的图像体系有意识地添加了表现权力与身份的声威符号，使得“不死”神话具有了世俗意味。因此可以判断，南北朝墓室壁画的“不死”神话体系实际上和“天命”神话体系是一体两面，即从现世和彼世两个层面表述了皇族成员的生命状态。

四、结语

“天命”神话与“不死”神话理念表述的内容各不相同，前者强调皇族成员现世身份的神圣与高贵，后者则突出皇族成员死后亡灵获得不死的过程与结果。尽管如此，二者却拥有相同的叙事模式，即传统与修正两个模式。所谓传统模式，即汉代以来的王族正统神话叙事模式，这种模式在“天命”神话中表现为感生、异相与异象这三类神话以皇族叙事的形式进入历史，在皇族墓室壁画中则表现为帝王亡灵升天的墓室壁画场景。而修正模式则指在正统叙事模式之外为了平衡需要而建构的叙事模式，它在“天命”神话中表现为后宫女性神话与王族男性成员的神话叙事的增多，在“不死”神话叙事中体现为亡灵升天图像的仪式化。“天命”神话的修正模式强调的是皇族成员身份的神圣性，而“不死”神话的修正模式则强调升天神话的世俗性，即墓室主人身份的高贵与神圣。这两种模式实际上是出于表述皇族身份神圣性与世俗性的平衡需要而形成，也是皇族宗族神话的一种叙事策略。一定程度上，南北朝皇族宗族神话中，传统叙事模式是主导模式，而修正叙事模式是非主导模式，二者互为补充。传统模式与修正模式的形成主要归结于南朝的门阀制度，以及北朝政权管理模式的汉族化。

第四节　满族皇室起源神话的叙事认同

一、相关概念与研究综述

满族皇室起源神话也称“三仙女”神话，表述努尔哈赤的祖先佛库伦吞食朱果而诞下满族始祖布库里雍顺的故事。该神话长期以来受到学术界广泛关注，探讨话题也极为宽泛。总体而言，满族皇室起源神话探讨主题有两类：第一，神话的性质与起源；第二，神话的真实性因素。第一类探讨核心为满族起源神话与殷商族源神话的关系。多数学者达成的共识乃是，满族皇室神话是新造的政治神话，是满族统治者为取得王权与身份认同有意建构而成的。在关于催生该神话的关键性源头的问题上，学者们并未取得共识。以程迅为首的学者指出，满族起源神话是新造的政治神话，其生成时间大致在1627年到1636年之间，并且很有可能，范文程这类熟悉中国史籍始祖神话的汉族知识分子，在神话建构中起到了关键作用。[1]以苑利为首的学者认为，满族人与殷商民族的祖先为东夷族群，满族皇室起源神话与殷商族源神话同为东夷神话，其源头为远古文

① 程迅：《〈三仙女〉是女真族的古老神话吗》，《民族文学研究》1985年第4期，第118—127页。

化。[1]上述探讨的局限性在于，研究者仅仅关注满族皇室始祖神话的核心内容，却忽略了不同异文之间的关联与差异，从而导致不少学者的探讨走向繁琐的考证工作。

第二类探讨，即关于满族皇室起源神话真实性因素的探讨，其关注重点为神话的历史因素考证，其中包括满语中“三仙女”名称的意义、爱新觉罗姓氏的起源、满洲国号、神话发生地的地理位置等。多数学者从历史学的角度出发，考证三仙女神话中的布库里山与布儿湖里的地理位置，试图从虚构性叙事中寻找真实性的因素。比如董万仑教授认为，满族始祖神话中满族始祖的诞生地布儿湖里即为今天的镜泊湖。[2]神话是虚构性叙事，从虚构性叙事中寻找真实的地理与历史因素，这种研究路径其实并不少见。但从神话学的视角来看，这种做法很难取得实质性突破，其说服力亦有限，很难获得多数学者的认可。

上述学者的研究对象主要是史籍中的满族皇室起源神话，并未涉及私人书写与民间口传中的满族皇室起源神话。基于此，本节将官方史籍、知识分子与文人撰写的文本，以及民间口传中的满族皇室起源神话作为大、小两种文化传统的产物，在具体情境中探讨二者对权力与空间的认同，以及二者的互构性关系。在此过程中，本节试图通过书写与口传叙事中的满族皇室起源神话，反观人类学意义上的大传统对于小传统叙事在观念层面的塑造性作用。

---

① 苑利：《殷商与满族始祖神话同源考》，《民族文学研究》1991年第4期，第34—40页。
② 董万仑：《清始祖发祥地传说研究的反思》，《满语研究》2002年第1期，第63—67页。

二、大小传统：满族皇室起源神话的叙事体系

本节探讨的满族皇室起源神话涉及书写与口传两种叙事体系，与此相关的文化指向大传统与小传统两种文化类型。为方便理解，下文加以简单阐释。本节所说的大传统与小传统具有特殊的内涵，指的是人类学意义上的大传统与小传统。大、小传统概念的始创者为美国人类学者罗伯特·雷德菲尔德，二者分别指向了两种不同的文化类型。罗伯特·雷德菲尔德指出，“在一种文明中，总会存在大、小两种传统。大传统由一些善于思考的少数人所创造，小传统则由不事思索的多数人所创造。大传统是在学堂或神庙中被培育的，小传统则是自发的，然后在乡民社区生活的不识字的乡民中得以延续。哲人、神学家与文人所创造的传统被有意识地培育并被传承，而老百姓创造的传统则从未被认真对待，更别说改善与提高”①。按照雷德菲尔德对大传统与小传统的界定，大传统引导着文化的走向，小传统则提供辅助性的文化素材，二者互动互补。尽管如此，我们却能够看到，雷德菲尔德的大传统与小传统在本质上是二元对立的，因为它们分别代表了两种截然不同的文化类型：精英文化与大众文化。

从人类学视角来看，满族皇室起源神话的叙事同样具有大传统与小传统两个叙事体系，它们分别表现在不同的异文与版本中。具体说来就是，大传统叙事体系指的是官修与私修史籍，以及小说中表述的满族皇室起源神话，小传统叙事体系指的是民间口传

① Robert Redfield. *Peasant Society and Culture: An Anthropological Approach to Civilization*. Chicago: The University of Chicago Press,1956, p.70.

表述的满族皇室起源神话。大传统叙事体系涉及的官方史籍主要有满族官方的史书，其中主要包括《旧满洲档》《满文老档》《内国史院档》《天聪九年档》《满洲实录》《满洲源流考》《皇清开国方略》《清太祖武皇帝实录》《清史稿》。在上述史籍中，最为古老的当数《旧满洲档》，较为晚近的是《清史稿》，二者之间的时间跨度长达300余年。民国初期编纂的《清史稿》尽管不是清朝政府的官修史籍，但却是民国政府组织编纂的史书，编纂者基本站在清官方立场表述各类历史事件，因此笔者将其列为满族皇室起源神话涉及的大传统史籍。上述官修史书中的满族皇室起源神话，基本沿袭的是《旧满洲档》中的神话情节，即便是《清史稿》这样晚近的史籍采取的也还是清代官修史书的叙事结构与模式。只不过为了与商人族源神话保持内在的一致性，《清史稿》将天女佛库伦的身份修改为人间女子："始祖布库里雍顺，母曰佛库伦，相传感朱果而孕。"[①]大传统神话叙事体系涉及的书写文本以私修史书与小说为主，相关作者主要是文人与知识分子。这类大传统涉及的史籍主要有《东华录》，其他文本则有阮葵生的《茶余客话》，惜华楼主等的《皇清秘史》，许啸天的《清代宫廷艳史》与《清宫十三朝演义》，林佶的《全辽备考》，蔡东藩的《清史演义》，杨宾的《柳边纪略》，郭则沄的《十朝诗乘》，余金的《熙朝新语》，孟森的《清朝前纪》等。这些大传统叙事文本，有的是史书，有的是笔记体小说，有的是地道的小说，甚至有的是教学笔记。不过，这些文本以一种不同于官方史书的叙事方式描述了满族皇室祖先

① 赵尔巽：《清史稿》（第二册，卷一，本纪一・太祖本纪），中华书局，1976年，第1页。

的血统与身份起源。上述文本中的满族皇室起源神话体系与清代的官修史书中的神话叙事体系大同小异，只在叙事细节与语言上有细微区别。譬如，《东华录》中满族祖先的神话，仅仅比《旧满洲档》中的神话多了一些表述天命的话语："生而能言，体貌奇异。及长，母告知故，因命之曰：'天生汝以定乱国，其以爱新觉罗为姓，布库里雍顺为名。'"①较之于官方的史书表述，蒋良骐的《东华录》仅仅在原来故事结构基础上增加了异貌神话与天命思想，使得该神话成为典型的"天命神话"。

小传统叙事体系中的满族皇室起源神话主要流传于长白山地区，异文内容各不相同。民间文化工作者在辽宁、吉林、黑龙江三省搜集到10则相关异文，其中包括9则民间口传神话，1篇民间叙事故事诗（参见表6-1）。据《百花点将台》《满族民间故事选》与《满族民间故事》可知，②辽宁省民间口传的满族皇室祖先起源神话有5则异文，其中1篇是天鹅仙女的神话，1篇是关于额娘的由来神话，另3篇是库布里雍顺神话。③吉林省有1篇异文，为仙女在长白山沐浴而生下布库里雍顺的神话。④黑龙江的三仙女神话有3则

① 蒋良骐：《东华录》（卷一），金韶华等点校，齐鲁书社，2005年，第1页。

② 中国民间文艺研究会辽宁、吉林、黑龙江三省分会编：《满族民间故事选》，春风文艺出版社，1981年，第1—9页，其中有《天鹅仙女》《库布里雍顺》两篇异文；中国民间文艺研究会吉林分会编：《百花点将台》，吉林人民出版社，1982年，第5—9页，其中有《天女浴躬池》一篇异文；夏秋主编：《满族民间故事》（辽东卷，上），辽宁民族出版社，2010年，第1—10页，其中有《额娘的由来》《布库里雍顺和他的八个兄弟》两篇异文。

③ 清代大传统中的满族皇室祖先起源神话中，其祖先为布库里雍顺，但吉林省民间文化工作者在1981年出版的《满族民间故事选》中收录的这两则口传神话中，满族祖先却是库布里雍顺，名字并不一致。笔者认为这种现象应该归结于民间口传神话的传播，传播中差异通常比较容易产生。

④ 中国民间文艺研究会吉林分会编：《百花点将台》，吉林人民出版社，1982年，第5—9页。

表6–1 满族皇室祖先起源神话的小传统异文[①]

发源地	母亲	儿子	使者	感生物	省份	异文
长白山下天女浴躬池	仙女佛库伦	布库里雍顺	喜鹊	红果	吉林	《天女浴躬池》
果勒珊延阿林山（长白山）下天池	仙女佛库伦	库布里雍顺	金色鸟	红果	辽宁	《天鹅仙女》
长白山下天池	仙女佛库伦	库布里雍顺	喜鹊	红果	辽宁	《库布里雍顺》
果勒珊延阿林山（长白山）下天池	仙女佛库伦	库布里雍顺	金色鸟	红果	辽宁	《天鹅仙女》
长白山下天池	人间女子佛库伦	布库里雍顺	喜鹊	红果	辽宁	《布库里雍顺》
长白山天池	仙女佛库伦	布库里雍顺	大鹰	红果	辽宁	《布库里雍顺和他的八个兄弟》
长白山下天池	仙女佛库伦	无	飞鸟	红杏	黑龙江	《天女》
长白山下石泉	无名仙女	无名字	喜鹊	大桃	黑龙江	《三仙女》
长白山下布库哩山下布勒瑚哩池	仙女佛库伦	布库哩雍顺	神鹊	红果	黑龙江	《满洲的起源》
果勒珊延阿林山（长白山）下天池	仙女佛库伦	布库里雍顺	婚配，父亲为猎人	无	不详	《天鹅仙女》

① 以上异文出处分别如下：《天女浴躬池》，出自中国民间文艺研究会吉林分会编：《百花点将台》，吉林人民出版社，1982 年，第 5—9 页；《天鹅仙女》、《库布里雍顺》出自中国民间文艺研究会辽宁、吉林、黑龙江三省分会编：《满族民间故事选》，春风文艺出版社，1981年，第1—3 页，第4—9页；《布库里雍顺和他的八个兄弟》出自夏秋主编：《满族民间故事》（辽东卷·上），辽宁民族出版社，2010年，第5—8页；《天女》出自中国民间文艺研究会黑龙江分会编：《黑龙江民间文学》（第13集），黑龙江文联铅印室，1985 年，第 54页；《三仙女》、《满洲的起源》出自爱新觉罗·乌拉希春编著：《满族古神话》，内蒙古人民出版社，1987年，第3—14页，第15—26页；《天鹅仙女》出自牟心海：《天鹅仙女》，《满族文学》1987年第2期，第53—55页。

异文，一篇收录于老罕王（努尔哈赤）的神话中[①]，另两篇收录在三仙女以及满洲的起源神话中[②]。这些小传统叙事中的满族皇室起源神话，其叙事结构与官修史书表述的叙事结构基本一致，仅仅在神话的感生物上有所差异。在吉林省的小传统神话中，佛库伦吞下的是朱果，而在黑龙江的小传统神话中，佛库伦吞下的要么是大桃，要么是红杏。民间口传中的满族皇室起源神话具有明显的民间特征，即更具口语风格，语言也更加生动，富有表现力，但其叙事逻辑性显然逊色于大传统表述的神话。在爱新觉罗·乌拉希春编著的《满族古神话》一书中，身为仙女的佛库伦却无法救助自己的孩子："我钉个筐子，让它顺流而下，死了就死了、能得救就得救吧！"[③]仙女本该有超越人类的能力，但叙事者却将作为仙女的佛库伦的能力等同于一位普通人间女子，显示了小传统神话的讲述者本身在逻辑思维方面的局限性。

从表述源头来看，《旧满洲档》表述的穆克什克讲述的神话，是最早的满族皇室祖先神话。该神话记载于天聪八年（公元1634年），由被俘获的满族人穆克什克讲述。不少学者认为这则神话是真实的口传神话，但实际上穆克什克口述的神话并不具有口传神话的语言特征，并且其叙事结构并不符合满族神话的叙事结构传统，它是后金统治者"为了适应统一女真族进而实现帝业的理想，拾取

① 中国民间文艺研究会黑龙江分会编：《天女》，见于《黑龙江民间文学》（第13集），黑龙江文联铅印室，1985年，第54页。

② 爱新觉罗·乌拉希春编著：《满族古神话》，内蒙古人民出版社，1987年，第3—26页，其中有《三仙女》《满洲的本源》两篇异文。

③ 爱新觉罗·乌拉希春编著：《满族古神话》，内蒙古人民出版社，1987年，第12页。

一些史事及传说的零散资料而创编成的始祖神话仿制品”[①]。因此可以断定，此神话为官方史籍建构的神话，为神话的大传统叙事。后起的官修史籍，以及知识分子与文人编撰的满族皇室起源神话，其叙事结构基本都是在《旧满洲档》的基础上加工而成。长白山地区民间口传的三仙女神话，其叙事结构基本都是官修史书叙事结构的翻版。这就意味着，满族皇室起源神话的两个叙事传统并不是同时生成的，大传统塑造了小传统，即以官方与知识分子、文人为主的大传统叙事，催生了民间以乡村口传叙事为主的小传统叙事。二者尽管形式不同，但共同建构了满族皇室权力与空间的认同体系，使得满族最终被华夏多民族共同体认同并接受。

三、地缘与身份：大传统神话叙事认同

大传统叙事下的满族皇室起源神话本质上是政治神话，也是满族皇室为建构其神圣身份与血统的有效叙事路径。从起源神话的类型来看，满族皇室起源神话为感生神话，其中感生物是朱果，神鹊是衔来朱果的神鸟。这种神话叙事结构类似于商人“玄鸟生商”的族源神话，以及周人祖先后稷的诞生神话。在大传统叙事体系中，作为祖先的佛库伦，其身份经历了由仙女到凡人的降格过程。关于这一点，我们从官方史学中表述的佛库伦神话中能够看出。较早描述满族皇室起源神话的是《旧满洲档》，该异文中的佛库伦是仙女。《满洲实录》与《清太祖实录》两部史书皆采用《旧满洲档》中的

① 程迅：《〈三仙女〉是女真族的古老神话吗》，《民族文学研究》1985年第4期，第118页。

神话叙事结构，并未改动佛库伦的仙女身份。除此之外，二者关于佛库伦身份的表述几乎完全一致，《满洲实录》曰："满洲原起于长白山之东北布库里山下一泊，名布尔湖里。初，天降三仙女浴于泊，长名恩古伦，次名正古伦，三名佛库伦。"[①]《清太祖实录》中关于佛库伦的表述与此基本相同，仅仅在地名上有轻微变动："满洲原起于长白山之东北布库哩山下一泊，名布勒瑚里。"[②]《东华录》则将佛库伦身份表述为天女："相传有天女三：长恩固伦、次正固伦、季佛库伦。"[③]《清史稿》则完全摒弃佛库伦的神圣身份，将其表述为一位世俗的人间女子："始祖布库里雍顺。母曰佛库伦，相传感朱果而孕。"[④]不难看出，这种将佛库伦身份降格的叙事化过程其实就是"华夏化"过程，将佛库伦从天女、仙女，降格为人间女子。在这个过程中，清史稿完全将满族皇室起源神话表述为一则地道的华夏神话，即与商代始祖神话完全同质的神话。佛库伦身为天界三姐妹之一的身份被结构性地遮蔽，成为一位平凡的人间女子。这种结构性的降格叙事，乃是神话书写者的有意之举。其意图非常容易理解：试图将满族皇室起源神话中的佛库伦与商周感生神话中的母亲身份保持一致，进而使得满族始祖的神圣身份与商周始祖的身份相同，取得汉民族的认同。

从结构主义神话学的角度来看，满族皇室起源神话与商周始祖神话本质上完全相同，具有浓郁的"天命"意味。佛库伦吞食的是朱果，而神鹊是衔来朱果的使者，这种神话情节与商周始祖诞生神

---

① 辽宁省档案馆编：《满洲实录》(卷一)，辽宁教育出版社，2012年版，第11页。
② 《清太祖实录》，华文书局，1969年，第1页。
③ 蒋良骐：《东华录》(卷一)，齐鲁书社，2005年，第1页。
④ 赵尔巽：《清史稿》(第二册，卷一，本纪一·太祖本纪)，中华书局，1976年，第1页。

话情节如出一辙。商周始祖诞生神话中感生物是天神的脚印与玄鸟之卵，二者在神话思维中均为上天的象征。从结构主义神话学转换思维来看，朱果的外形与鸟卵非常接近，从而具有感生物的功能。神鹊同样是神鸟，是上天派来的使者，因此能够衔来朱果。这种天命神话表达的政治意图非常明显：感生的孩子是上天的儿子，也是上天派来统治与管理人们的神圣人选。《皇清开国方略》序中非常明确地表明了这种政治意图："若夫兴王之始，长白朱果，盖犹简狄元鸟，姜嫄履迹，天生圣人治四海，必有祥瑞，与众不同，而更在于圣人之奋志勇、受艰辛、有以冠人世，答天命。"①

我们在满族起源神话中还看到一种隐性的思想：满族的始祖与商代、周代的始祖一样，是上天的儿子，具有神圣的血统。满族起源神话中的始祖与华夏民族的先祖皆为上天的儿子，因为他们具有相同的神圣血缘，是跨越了不同时代的兄弟。这就是华夏神话隐藏的"弟兄"叙事模式。这种"弟兄"叙事的神话模式强调中国各民族始祖在血缘身份上的同源性，即同是上天的儿子。这种血缘是神圣的血缘，并且不可验证，只能通过神话叙事来表明。这是一种信仰上的血缘关系，很大程度上取决于族群共同体的状况。"弟兄叙事"是一种具有中国特色的宗族神话叙事，也是中国宗族神话对中国宗族起源叙事的建构。自然这也是中国历史上非汉族统治者对于华夏民族共同体的有力认同，更是中国宗族神话对于多元一体的多民族共同体的认同。

学者王明珂指出，族源神话主要涉及三个方面的历史信息：

---

① 阿桂等编：《皇清开国方略》，成文出版社，1968年，第2页。

族群共同体起源、族群认同边界、族群关系。[1]对于大传统叙事下的满族起源神话而言，这里只涉及两个方面的历史事实，那就是族群认同边界，以及族群共同体的起源。书写系统中的满族皇室起源神话始终强调两点：其一，满族的发源地在神圣的长白山，这是神明喜爱的地方；其二，满族的始祖是上天的儿子，就像中国早期的商周始祖一样，他是被上天授权的合法统治者。这包含了两方面的历史信息，即满族发源地在地理上的优越性，以及始祖在身份上的神圣性。表面看来，上面两个方面的内容令人费解，但如果深入考察满族皇室神话生成的情境，我们就会很容易理解这一点，同时明白特殊历史时期族源神话在叙事层面具有的塑造性作用。

在大传统满族皇室起源的叙事中，《旧满洲档》与《清太祖武皇帝实录》是较为古老的异文版本，晚近的大传统叙事皆以二者为源头。学界目前普遍认为，《旧满洲档》的成书时间大约在天命六年即1621年左右，《清太祖武皇帝实录》的成书时间为1636年。在这两个时段前后，满族共同体已经形成，努尔哈赤集团已统一满族各个部落，其势力日渐强大，不断派兵入关。努尔哈赤集团为其政权做足了各方面的准备，其中包括与明军作战，任命范仲淹之后范文程参与文馆事务，编订《清太祖实录》。与此形成对比的是，努尔哈赤这一家族的家世并不显赫，很难获得满族各个支系以及其他民族的认同。在这种情境下，建构显赫的虚构性家族谱系，尤其是家族的起源叙事，成为满族当权者亟须解决的任务。因此，《清太

① 王明珂：《华夏边缘：历史记忆与族群认同》，上海人民出版社，2020年，第127—130页。

祖武皇帝实录》的首篇便出现了三仙女神话，旨在表明满族皇室的始祖具有神圣的血缘，其身份要远远优越于满族其他部系的首领。满族皇室起源神话的作用就在于，以虚构性叙事方式将满族过去的历史呈现出来，从而为其现在的身份与地位做合法化叙事。大传统表述的满族起源神话，并不是使人们相信这是一种历史事实，而是使人们知道，满族拥有这样一种神圣的起源记忆，它以神圣叙事的方式表述了满族无法追溯的虚构性历史。

四、空间与边界：小传统神话叙事认同

满族皇室起源神话的小传统叙事较为丰富，流传区域主要在吉林、辽宁与黑龙江三省。口传叙事下满族皇室起源神话的生成时间并不确定，需要加以甄别。迄今发现的满族皇室起源神话口传异文的生成时间主要集中在两个时段：20世纪80年代与21世纪初叶。这两个时期满族起源神话异文的出现，与两次重要的文化活动相关。20世纪80年代满族起源神话的搜集与一套丛书《中国民间故事集成》的编撰相关。“1984年，根据文化部、国家民族事务委员会及中国民间文艺研究会的共同决定，我国开始着手编纂《中国民间故事集成》、《中国歌谣集成》和《中国谚语集成》三套丛书。从1984年到1990年，辽宁省民间文艺家协会组织我省各级相关部门，在全省开展了大规模的民间文学普查。”[①]在此背景下，我们看到了文化工作者整理与收集的满族祖先起源神话异文。这次神话异文的

① 夏秋主编：《满族民间故事》（辽东卷·下），辽宁民族出版社，2010年，第524—525页。

整理跨越辽宁、吉林、黑龙江三个省份，比较客观地展现了长白山地区民间口传中满族起源神话的风貌。21世纪初叶的满族始祖神话异文的搜集，则与国家关于满族民间故事的保护相关。“2008年6月，在文化部公布《第二批国家级非物质文化遗产名录》中，辽宁省申报的‘满族民间故事’成功入选。”[①]辽宁民间流传的《布库里雍顺和他的八个兄弟》异文便是在这种背景下被搜集与整理的。尽管如此，我们却很难知晓这些关于满族祖先起源神话具体生成的时间，因为神话的讲述者并未告诉整理者神话是由何时流传下来的。基于此，笔者不打算对辽宁、吉林、黑龙江三省流传的满族起源神话做时间判断，而是先采用结构主义神话学的方法对其神话要素进行分析，最后再做深层阐释。

综观东北三省民间流传的满族起源神话，其故事结构与大传统神话叙事基本相同，即佛库伦因吞食鸟类衔来的植物果实而生下布库里雍顺。但在具体的感生物与鸟的种类上，三省神话异文的表述各不相同（见表6-1）。总的来说，上述三省口传神话中的神使，即衔果实的鸟类，主要有神鹊、喜鹊、大鹰、金色鸟，感生物则有红果、红杏、大桃，母亲是佛库伦，儿子是布库里雍顺。只有一则黑龙江地区流传的口传神话异文中的母亲和儿子没有名字。虽然神话异文中关于满族起源的发生地有细微的差异，有的是长白山下的湖泊，有的是长白山下的小山，但满族的起源地一直被表述为长白山。长白山已经成为族源神话中不可改动的神圣因素。自然，这与长白山的地理位置有关，但满族起源神话却通过这座圣山表明了其

① 夏秋主编：《满族民间故事》（辽东卷·上），辽宁民族出版社，2010年，第4页。

族源在空间上的神圣性。

小传统神话叙事始终强调长白山为满族的发源地，这实际上是强调满族生活的空间位置。大传统神话叙事重点在于表述满族有统治天下的权力为天意，这是因为统治者要为其权力寻找一个合理的叙事起点。但对于小传统的表述者，即民间口传神话的讲述者而言，其生活的主要空间是长白山地区，集体记忆与长期的生活经验使得其讲述将长白山作为满族的圣地，任何神圣的神话叙事都无法脱离长白山。我们看到，在东北三省的满族祖先起源神话中，长白山总是被表述为满族起源神话的发生地。这种空间叙事一定程度上表明了满族人对于长白山的神圣记忆，由此创造了佛库伦变成长白山松树的神话："佛库伦送走了孩子，因无衣着，就躲进密林翘首仰望着儿子的成长。后来，她成为一株高耸、笔直的长白松了。因树姿雄美，人们称它为美人松。"[①] 王明珂将这类族源叙事称为"根基历史"，认为这类叙事"以'过去'（祖先）之血缘、地缘关系的流转，说明'现在'此人群为何是同一族群或民族的人，为何他们共同拥有（或宣称拥有）这些空间领域及其资源，以及为何他们中有些人比另一些人更有权力拥有与使用这些资源"[②]。从这个角度看，小传统叙事中的满族起源神话，表述的是满族人关于长白山这个神圣空间的集体记忆。毕竟，在满族民间家谱叙事中，有众多的家谱将长白山作为家族的发源地。据《满族家谱选编》与《盛京满族家谱精编》记载，满族民间家谱中普遍存在将长白山作为家族发源地的做法。《专图呢玛察氏族谱》

① 中国民间文艺研究会吉林分会编：《百花点将台》，吉林人民出版社，1982年版，第7页。
② 王明珂：《羌在汉藏之间：川西羌族的历史人类学研究》，中华书局，2008年，第193页。

曰："我专图呢玛察氏，惟清皇与我族及各旗满洲人，统系长白山发起，故有世谱之称，原本同种同文。自盛京建造满洲国时，值明崇祯年间，清朝开基定制，凡满洲人原籍在长白山附近，天然八道巨沟，阔长数百里，满族人分居于内。惟我族祖居长白山榆树沟地方，因以'榆'字为姓。"①

小传统叙事中的满族起源神话具有明显的道教神话意味，并不是满族本土神话。在吉林、辽宁、黑龙江三省流传的民间口传叙事中，佛库伦都是第三位仙女。只有一处异文中的佛库伦是人间女子，但很有智慧。②在辽宁省的一则民间口传神话中，三仙女是女娲娘娘的女儿，又是玉皇大帝的外甥女。③这就提出了一个问题，民间口传中的满族皇室起源神话究竟是不是满族本土的神话？程迅指出，满族起源神话中的三仙女，"按中国神话体系和类型来看，应是方仙道故事中的人物。换言之，服食金石药物，长寿不死，可自由往来于天上人间的情节、意蕴，乃是道家仙话的内容之一，它是古代东海和昆仑体系神话所固有的特点"④。此话道出了三仙女神话的本质：它不是满族本土的神话，是后期创造的神话。富育光认为，满族人信仰的是萨满教，信奉的是天神、灵禽与女神。⑤这就意味着，满族本土神话中没有仙女这类神话形象，也没有女娲娘娘这类神话形象。辽宁的三仙女神话中的一些因素，如飞升上天、王

① 李林主编：《满族家谱选编》，辽宁民族出版社，1988年，第84页。
② 中国民间文艺研究会辽宁、吉林、黑龙江、河北四省分会编：《满族民间故事选》，春风文艺出版社，1983年，第4—9页。
③ 夏秋主编：《满族民间故事》（辽东卷·上），辽宁民族出版社，2010年，第5—8页。
④ 程迅：《〈三仙女〉是女真族的古老神话吗》，《民族文学研究》1985年第4期，第118页。
⑤ 富育光：《满族灵禽崇拜祭俗与神话探考》，《民族文学研究》1987年第3期，第40—48页。

母娘娘与玉皇大帝等，显然是民间艺人在传唱过程中的新创造。

小传统叙事中关于满族起源神话的新创造，一定程度上使神话具有传说的意味，神话因而也就变成了传说。在叙事内容上，满族皇室起源神话的小传统叙事强调地缘认同与地域优势，并不刻意突出“天命”意识，而后者恰恰是历代正史满族皇室起源神话所格外强调的。但满族皇室起源叙事的小传统在表述满族的族群边界时，非常明确地表明了满族与三姓人家的地域边界，同时突出了对长白山空间的占有意识。这种地理空间与边界认同的思想，表明口传叙事中满族民众对于族群居住区的集体性共同体想象。毕竟在乡村社会，“口头传统关涉人类认识世界和呈现世界的方式，是人类观念传承和知识传递的过程和结果”①。造成这种现象的关键性原因在于，神话民间口传叙事的生成时间较为晚近，满族集体记忆中关于族群的认知与大传统时期的记忆有所不同。满族起源神话生成之际，满族统治者需要在身份上取得认可，因此在起源神话中刻意强调了“天命”意识。民间口传中的满族起源神话，其生成时间虽无法确定，但从其表述内容来看，它要晚于官方文字表述的时间。据相关资料表明，文化工作者分别在20世纪80年代、21世纪早期于东北地区两次分别搜集整理。此时的满族地区已经脱离帝王制，步入了思想解放时期，皇权时期皇帝为天子的集权思想，在民间集体记忆中越来越淡薄，甚至成为解放后重点清除的封建残余。随着民众视野的开拓与知识的扩展，普通民众头脑中关于族群空间的意识在不断加强。在民间记忆中，努尔哈赤家族成为皇帝的历史已经成为一

① 朝戈金：《作为认识论和方法论的口头传统》，《内蒙古社会科学》（汉文版）2019年第2期，第11页。

种历史事实，因此不需要格外强调。但满族生活在长白山这个神圣空间的意识一直存在于民间记忆中，长白山成为满族生活与活动的空间中心，也成为其表述的中心。在这种情况下，空间与区域意识不自觉成为小传统叙事的核心，即不管满族起源神话的叙事内容如何变化，其发生地总是在长白山。

五、结语

首先能够断言，口传叙事中的满族皇室起源神话，其叙事结构并未脱离书写文本的叙事范畴。满族皇室起源的书写叙事并非满族本土神话叙事，它是政治神话，即为宣传“天命”思想的神圣叙事工具。口传叙事体系中的满族皇室起源神话，是民间口传艺人基于满族皇室起源大传统叙事与汉族神话的再创造。也就是说，满族皇室起源神话的小传统叙事体系，乃是大传统叙事体系的产物。在现有的知识认知体系中，学术界普遍认为，口传叙事体系生成的时间要早于文字叙事体系的生成时间，但在满族皇室神话起源叙事中，口传叙事体系的形成时间要晚于文字叙事的形成时间。

其次，满族起源神话的两个叙事传统，也就是大传统与小传统，其叙事核心并不完全相同。前者侧重于权力体系的认可，后者则倾向于表述族群的空间区域。尽管如此，二者关于满族皇室的起源叙事互为补充，从不同层面表述了满族的起源叙事。换言之，满族起源神话的大传统叙事体系对小传统叙事体系具有塑造性作用，而小传统叙事体系则对大传统叙事起到了补充与扩展的作用。从这个角度看，满族起源神话的民间叙事体系与官方叙事体系实际上是一体两面，二者分别从意识形态与空间层面对满族的起源做了不同角度的叙事，使得满族起源叙事具有了足够的叙事张力。

最后，满族起源神话的两个叙事传统体系，均不同程度地表明满族对华夏民族的认同。满族皇室起源大传统叙事通过模仿商周祖先起源神话的叙事模式与结构，创造了满族祖先佛库伦因吞食朱果而诞下儿子布库里雍顺的神话。这种叙事结构表面看来是对华夏祖先神话的模仿，但表露了身处白山黑水的满族对于华夏民族的认同，亦表明其试图通过建构族源神话进入多元一体的华夏叙事的意图。小传统叙事体系下的满族起源神话则试图通过将汉族始祖神话添加到其起源神话中，将满族神话与华夏神话叠加在一起，表现了满族民间口传神话对于多元一体的中华民族的认同意识。

附 录

认知神话学：阐释规约与内容
——赵周宽对王倩教授访谈录

文学人类学与神话研究关键词

赵周宽（以下简称赵）：王老师好！很高兴您能接受我的采访，您的文学人类学研究已经取得突出的成绩，与您交流，给了我宝贵的学习机会。我将围绕您的研究，就文学人类学理论探索与方法运用的有关问题向您请教。我注意到，在您的文学人类学研究中，尤其注重对神话历史、图像等在观念建构中的作用的研究，您把它们看作是神话认知的重要研究对象，您注意运用中西方理论互证的方式深化对文学人类学的方法论反思。如果让您对自己文学人类学研究的切入点做出概括，您会选择哪几个关键词？如何理解这几个关键词中的方法论意义？

王倩（以下简称王）：谢谢赵老师的关注。我想第一个关键词应该是“神话”。从2003年开始，在兰州大学读书时，我开始接受叶舒宪教授的指导，一直到2019年，16年过去了，我在学术之路上走的每一步，实际上都和神话有密切的关系。我硕士论文探讨的是希腊神话的文化他者，四川大学博士论文做的是20世纪希腊神话研究史。在陕西师范大学做的第一站博士后，课题是西方神话学关于文明起源研究的理论和路径研究，2013年到东南大学艺术学院做第二站博士后，做的是汉画像石西王母图像方位模式研究。包括为此所做的国家社科基金课题，教育部的基金课题，以及博士后的一等资助和特助基金课题，都和神话相关。从这个意义上来说，我研究的起点和切入点应该是神话，“神话”是研究的关键词之一吧。

第二个关键词应该是“神话图像”。关于神话图像的思考，实际上是从做博士论文开始的。在陕西师范大学做博士后的时候，对神话图像又做了进一步的思考，后来在东南大学做博士后的时候，就直接将自己的研究对象界定为神话图像，也就是画像石里面的西王母图像。我现在手头做的中国宗族神话史的研究，里面有一部分是关于祖先画像的研究，也是和神话图像密切相关的。

关于二者的方法论意义，我想首先是和它们自身的属性，以及在文化与文明当中的地位直接相关的。从生成时间上来说，有了人类就有了神话，神话是科学产生之前的人类的科学，也就是说它是我们的前科学。在这个意义上，神话是人类文明和文化的源头，是人类文明和文化生成的动力机制。 但是19世纪和20世纪西方学界关于神话的研究，所采用的范式完全不一样。西方19世纪的神话研究范式，基本上是将神话视为科学的对立物，20世纪的神话研究，将神话等同于前科学，因此20世纪的神话研究，神话与科学是和谐的。关于这一点，我比较赞同西方神话学者西格尔的观点。可以这样说，神话是人文社会科学所有学科产生的叙事性源头，神话应该是唯一能够打通人文社会科学所有学科的一个研究对象，这是张光直先生的观点。我的另外的一层的理解是，神话是我们目前进行跨学科研究的一个主要的桥梁。神话在前文字时代产生，神话图像是神话的一种，它比文字形式承载的神话产生的时间要长，比以仪式形式出现的神话要具有固定性，比口传形式出现的神话也更具可视性。历史是断裂的，我们永远都不可能回到过去，但是神话图像却以可视化的形式告诉我们过去人类的所思所想乃至所作所为。因此我想在方法论意义上，神话图像的研究对于认知层面的研究是非常重要的。西方比较前沿的一些研究学科，有认知人类学、认知考古学、认知神话学等。很多时候，关于认知的研究往往都是通过图像进行的。

认知神话学与情境性原则

赵：王老师，从您所说，我明显感觉到您人文学科研究中清晰的方法论意识和逐层深入的思考路径。首先，神话可以看作是现在所说的人文学科的共同的源头。这样，对神话的研究就可以看作是对所有人文学科的历史性溯源工作，这种工作还具有提纲挈领整体解释的功效。其次，在神话研究中，您分析了仪式神话、口传神话和图像神话各自的特征，并且认为图像神话能够带来有关神话信仰的更加可靠的证据。在此基础之上，您依据情境性原则思考和解析汉画像方位中的观念，对汉代人升天观念进行了非常细致的厚描，很有理论和实证的说服力。

正如您在《汉画像石西王母图像方位模式研究》一书中一再强调的，左西右东的观念是现代制图学中才确立的，而在汉画像图像中以实物为参照，却是左东右西。这让我明白了，立足最基本的图像资料，可以对抽象而影响深远的神话升天观念做出实证性的研究。您如何理解神话观念研究中的客观性和实证性问题?

王：您的问题具有明显的导向性，很多问题涉及哲学与方法论层面的范畴。对于我而言，这些问题也是一种新的思考，也是对自己前期研究的一种总结和再思考吧，我从中受益良多，谢谢。上述问题涉及两个问题，一个是认知神话学的发展，另一个是情境性原则，都是我正在思考并写作的问题，后面等论文发表了我们再进行深度探讨。

关于神话理念研究的客观性和实证性问题，我们可以这样理解，即如何看待神话观念的客观性研究，以及其实证研究的信服力问题。对于人文社会科学而言，我们的研究大致可以分为两种，一种是阐释性研究，另一种是实证研究。阐释性研究是神话学研究比较常见的一种研究方式，而实证研究则比较少见，因为你知道，这需要大量的实地考察与证据。但这并不意味着神话观念的研究不能进行实证性研究，更不意味着神话理念不具备客观性和实证性。西方神话学近年出现了一门新兴的理论，你叫它学科也无妨，叫认知神话学。这门学科研究的主要特征就是通过考古文物与图像，以及相关的考古遗址、文物、符号等，来走进人类的认知世界。这些研究能够告诉你神话理念研究的客观与实证性。下面我对此做简单介绍。

认知神话学研究的认知前提是，人与动物最大的区别是人类能够使用符号。当然，符号的范畴很广，包括人类睿智的思想、连贯的语言、文字、图像、实物等。符号在一定程度上是人类思想的产物，因此可以借助于符号发现人类的思想与潜在的动机。用哲学家卡尔·波普尔的话说，这些符号属于“第三世界”。卡尔·波普尔的第一世界是物质世界，第二世界是主观体验世界，第三世界就是思想世界。在一定程度上，符号所承载的思想是集体性产物，而不是个体的感知。在这个层面上，符号具有认知学研究的普适性。

认知神话学的研究意图乃是，通过神话发现人类的思想，尤其是发现人类社会自身的社会结构与社会制度。较早从事认知神话学研究的神话学学者是乔治·杜梅齐尔。这位法国神话学家借助于比较语言学的理论与方法，通过对印欧神话的研究发现了古代印欧社会的三分法社会制度，即印欧社会分为大祭司、武士与平民这三个社会阶层。乔治·杜梅齐尔的研究是认知神话学通过语言学方法研究神话理念的第一个比较有影响力的案例。通过乔治·杜梅齐尔的研究可以看到，神话理念的实证性研究从来都不是脱离实际语境而进行的，相反，它与特定历史时期的社会类型与文明特性密切相关。

从语言学视角切入神话文本进行认知研究，其研究前提是承认语言与文字本身就是符号，并且文字自身也是符号，因为文字用发音和字母表示，并借此代表或象征真实世界的某一个方面。在这个维度上，另外一位法国神话学家列维-斯特劳斯通过神话文本的研究，发现了隐藏在神话文本背后的人类思维的二分结构。至于列维-斯特劳斯的二分思想，我们这里不再赘述，大家对此都很熟悉。

这里我想强调的是，这种由热带雨林地区的原住民神话阐释得出的结语之所以能够具普遍性，可以用来分析大多数民族的神话文本，很大程度上乃是因为神话思维与理念自身具有一种内在的模式与结构，可以进行实证主义的研究。这是哲学层面的范畴了，卡西尔对此有高屋建瓴式的阐释，我们在此不多说。

20世纪70年代，认知神话学的研究出现了重大转向，即由语言转向了图像与符号。这就带动了西方考古学的另外一个转向问题，即考古学的认知转向问题，由此出现了一门崭新的学科：认知考古学。一种普遍的情况乃是，因为从事神话图像认知研究的学者多数是考古学者，由此造成这个时期认知神话学与认知考古学的研究在很多层面叠合、交叉乃至于相互建构的现象。我们这里简单介绍两位考古学与神话学学者，一位是马丽加·金芭塔丝，另一位是南诺·马瑞纳托斯。

马丽加·金芭塔丝原籍南斯拉夫，后来移居美国。她所从事的考古学发掘活动主要集中在巴尔干半岛的史前时期遗址挖掘。南诺·马瑞纳托斯的父亲斯派雷登·马瑞纳托斯则是锡拉考古遗址的发掘者，南诺·马瑞纳托斯承继父业，主要从事米诺半岛的考古发掘与研究。因此，这两位学者关于认知神话学的研究有着特定的时空范畴，她们的研究与前面我们介绍的两位从事认知神话学研究的学者有所不同，即与乔治·杜梅齐尔、列维-斯特劳斯的普适性探讨并不完全相同。

马丽加·金芭塔丝关于认知考古学的阐释范畴主要限于古欧洲。这是一个具有特定时空意味的学术范畴，时间主要指向了公元前6500年到公元前3000年，空间则是从南部意大利到小亚细亚沿海地区，从克里特北部到第聂伯河河畔范围内的广大地区。在此基础上，马丽加·金芭塔丝通过大量的考古文物、图像、符号乃至于刻画符码指出，此时的古欧洲地区共享一种文明形态，即女神文明。女神是至高神，女神的主要职能是负责生命的轮回与循环，此时的社会形态是母系社会或母性制度社会，女性是社会管理的主体，男性与女性处于一种和谐的状态。当然，马丽加·金芭塔丝这种通过阐述神话图像而得出的认知很大程度上遭到了考古学者质疑，但这种关于神话图像的认知学研究，一定程度上反映了西方学者对于神话理念的态度——神话理念或神话思想的探究很大程度上是可以通过图像与实物的阐释来进行的，并且神话理念与思想的思维模式是可以通过实证研究获取的。

较之于马丽加·金芭塔丝，南诺·马瑞纳托斯关于认知神话学的研究更为客观，她主要采用了多重证据来探讨青铜时代晚期地中海沿岸的王权意识形态体系问题，这一点与文学人类学倡导的四重证据法有类似之处。南诺·马瑞纳托斯的地中海王权意识形态体系仅仅限于新宫殿时期（公元前1650年—前1380年）的地中海沿岸，具有特定的时间与空间界限。她指出，此时的地中海沿岸崇拜一位无所不在的太阳女神，女神是王权的守护者，也是赋予国王权力的守护神，是国王的母亲。与马丽加·金芭塔丝的研究截然相反的是，南诺·马瑞纳托斯的研究模式在西方学界获得了普遍的认可。被认可的基本原因在于，马丽加·金芭塔丝脱离神话图像与实物的生成环境进行阐释，而南诺·马瑞纳托斯则在神话图像的生成环境中阐释其意义。这涉及一个很重要的问题，即认知神话学研究的情境性原则问题，我们后面再专门探讨。

那么再回到您刚才所说的神话理念研究的客观性和实证性，这个问题就很容易解决了。神话理念的客观性，实际上也可以理解为神话理念的普遍性存在，而神话理念的实证性，我们可以视为神话理念的可验证性。从我们前面的梳理来看，20世纪以来的西方神话学学者就这个问题已经进行了近百年的研究，从乔治·杜梅齐尔到列维-斯特劳斯，再到马丽加·金芭塔丝以及南诺·马瑞纳托斯，这些学者所做的研究工作本质上都是关于神话的客观性与实证性阐释工作，而其所取得的划时代成就，在人类思想研究领域也产生了重大影响。中国学者叶舒宪教授所做的关于中国玉石神话的研究，也属于认知神话学的研究范畴。我自己也尝试着进行了这方面的阐释工作，关于汉画像石西王母图像，以及汉画像石中车马出行图的阐释，都属于神话认知层面的研究。这些神话图像的阐释性研究反映出中国神话学研究者在本土神话研究方面所进行的一些思考，是认知神话学学者在中国神话研究方面取得的具有中国特色的学术成就。

神话与科学的共存

赵：谢谢王老师仔细的释疑。您以自己研究的课题，具体清晰地解答了我的疑惑。您同时提供的自己尚未刊发的论文《情境性：四重证据法间性原则》和2019年8月5日首刊于中国社会科学网的《神话与科学的和解：西方现代神话研究的科学范式》两篇大作，让我受益匪浅。同时感谢您为拙译瓦尔特·伯克特名作《神圣的创造》撰写的精到书评。在短短的时间内，读到您多篇文章，感受到您研究领域的资源与信息的丰赡和思理的精微，备受启发。

您惠赐的这几种文本之间，本身也是一种间性关系。同时，我们在借着这几种文本讨论神话研究的实证性、客观性问题时，也处身于一种学理的情境性之中。在这种情境之中，我向您的进一步请益也必将与这几个文本形成互文性关系。沿着您的思路，我的问题可以分条陈述如下：

第一，您谈到了20世纪以来西方现代神话学研究中神话与科学间的两种和谐论。一种是“神话即科学论范式”，一种是“神话为元科学论范式”。您认为，就这两种和谐论来看，西方现代神话的研究者并未对科学至高无上的地位进行任何挑战，仅仅是以重新界定神话的方式探求神话与科学的和解之道，这是神话研究对科学的屈从，也反映了西方现代神话研究者对于神话的矛盾态度。这里涉及的不仅是对神话的重新理解，也包括对“科学”和“科学的”之重新理解。在对这几个文本的对读中，我发现，这里的“科学”或

“科学的”，更多指的是神话观念反映特定生活情境的真实性的意义。我们能不能说，神话与科学在西方神话学中的和解，更具体地说，是两者在完整复原神话观念产生之情境方面的“汇流”？

第二，您认为叶舒宪教授在中国玉石神话方面的研究，和您本人在汉画像石西王母图像和汉画像石中车马出行图方面的研究，也都属于神话认知层面的研究。这个定位是对当代中国神话研究的价值确认。参照西方神话学研究的成与败，也许能更加自觉意识到神话学研究方法论方面可能存在的问题并予以防范。比如，同是进行图像学研究，马丽加·金芭塔丝受到较多的质疑，而南诺·马瑞纳托斯关于认知神话学的研究较为客观。您认为，这是因为她主要采用了多重证据来探讨米诺时期地中海沿岸的王权意识形态体系问题。这与文学人类学倡导的四重证据法有类似之处。您对于中西方神话研究的对读和比较，在中国当代的神话学研究观念革新中，是对机和应时的。这也将中国人类学派的神话学研究放在国际学术语境中，可谓高屋建瓴。让我稍感突兀的是，“认知”这种说法，往往是在自然科学的认识论基础范围内来说的。放在对于神话的理解和阐释中，该如何准确理解“认知”呢？自然科学的“认知”追求摆脱主观因素的纯粹客观性（无论其能否真正做到），人文世界的“认知”总难免阐释的成分。是不是多重证据的充分调用和证据间性关系的完整呈现，就能够使“阐释”的成分降到最低，从而在理论上使神话研究趋向完全的自然科学化呢？

第三，您谈到了文学人类学研究中举证脱离具体情境的情况。以A文化中的图像、神话、符号等说明B文化中的同类现象，导致证据脱离情境性的情况，对声称要对人类文化全幅扫描的跨文化研究者来说，的确是需要警惕的。在弗雷泽、伊利亚德等泰斗级人物那里，跨文明的阐释力显得游刃有余，但如果落实在对某一具体文化符号或现象的解读时，以此及彼、随意比附的缺陷就会展露出来。这就要求在具体情境中的神话认知的真实性。另一方面，您也谈到，列维-斯特劳斯在热带雨林地区原住民神话阐释中得出的二分思想也能够具普遍性，这可以看作是跨文化的普遍的真实性。如果把情境性的真实性看作是具体的真实性，与之对比，后一方面则可以看作是普遍性的。那么在认知神话学的研究中，该如何平衡这两种真实性呢？

王：谢谢。我们直接看您的第一个问题吧。我在《中国社会科学报》的那篇论文中强调的神话与科学的和解，实际上探讨的是神话与科学在主题与功能方面的内在关联，并不是您所说的二者在完整复原神话观念生成情境方面的“汇流”。这方面的论述我在拙文中已经做了简略的阐释，这里就不再赘述了。当然，“汇流”一词我理解为关联，可能与您最初表达的意思并不完全相同，这是我的误读。不过这并不妨碍我回答您第二个关于神话观念方面的问题。

第二个问题，关于认知的界定问题，认知神话学阐释的信服力，以及四重证据法情境下“阐释”的主观性降低，并使神话学的认知研究完全自然化的问题。我觉得这是对认知神话学研究的一种质疑。理念并不是一种单纯的主观研究，理念的研究也有多种方式，现代学科机制内有关理念与观念的研究并不单单是阐释型的，还有实证型的研究。

考古学有一门学科叫作认知考古学，其主要代表中就有考古学界大名鼎鼎的考古学者科林·伦福儒。各位可以通过伦福儒撰写的《认知考古学：从理论到实践》（*Cognitive Archaeology from Theory to Practice*），以及《考古学：理论、方法与实践》等相关论著来了解认知考古学的相关研究近况。认知考古学主要通过物质遗存研究过去，这是现代考古学新近兴起的一门学科，具有极大的发展空间。考古学有一种理念，认为物质并不是物质，而是观念的呈现，有什么样的观念，就会有什么样的物质，因此叫观念决定论。叶舒宪教授有两篇关于神话观念决定论的论文讲到了这个问题，一篇是《神话观念决定论刍议》，另一篇是《神话观念决定论与文化基因说》，具体我不再赘言。我的理解是，物质文化研究本质上就是观念或理念研究，主要依靠阐释进行，阐释是主观的，但是物质是客观的，这就是所谓的认知研究，也是认知考古学与认知神话学的研究重点。自然科学的认知研究，如果脱离了阐释，就无法进行。当然，关于认知的研究并不仅仅是通过考古遗存，古代的艺术品与古代的文献都是研究认知信息的重要来源，我们前面介绍的认知神话学通过文字与文物进行认知的研究已经说明了这一点。

再回头来探讨四重证据的阐释与认知研究的自然科学化问题。对于四重证据及其间性问题，以及情境性原则的强调，我们从来就没有脱离阐释，恰恰相反，我们是在阐释的基础上强调证据的间性与情境性原则。认知研究是通过文字、符号、物质与遗存等相关载体进行的，这是四重证据强调的四类证据，但是这些证据自身不会说话，阐释者是代替其发声的主要代表，如果离开了阐释，这些证据就无从说话，仅仅是一种存在物，就像博物馆陈列的文物一样。四重证据的间性与情境性原则，强调阐释要注意证据所在的情境性，这是要突出阐释的力度，并不是要削减阐释的力度。神话研究，以及考古学的关于认知的研究，从来就不会脱离阐释。至于认知研究走向完全的自然科学化研究，这是不可能的，这也是我们需要警醒的做法。

第三个问题，认知神话学研究中的真实性与神话的真实性问题。我觉得二者颠倒过来理解更为合适。先说神话的真实性，这是一个老问题，是站在后现代的角度来理解神话。后现代的科学式的神话观，就是要求神话叙述的内容可以拿现代科学来进行验证，如果可以验证，就是真实的，无法验证，就是虚假的或虚构的。对于神话的创造者而言，神话的真实性并不是神话的可验证性，而是信仰或认知上的真实性。通俗地讲就是，对于神话的创造者而言，他们觉得神话是真的就是真实的，即他们相信神话是真的就是真实的。就像一位基督徒，他觉得上帝是真实存在的就是真实的，不管你无神论者如何评价，甚至告诉他无法在现实世界验证上帝的真实存在。甚至关于真实性，我们都需要进行重新界定，究竟什么是真实性，是可以验证的科学的真实性，还是信仰与理念上的真实。

在此基础上，我们接着看认知神话学研究的真实性平衡的问题。我觉得这是一种焦虑，不必为此过度强调。认知本身就是真实存在的，认知研究的前提就是承认人类的行为是受观念支配的，先有观念，后有行为。就像考古学通过物质进行人类认知世界的研究一样，认知神话学也是通过各种神话遗留物来探讨人类关于世界的认识与感知。只不过，人类的认知有的是个体性的，有的是集体性的。如果需要来平衡认知神话学研究中的真实性的话，我想应该首先区分认知的个体性与集体性的问题。不过，根据认知考古学与认知神话学的研究，我们达成的一种普遍的共识乃是，几乎所有的物质都是集体性观念的创造物，个体性的观念在物质文化研究中几乎很难发现。

赵：您在几个相关文本和上面的解答中对于神话研究中三种科学路径的介绍和评析，给了我很大的教益和启发。这使我对伯克特神话研究中的社会生物学路径和您的神话学研究的学理思路有了更清楚的认识。神话的科学研究与认知考古学，两种表述侧重点有异，但都强调以科学方式研究观念。这种方法对研究中国的神话有何启发？中国学者在这方面的推进，除了您本人的研究，其他学者研究现状和前景如何？在中国推行这种研究方法，是不是意味着要对神话学和考古学两门学科进行重新定位？

王：科学式的研究对于中国神话研究的启发，这是一个很大的话题。不客气地讲，是可以做一个国家社科基金重大项目的。不过对于我本人而言，我觉得从社会生物学的视角切入神话研究，实际上还是有很多空间的。中国很多前文字时代的考古文物，以及这个时期一些具有争议性的神话图像与符号，都可以从社会生物学的角度来解读，得出的结语会比较具有说服力。比如，我们一直争议的红山文化的C字龙，以及安徽凌家滩文化的C字龙，这个像C字的造型，很有可能源自动物冬眠时候的首尾相抱的姿势。古人认为，冬眠的动物是神奇的，比如熊、青蛙等。这些生物冬天冬眠，春天再出来，就等于死而再生。因此这些动物就被视为神兽，被加以膜拜。这些动物冬眠时的首尾相抱的姿态就成为一种死而复生的象征，C字龙也就成为死而复生的象征了。按照结构主义神话学的转换思想，死而复生就是有两次生命，也是说有两个脑袋，那么双头蛇，双头虎，双头熊之类的神话图像就会接着出现了。还有很多神话图像与故事实际上也是与社会生物学有很大关联的。比如，陕北画像石中出现了牛头西王母的图像，很多人不能理解。从社会生物学的角度来看，女性的生殖系统和公牛头在形状上很相近，因此，很多时候，牛头被拿来象征女性与女神。古人很大程度上是生物学家，他们的感知很多时候都是与生物学相关的，中国的月令、物候，都是社会生物学的结果。

至于中国神话学者在这方面的研究现状与前景，这个就难说了。中国神话学起步晚，20世纪初叶也就是1903年，我们才从日本辗转引进了神话这个概念。一百多年来，中国神话学的发展取得了长足的进步，也获得了世界神话学界的认可。但是我们的神话的科学研究，才刚刚起步，前几年有学者刘宗迪尝试着用天文学的视角来解读《山海经》，出了一本书叫作《失落的天书：〈山海经〉与古代华夏世界观》，探讨了《山海经》的时间观与空间观。这是中国学者尝试性的科学式样神话研究，但是很多地方需要后人继续努力。当然，我本人对这种科学式的神话研究是持有很乐观的态度的。毕竟，这是跨学科研究中比较接地气的一种方式，很容易就会有新发现。

那么，最后一个问题，在中国推行这种研究方法，是不是意味着要对神话学和考古学两门学科进行重新定位？二者在目前的学科体制中各有各的位置，当然，神话学有些尴尬，中国没有神话学这个学科，只有跨学科的神话研究。我们暂时也无须对二者进行重新定位。学科的推进是各方面合力的结果，不是你做了科学的神话研究，就可以重新定位了。先倡导这种科学式样的研究方法吧，定位的事情，交给别人去做。

赵：谢谢王老师接受我的访谈，从您的答疑解惑中，我收获太多了！您在研究中的严格方法意识和对方法的自我反思，令我印象深刻。对于认知神话学，以及总体而言的当代人文研究的认知转向，我相信在您的探索中还将会开拓出更广阔的问题域领，引发进一步的批判性再思。再次感谢您接受我的采访，感谢您细心的释疑解惑！期待看到您更丰硕的学术成果。

王：谢谢赵老师。感谢访谈，我从中受益匪浅。

（本节原载于《神话学集刊》第2集，2020年7月，文字略有改动）

主要参考文献

一、中文专著

爱新觉罗·乌拉希春编著:《满族古神话》,内蒙古人民出版社,1987年。

安徽省文物考古研究所、安徽省萧县博物馆:《萧县汉墓》,文物出版社,2008年。

班固:《汉书》,中华书局,2013年。

常裕铖、关捷:《盛京满族家谱精编》,北方文艺出版社,2007年。

陈淳:《考古学的理论与研究》,上海人民出版社,2014年。

陈珂:《戏剧形态发生论》,中国戏剧出版社,2009年。

陈立:《白虎通疏证》,中华书局,2015年。

陈槃:《古谶纬研讨及其书录解题》,上海古籍出版社,2010年。

陈寿:《三国志》,中华书局,2011年。

陈中梅:《柏拉图诗学和艺术思想研究》,商务印书馆,1999年。

陈中梅:《言诗》,北京大学出版社,2008年。

陈中梅:《神圣的荷马》,北京大学出版社,2008年。

杜维运等编:《中国史学论文选集》(第6辑),幼狮文化事业公司,1986年。

范晔:《后汉书》,中华书局,2013年。

高书林:《淮北汉画像石》,天津人民美术出版社,2002年。

高文主编:《四川汉画像石》,河南美术出版社,2000年。

顾颉刚等:《古史辨》,蓝灯文化事业股份有限公司,1993年。

胡晓明主编：《后五四时代中国思想学术之路》，华东师范大学出版社，2018年。
湖北上荆沙铁路考古队：《包山楚墓》，文物出版社，1991年。
湖南省博物馆：《长沙马王堆一号汉墓》，文物出版社，1973年。
黄晖：《论衡校释》，中华书局，2017年。
蒋良骐：《东华录》，齐鲁书社，2005年版。
冷德熙：《超越神话》，东方出版社，1996年。
李昉：《太平广记》，中华书局，1961年。
李延寿：《北史》，中华书局，1974年。
令狐德棻：《周书》，中华书局，1971年。
刘宗迪：《失落的天书》，商务印书馆，2016年。
内蒙古自治区博物馆文物工作队：《和林格尔汉墓壁画》，文物出版社，1978年。
《吉尔伽美什：巴比伦史诗与神话》，赵乐甡译,译林出版社，1999年。
阮元校刻：《十三经注疏》，中华书局，1980年。
神木市石峁文化研究会编：《石峁玉器》，文物出版社，2018年。
沈约：《宋书》，中华书局，1974年。
司马迁：《史记》，中华书局，1959年。
苏舆：《春秋繁露义证》，中华书局，1992年。
孙蓉蓉：《谶纬与文学研究》，中华书局，2018年。
孙英刚：《神文时代：谶纬、术数与中文政治研究》，上海古籍出版社，2015年。
脱脱：《宋史》，中华书局，1977年。
汪小洋：《中国墓室壁画史论》，科学出版社，2018年。
王焕然：《谶纬与魏晋南北朝文学研究》，河南人民出版社，2016年。
王明珂：《羌在汉藏之间：川西羌族的历史人类学研究》，中华书局，2008年。
王倩：《20世纪希腊神话研究史略》，陕西师范大学出版社，2011年。
王倩：《汉画像石西王母图像方位模式研究》，江苏大学出版社，2018年。
王倩：《神话学文明起源路径研究》，中国社科科学出版社，2015年。
王以欣：《寻找迷宫：神话、考古与米诺文明》，山东画报出版社，2010年。

韦正：《六朝墓葬的考古学研究》，北京大学出版社，2011年。
吴从祥：《谶纬与汉代文学》，中国社会科学出版社，2015年。
夏秋主编：《满族民间故事》，辽宁民族出版社，2010年。
萧子显：《南齐书》，中华书局，1972年。
徐光冀主编：《中国出土壁画全集》，科学出版社，2011年。
阎根齐主编：《芒砀山西汉梁王墓地》，文物出版社，2001年。
杨利慧：《女娲的神话与信仰》，中国社会科学出版社，1997年。
杨义主编：《中国社会科学院文学研究所学刊》（2008），中国社会科学出版社，2008年。
姚思廉：《梁书》，中华书局，1973年。
叶舒宪：《玉石神话信仰与华夏精神》，复旦大学出版社，2019年。
叶舒宪、章米力、柳倩月编：《文化符号学》，陕西师范大学出版社，2013年。
叶舒宪：《金枝玉叶》，复旦大学出版社，2012年。
叶舒宪：《文学人类学教程》，中国社会科学出版社，2010年。
叶舒宪：《河西走廊》，云南教育出版社，2008年。
叶舒宪：《神话意象》，北京大学出版社，2007年。
叶舒宪：《熊图腾》，上海画报出版社，2007年。
叶舒宪：《千面女神》，上海社会科学院出版社，2004年。
叶舒宪：《激情》，上海文化出版社，2003年。
叶舒宪：《原型与跨文化阐释》，暨南大学出版社，2002年。
叶舒宪：《高唐神女与维纳斯》，中国社会科学出版社，1997年。
叶舒宪：《中国神话哲学》，中国社会科学出版社，1992年。
叶舒宪：《太阳女神的沉浮：日本文学中的女性原型》，陕西人民教育出版社，1992年。
叶舒宪：《英雄与太阳：中国上古史诗的原型重构》，上海社会科学院出版社，1991年。
叶舒宪：《探索非理性的世界——原型批评的理论与方法》，四川人民出版社，

1988年。
叶舒宪：《神话－原型批评》，陕西师范大学出版社，1987年。
余欣：《中古异相：写本时代的学术、信仰与社会》，上海古籍出版社，2017年。
袁珂：《中国神话史》，上海文艺出版社，1988年。
袁珂校注：《山海经校注》，巴蜀书社，1993年。
张光直：《考古人类学随笔》，生活·读书·新知三联书店，2013年。
张光直：《中国考古学论文集》，生活·读书·新知三联书店，2013年。
张光直：《中国青铜时代》，生活·读书·新知三联书店，2013年。
张光直：《考古学专题六讲》，生活·读书·新知三联书店，2010年。
张光直：《青铜挥麈》，上海文艺出版社，2000年。
章学诚：《文史通义校注》，中华书局，1985年。
赵尔巽等：《清史稿》，中华书局，1976年。
郑岩：《魏晋南北朝墓室壁画》，文物出版社，2019年。
中国画像石全集编辑委员会编：《中国画像石全集》，山东美术出版社，2000年。
中国民间文艺研究会辽宁、吉林、黑龙江三省分会编：《满族民间故事选》，春风文艺出版社，1981年。
中国民间文艺研究会辽宁、吉林、黑龙江、河北四省分会编：《满族民间故事选》，春风文艺出版社，1983年。
中国民间文艺研究会吉林分会编：《百花点将台》，吉林人民出版社，1982年。
中国社会科学院、河北省文物研究所：《磁县湾漳北朝壁画墓》，科学出版社，2003年。
钟肇鹏：《谶纬论略》，辽宁教育出版社，1992年。

二、中文译著

陶克尔德·雅克布森：《人类思想发展史》，郭丹彤译，黑龙江人民出版社，2005年。

古斯塔夫·施瓦布:《希腊古典神话》，曹乃云译，译林出版社，1999年。
瓦尔特·伯克特:《神圣的创造》，赵周宽、田园译，陕西师范大学出版社，2019年。
安德烈·勒鲁瓦-古昂:《史前宗教》，俞灏敏译，上海文艺出版社，1990年。
迪迪耶·埃里邦:《神话与史诗：乔治·杜梅齐尔传》，孟华译，北京大学出版社，2005年。
费尔南·布罗代尔:《地中海考古：史前史和古代史》，蒋明炜、吕华、曹青林、刘驯刚译，社会科学文献出版社，2005年。
克琳娜·库蕾:《古希腊的交流》，邓丽丹译，广西师范大学出版社，2005年。
勒内·吉拉尔:《替罪羊》，冯寿农译，东方出版社，2002年。
列维-布留尔:《原始思维》，丁由译，商务印书馆，1981年。
米歇尔·福柯:《知识考古学》，谢强、马月译，生活·读书·新知三联书店，1998年。
裘利亚·西萨、马塞尔·德蒂安:《古希腊众神的生活》，郑元华译，上海人民出版社，2008年。
维吉尔:《埃涅阿斯纪》，杨周翰译，人民文学出版社，2000年。
柏拉图:《文艺对话集》，朱光潜译，人民文学出版社，1963年。
索福克勒斯:《索福克勒斯悲剧两种》，罗念生译，人民文学出版社，1979年。
修昔底德:《伯罗奔尼撒战争史》，谢德风译，商务印书馆，1985年。
卜正民主编:《哈佛中国史》，王兴亮等译，中信出版社，2016年。
布鲁斯·G.崔格尔:《理解早期文明》，徐坚译，北京大学出版社，2014年。
米尔恰·伊利亚德:《萨满教》，段满福译，社会科学文献出版社，2018年。
米尔恰·伊利亚德:《神圣的存在》，晏可佳、姚蓓琴译，广西师范大学出版社，2008年。
米尔恰·伊利亚德:《神圣与世俗》，王建光译，华夏出版社，2002年。
米尔恰·伊利亚德:《宇宙与历史》，杨儒宾译，联经出版事业公司，2001年。
埃里克·沃尔夫:《欧洲与没有历史的人民》，赵丙祥、刘传珠、杨玉静译，上海人民出版社，2006年。
艾兰：《龟之谜》，汪涛译，商务印书馆，2010年。
亨利·富兰克弗特：《王权与神祇》，郭子林、李岩、李凤伟译，上海三联书店，2007年。
罗杰·菲德勒：《媒介形态变化》，明安香译，华夏出版社，2000年。
南诺·马瑞纳托斯：《米诺王权与太阳女神》，王倩译，陕西师范大学出版社，2013年。
塞·诺·克雷默：《世界古代神话》，魏庆征译，华夏出版社，1989年。
斯蒂·汤普森：《世界民间故事分类学》，郑海等译，上海文艺出版社，1991年。
唐纳德·R.凯利：《多面的历史》，陈恒、宋立宏译，生活·读书·新知三联书店，2003年。
托马斯·库恩：《科学革命的结构》，金吾伦、胡新和译，北京大学出版社，2003年。
王爱和：《中国古代宇宙观与政治文化》，金蕾、徐峰译，上海古籍出版社，2011年。
威尔逊：《新的综合》，李昆峰编译，四川人民出版社，1985年。
西格尔：《神话理论》，刘象愚译，外语教学与研究出版社，2008年。
伊万·斯特伦斯基：《二十世纪的四种神话理论》，李创同、张经纬译，生活·读书·新知三联书店，2012年。
詹姆斯·克利福德、乔治·E.马库斯编：《写文化》，高丙中、吴晓黎、李霞等译，商务印书馆，2006年。
张光直：《美术、神话与祭祀》，郭净译，生活·读书·新知三联书店，2013年。
保罗·卡特里奇主编：《剑桥插图古希腊史》，郭小凌等译，山东画报出版社，2005年。
彼得·伯克：《图像证史》，杨豫译，北京大学出版社，2008年。
菲奥纳·鲍伊：《宗教人类学导论》，金泽、何其敏译，中国人民大学出版社，2004年。

简·艾伦·赫丽生:《古希腊宗教的社会起源》，谢世坚译，广西师范大学出版社，2004年。
鲁惟一:《汉代的信仰、神话和理性》，王浩译，北京大学出版社，2009年。
余英时:《东汉生死观》，侯旭东等译，上海古籍出版社，2005年。
苏珊·伍德福德:《古代艺术品中的神话形象》，贾磊译，山东画报出版社，2006年。
维克多·特纳:《仪式过程》，黄剑波、柳博赟译，中国人民大学出版社，2006年。

三、英文专著

Alan Dundes. *Sacred Narrative: Readings in the Theory of Myth*. Berkeley: University of California Press, 1984.
Arthur Evans. *The Palace of Minos: A Comparative Account of the Successive Stages of the Early Cretan Civilization as Illustrated by the Discoveries at Knossos*. London: Macmillan and Co., Limited., 1921–1935.
Byron E. Shafer, eds. *Temples of Ancient Egypt*. Ithaca and New York: Cornell University Press, 1997.
Charles Penglase. *Greek Myths and Mesopotamia: Parallels and Influence in the Homeric Hymns and Hesiod*. London and New York: Routledge, 1994.
Christiane Sourvinou-Inwood. *Theseus as Son and Stepson: a Tentative Illustration of Greek Mythological Mentality*. London: University of London Press, 1979.
Claude Lévi-Strauss. *The Savage Mind*. NewYork: University of Chicago Press, 1960.
Colin Renfrew. *The Emergence of Civilisation: The Cyclades and the Aegean in the Third Millennium B. C.* London: Methuen & Co, Ltd, 1972.
Colin Renfrew. *Cognitive Archaeology from Theory to Practice: The Early Cycladic Sanctuary at Keros*. Firenze: L. S. Olschki, 2012.

Colin Renfrew and Paul Bahn. *Archaeology: Theories, Methods and Practice*. London: Thames & Hudson, 2012.

Cynthia Stokes Brown. *Big History: From the Big Bang to the Present*, New York: New Press, 2007.

David Christian. *Maps of Time: An Introduction to Big History*. Berkeley: University of California Press, 2011.

Erik Hornung, E. Bredeck, trans. *Idea into Image: Essays on Ancient Egyptian Thought*. New York: Timken Publishers, 1992.

Fred Spier. *The Structure of Big History: From the Big Bang until Today*. Amsterdam: Amsterdam University Press. 1996.

Giulia Sissa and Marcel Detienne. *The Daily Life of the Greek Gods*. Stanford: Stanford University Press, 2000.

Günther Zuntz. *Persephone*: *Three Essays on Religion and Thought in Magna Graecia*. Oxford: Clarendon Press, 1971.

Henri Frankfort, Mrs. H. A. Frankfort, J. A. Wison and T. Jacobson. *Before Philosophy*. Penguin: Harmondsworth, 1949.

H. W. Parke & D. E. W. Wormell. *The Delphic Oracle*. Oxford: Basil Blackwell, 1956.

Harold Newman and John O. Newman. *A Genealogical Chart of Greek Mythology*. Chapel Hill: The University of North Carolina Press, 2003.

Hesiod. *Theogony*. Oxford: Clarendon Press, 1966.

Hesiod. *Works and Days*. Oxford: Clarendon Press, 1978.

Holy Bible. New Revised Standard Version. New York: Penguin Group, 1974.

Homer. *The Odyssey*. translated by A. T. Murray, revised by George E. Dimock. London: Harvard University Press, 1995.

Homer. *The Iliad*. translated by A. T. Murray, revised by William F. Wyatt. London: Harvard University Press, 1999.

James George Frazer. *The Belief in Immortality and the Worship of the Dead*.

London: Macmillan and Co., Limited, 1913.

Jane Ellen Harrison. *Mythology.* New York: Brace&World Inc, 1963.

Jane Ellen Harrison. *Themis: A Study of the Social Origins of Greek Religion*, Cambridge: The Cambridge University Press, 1912.

Jean-Pierre Vernant. *Myth and Society in Ancient Greece*. New York: Zone Books, 1990.

Joseph Fontenrose. *The Ritual Theory of Myth*. Berkeley: University of California Press, 1966.

Joseph Mali. *Mythistory: The Making of a Modern Historiography*. Chicago: The University of Chicago Press, 2003.

Kathryn A. Morgan. *Myth and Philosophy from the Presocratics to Plato*. Cambridge: Cambridge University Press, 2000.

Ken Dowden. *The Uses of Greek Mythology*. London and New York: Routledge, 1992.

Luc Brisson. *How Philosophers Saved Myths: Allegorical Interpretation and Classical Mythology*. Chicago: The University of Chicago Press, 2004.

Lucien Lévy-Bruhl. *How Natives Think*. New York: Washington Square Press, 1966.

Lowell Edmunds ed. *Approaches to Greek Myth*. Baltimore: The Johns Hopkins University Press, 2014.

Marcel Detienne. *The Creation of Mythology*. Chicago: The University of Chicago Press, 1986.

Marcel Detienne. *The Gardens of Adonis: Spices in Greek Mythology*. Princeton: Princeton University Press, 1994.

Marija Gimbutas. *The Civilization of the Goddess: the World of Old Europe*. San Francisco: Harper San Francisco, 1991.

Marija Gimbutas. *The Goddesses and Gods of Old Europe, 6500-3500 BC: Myths and Cult Images*. Berkeley: University of California Press, 1982.

Marija Gimbutas. *The Living Goddesses*. Berkeley: University of California Press, 1999.

Marija Gimbutas. *The Language of the Goddess*. San Francisco: Harper & Row, 1989.

Martin Bernal. *Black Athena: The Afroasiatic Roots of Classical Civilization*. Vol.1. London: Free Association Books, 1987.

Martin P. Nillson. *A History of Greek Religion*. New York: W. W. Norton & Company. Inc, 1964.

Martin P. Nilsson. *The Minoan-Mycenaean Religion and Its Survival in Greek Religion*. Lund: C. W. K. Gleerup, 1927.

Martin P. Nilsson. *The Mycenaean Origin of Greek Mythology*. Berkeley: University of California Press, 1972.

Martti Nissinen, ed. *Prophets and Prophecy in the Ancient Near East*. Writings from the Ancient World, volume12. Atlanta: Brill, 2003.

Mircea Eliade and J. M. Kitagawa. eds. *The History of Religions: Essays in Methodology*. Chicago: University of Chicago Press, 1959.

Nanno Marinatos. *Minoan Kingship and the Solar Goddess: A Near Eastern Koine*. Urbana: University of Illinois Press, 2010.

Nicolas Wyatt. *Religious Texts from Ugarit: The Words of Ilimilku and His Colleagues*. Sheffield: Sheffield Academic Press, 2002.

Otto Rank. *The Myth of the Birth of the Hero: A psychological Exploration of Myth*. Baltimore: The Johns Hopkins University Press, 2004.

Peter Warren. *Minoan Religion as Ritual Action*. Göteborg: Paul Åströms Förlag, 1986.

René Girard. *The Girard Reader*. New York: Crossroad, 1996.

Raymond O. Faulkner. *The Ancient Egyptian Book of the Dead*. London: British Museum Publications,1985.

René Girard. *Violence and the Sacred*. Baltimore: The Johns Hopkins University

Press, 1979.
René Girard. *The Scapegoat*. Baltimore: The Johns Hopkins University Press, 1987.
Richard P. Martin. *The Language of Heroes: Speech and Performance in the Iliad*. New York: Cornell University Press, 1989.
Robert Redfield. *Peasant Society and Culture: An Anthropological Approach to Civilization*. Chicago: The University of Chicago Press, 1956.
Terry Eagleton. *Sweet Violence: The Idea of Tragedy*. Malden: Blackwell, 2003.
Timothy Gantz. *Early Greek Myth: A Guide to Literary and Artistic Sources*, Baltimore: The Johns Hopkins University Press, 1993.
Thomas H. Carpenter. *Art and Myth in Ancient Greece*. London: Thames and Hudson, 1991.
Walter Burkert. *Structure and History in Greek Mythology and Ritual*. Berkeley: University of California Press, 1979.
Walter Burkert. *Babylon, Memphis, Persepolis: Eastern Contexts of Greek Culture*. Cambridge: Harvard University Press, 2004.
Walter Burkert. *Greek Religion*. Cambridge: Harvard University Press, 1987.
Walter Burkert. *Homo Necans: The Anthropology of Ancient Greek Sacrificial Ritual and Myth*. Berkeley: University of California Press, 1983.

四、中文论文

曾德雄:《谶纬中的帝王世系及受命》,《文史哲》2006年第1期。
朝戈金:《作为认识论和方法论的口头传统》,《内蒙古社会科学》(汉文版),2019年第2期。
陈路:《汉画榜题"上人马食太仓"考》,《南都学坛》2005年第3期。
陈中梅:《"投竿也未迟"——论秘索思》,《外国文学评论》1998年第2期。
程迅:《〈三仙女〉是女真族的古老神话吗》,《民族文学研究》1985年第4期。

磁县文化馆：《河北磁县北齐高润墓》，《考古》1979年第3期。
磁县文化馆：《河北磁县东魏茹茹公主墓发掘简报》，《文物》1984年第4期。
董万仑：《清始祖发祥地传说研究的反思》，《满语研究》2002年第1期。
方克强：《文学人类学批评的内容与前景》，《上海文学》1992年第1期。
富育光：《满族灵禽崇拜祭俗与神话探考》，《民族文学研究》1987年第3期。
公维军：《"结丝"何以"织史"：早期中国桑蚕丝帛神话的编码与解码》，《贵州社会科学》2020年第6期。
杭州市文物考古研究所、余杭博物馆：《浙江余杭小横山南朝画像砖墓M109发掘简报》，《文物》2013年第5期。
黄凤春：《试论包山2号楚墓饰棺连璧制度》，《考古》2001年第11期。
嘉峪关市文物清理小组：《嘉峪关汉画像砖墓》，《文物》1972年第12期。
李鸿彬：《清初杰出政治家——范文程》，《社会科学战线》1983年第4期。
李润权：《张光直教授的学术成就》，《中原文物》2002年第2期。
临沂金雀山汉墓发掘组：《山东临沂金雀山九号汉墓发掘简报》，《文物》1977年第11期。
刘辉：《汉画车马图像辨析——兼与巫鸿先生商榷》，《中国书画》2007年第8期。
刘艳：《西方基督教基要主义运动与"大历史"的兴起》，《史学月刊》2015年第9期。
罗伟先：《汉墓石刻画像与墓主身份等级研究》，《四川文物》1992年第2期。
罗宗真：《南京西善桥油坊村南朝大墓的发掘》，《考古》1963年第6期。
南京博物院、南京市文物保管委员会：《南京西善桥南朝墓及其砖刻壁画》，《文物》1960年8/9期合刊。
南京博物院、南京市文物保管委员会：《南京西善桥南朝墓及砖刻壁画》，《文物》1960年第1期。
南京博物院：《江苏丹阳县胡桥、建山两座南朝墓葬》，《文物》1980年第2期。
钱国盈：《十六国时期五胡君主的感生、异貌神话》，《嘉南学报》2012年第38期。
山东省文物考古研究所：《山东济阳刘台子西周六号墓清理报告》，《文物》

1996年第12期。
石文嘉：《汉代玉璧的随葬制度》,《中原文物》2013年第3期。
孙岳：《“大历史”的旨趣——记第22届国际历史科学大会“大历史”小组会议》《史学理论研究》2016年第1期。
孙岳：《从“大历史”到“中国梦”：全球思想史的遐思》,《史学理论研究》2015年第2期。
孙岳：《大历史与“超越”》,《史学集刊》2019年第1期。
汪小洋：《汉壁画墓墓主人阶层探讨》,《南京艺术学院学报》（美术与设计版）2006年第1期。
汪小洋：《汉画像石中西王母的至上神努力》,《寻根》2004年第5期。
汪小洋：《汉墓绘画中的两个图像体系》,《民族艺术研究》2015年第1期。
汪小洋：《南北朝帝陵壁画墓的图像体系讨论》,《民族艺术》2015年第4期。
王步毅：《安徽宿县褚兰汉画像石墓》,《考古学报》1993年第4期。
王倩：《阐释与重构——原型批评在当代中国的发展》,《文艺理论研究》2010年第5期。
王倩：《二元宇宙：褚兰汉墓车马出行图方位结构》,《民族艺术》2016年第6期。
王倩：《感生、异相与异象：“天命”神话建构王权叙事的路径》,《安徽大学学报》（哲学社会科学版）2020年第1期。
王倩：《论汉画像石方位划分参照物》,《文艺理论研究》2014年第6期。
王倩：《论文明起源研究的神话历史模式》,《文艺理论研究》2013年第1期。
王倩：《神话与科学的和解：西方现代神话研究的科学范式》,《中国社会科学报》2019年8月5日。
王倩：《作为图像的神话——兼论神话的范畴》,《民族文学研究》2011年第2期。
巫鸿：《从哪里来？到哪里去？——汉代艺术中的车马图像》,《中国书画》2004年第4期。
巫鸿：《马王堆一号汉墓中的龙、璧图像》,《文物》2015年第1期。

吴佩英:《从具象图案到抽象装饰纹样的演变——陕北东汉画像石双龙穿璧纹的母题研究》,《民族艺术研究》2010年第4期，第140-146页。
吴玉萍:《“玉帛为二精”神话申论》,《百色学院学报》2016年第1期。
萧兵:《中国上古文物中人与动物的关系》,《社会科学》2006年第1期。
信立祥:《汉代画像中的车马出行图考》,《东南文化》1999年第1期。
杨会霞、徐婵菲:《洛阳偃师后杜楼村西汉画像石椁墓》,《中国国家博物馆馆刊》2013年第2期。
杨利慧:《世界的毁灭与重生：中国神话中的自然灾害》,《民俗研究》2018年第6期。
叶舒宪:《玉帛为二精神话续论》,《民族艺术》2015年第3期。
叶舒宪:《〈亚鲁王·砍马经〉与马祭仪式的比较神话学研究》,《民族艺术》2013年第2期。
叶舒宪:《神话观念决定论刍议》,《百色学院学报》2014年第5期。
叶舒宪:《神话观念决定论与文化基因说》,《吉首大学学报》(社会科学版)2017年第5期。
叶舒宪:《探寻中国文化的大传统——四重证据法与人文创新》,《社会科学家》2011年第11期。
叶舒宪:《文学治疗的民族志》,《百色学院学报》2008年第5期。
叶舒宪:《文学中的灾难与救世》,《文化学刊》2008年第4期。
叶舒宪:《玉璧的神话学与符号编码研究》,《民族艺术》2015年第2期。
叶舒宪:《玉人像、玉柄形器与祖灵牌位——华夏祖神偶像源流的大传统新认识》,《民族艺术》2013年第3期。
叶舒宪:《怎样从大传统重解小传统——玉石之路，祖灵牌位和车马升天意象》,《思想战线》2013年第5期。
叶舒宪:《竹节与花瓣形玉柄形器的神话学研究——祖灵与玉石的植物花表现》,《民族艺术》2014年第1期。
叶舒宪:《“玉帛为二精”神话考论》,《民族艺术》2014年第3期。

叶舒宪:《论四重证据法的证据间性——以西汉窦氏墓玉组佩神话图像解读为例》,《陕西师范大学学报》(哲学社会科学版)2014年第5期。

苑利:《殷商与满族始祖神话同源考》,《民族文学研究》1991年第4期。

枣庄市文物管理委员会办公室、枣庄市博物馆:《山东枣庄小山西汉画像石墓》,《文物》1977年第12期。

张志春:《从具象到抽象的演化轨迹——对陕北等地汉画像石一种抽象图纹的文化追溯》,《艺术百家》2003年第3期。

赵延梅:《榆林新出韩凭故事及蚕神吐丝汉画像石初探》,《敦煌学辑刊》2019年第2期。

郑景云等:《魏晋南北朝时期的中国东部温度变化》,《第四纪研究》2005年第2期。

中国社会科学院考古研究所、河北省文物研究所邺城考古工作队:《河北磁县湾漳北朝墓》,《考古》1990年第7期。

中国社会科学院考古研究所河北工作队:《河北磁县北朝墓群发现东魏皇族元祜墓》,《考古》2007年第11期。

竺可桢:《中国近五千年来气候变迁的初步研究》,《考古学报》1972年第1期。

插图图录

第二章

第四章

第五章

第六章

后 记

这部书，断断续续写了15年，并且多数论文都曾在学术杂志发表。最早成文的一篇论文，是2006年在四川大学攻读博士期间，撰写的关于法国学者勒内·基拉尔的神话与替罪羊机制的探讨论文；而晚近的一篇文章，则是近期在《贵州社会科学》发表的南北朝皇族神话的论文。这15年间，我辗转于四川大学、华东师范大学、陕西师范大学、东南大学、淮北师范大学、悉尼大学、扬州大学，在国外与祖国的东西南北各个城市间奔波。在求学与工作中，我断断续续地写下了这些文字，仅仅只是为了让自己明白：在现代科技日新月异的今天，古老的神话观念依然在不断地塑造我们的认知世界，它是现代人灵魂的归宿。

认知神话学是一个全新的领域，目前尚没有成熟的理论体系，但是国外的研究成果却极为丰硕。这部书也仅仅是一部开拓性的论著，希望能引起学术界的关注。我期待更多的学者加入到认知神话学的研究队伍，将神话认知研究推向一个新阶段。

在图书撰写过程中，我得到了众多师友的帮助，请允许我在这里向他们致以真诚的谢意：叶舒宪教授、方克强教授、汪小洋教授、赵晓寰教授、萧兵教授、王以欣教授、孙岳教授、李西建教授、朱国华教授、田兆元教授、高淮生教授、朱存明教授、李永平教授、赵周宽教授等等。

特别感谢甘肃省文物考古研究所赵亚君老师，他为本书绘制了14幅线描图。

不少学术期刊与报纸热情地约稿，并以极高的效率刊发我的论文，让我感受到了学术之路上的温暖。他们分别是：《外国文学评论》、《文艺理论研究》、《民族艺术》、《民族文学研究》、《上海师范大学学报》（哲学社会科学版）、《安徽大学学报》（哲学社会科学版）、《中国矿业大学学报》（社会科学版）、《青海社会科学》、《中国图书评论》、《神话研究集刊》、《中国社会科学报》，等等。

书中部分文字源于田野考察。特别感谢远在希腊的井玲女士，她协助完成的伯罗奔尼撒半岛田野考察让我受益匪浅。还要感谢山东临沂市博物馆的胡后彬先生，淮北师范大学的傅英教授、王政教授，以及田野考察中给过我帮助的众多人士。

在相关经典文本与人名的翻译与参照上，特别要做如下说明：中国基督教三自爱国运动会、中国基督教协会组织翻译的中文《圣经》（新标点修订本、简化和合本），王焕生和罗念生先生翻译的荷马史诗，张竹明、蒋平先生翻译的《工作与时日》《神谱》，王以铸先生翻译的《历史》，杨周翰翻译的《埃涅阿斯纪》（维吉尔著）、《变形记》，商务印书馆出版的《外国姓名译名手册》《外国地名译名手册》，等等。本书中相关经典文本与译名均以上述参考文献为据，特别向上述各位编者和译者，以及出版社郑重致谢！

王倩

2022年9月12日于扬州春江花园